Homburg/Otto/Schrader (Hrsg.)

Grundlagen der Betriebsratsvergütung

Grundsätze

Rechtsprechung

Berechnung

Homburg/Otto/Schrader (Hrsg.)

Grundlagen der Betriebsratsvergütung

Grundsätze
Rechtsprechung
Berechnung

BUND
VERLAG

Bibliographische Information Der Deutschen Nationalbibliothek
Die deutsche Nationalbibliothek verzeichnet diese Publikation in der Deutschen Nationalbibliografie; detaillierte Daten sind im Internet über *http://dnb.d-nb.de* abrufbar.

Umschlag: Dörlemann Satz, Lemförde, unter Verwendung einer Reihenkonzeption von Ute Weber
Umschlagabbildung: iStock/Mykyta Dolmatov
Satz: Dörlemann Satz, Lemförde
Druck: CPI books GmbH, Birkstr. 10, 25917 Leck

ISBN 978-3-7663-7464-6

kontakt@bund-verlag.de
www.bund-verlag.de

Vorwort

Die Entscheidung des Bundesgerichtshofs vom 10. 1. 2023 löste in der Arbeitswelt ein mittleres Beben aus. Es ist hier nicht der Ort, dieses Urteil, das Strafrechtler mit eher geringen Kenntnissen des Arbeitsrechts gesprochen haben, zu kritisieren. Dies geschieht an späterer Stelle in dem Beitrag von Herrn Dr. Fischer.
Unmittelbare Folge war, dass verunsicherte Personal- und Rechtsabteilungen in Hunderten von Fällen die Vergütung von Betriebsratsmitgliedern massiv verschlechterten und sie auch mit enormen Rückforderungen bereits gewährter Leistungen überzogen.
Eine Folge war, dass eine Reihe von freigestellten hochqualifizierten Betriebsratsmitgliedern wegen der großen Unsicherheit auf andere Arbeitsplätze im Unternehmen wechselte, auf denen ihr Entgeltanspruch unstrittig war, und sie damit ihr Betriebsratsmandat aufgaben.
Dadurch wurde die Betriebsratsarbeit erheblich geschwächt – dramatisch, vor dem Hintergrund massiver Umwälzungen im Betrieb z. B. durch die Digitalisierung oder die Transformation zu klimaschonendem Wirtschaften mit Auswirkung auf viele Arbeitsplätze.
Die darauffolgenden Gerichtsverfahren wurden zwar beinahe ausschließlich von den Betriebsräten gewonnen, aber die Unternehmen und die von ihnen eingeschalteten Rechtsanwaltskanzleien schufen erst einmal »als Richter in eigener Sache« Fakten. Die Betriebsratsmitglieder wurden so teilweise existenziell bedroht, und mussten ihrem Recht mit einer Klage – unterstützt durch ihre Gewerkschaft – hinterherlaufen.
Im Ergebnis war dies ein heftiger Angriff auf die betriebliche Mitbestimmung und es stellte sich die Frage, wie in Zukunft noch qualifizierte Beschäftigte mit einer so vom BGH eingefrorenen Karriere für ein Betriebsratsmandat zu gewinnen wären.
Die weitere Geschichte ist bekannt und erfreulich. Die vom damaligen Arbeitsminister Heil eingesetzte Expertengruppe machte zu den §§ 37 Abs. 4, 78 BetrVG einen Vorschlag, der die Vergütung ins Arbeitsrecht zurückholte. Und schließlich sorgte der massive Druck der Gewerkschaften – nicht zuletzt der IG Metall – dafür, dass eine durch die FDP schon weitgehend handlungsunfähige Regierung daraus eine Gesetzesänderung machte.
Die neue, teilweise klargestellte alte Gesetzeslage wird in dieser Veröffentlichung umfassend dargestellt. Hierzu gehören auch Eckpunkte für eine Betriebsvereinbarung, die zusätzlich betriebliche Klarheit und Rechtssicherheit bringt.

Die gesammelten Beiträge behandeln aber auch die noch offenen Fragen, die voraussichtlich das Bundesarbeitsgericht beschäftigen werden. Sie sind also sowohl für Betriebsräte als auch für Juristinnen und Juristen eine wichtige Orientierung und Unterstützung.

Prof. Dr. Thomas Klebe

Inhaltsübersicht

Inhaltsverzeichnis

Abkürzungsverzeichnis

a. A.	anderer Ansicht
a. a. O.	am angegebenen Ort
AG	Arbeitgeber
AN	Arbeitnehmer
ArbG	Arbeitsgericht
Aufl.	Auflage
BAG	Bundesarbeitsgericht
beA	besonderes elektronisches Anwaltspostfach
Bekl.	Beklagter
BFH	Bundesfinanzhof
BGH	Bundesgerichtshof
BR	Betriebsrat, Betriebsräte
BR-Mitglied	Betriebsratsmitglied
bspw.	beispielsweise
BVerfG	Bundesverfassungsgericht
erg.	ergänzt
f.	folgende
ff.	fortfolgende
GBV	Gesamtbetriebsvereinbarung
gem.	gemäß
ggf.	gegebenenfalls
i. d. R.	in der Regel
i. d. S.	in dem Sinne
i. V. m.	in Verbindung mit
KBV	Konzernbetriebsvereinbarung
Kl.	Kläger
LAG	Landesarbeitsgericht
LG	Landgericht
m. w. N.	mit weiteren Nachweisen
Nr.	Nummer
Rn.	Randnummer
Rspr.	Rechtsprechung
s.	siehe
S.	Seite
sog.	sogenannt

Abkürzungsverzeichnis

vgl.	vergleiche
z. B.	zum Beispiel
zit.	zitiert

Literaturverzeichnis

Annuß, Strafbare Betriebsratsbegünstigung bei Vergütungsentscheidungen, NStZ 2020, 201

Annuß, Ausschussdrucksache 20(11)476 vom 17.4.2024

Annuß, Das System der Betriebsratsvergütung, NZA 2018, 134

Annuß, Vergütung von Betriebsratsmitgliedern – kehrt endlich Ruhe ein? in Betriebsberater Rechtsprechungsreport Unternehmens- und Arbeitsrecht«, BRUR 2024, 282

Annuß, Vergütung von Betriebsratsmitgliedern, Anmerkung zu BAG v. 20.3.2025 – 7 AZR 46/24, RdA 2025, 322

Annuß, Die Vergütung freigestellter Betriebsratsmitglieder – Richtig verstanden. In: Giesen/Junker/Rieble (Hrsg.): Vergütungsfragen in Dienst- und Arbeitsverhältnissen. 11. ZAAR-Tagung, Hamburg, 22.11.2019, ZAAR Schriftenreihe, 49, 87

Annuß, Im Gestrüpp der Betriebsratsvergütung. Besprechung von LG Braunschweig vom 28.9.2021 – 16 KLs 85/19ua, NZA 2022, 247

Bachner/Köhler/Rohs, Extra zur Betriebsratsvergütung: Neues zur Betriebsratsvergütung, Dossier zu den Neuregelungen im BetrVG; 2. Aufl. 2024

Bachner/Wall, Privatautonomie und Begünstigungsverbot bei der Vergütung von Betriebsratsmitgliedern, NZA 2021, 841

Baumann/Brehmer/Hobler/Klenner/Pfahl, Frauen und Männer in Betriebsräten – Zur Umsetzung des Minderheitenschutzes bei Betriebsratswahlen, WSI Report Nr. 34, 01/2017

Bayreuther, Mehr Sicherheit für die Betriebsratsvergütung, NZA 2024, 946

Bertke/Knaupe, Untreuestrafbarkeit im Zusammenhang mit Betriebsratsvergütungen, ZflStw 2024, 326

Blomeyer/Rolfs/Otto, Betriebsrentengesetz: Arbeits-, Zivil- und Steuerrecht, Kommentar, 8. Aufl. 2022 (zit.: Blomeyer u.a.)

Boemke/Gallner/Gaul/Rudkowski, beck-online.GROSSKOMMENTAR über das Kollektive Arbeitsrecht (Stand: 10/2025) (zit.: BeckOGK/Bearbeiter)

Bonanni/Fehlberg, Betriebsräte in (Corona-)Kurzarbeit, ein kurzer Einblick in die arbeits- und sozialrechtliche Bewertung, ArbRB 2020, 151

Brand/Strauß, Betriebsratsvergütungen vor den Schranken des Strafrechts NJW 2023, 1024

Bundesregierung v. 30.10.2023: Entwurf eines Zweiten Gesetzes zur Änderung des Betriebsverfassungsgesetzes. In: BT-Drs. 20/9469

Bundesministerium für Arbeit und Soziales, Alterseinkommen und zusätzliche Vorsorge vom 19.12.2024, abrufbar unter: *https://www.bmas.de/DE/Soziales/Rente-und-Altersvorsorge/Fakten-zur-Rente/Alterseinkommen-und-zusaetzliche-Vorsorge/alterseinkommen-und-zusaetzliche-vorsorge.html#docb5fd44d1-2c3d-4d42-81b0-406083aaf099bodyText1*

Buschmann, Neuregelung der Vergütung von Betriebsratsmitgliedern: Alle Unklarheiten beseitigt?, AuR 2024 (10), 373

Byers, Die Höhe der Betriebsratsvergütung, NZA 2014, 65

Däubler/Kittner, Geschichte der Betriebsverfassung, 1. Aufl. 2020

Däubler/Klebe/Wedde, BetrVG – Kommentar für die Praxis mit Wahlordnung und EBR-Gesetz, 20. Aufl. 2025 (zit.: DKW-Bearbeiter)

Däubler/Klebe/Wedde, Arbeitshilfen für den Betriebsrat, 6. Aufl. 2026

zu Dohna, Aktuelle Rechtsprechung zur Vergütung von Betriebsratsmitgliedern, ArbuR 2024, 413

Dreier, Grundgesetz-Kommentar, 4. Aufl. 2023, (zit.: Dreier-Bearbeiter)

Düwell, BMAS will die Vergütung von freigestellten Betriebsratsmitgliedern rechtssicher regeln, BRuR 2023, 372

Dzida/Castrup, Vergütung von Betriebsratsmitgliedern ein Jahr nach der Änderung des BetrVG – Zehn Fragen aus der Sicht der Praxis, NZA 2025, 953

Esser, Die Begünstigung von Mitgliedern des Betriebsrats, Dissertation Köln 2013

Eufinger, Anm. zu BGH: Unverhältnismäßige hohe Abfindung als strafbare Untreue NZA-RR 2025, 415

Fischer, Die Vergütung der Betriebsräte, AuR 2023, 230

Fitting/Engels/Schmidt/Trebinger/Linsenmaier, Betriebsverfassungsgesetz mit Wahlordnung, Handkommentar, 32. Aufl. 2024 (zit.: Fitting)

von Galen/Spiller, Praxiskommentar zu BGH, Urteil vom 10.1.2023 – 6 StR 133/23, NStZ 2024, 492

Giese/Schomburg, Rechtswidrige Betriebsratsvergütung – Strafbarkeit eines Rückzahlungserlasses, NJW 2022, 1415

Giesen, Neue Regelungen zur Betriebsratsvergütung, NJW 2024, 2281

Graf/Jäger/Wittig, Wirtschafts- und Steuerstrafrecht, 3. Aufl. 2024

Gräfl/Rennpferdt, Vergütung von Betriebsratsmitgliedern nach der Rechtsprechung des Bundesgerichtshofs – Anmerkungen aus arbeitsrechtlicher Sicht, RdA 2023, 245

Grüneberg, Bürgerliches Gesetzbuch, Kommentar, 84. Aufl. 2025 (zit.: Grüneberg-Bearbeiter)

Hahn, Flexible Arbeitszeit, 3. Aufl. 2024

Hamacher, Antragslexikon Arbeitsrecht, 4. Aufl. 2024 (zit. Hamacher-Bearbeiter)

Hau/Poseck, Beck'scher Online-Kommentar, 76. Edition, Stand: 2025; (zit.: BeckOK BGB/Bearbeiter)

Henssler/Willemsen/Kalb, Arbeitsrecht Kommentar, 11. Aufl. 2024 (zit.: HWK/Bearbeiter)

Homburg/Otto, Viel Lärm um nichts? Oder: Neues zur Betriebsratsvergütung vom BGH, AuR 2023, 238

Höfer/de Groot/Küpper/Reich, Betriebsrentenrecht, 31. Aufl. 2025 (zit.: Höfer u. a./Bearbeiter)

Jacobs, Der Gesetzentwurf zur Neuregelung der Betriebsratsvergütung: eine Einladung zur Betriebsratsbegünstigung? BB 2024, 117,118

Jacobs, Die Vergütung freigestellter Betriebsratsmitglieder, NZA 2019, 1606

Jacobs/Frieling, Betriebsratsvergütung bei arbeitszeitunabhängiger Provision, NZA 2015, 513

Jacobs/Frieling, Betriebsratsvergütung – Grundlagen und Grenzen der Bezahlung freigestellter Betriebsratsmitglieder, ZFA 2015, 241

Jacobs/Krell, Überhöhte Betriebsratsvergütungen: Karlsruher Usurpation oder doch »nur« Tabula rasa?, RdA 2023, 193

Joussen, Der Betriebsrat und die Privatnutzung eines Dienstwagens, NZA 2018, 139

Junghans/Grüneberg/Eder, Antrag auf Zuschläge bei Freistellung nach § 38 BetrVG, Juris PraxisReport 31/2024

Kiel/Lunk/Oetker, Münchener Handbuch zum Arbeitsrecht, 6. Aufl. 2024 (zit.: MHdB ArbR/Bearbeiter)

Kittner, Arbeits- und Sozialordnung in der DDR und ihre Transformation, 1993

Klagges/Schrader, Die Vergütung von Betriebsratsmitgliedern, 1. Aufl. 2021

Klose, Anmerkung zu BGH, Urteil vom 10. 1. 2023 – 6 StR 133/22, NZWiSt 2023, 199

Koch/Kudlich/Thüsing, Betriebsratsvergütung vor dem Strafgericht. Die Volkswagen-Entscheidung des LG Braunschweig aus arbeits-, gesellschafts- und strafrechtlicher Perspektive, ZIP 2022, 1

Koll, Vergütung Freigestellter, AiB 2019, Heft 12, S. 32

Kreutz, Betriebsverfassungsgesetz – Gemeinschaftskommentar, 12. Aufl. 2022

Krimphove/Sahin, Das neue Betriebsräte-Vergütungsgesetz und seine Anforderungen an die arbeitsrechtliche Praxis, ArbRAktuell 2024, 399

Krois, § 295 Rechtsstellung der Betriebsratsmitglieder: Münchener Handbuch zum Arbeitsrecht Gesamtwerk, 5. Aufl. 2022

Krug, Untreue bei Zahlung überhöhter Arbeitsentgelte an Betriebsräte der Volkswagen AG, FDStR 2023, 456213

Krug/Fröba, Die niedrigen Voraussetzungen der Untreuestrafbarkeit bei Zahlung überhöhter Arbeitsentgelte an Mitglieder des Betriebsrats, ArbRAktuell 2023, 201

Küttner, Personalbuch 2025, 32. Aufl. 2025 (zit.: Küttner-Bearbeiter)

Laufhütte/Rissing-van Saan/Tiedemann, Leipziger Kommentar StGB, 12. Aufl. 2006 (zit.: LK-StGB-Bearbeiter)

Linck/Preis, Kündigungsrecht. Großkommentar zum gesamten Recht der Beendigung von Arbeitsverhältnissen, 8. Aufl. 2026

Maschmann, Compensation & Benefits – Rechtshandbuch Entgeltgestaltung, 3. Aufl. 2025 (zit.: Maschmann Total Compensation-HdB/Bearbeiter)

Mayer, Außendienstmitarbeiter im Betriebsrat, AiB 2011, 668

Mitsch, Karlsruher Kommentar zum Gesetz über Ordnungswidrigkeiten: OWiG, 5. Aufl. 2018 (zit.: KK-OWiG/Bearbeiter)

Mosbacher, Aktuelle Rechtsprechung des BGH mit Compliance-Bezug, CCZ 2023, 45

Müller-Glöge/Rolfs/Gallner/Schmidt, Erfurter Kommentar zum Arbeitsrecht, 26. Aufl. 2026 (zit.: ErfK-Bearbeiter)

Pelz/Weber, Angemessenheit der Betriebsratsvergütung als Compliance- und Strafbarkeitsrisiko, CCZ 2023, 285

Pitzer, § 38 BetrVG: beck-online.GROSSKOMMENTAR Kollektives Arbeitsrecht, Stand: 1.10.2025

Podolski, Wegen Unsicherheiten nach BGH-Urteil: Gesetz zur Betriebsratsvergütung auf den Weg gebracht, Legal Tribune Online, 3.11.2023

Oetker, § 25 BetrVG: Betriebsverfassungsgesetz, Gemeinschaftskommentar. 12. Aufl. 2022

Richardi, Betriebsverfassungsgesetz mit Wahlordnung, 18. Aufl. 2026 (zit.: Richardi-Bearbeiter)

Richter, Flexibilisierung der Arbeitszeit durch Arbeitszeitkonten – Möglichkeiten und Grenzen, ArbR Aktuell 2018, 241

Rieble, Anmerkung zu LG Braunschweig, a.a.O., CCZ 2008, 32

Rijo Langenegger/Thönißen, Betriebsratsvergütungen – zwischen Benachteiligung und Begünstigung, RFamU 2024, 97

Rolfs/Giesen/Meßling/Udsching, BeckOK Arbeitsrecht, 78. Edition, Stand: 2025 (zit.: BeckOK ArbR/Bearbeiter)

Rothballer, Strenge Vorgaben für die Vergütung von Betriebsratsmitgliedern. Der BGH zieht die Zügel an, NZA 2023, 257

Rönnau/Hohn/Zieschang/Häger/Geppert u.a., StGB Leipziger Kommentar, 12. Aufl. 2006 (zit.: LK-StGB/Bearbeiter)

Rüthers, Gemeinsamer Verrat an der Mitbestimmung, NJW 2007, 195

Säcker/Rixecker/Oetker/Limperg, Münchener Kommentar zum Bürgerlichen Gesetzbuch: BGB, 10. Aufl. 2025 (zit.: MüKoBGB/Bearbeiter)

Schaub/Ahrendt/Koch/Linck/Pessinger/Rennpferdt/Rinck/Spinner/Treber/Vogelsang, Arbeitsrechts-Handbuch – Systematische Darstellung und Nachschlagewerk für die Praxis, 21. Aufl. 2025 (zit.: Schaub ArbR-HdB/Bearbeiter)

Schaub/Koch, Arbeitsrecht von A–Z, 29. Aufl. 2025 (zit.: Schaub/Koch)

Schäuble/Pfaller/Bruckdorfer, Der sachliche Grund zur Neubestimmung der Vergleichsgruppe von Betriebsratsmitgliedern nach § 37 Abs. 4 BetrVG, BRuR 2025, 158

Schlamp, Die Vergütung von Betriebsräten, Dissertation, 2018, Katholische Universität Eichstätt-Ingolstadt

Schlegel/Schmidt/Thüsing, Vorschläge der Kommission »Rechtssicherheit in der Betriebsratsvergütung«, 12.7.2023, NZA 2023, 1303

Schneider, Arbeitsentgelt und Berufsschutz freigestellter Betriebsratsmitglieder, NZA 84, 21

Schölzel/Grünberg, Steuerliche Nachteile beeinträchtigen Betriebsratstätigkeit, AiB 2011, 79

Schrader/Klagges/Siegel/Lipski, Die hypothetische Karrierebetrachtung eines freigestellten Betriebsratsmitgliedes. Kann für die Vergleichbarkeit auf die Beförderungsposition eines leitenden Angestellten nach § 5 III BetrVG abgestellt werden?, NZA 2022, 456

Seifert, Mitbestimmung in Ostdeutschland, Industrielle Beziehungen 1995

Statista, Verbreitungsquote der betrieblichen Altersversorgung (bAV) in Deutschland von 2001 bis 2023 vom 4. 3. 2025, abrufbar unter: *https://de.statista.com/statistik/daten/studie/628992/umfrage/verbreitungsquote-der-betrieblichen-altersversorgung-in-deutschland/*, letzter Abruf: 24. 4. 2025 (zit.: statista, Verbreitungsquote der betrieblichen Altersversorgung)

Von Steinau-Steinrück/Kurth, Novelle zur Betriebsratsvergütung auf dem Prüfstand, NJW-Spezial 2024, 498

Thüsing, Die hypothetische Karrierebetrachtung eines freigestellten Betriebsratsmitglieds, NZA 2022, 831

Thüsing/Denzer, Rechtssichere Betriebsratsvergütung, Praxishandbuch, 2019 (zit.: Thüsing/Denzer)

Treu, Betriebsräte in Ostdeutschland – Zwischen Anpassung und Neubeginn, WSI-Mitteilungen 1992

Uckermann, Das Recht der betrieblichen Altersversorgung, 2. Aufl. 2022 (zit.: Uckermann/Bearbeiter)

Vorwerk/Wolf, Beck Online Kommentar ZPO, 60. Edition (zit.: BeckOK ZPO/Bearbeiter)

Waas, Vergütung freigestellter Betriebsratsmitglieder. Kritisches zur Konzeption des § 37 Abs. 4 BetrVG, RdA 2023, 209

Weber, § 38 BetrVG: Betriebsverfassungsgesetz Gemeinschaftskommentar. 12. Aufl. 2022

Wendeling-Schröder, Die Arbeitsbedingungen des Betriebsrats, HSI-Schriftenreihe Band 11

Wewetzer, Betriebsverfassungsrechtliche Irrwege des BGH. Zugleich eine Besprechung von BGH 10. 1. 2023 – 6 StR 133/22, RdA 2023, 250

Wiese/Kreutz/Oetker, Gemeinschaftskommentar Betriebsverfassungsgesetz, 12. Aufl. 2022 (zit.: GK-BetrVG/Bearbeiter)

Zimmer/Dürr, Die Betriebsratsbegünstigung – Ab wann ist sie kriminell, NZWiSt 2021, 176

Zöller, Zivilprozessordnung Kommentar, 35. Aufl. 2024 (zit.: Zöller-Bearbeiter)

A. Problembeschreibung Betriebsratsvergütung

von Jochen Homburg und Tino Junghans

I. Betriebsräte an der Nahtstelle von Kapital und Arbeit

Die ehrenamtliche Arbeit als Mitglied des Betriebsrats (BR) wird nicht gesondert entlohnt, obwohl sie eine der wichtigsten Tätigkeiten in einer demokratischen Gesellschaft ist. Im Betrieb und damit im BR kommen alle Gesellschaftsschichten zusammen, weil auch alle Mitglieder unserer Gesellschaft früher oder später arbeiten müssen, um das individuelle, wie auch das kollektive Überleben zu sichern. So finden grundsätzlich alle vier Jahre demokratische Wahlen zum BR statt. Nirgendwo ist die Bindung der Wähler und der Gewählten direkter als bei der Betriebsratswahl. Die Beschäftigten wählen ihre Vertreter unmittelbar. Sie ist damit ein Eckpfeiler der direkten Demokratie und der Integration ausländischer Arbeitnehmer (AN). 1

So ganz nebenbei sind Betriebsräte (BR) aber auch an der Nahtstelle zwischen Kapital und Arbeit tätig.[1] Während Beschäftigte gerechte Entlohnung für die Arbeit sämtlicher beschäftigter AN und gute Arbeitsbedingungen fordern, verfolgen Arbeitgeber (AG) das Ziel niedriger Lohnkosten. Daher müssen sie versuchen, die Interessen der AN und der AG – also des Kapitals – übereinzubringen. Natürlich möchte ein AN möglichst viel Lohn für seine Arbeit erhalten, während der AG dafür so wenig wie möglich zahlen möchte, solange die erbrachte Arbeit nicht zu viel an Qualität verliert. Dieser konfliktbehaftete Spagat ist schon an sich schwer zu leisten. Dieser Konflikt betrifft BR jedoch doppelt. Zum einen als Interessenvertreter und als eigene Beschäftigte, die grundsätzlich von jeder Regelung selbst betroffen sind und deren berufliche Entwicklung gleichzeitig vom Mandat beeinflusst wird. Nicht selten muss ein BR-Mitglied befürchten, durch die Wahrnehmung des Mandats Vergütungseinbußen hinnehmen zu müssen oder im Rahmen der Vergütung oder in sonstiger Weise benachteiligt zu werden, und sehr oft bedeutet ein Betriebsratsamt sogar ein Karrierehemmnis – ein Fakt, der die Diskussion über eine angemessene Vergütung zusätzlich auflädt. Genau an dieser Sollbruchstelle entzünden sich immer wieder die Auseinandersetzungen über die Vergütung von BR. 2

1 Däubler/Kittner, Geschichte der Betriebsverfassung, § 14 Weimarer Republik – eine Art Arbeitsverfassung.

II. Das Ehrenamtsprinzip als Grundpfeiler der Betriebsratsarbeit

3 Der Gesetzgeber hat sich bewusst dazu entschieden, das Betriebsratsamt als Ehrenamt zu konzipieren (§ 37 Abs. 1 BetrVG). BR-Mitglieder erhalten für die Tätigkeit keine besondere Vergütung, sondern lediglich die Fortzahlung derjenigen Bezüge, die sie auch ohne die Übernahme des Mandats aus ihrer bisherigen Tätigkeit erhalten hätten. Damit soll die Tätigkeit als BR nicht durch ökonomische Anreize gesteuert werden, sondern Ausdruck des demokratischen Selbstverständnisses im Betrieb sein.

4 Die Grundentscheidung für das Ehrenamtsprinzip liegt dabei in zwei wesentlichen Aspekten. Zum einen wird dem Aspekt der demokratischen Legitimation und der Unabhängigkeit der BR Rechnung getragen. BR sollen allein aus der Verantwortung gegenüber der Belegschaft handeln und nicht aus eigenen finanziellen Interessen.

5 Der wesentliche andere Aspekt bezieht sich auf den Schutz vor Korruption und Vereinnahmung. Durch das Ehrenamt soll gleichzeitig verhindert werden, dass AG BR durch Vergütungsversprechen beeinflussen oder abhängig machen können.

6 Die Ausgestaltung der Vergütung der BR als Ehrenamt auf Basis des Lohnausfallprinzips hat gewisse Vorteile. Insbesondere resultiert daraus eine Stärkung der Glaubwürdigkeit der BR. Die Unabhängigkeit des BR wird durch die faktische Trennung von Amt und Vergütung gestärkt. Zudem wird auch der demokratische Charakter des Betriebsratsmandats betont, da die Betriebsratsarbeit Ausdruck kollektiver Selbstorganisation der AN und nicht eine »Berufslaufbahn« ist.

7 Gleichzeitig wird damit für Transparenz gesorgt, da vermieden wird, dass Betriebsratsarbeit zu einer »Karriereoption« mit Sonderprivilegien wird.

8 Tatsächlich ist aber auch festzustellen, dass durch die Grundentscheidung für das Ehrenamtsprinzip bei BR nicht unerhebliche Nachteile und Spannungen auftreten. Wer beispielsweise über zehn Jahre lang als BR tätig ist, nimmt regelmäßig nicht mehr an Beförderungen Teil. Dies erfolgt nicht nur, weil AG unliebsame BR teilweise sanktionieren wollen bzw. gerade diese nicht fördern wollen, sondern allein auch bereits aus dem Umstand, dass BR durch Freistellungen aus Sicht des AG zu wenig oder gar nicht verlässlich verfügbar sind, oder weil ihnen aufgrund ihres Engagements für die Wahrnehmung der Interessenvertretung der Beschäftigten zumindest weniger praktische berufliche Erfahrung und Erfolg möglich sind.

9 Die Betriebsratstätigkeit erweist sich damit regelmäßig als Karrierehemmnis. Diesem wesentlichen finanziellen und persönlichen Nachteil ist durch den Gesetzgeber bisher nur bedingt und unzureichend durch die Möglichkeit einer fiktiven, hypothetischen Karriereentwicklung Rechnung getragen worden.

10 Daneben ist eine zunehmende Komplexität von Betriebsratsarbeit etwa durch Digitalisierung, KI und die Verflechtung als internationale Konzerne festzustel-

len, dies erfordert, dass hochqualifiziertes Wissen und kontinuierliche Weiterbildung erhebliche Anforderungen und einen erheblichen Professionalisierungsdruck für die BR bedeuten, die mit dem traditionellen Ehrenamtsgedanken nur schwer vereinbar erscheinen.

Unabhängig von diesem Spannungsverhältnis und diesen Nachteilen wird das Prinzip der Ehrenamtlichkeit der Betriebsratsarbeit in der öffentlichen Debatte oft übersehen. Insoweit besteht ein öffentliches Missverständnis. Anpassungen der Betriebsratsvergütung wirken dann oft wie »Sonderzahlungen«, obwohl sie lediglich verhindern sollen, dass BR schlechter gestellt werden als vergleichbare AN. Das Ehrenamtsprinzip ist damit einerseits Schutz und Legitimation, andererseits aber auch die Ursache für strukturelle Probleme, die bis heute für Konflikte in der Praxis sorgen. 11

III. Historische Entwicklung und Kontinuitäten

Diese Auseinandersetzungen sind aber auch nicht neu. Die erste Entscheidung des Reichsarbeitsgerichtes zur BR-Vergütung erging bereits im Jahre 1928 zum Lohnausfallprinzip.[2] Die juristischen Artikel in den bekannten einschlägigen Fachzeitschriften aus den 20ern des letzten Jahrhunderts lesen sich – auch heute noch – erstaunlich aktuell. 12

In der Folge bildete sich ein Art Burgfrieden, so dass trotz eines dazwischen liegenden Weltkriegs das heikle Verhältnis von BR zu den Vorgesetzten über nahezu 100 Jahre im Hinblick auf die rechtlichen Gegebenheiten ihrer Vergütung nahezu unverändert geblieben war. 13

Einige wenige Änderungen sind bei der Reform des BetrVG im Jahre 1972 erfolgt, ließen die Grundlinien des Austauschverhältnisses aber unberührt.

Trotz politischer Umbrüche und des Weltkriegs blieb die Grundlinie des Vergütungssystems damit über Jahrzehnte weitgehend unverändert. Mit der deutschen Wiedervereinigung entstanden zusätzliche Herausforderungen: in den neuen Bundesländern, wo es bislang keine vergleichbaren Strukturen gab, mussten Vergütungsregelungen für BR eingeführt werden. 14

Auch wenn im Jahr 1990 mit dem Einigungsvertrag auch das Betriebsverfassungsgesetz eins zu eins auf die neuen Bundesländer übertragen wurde, es somit also keine »eigenständige Vergütungsregelung Ost« gab, gab es sehr wohl ganz praktische Herausforderungen. BR im westlichen Sinne gab es bisher nicht. Die Betriebsgewerkschaftsleitungen (»BGL«) waren Teil des staatlich gelenkten Freien Deutschen Gewerkschaftsbunds (FDGB). Es fehlten damit Erfahrungswerte, wie BR unabhängig agieren – auch in Fragen der Vergütung. Neben der fehlenden Mitbestimmungstradition in der DDR entstand zeitgleich das Problem massenhafter Betriebsstilllegungen und -privatisierungen. Während in den 15

2 Siehe in Wendeling-Schröder, HSI Band Nr. 11 über die Arbeitsbedingungen von Betriebsräten.

frühen neunziger Jahren in vielen Betrieben BR entstanden, die kurz danach insolvent gingen oder umstrukturiert wurden, stellten sich Vergütungsfragen oft gar nicht, weil ganze Belegschaften wegbrachen.[3]

16 Daraus resultierte auch, dass für freigestellte BR in ostdeutschen Betrieben oft gar nicht nachvollziehbar war, wie eine »hypothetische Karriere« hätte aussehen können, als ganze Betriebshierarchien nach der Wende verschwanden.

17 In dieser Konstellation fehlte jedoch jegliche soziale Akzeptanz für das Thema Betriebsratsvergütung, da in Belegschaften, die gerade existenzielle Jobängste hatten, die Vergütungsfrage für BR eher ein Nebenthema oder sogar ein »Privileg« war.[4] Insgesamt blieb das Thema politisch lange wenig beachtet, obwohl es immer wieder latent Konfliktstoff barg.

18 Das Thema Betriebsratsvergütung war damit in den Jahrzehnten nach 1972 kein Gesetzgebungsschwerpunkt mehr. Seit der Reform 1972 gab es keine großen Novellierungen zu § 37 und § 78 Betriebsverfassungsgesetz bis zur BGH-Entscheidung 2023. Politisch standen etwa mit den Themen Arbeitszeit, Mitbestimmung im Aufsichtsrat, Tarifpolitik und der Agenda 2010 andere Themen im Vordergrund. Betriebsratsvergütung war eher ein »Spezialthema«, das vor allem in Fachzeitschriften[5] diskutiert wurde, aber nicht im Bundestag oder im Parteiprogramm. Politisch wenig beachtet hat es damit kein Platz auf der Agenda großer arbeitsrechtlicher Reformen gefunden.

19 Während das Thema selten politisch adressiert wurde, kam es in der Praxis regelmäßig zu öffentlichen Skandalisierungen[6] und zu Einzelkonflikten, die immer wieder vor Gericht getragen wurden. Trotz fehlender politischer und gesetzgeberischer Beachtung wurde das System der Betriebsratsvergütung wegen der regelmäßig auftretenden Konflikte zwangsläufig durch die Rechtsprechung der Gerichte, insbesondere Entscheidungen des Bundesarbeitsgerichts weiterentwickelt bzw. konkretisiert.[7]

---

3 Treu, Betriebsräte in Ostdeutschland – Zwischen Anpassung und Neubeginn; Kittner, Arbeits- und Sozialordnung in der DDR und ihre Transformation; Seifert, Mitbestimmung in Ostdeutschland, in: Industrielle Beziehungen 1995.

4 Treu, Betriebsräte in Ostdeutschland – Zwischen Anpassung und Neubeginn; Kittner, Arbeits- und Sozialordnung in der DDR und ihre Transformation; Seifert, Mitbestimmung in Ostdeutschland, in: Industrielle Beziehungen 1995.

5 Byers, NZA 2014, 65–70, Rieble, NZA 2008, 276–280, Annuß, NZA 2018, 134–138, Strauß, NZA 2018, 1372–1378, Bittmann/Mujan, BB 2012, 637–640, Jacobs/Frieling, NZA 2015, 513–520, Keilich, BB 2014, 2229–2233, Giese/Schomburg, NJW 2022, 1415–1421, Bayreuther, DB 2019, 1207–1210, Graf/Link, NJW 2009, 409–412.

6 Wofür kann ein Betriebsrat vom Unternehmen Erfolgsboni bekommen? Bei Siemens etwa. | Management-Blog; Opels Ex-Betriebsratschef Klaus Franz ist aus dem Schneider | Management-Blog; »Brisante E-Mails« *https://sz.de/1.1822755*.

7 (vgl. BAG 21.4.1983 – 6 AZR 334/81; 17.8.2005 – 7 AZR 528/04.

IV. Gestörtes »Gleichgewicht«

Eine Änderung folgte aus einer strafrechtlichen Entscheidung des Bundesgerichtshofs vom 10. 1. 2023 (6 StR 133/22). In dem dort entschiedenen Fall wurden bei VW mehrere BR-Mitglieder, die ursprünglich mit »Facharbeiter«-Tätigkeiten betraut waren, mehr oder minder, wie »Manager« vergütet. Dies wurde mit den Kompetenzen und Verantwortlichkeiten begründet, die die Betroffenen durch ihre Betriebsratstätigkeit und ihre Position erworben hatten und zum Wohle des Unternehmens einsetzten. Der Fall wurde zum Anlass genommen, die Anwendung strafrechtlicher Untreuedogmatik auf Betriebsratsvergütung zu problematisieren. Das Landgericht in Braunschweig entschied, dass sich die auf Arbeitgeberseite handelnden Personalmanager wegen Veruntreuung – zumindest im objektiven Teil – strafbar gemacht hätten. Die Angeklagten wurden aber letztendlich dann doch vom Landgericht Braunschweig wegen fehlender subjektiver Verfehlungen freigesprochen.[8] 20
Gegen diese Freisprüche wandte sich die Staatsanwaltschaft Braunschweig mit Revision an den BGH in Strafsachen. Dieser hob in seiner berühmt gewordenen Entscheidung vom 10. 1. 2023 die Freisprüche wieder auf und verwies das Verfahren mit einer erheblichen Anzahl von »Segelanweisungen« an eine andere Kammer des Landgerichtes Braunschweig zurück.[9]
Diese »Segelanweisungen«, und die für einen Arbeitsrechtler schwer nachvollziehbare Begründung des BGH führten zu einer erheblichen Verunsicherung in dem seit einem Jahrhundert gewachsenen fragilen Gleichgewicht der Betriebsratsvergütung.[10]

V. Verunsicherung infolge einer BGH-Entscheidung

Die Berichterstattung bei den »VW-Fällen« erfolgte auch in diesem Fall sehr öffentlichkeitswirksam, da VW als Leitunternehmen in der deutschen Industrie besondere Aufmerksamkeit erhält.[11] Die Berichte thematisieren regelmäßig Aspekte wie »Abzüge für Betriebsräte«, »Luxusgehälter« und »Untreueverdacht«. In Medienkommentaren dient der »VW-Fall« oft als Boomerang-Argument bei Kritik an BR generell[12] – und gelegentlich als Argument zur Forderung nach Vergütungsobergrenzen. 21

8 LG Braunschweig 28. 9. 2021–16 KLs 406 Js 59398/16, BeckRS 2021, 47174.

9 BGH 10. 1. 2023 – 6 StR 133/2022, NZA 2023, 301= NStZ 2023, 352.

10 Zum genaueren strafrechtlichen Ablauf vgl. Kapitel J, Rn. 5.

11 Wenn Dienstwagen und Sitzungsgelder für Betriebsräte zu persönlichen Fallen für die Topmanager werden | Management-Blog; *https://www.faz.net/aktuell/wirtschaft/unternehmen/gerichtsurteil-erwartet-wie-viel-duerfen-betriebsraete-verdienen-110366888.html.*

12 *https://www.welt.de/debatte/kommentare/article223773826/Betriebsratsverguetung-Wenn-der-Betriebsrat-zu-viel-Geld-bekommt.html.*

22 In der Folge der BGH-Entscheidung vom 10.1.2023[13] entstand allerdings auch eine größere Verunsicherung bei allen Beteiligten – auf Arbeitgeberseite wie auf Arbeitnehmerseite. Nach Ansicht beratender Strafrechtler wäre bereits ein zu viel gezahlter Cent an Vergütung für einen BR eine strafrechtlich relevante Untreue. Die strafrechtliche Sichtweise wirkt aus arbeitsrechtlicher Perspektive systemwidrig. Sie zwängt betriebsverfassungsrechtliche Fragen in ein strafrechtliches Schema. Dabei muss gerade im Bereich der Betriebsratsvergütungen in wesentlichen Teilen mit unbestimmten Rechtsbegriffen die zutreffende Höhe der Vergütung ermittelt werden. Wie dies für die beteiligten Personen auf Arbeitnehmer- und Arbeitgeberseite in jedem Fall juristisch eindeutig – ohne langwierige gerichtliche Klärung – zu entscheiden sein soll, um sich strafrechtlich nicht angreifbar zu machen, erscheint unklar und ist in keiner Weise praktikabel. Die Folge war und ist eine massive Rechtsunsicherheit, und dies führte zu eingefrorene Vergütungsentscheidungen, und rückwirkenden Lohnkürzungen. Allein bei der IG Metall wurden zeitweise mehr als 250 Klagen zur BR-Vergütung, wegen Kürzung der Vergütung oder wegen fehlender Vergütungsentwicklung, betreut.[14] Auch in der Öffentlichkeit dominierte das Bild vom »Luxus-Betriebsrat« – ein Narrativ, welches die Institution Betriebsrat delegitimieren kann.

VI. Einigkeit in der Bewertung

23 Eine nahezu gleiche Bewertung von Arbeitnehmerverbänden und Arbeitgeberverbänden kam zu dem Ergebnis, dass zur Vermeidung größerer Verwerfungen in den Betrieben, das, vor der BGH-Entscheidung bestehende, Gleichgewicht wieder hergestellt werden muss. Natürlich ist dieses Ergebnis erst nach einer längeren Beratung entstanden, denn AG wie AN konnten sich Verschiebungen zu ihren Gunsten vorstellen. Den Durchbruch brachte eine vom damaligen Arbeitsminister Hubertus Heil eingesetzte Kommission von drei Spezialisten, die einen Bericht über die »Rechtssicherheit in der Betriebsratsvergütung« abgeben sollten, der letztendlich die Vorlage für den Gesetzesentwurf werden sollte.[15] Die Gruppe bestand aus Herrn Prof. Thüsing, Frau Schmidt und Herrn Prof. Schlegel.[16] Der Entwurf sah letztendlich eine Klarstellung vor, die durch die Wiederherstellung der vorherigen Gesetzeslage erreicht wurde. Der Entwurf stellte neben einigen weiteren Regelungen klar, dass es eine hypothetische Karriereentwicklung nach § 78 Satz 2 BetrVG gibt, und auch außerhalb des Amts erworbene

13 BGH 10.1.2023 – 6 StR 133/2022.

14 Auskunft der IG Metall Vorstandsverwaltung vom 22.9.2025.

15 Vorschläge der Kommission zu »Rechtssicherheit in der Betriebsratsvergütung« vom 12.7.2023.

16 Prof. Dr. Rainer Schlegel, Präsident des Bundessozialgerichts a.D. / Ingrid Schmidt, Präsidentin des Bundesarbeitsgerichts a.D. / Prof. Dr. Gregor Thüsing LL.M. (Harvard) Direktor des Instituts für Arbeitsrecht und das Recht des sozialen Sicherung Universität Bonn.

Kenntnisse für die Vergütungsentwicklung berücksichtigt werden können, sowie die Besonderheit, dass es den Betriebsparteien ermöglicht wurde per Betriebsvereinbarung eine transparente Regelung zur Vergütung der BR zu schaffen, die zu einer Enthaftung der Beteiligten führen soll.[17]

Der Gesetzentwurf vom 27.11.2023 führte zu der Besonderheit, dass bei der Ex- 24
pertenanhörung im Bundestag alle Gutachter den Gesetzentwurf befürworteten oder zumindest nicht ablehnten.

Der Regelungsentwurf wird insgesamt als gut und aus Praxissicht hilfreich be- 25
wertet. Insbesondere als gut bewertet worden, ist die Stärkung des Ehrenamtsprinzips, die in der Begründung ausdrücklich genannt wird. Insgesamt erleichtert der Vorschlag die Handhabung in der Praxis indem klargestellt wird, zu welchen Zeitpunkten (Wahl, Wiederwahl und Freistellung) die Gruppe der mit dem BR-Mitglied vergleichbaren AN zu ermitteln ist. Die erstmalige Regelung zur Berücksichtigung aller vorhandenen Erfahrungen und Qualifikationen, die nach den betrieblichen Kriterien für die Gewährung eines entsprechenden Arbeitsentgelts maßgeblich sind, unabhängig davon, ob sie im Betriebsratsamt oder anderweitig erworben wurden, sind ein Novum und stellen eine deutliche Verbesserung der betrieblichen Mitbestimmung dar.

Lange wurde eine Verdienstobergrenze für BR diskutiert. Sie sollte der Rechts- 26
sicherheit und der Vermittelbarkeit des Themenkomplexes in der Öffentlichkeit dienen.

Die Einführung einer absoluten Obergrenze für die Betriebsratsvergütung[18] 27
wurde jedoch als schädlich angesehen, weil nicht ersichtlich war, warum nur Beschäftigte bis zu einer bestimmten Entgeltgrenze BR werden sollten. Die konkrete und feste Obergrenze zum Zeitpunkt der Erstellung des Entwurfes hätte bei 122 220,00 EUR liegen sollen. Eine solche absolute Obergrenze wäre systemwidrig gewesen, und hat deshalb konsequenterweise keine Umsetzung im Gesetz gefunden.

Die jetzt umgesetzten Veränderungen im Gesetz in den §§ 37 Abs. 4, 78 Satz 2 28
BetrVG sind keine einschneidenden Veränderungen. So sieht der Entwurf zur Novellierung der Betriebsverfassung vom DGB auch bei den Paragrafen zur Vergütung der BR weitere Verbesserungen vor.[19] Daher gibt es zu Recht Kritik an der erfolgten Novellierung. Aber auf Grund der Wichtigkeit ist die Wiederherstellung des »Gleichgewichtes« mit ein paar kleinen Veränderungen und die Wiederherstellung der Rechtssicherheit ein Erfolg für die Praxis und die Demokratie, der nicht zu unterschätzen ist.

Im Ergebnis wird festzuhalten sein, dass die Vergütung von BR ein symbolträch- 29
tiges Thema darstellt. Wird eine Vergütung von BR als überhöht dargestellt oder wahrgenommen, gerät die Legitimität der Mitbestimmung insgesamt in Gefahr.

---

17 Entwurf eines Zweiten Gesetzes zur Änderung des Betriebsverfassungsgesetzes, Bundestagsdrucksache 20/9469 vom 27.11.2023.

18 Hinweise hierzu aus der Stellungnahme des DGB Abteilung Recht und Vielfalt vom 18.4.2023.

19 Gesetzentwurf »Betriebliche Mitbestimmung für das 21. Jahrhundert« des DGB, *https://aur-blog.eu/worum-geht-es/*.

Umgekehrt können zu restriktive Regelungen qualifizierte Beschäftigte von einer Kandidatur abschrecken, und damit der Bildung von BR insgesamt im Weg stehen. Tatsächlich ist es jedoch ein erklärtes gesetzgeberisches Ziel, die Bildung von BR zu stärken.

Eine Einschränkung der beruflichen Entwicklungsmöglichkeiten von BR-Mitgliedern gefährdet nicht nur das individuelle Benachteiligungsverbot des § 78 Satz 2 BetrVG, sondern kann auch strukturelle Auswirkungen auf die Zusammensetzung von Betriebsratsgremien haben. Wenn die Übernahme eines Betriebsratsamtes mit beruflichen Risiken verbunden ist, kann dies die Bereitschaft zur Kandidatur mindern. Da Frauen in betrieblichen Hierarchien und Führungspositionen weiterhin unterrepräsentiert sind,[20] was auch für die Beteiligung an Betriebsratsgremien gilt,[21] besteht die Gefahr, dass sich solche Effekte mittelbar auch auf ihre Beteiligung an der betrieblichen Mitbestimmung auswirken.

30 Zudem hat die Betriebsratsvergütung auch einen verfassungsrechtlichen Aspekt. Das Benachteiligungsverbot in § 78 Satz 2 BetrVG konkretisiert den in Art. 3 GG (Gleichheitssatz) normierten Gleichbehandlungsgrundsatz und schützt die Funktionsfähigkeit der Mitbestimmung; und aus dem Demokratieprinzip ergibt sich eine Rechtfertigung für angemessene Bedingungen für eine effektive Betriebsratsarbeit.

31 Da mit dem Fortschreiten der Digitalisierung, dem Einsatz künstlicher Intelligenz und der Bildung von internationalen Lieferketten die Komplexität der Betriebsratsarbeit weiter ansteigt, wird zunehmend auch die Forderung nach professionellen, »hauptamtlichen« BR diskutiert. Ob das Ehrenamtsprinzip damit langfristig tragfähig bleibt, ist eine noch offene Frage.

32 In jedem Fall darf die Vergütung von BR keine Randfrage sein, sondern berührt die Substanz betrieblicher Mitbestimmung. Sie bewegt sich zwischen den Aspekten Ehrenamt, Gerechtigkeit, Legitimation und politischer Symbolik. Die Novelle von 2023 hat wieder mehr Rechtssicherheit geschaffen, aber nicht alle Fragen beantwortet. Künftige Diskussionen werden stärker die gesellschaftliche Wahrnehmung, die Gleichstellung und die wachsenden Anforderungen an BR in den Blick nehmen müssen. Aktuell stehen BR, Personalverantwortliche und deren jeweilige juristischen Berater vor der Herausforderung in der aktuellen Situation möglichst rechtssicher die beanstandungsfreie Betriebsratsvergütung festlegen zu können und zu müssen.

In den folgenden Kapiteln gehen die Autorinnen und Autoren dieses Handbuches konkret auf die Änderungen im Gesetz ein und geben praxisnahe Tipps für BR wie Personaler in Betrieben, um dieser Anforderung gerecht werden zu können.

---

20 Statistisches Bundesamt (Destatis), Pressemitteilung vom 3.11.2025, IAB-Kurzbericht »Gender Leadership Gap«, 2025, DIW Berlin, Wochenbericht zu Frauen in Vorständen großer Unternehmen.

21 Baumann/Brehmer/Hobler/Klenner/Pfahl, Frauen und Männer in Betriebsräten – Zur Umsetzung des Minderheitenschutzes bei Betriebsratswahlen, WSI Report Nr. 34, 01/2017; *https://www.iwkoeln.de/presse/pressemitteilungen/hagen-lesch-frauenmangel-im-betriebsrat.html.*

B. § 37 BetrVG und § 78 BetrVG – zwei Anspruchsgrundlagen

von Peter Abramowski

I. Das Betriebsratsamt als unentgeltliches Ehrenamt

Die gesetzlichen Regelungen zur Vergütung von Betriebsratsmitgliedern finden sich in den §§ 37, 38 Abs. 3, 78 BetrVG. 1
Ausgangspunkt ist dabei die in § 37 Abs. 1 BetrVG festgelegte Regelung:

»Die Mitglieder des Betriebsrats führen ihr Amt unentgeltlich als Ehrenamt.«

Diese Aussage wird ergänzt durch die Vorgabe in § 78 Satz 2 BetrVG, der bezogen auf die Mitglieder des Betriebsrats (BR) Folgendes bestimmt:

»Sie dürfen wegen ihrer Tätigkeit nicht benachteiligt oder begünstigt werden, dies gilt auch für ihre berufliche Entwicklung.«

Aus diesen gesetzlichen Regelungen ist einerseits abzuleiten, dass **für** die Ausübung des Betriebsratsamts in keiner Weise eine Vergütung gezahlt werden darf,[1] und andererseits, dass die BR-Mitglieder bei ihrer Vergütung und in ihrer beruflichen Entwicklung nicht schlechter gestellt werden dürfen als vergleichbare andere Arbeitnehmer (AN).[2] Für die Amtstätigkeit als solche, darf das BR-Mitglied also nicht bezahlt werden. Es soll vielmehr nach § 37 Abs. 2 BetrVG für die Zeit, in der es dieser Tätigkeit nachgeht, die Vergütung erhalten, die ihm für die Ausübung seiner arbeitsvertraglich geschuldeten Tätigkeit zusteht.
Dies soll nach der Konzeption des BetrVG zunächst durch § 37 Abs. 4 BetrVG erreicht werden. Diese Regelung soll anhand einfach nachzuweisender Anspruchsvoraussetzungen die **Mindestvergütung** des BR-Mitglieds absichern.[3] Daneben kann sich nach der Rechtsprechung des BAG aus § 611a Abs. 2 BGB in Verbindung mit § 78 Satz 2 BetrVG ein eigenständiger Rechtsanspruch auf Zahlung einer höheren Vergütung ergeben, wenn sich die Zahlung einer geringeren Vergütung als Benachteiligung des BR-Mitglieds wegen seiner Betriebsratstätigkeit 2

1 BAG 5.5.2010 – 7 AZR 428/08, Rn. 28; Fitting, § 37 Rn. 8.
2 BAG 18.1.2017 – 7 AZR 205/15, Rn. 15; Fitting, § 78 Rn. 18f.
3 BAG 20.3.2025 – 7 AZR 46/24, Rn. 66; BAG 23.11.2022 – 7 AZR 122/22, Rn. 41; DKW-Buschmann, § 78 Rn. 33c; Fitting, § 37 Rn. 114; Gräfl/Rennpferdt, RdA 2023, S. 245, 247; Richardi-*Thüsing*, BetrVG, § 78 Rn. 24a.

darstellen würde.[4] Prozessual handelt es sich daher bei den Ansprüchen eines BR-Mitglieds auf eine bestimmte Vergütung aus § 37 Abs. 4 BetrVG und aus § 78 Satz 2 BetrVG in Verbindung mit § 611a Abs. 2 BGB um zwei unterschiedliche Streitgegenstände, sodass durch das klagende BR-Mitglied im Sinne einer eventuellen Klagehäufung eine Rangfolge gebildet werden muss.[5]

3 Diese Entgeltsicherung der BR-Mitglieder beschränkt sich nicht auf die im Zeitpunkt der Amtsübernahme gezahlte Vergütung, sondern die Vergütung ist nach § 37 Abs. 4 BetrVG in dem Umfang zu erhöhen, in dem sich das Arbeitsentgelt vergleichbarer Beschäftigter zwischenzeitlich erhöht hat.[6] Dies gilt für den Zeitraum der Amtstätigkeit und darüber hinaus für einen Zeitraum von einem Jahr nach Beendigung der Amtszeit. Für BR-Mitglieder, die drei volle aufeinander folgende Amtszeiten freigestellt waren, verlängert sich dieser Zeitraum auf zwei Jahre (§ 38 Abs. 3 BetrVG).

4 Für freigestellte BR-Mitglieder wird dieser Entgeltschutz in § 38 Abs. 4 Satz 2 BetrVG dadurch ergänzt, dass sie innerhalb eines Jahres nach der Beendigung ihrer Freistellung im Rahmen der Möglichkeiten des Betriebs die Gelegenheit bekommen müssen, auch die wegen ihrer Freistellung unterbliebene **betriebsübliche berufliche Entwicklung nachzuholen**.

II. § 37 Abs. 4 BetrVG als Mindeststandard

5 Nach § 37 Abs. 4 Satz 1 BetrVG darf das Arbeitsentgelt von Mitgliedern des BR nicht geringer bemessen werden als das Arbeitsentgelt vergleichbarer AN mit betriebsüblicher Entwicklung. Dies gilt für ihre Amtszeit und für einen Zeitraum von einem Jahr nach Beendigung der Amtszeit. Im Rahmen von § 37 Abs. 4 BetrVG ist somit nicht auf eine individuelle hypothetische Weiterentwicklung des BR-Mitglieds abzustellen, sondern allein auf die betriebsübliche Weiterentwicklung vergleichbarer AN.[7]

§ 37 Abs. 4 Satz 1 BetrVG statuiert damit eine Verpflichtung des Arbeitgebers (AG), das Arbeitsentgelt eines BR-Mitglieds dem Arbeitsentgelt vergleichbarer AN mit betriebsüblicher Entwicklung anzupassen.[8]

---

4 BAG 20.3.2025 – 7 AZR 46/24, Rn. 63; BAG 23.11.2022-7 AZR 122/22, a.a.O., Rn. 41; ErfK-Koch, § 37 Rn. 9b; Fitting, § 37 Rn. 114; GK-BetrVG/Weber, § 37 Rn. 136; Gräfl/Rennpferdt, a.a.O., S. 247ff.; Richardi-*Thüsing*, § 78 Rn. 24; alle m.w.N.

5 BAG 20.3.2025 – 7 AZR 46/24, Rn. 21.

6 Vgl. nur Gräfl/Rennpferdt, a.a.O., S. 247.

7 BAG 23.11.2022 – 7 AZR 122/22, Rn. 37; Fitting, § 37 Rn. 116, m.w.N.

8 BAG 20.3.2025 – 7 AZR 46/24, Rn. 34.

1. Die Ermittlung vergleichbarer Arbeitnehmer

Im ersten Schritt ist daher zu ermitteln, welche AN mit dem BR-Mitglied vergleichbar sind. Nach der Rechtsprechung des BAG sind diejenigen AN mit dem BR-Mitglied vergleichbar, die im Zeitpunkt der Amtsübernahme 6

- eine ähnliche, im Wesentlichen **gleich qualifizierte Tätigkeit** ausüben und
- dafür **fachlich und persönlich in ähnlicher Weise qualifiziert** sind.[9]

a) Die Vergleichskriterien

Es ist also zunächst festzustellen, welche **Tätigkeit** das BR-Mitglied ausübt, 7
um im nächsten Schritt die Mitarbeitenden zu ermitteln, die im Wesentlichen gleich qualifizierte Tätigkeiten ausüben. Dabei muss es sich nicht um exakt die gleiche Tätigkeit handeln, sondern es reichen gleichwertige Tätigkeiten aus, die eine vergleichbare Qualifikation erfordern, dabei können die Aufgabenstruktur, die Schwierigkeit der Tätigkeit und der Umfang des Arbeitsplatzes Vergleichskriterien sein.[10] Ein Indiz für eine solche Gleichwertigkeit kann auch die **Eingruppierung** in die gleiche Tätigkeits- oder Entgeltgruppe eines Entgelttarifvertrages sein.

Außerdem ist die für die Ausübung der Tätigkeit relevante **persönliche und** 8
fachliche Qualifikation zum einen des BR-Mitglieds und zum anderen der Vergleichspersonen zu ermitteln. Hier sind insbesondere die schulische und berufliche **Ausbildung** einschließlich eines möglichen **Studiums,** der Erwerb von **Fachkenntnissen** aufgrund der Teilnahme an inner- oder außerbetrieblichen **Fortbildungen, Fremdsprachenkenntnisse** sowie **Team- und Kommunikationsfähigkeit, Belastbarkeit, Denkvermögen** und **Urteils- und Ausdrucksfähigkeit** zu berücksichtigen.[11] Bei der Frage nach der **Qualifikation** können auch **subjektive Gesichtspunkte** eine Rolle spielen. Wenn ein BR-Mitglied überdurchschnittliche Leistungen erbracht hat, kommen als vergleichbare AN auch nur solche mit überdurchschnittlichen Leistungen in Betracht. Dies gilt natürlich auch umgekehrt bei unterdurchschnittlichen Leistungen des BR-Mitglieds.[12]

Mitunter werden als Kriterien für die Vergleichbarkeit auch das **Lebensalter** und die **Dauer der Betriebszugehörigkeit** herangezogen. Diese Kriterien finden jedoch in § 37 Abs. 4 BetrVG keinen Anklang und sind für sich genommen keine Aspekte der fachlichen und persönlichen Qualifikation.[13] Allerdings sind Fallgestaltungen denkbar, in denen diese Kriterien indirekt Rückschlüsse auf die fachliche und persönliche Qualifikation zulassen. Zu denken ist hier z. B. an einen Mitarbeitenden, der gegen Ende seiner beruflichen Laufbahn nach 30jäh-

---

9 Vgl. nur BAG 20. 3. 2025 – 7 AZR 46/24, Rn. 32; BAG 23. 11. 2022 – 7 AZR 122/22, a. a. O, Rn. 28; BAG 22. 1. 2020 – 7 AZR 222/19, Rn. 21; alle m. w. N.; zitiert nach juris.

10 DKW-Wedde, § 37 Rn. 88; Fitting, § 37 Rn. 119a; Rothballer, NZA 2023, S. 257, 260; alle m. w. N.

11 GK-BetrVG/Weber, § 37 Rn. 145; Rothballer, a. a. O, S. 260; beide m. w. N.

12 BAG 13. 11. 1987 – 7 AZR 550/86, Rn. 30, m. w. N.; ErfK-Koch, § 37 BetrVG Rn. 9; Fitting, § 37 Rn. 119a, m. w. N.; Richardi-*Thüsing*, § 37 Rn. 71a.

13 Kritisch auch BAG 11. 5. 1988 – 5 AZR 334/87, Rn. 34; zitiert nach juris.

riger Betriebszugehörigkeit im Alter von 60 Jahren eine Tarifgruppe erreicht hat, in die das neu gewählte BR-Mitglied zum Zeitpunkt seiner erstmaligen Wahl in den BR bereits nach 5jähriger Betriebszugehörigkeit im Alter von 30 Jahren eingruppiert ist. Hier könnte die vorangegangene berufliche Entwicklung des 60-Jährigen dafürsprechen, dass dieser aufgrund seiner fachlichen und persönlichen Qualifikation nicht mit dem BR-Mitglied vergleichbar ist.

b) Maßgebliche Bezugsgröße

9 Die **maßgebliche Bezugsgröße** für die Ermittlung der vergleichbaren AN ist der **Betrieb**. Hat der Betrieb nur einen einzigen vergleichbaren AN, ist auf diesen abzustellen.[14] Umstritten ist die Frage, wie zu verfahren ist, wenn kein vergleichbarer AN im Betrieb beschäftigt ist.[15] Teilweise wird vertreten, dass in solchen Fällen auf diejenigen AN im Betrieb abgestellt werden soll, die mit dem BR-Mitglied am ehesten vergleichbar sind.[16] Die Gegenansicht möchte gegebenenfalls zunächst in den anderen Betrieben des Unternehmens nach vergleichbaren AN suchen, und erst dann, wenn auch dort keine vergleichbaren AN beschäftigt sind, auf die am ehesten vergleichbaren AN im Betrieb des betroffenen BR-Mitglieds abstellen.[17] Eine weitere Ansicht spricht sich für eine rein abstrakte Bestimmung der vergleichbaren AN aus.[18] Da in § 37 Abs. 4 Satz 1 BetrVG auf die betriebsübliche berufliche Entwicklung der vergleichbaren AN abzustellen ist, sollte an dieser Stelle keine abstrakte oder hypothetische Betrachtung vorgenommen werden, sondern die tatsächlich beschäftigten AN in den Blick genommen werden. Dabei ist nach § 37 Abs. 4 Satz 4 BetrVG auf die »betriebsübliche« Entwicklung abzustellen, sodass grundsätzlich in Ermangelung vollständig vergleichbarer Beschäftigter die am ehesten vergleichbaren AN in demselben Betrieb als Vergleichsperson herangezogen werden sollten. Das Heranziehen von vergleichbaren AN aus anderen Betrieben des Unternehmens ist allerdings dann geboten, wenn es in dem Unternehmen einheitliche Regelungen für die berufliche Entwicklung gibt, die auch Rückschlüsse auf die, im Betrieb des betroffenen BR-Mitglieds, »betriebsübliche« berufliche Entwicklung zulassen.[19]

---

14 BAG 21.4.1983 – 6 AZR 407/80; Fitting, § 37 Rn. 118; GK-BetrVG/Weber, § 37 Rn. 148; beide m. w. N.

15 Vgl. zum Meinungsstand Fitting, § 37 Rn. 118.

16 In diesem Sinne u. a. DKW-Wedde, 11. Aufl. (2008); § 37 Rn. 74; Fitting, § 37 Rn. 118; GK-BetrVG/Weber, § 37 Rn. 148; alle m. w. N.

17 DKW-Wedde, § 37 Rn. 88; MHdB ArbR/Krois, 5. Aufl. (2022), § 295 Rn. 185; Kommission »Rechtssicherheit in der Betriebsratsvergütung«, NZA 2023, S. 1303, 1305; in diesem Sinne auch die Gesetzesbegründung zum Entwurf des Zweiten Gesetzes zur Änderung des Betriebsverfassungsgesetzes, BT-Drucksache 20/9469, S. 9, ohne dass diese Frage in der Neufassung des § 37 Abs. 4 BetrVG ausdrücklich klagestellt wurde.

18 Jacobs/Frieling, NZA 2015, S. 513, 518.

19 BAG 20.3.2025 – 7 AZR 46/24, Rn. 60; in diesem Sinne auch Fitting, § 37 Rn. 118; GK-BetrVG/Weber, § 37 Rn. 149.

c) Maßgeblicher Zeitpunkt

Der maßgebliche Zeitpunkt für die Ermittlung der vergleichbaren AN ist nach der ständigen Rechtsprechung des BAG derjenige Zeitpunkt, in dem das BR-Mitglied zuletzt ausschließlich seiner beruflichen Tätigkeit nachgegangen ist, also der **Zeitpunkt der Wahl des BR-Mitglieds,** sowie bei Ersatzmitgliedern der Zeitpunkt des Nachrückens in den Betriebsrat. Dies gilt auch für freigestellte BR-Mitglieder.[20] Diese Rechtsprechung wurde durch die zum 25. 7. 2024 in Kraft getretene[21] Reform des § 37 Abs. 4 BetrVG bestätigt, indem ein neuer § 37 Abs. 4 Satz 3 BetrVG eingefügt wurde, der lautet: 10

»Zur Bestimmung der vergleichbaren Arbeitnehmer nach Satz 1 ist auf den Zeitpunkt der Übernahme des Betriebsratsamtes abzustellen, soweit nicht ein sachlicher Grund für eine spätere Neubestimmung vorliegt.«

Darüber hinaus wird mit dieser Neuregelung klargestellt,[22] dass eine **Neufestlegung der Vergleichsgruppe** zu erfolgen hat, wenn dafür ein **sachlicher Grund** besteht.

Ein solcher sachlicher Grund kann zunächst in einer weitreichenden Umstrukturierung des Betriebes, der technischen Umgestaltung der einschlägigen Arbeitsplätze und einer wesentlichen Veränderung des Aufgabenbereiches des Betriebsrats oder der Vergleichspersonen bestehen.[23] Auch der Erwerb zusätzlicher Qualifikationen durch das Betriebsratsmitglied wie beispielsweise das Bestehen einer Meisterprüfung oder ein Studienabschluss kann als sachlicher Grund eine Neufestlegung der Vergleichsgruppe erfordern.[24] Dies gilt auch für eine vertragliche Veränderung der Tätigkeit des BR-Mitglieds.[25]

Ein solcher sachlicher Grund liegt auch in den Fällen vor, in denen bei einem BR-Mitglied von eine hypothetischen Karriereentwicklung auszugehen ist, das BR-Mitglied aber die Übernahme der höher dotierten Stelle ablehnt, um weiter seiner Betriebsratstätigkeit nachzugehen. Würde man das BR-Mitglied hier allein auf seinen einmalig erhöhten Entgeltsanspruch aus § 611a Abs. 2 BGB in Verbindung mit § 78 Satz 2 BetrVG verweisen, würde dies das BR-Mitglied unzulässig benachteiligen, da es in der Folge bei den Gehaltsanpassungen auf die Entwicklung seiner bisherigen Vergleichsgruppe angewiesen wäre.[26]

---

20 Vgl. nur BAG 20.3.2025 – 7 AZR 159/24, Rn. 42; zitiert nach jurisBAG 23.11.2022 – 7 AZR 122/22, Rn. 36; BAG 22.1.2020 – 7 AZR 222/19, Rn. 21; BAG 18.1.2017 – 7 AZR 205/15, Rn. 16; alle m. w. N.

21 BGBl. 2024 I Nr. 248.

22 Vgl. hierzu die Gesetzesbegründung unter Hinweis auf BAG 23.11.2022, a. a. O., BT-Drucksache 20/9469, S. 1, 9; sowie BAG 20.3.2025 – AZR 159/24, Rn. 44.

23 Bayreuther, NZA 2024, S. 946, 946; Fitting, § 37 Rn. 119b.

24 Bayreuther, a. a. O., S. 946 f.; DKW-Wedde, § 37 Rn. 88d; Fitting, § 37 Rn. 119b.

25 Vgl. hierzu BAG 23.11.2022 – 7 AZR 122/22, Rn. 38.

26 Fitting, § 37 Rn. 119b; Giesen, NJW 2024, S. 2281, 2283; kritisch dagegen die Kommission »Rechtssicherheit in der Betriebsratsvergütung«, NZA 2023, S. 103, 105 f. und die Gesetzesbegründung zur Reform der §§ 37 und 78 BetrVG BT-Drucksache 20/9469, S. 9 f.; a. A. auch Bayreuther, a. a. O., S. 947.

Ein weiterer sachlicher Grund für eine Neufestlegung der Vergleichsgruppe kann schließlich auch das Ausscheiden der bisherigen Mitglieder des Vergleichsgruppe aus dem Arbeitsverhältnis sein, da zu diesem Zeitpunkt nicht mehr der in § 37 Abs. 4 Satz 1 BetrVG vorgesehene Vergleich zu der betriebsüblichen beruflichen Entwicklung der vergleichbaren AN angestellt werden kann.[27]
Die Freistellung eines AN von seiner Arbeitspflicht ist dagegen kein sachlicher Grund im Sinne des § 37 Abs. 4 Satz 3 BetrVG.[28]

Tipp:
Bei der erstmaligen Wahl in den BR sollte das BR-Mitglied eine ausreichend große Anzahl von mit ihm vergleichbaren AN in einer Liste notieren.

2. Ermittlung der betriebsüblichen Entwicklung der vergleichbaren Arbeitnehmer

11 Steht danach die Gruppe der vergleichbaren AN fest, ist im nächsten Schritt die Entwicklung des Arbeitsentgelts im Rahmen der betriebsüblichen beruflichen Entwicklung dieser vergleichbaren AN zu ermitteln.
Dazu ist zunächst festzustellen, ob die in die Vergleichsgruppe aufgenommenen AN überhaupt eine berufliche Entwicklung gemacht haben. Wenn dies der Fall ist, muss die Betriebsüblichkeit dieser Entwicklung geprüft werden. Eine solche Üblichkeit entsteht nach der Rechtsprechung des BAG aufgrund eines gleichförmigen Verhaltens des AG und einer von ihm aufgestellten Regel.[29] Dabei muss der Geschehensablauf so typisch sein, dass aufgrund der Gegebenheiten und Gesetzmäßigkeiten zumindest in der überwiegenden Anzahl der vergleichbaren Fälle mit der jeweiligen Entwicklung gerechnet werden.
Unkritisch sind daher die Fälle, in denen die Vergütungserhöhungen innerhalb der Vergleichsgruppe einheitlich erfolgen. In diesen Fällen hat auch das BR-Mitglied Anspruch auf eine entsprechende Erhöhung seiner Vergütung.[30]
Bei uneinheitlichen Entwicklungen innerhalb der Vergleichsgruppe ist dagegen auf die betriebsübliche Entgeltentwicklung der **Mehrzahl** der vergleichbaren AN abzustellen. Zunächst ist also zu prüfen, ob die zum Vergleich herangezogenen AN eine betriebsübliche Entwicklung gemacht haben. Wird dies bejaht, ist im nächsten Schritt festzustellen, welche Entgeltentwicklung die Mehrzahl dieser vergleichbaren AN gemacht hat.[31] Bei einer ausreichenden Anzahl von vergleichbaren AN mit betriebsüblicher Entwicklung kann dies anhand des **Medians** der Vergleichsgruppe ermittelt werden. Bei diesem Vorgehen bleiben »Ausreißer« in der Vergütungsentwicklung unberücksichtigt, da sie nicht die übliche Entwicklung abbilden.[32] Ist die Vergleichsgruppe dagegen so klein, dass nicht festgestellt

27 Fitting, § 37 Rn. 119b.
28 BAG 20.3.2025 – 7 AZR 159/24, Rn. 44; a.A. DKW-Wedde, § 37 Rn. 88d.
29 St. Rechtsprechung, vgl. nur BAG 23.11.2022 – 7 AZR 122/22, Rn. 29, m.w.N.
30 BAG 21.2.2018 – 7 AZR 496/16, Rn. 18.
31 BAG 23.11.2022 – 7 AZR 122/22, Rn. 34.
32 GK-BetrVG/Weber, § 37 Rn. 153, m.w.N.

werden kann, dass die Entgelte der Mehrzahl der vergleichbaren AN in gleichem Umfang erhöht wurden, ist die Entgeltanpassung nach dem **Durchschnitt** der Entgelterhöhungen der Angehörigen der Vergleichsgruppe mit betriebsüblicher beruflicher Entwicklung vorzunehmen.[33]

3. Festsetzungen durch die Betriebsparteien nach § 37 Abs. 4 Satz 4 und 5 BetrVG

Durch die Reform der Regelungen zur Vergütung der BR-Mitglieder wurde in § 37 Abs. 4 Satz 4 und 5 BetrVG die Möglichkeit geschaffen, dass die Betriebsparteien in einer Betriebsvereinbarung Regelungen zum Verfahren zur Festlegung der vergleichbaren AN treffen (§ 37 Abs. 4 Satz 4 BetrVG) und in Textform die Vergleichspersonen festlegen (§ 37 Abs. 4 Satz 5 BetrVG). Diese Regelungen können nur noch auf grobe Fehlerhaftigkeit hin überprüft werden (§ 37 Abs. 4 Satz 5 1. Halbsatz BetrVG). 12

a) Betriebsvereinbarungen zur Vergleichsgruppenbildung

Mit dieser Neuregelung hat der Gesetzgeber zunächst klargestellt,[34] dass im Rahmen der **freiwilligen Mitbestimmung** (§ 88 BetrVG) Betriebsvereinbarungen abgeschlossen werden können,[35] in denen das abstrakte Verfahren zur Festlegung vergleichbarer AN geregelt werden kann. Dabei hat der Gesetzgeber im Hinblick auf die Vielfalt der betrieblichen Stellenanforderungen und -bewertungen bewusst darauf verzichtet, konkrete Vorgaben zur Bestimmung der Vergleichsgruppen zu machen,[36] und damit einen weiten Beurteilungsspielraum für die Betriebsparteien eröffnet, der durch die gesetzlichen Leitlinien der §§ 37 Abs. 4, 78 Satz 2 BetrVG und die dazu ergangene Rechtsprechung begrenzt wird.[37] Ein eigenes Vergütungssystem für die BR kann dagegen in einer solchen Betriebsvereinbarung nicht geschaffen werden.[38]

Zunächst kann in einer solchen Betriebsvereinbarung das eigentliche **Verfahren zur Festlegung** der vergleichbaren AN geregelt werden. Hier ist z. B. an Regelungen bezüglich folgender Punkte zu denken: 13

- die Festlegung von Informationspflichten des AG zu möglichen Vergleichspersonen;
- ein Vorschlagsrecht der Betriebsparteien und das Verfahren zum Umgang mit diesen Vorschlägen, z. B. einer Anhörung des BR-Mitglieds;

---

33 BAG 20.3.2025 – 7 AZR 46/24, Rn. 60; BAG 23.11.2022 – 7 AZR 122/22, Rn. 34; BAG 21.2.2018 – 7 AZR 496/16, Rn. 18; alle m. w. N.

34 Vgl. BT-Drucksache 20/9469, S. 10 unter Hinweis auf BAG 18.1.2017 – 7 AZR 205/15, Rn. 22.

35 Bayreuther, a. a. O., S. 947; DKW-Wedde, § 37 Rn. 88h; Giesen, a. a. O., S. 2283f.

36 BT-Drucksache 20/9469, S. 10.

37 Bayreuther, a. a. O., S. 947; Fitting, § 37 Rn. 119d; vgl. auch BAG 20.3.2025 – 7 AZR 159/24, Rn. 40.

38 Bayreuther, a. a. O., S. 947; Giesen, a. a. O., S. 2284; ähnlich DKW-Wedde, § 37 Rn. 88k.

- ein Streitschlichtungsmechanismus und die Frage der Verbindlichkeit der in diesem Verfahren getroffenen Entscheidungen;
- der zeitliche Rhythmus der Überprüfungen der Vergleichsgruppe und mögliche außerordentliche Überprüfungen;
- ein Verfahren zum Auffüllen der Vergleichsgruppe beim Ausscheiden von Vergleichspersonen aus dem Betrieb;
- Regelungen für den Fall, dass kein vergleichbarer AN im Betrieb vorhanden ist, z. B. Ausweichen auf die Unternehmensebene.[39]

14 Daneben können in dieser Betriebsvereinbarung aber auch Regelungen zu den **inhaltlichen Kriterien der Vergleichbarkeit** und deren Gewichtung festgelegt werden.[40] Hierzu könnten z. B. Regelungen zu folgenden Themen getroffen werden:

- Festlegung der Kriterien für die Ermittlung der vergleichbaren Tätigkeiten wie z. B. Qualifikationsanforderungen, sowie Schwierigkeit und Umfang der Aufgaben;
- Berücksichtigung der tarifvertraglichen Eingruppierung oder betriebsüblicher Bewertungssysteme;
- Berücksichtigung von Ausbildungen wie der Schulausbildung, der Berufsausbildung und eines Studienabschlusses;
- Berücksichtigung von berufsbegleitenden Fortbildungen;
- Berücksichtigung von Fremdsprachenkenntnissen und
- Berücksichtigung subjektiver Gesichtspunkte wie der Erbringung überdurchschnittlicher Leistungen in der Vergangenheit.

b) Festlegung einer konkreten Vergleichsgruppe

15 Außerdem eröffnet § 37 Abs. 4 Satz 5 2. Halbsatz BetrVG die Möglichkeit, dass die Betriebsparteien auch die **konkreten Vergleichspersonen** für das jeweilige BR-Mitglied einvernehmlich **festlegen**. Dabei ergibt sich aus dem im Gesetz vorgesehenen Bezug dieser Festlegung der Einzelpersonen zur Betriebsvereinbarung zur Vergleichsgruppenbildung, dass von dieser Möglichkeit nur auf der Grundlage einer Betriebsvereinbarung zu diesem Thema Gebrauch gemacht werden kann.[41] Außerdem muss die Festlegung der Vergleichspersonen nach den Vorgaben der Betriebsvereinbarung zur Vergleichsgruppenbildung nach § 37 Abs. 4 Satz 3 BetrVG erfolgt sein.[42]

16 Das Ergebnis der Festlegung der konkreten Vergleichspersonen ist in **Textform** nach § 126b BGB zu dokumentieren.

---

39 Vgl. Bayreuther, a. a. O., S. 947 f.; DKW-Wedde, § 37 Rn. 88k; Giesen, a. a. O., S. 2284.

40 Bayreuther, a. a. O., S. 947; Giesen, a. a. O., S. 2284 unter Hinweis auf BT-Drucksache 20/9469, S. 10.

41 Bayreuther, a. a. O., S. 948.

42 DKW-Wedde, § 37 Rn. 88n; Giesen, a. a. O., S. 2285.

c) Überprüfung nur auf grobe Fehlerhaftigkeit

17 Wenn der AG und der BR ein **Verfahren** zur Festlegung vergleichbarer AN **in einer Betriebsvereinbarung** geregelt haben, ist dieses **verbindlich** (§ 77 Abs. 4 Satz 1 BetrVG). Eine rechtliche Überprüfung der Betriebsvereinbarung ist nach § 37 Abs. 4 Satz 5 BetrVG nur auf **grobe Fehlerhaftigkeit** hin zulässig.

Der Begriff der groben Fehlerhaftigkeit wurde offenbar in Anlehnung an die Regelung in § 1 Abs. 4 und 5 KSchG gewählt, nach der eine Sozialauswahl, die auf einer Auswahlrichtlinie gemäß § 95 BetrVG oder auf einem Interessensausgleich mit Namensliste nach § 112 BetrVG beruht, nur auf grobe Fehlerhaftigkeit hin zu überprüfen ist.[43] Grob Fehlerhaft ist nach der Rechtsprechung des BAG eine Sozialauswahl dann, wenn ein evidenter, also ins Auge springender, schwerer Fehler vorliegt und die Sozialauswahl, insbesondere bei der Gewichtung der Auswahlkriterien, jede soziale Ausgewogenheit vermissen lässt.[44] Dies kann z. B. der Fall sein, wenn einzelne Sozialdaten überhaupt nicht, oder mit eindeutig überhöhter Bedeutung berücksichtigt wurden. Überträgt man diese Überlegungen auf § 37 Abs. 4 Satz 5 BetrVG, ist von einer groben Fehlerhaftigkeit der Betriebsvereinbarung auszugehen, wenn

- sich die Betriebsparteien bei der Ausübung des ihnen eingeräumten Beurteilungsspielraums offensichtlich nicht an dem gesetzlichen Leitbild des § 37 Abs. 4 BetrVG und den dazu durch die Rechtsprechung konkretisierten Kriterien orientiert haben,
- sie sachfremde Kriterien aufgestellt haben,
- sie wesentliche Kriterien unberücksichtigt gelassen haben oder
- sie die Kriterien im Verhältnis zueinander offensichtlich unzureichend gewichtet haben.[45]

Maßgeblich ist dabei die objektive grobe Fehlerhaftigkeit der Betriebsvereinbarung, ein Verschulden ist nicht erforderlich.[46]

18 Auch die einvernehmlich zwischen dem AG und dem BR in Textform erfolgte **Festlegung der Vergleichspersonen** ist nach § 37 Abs. 4 Satz 5 2. Halbsatz BetrVG nur auf ihre **grobe Fehlerhaftigkeit** hin zu überprüfen, den Betriebsparteien steht auch hier ein Beurteilungsspielraum zu.[47] Die Überprüfung ist dabei für jedes einzelne BR-Mitglied gesondert vorzunehmen.[48]

---

43 Bayreuther, a. a. O., S. 948; Giesen, a. a. O., S. 2285.

44 Urteil 8. 12. 2022 – 6 AZR 31/22, Rn. 22, m. w. N.

45 Bayreuther, a. a. O., S. 948; DKW-Wedde, § 37 Rn. 88l; ErfK-Koch, § 37 Rn. 9a; Fitting, § 37 Rn. 119d; Giesen, a. a. O., S. 2285; BT-Drucks. 20/9469, S. 10; Kommission »Rechtssicherheit in der Betriebsratsvergütung«, NZA 2023, S. 1303, 1306.

46 Bayreuther, a. a. O., S. 948; BT-Drucks. 20/9469, S. 10; Kommission »Rechtssicherheit in der Betriebsratsvergütung«, a. a. O., S. 1306.

47 Bayreuther, a. a. O., S. 948; Giesen, a. a. O., S. 2285; weitergehend DKW/Wedde, § 37 Rn. 88n, der eine auf den Vorgaben einer Betriebsvereinbarung nach § 37 Abs. 4 Satz 4 und 5 BetrVG beruhende Bildung der Vergleichsgruppe in Textform als verbindlich ansieht.

48 Fitting, § 37 Rn. 119f; Giesen, a. a. O., S. 2285.

Dabei ist zunächst die Festlegung von Vergleichspersonen, die auf einer grob fehlerhaften Betriebsvereinbarung beruht, selbst auch grob fehlerhaft.[49] Darüber hinaus liegt eine grob fehlerhafte Auswahl der Vergleichspersonen vor, wenn sie mit den Vorgaben der Betriebsvereinbarung nach § 37 Abs. 4 Satz 5 BetrVG nicht im Einklang steht und dadurch die Bildung der Vergleichsgruppe evident unzulänglich ist.[50]

Tipp:
Die Betriebsparteien sollten zur Schaffung von Transparenz und zur Nutzung der Beschränkung der rechtlichen Überprüfungsmöglichkeit auf grobe Fehlerhaftigkeit hin eine Betriebsvereinbarung zur Vergleichsgruppenbildung abschließen, und die Vergleichspersonen in Textform festlegen.

4. Auskunftsanspruch

19 Wenn keine Betriebsvereinbarung zur Vergleichsgruppenbildung nach § 37 Abs. 4 Satz 5 BetrVG besteht und keine Vergleichsgruppe in Textform festgelegt wurde, besteht weiterhin ein **Auskunftsanspruch** des einzelnen BR-Mitglieds gegen den AG, ihm die vergleichbaren AN zu benennen.[51]

Nach der Rechtsprechung des BAG steht dem BR-Mitglied nach Treu und Glauben (§§ 611a Abs. 2, 242 BGB in Verbindung mit § 37 Abs. 4 BetrVG) ein Auskunftsanspruch über die Gehaltsentwicklung vergleichbarer AN mit betriebsüblicher beruflicher Entwicklung im Sinne des § 37 Abs. 4 BetrVG zu, wenn das BR-Mitglied in entschuldbarer Weise die Höhe des Arbeitsentgelts der vergleichbaren AN nicht kennt, der AG diese Auskunft aber unschwer erteilen kann.[52] Allerdings muss das BR-Mitglied zunächst unter Berücksichtigung der ihm zugänglichen Tatsachen vortragen, mit welchen AN es aus seiner Sicht vergleichbar ist. Verfügt das BR-Mitglied etwa wegen der Größe des Betriebs und der Vielzahl vergleichbarer AN nicht über ausreichende Erkenntnismöglichkeiten, kann es ausreichen, wenn das BR-Mitglied Referenzfälle darlegt, aus denen auf eine betriebsübliche Beförderungspraxis geschlossen werden kann.[53]

Trotzdem sind die von der Rechtsprechung aufgestellten Anforderungen an diesen Auskunftsanspruch des BR-Mitglieds hoch,[54] sodass zu empfehlen ist, die Informationsverpflichtungen des AG in eine Betriebsvereinbarung nach § 37 Abs. 4 Satz 4 BetrVG aufzunehmen.

---

49 Giesen, a. a. O., S. 2285.

50 Fitting, § 37 Rn. 119f; BT-Drucks. 20/9469, S. 10; Kommission »Rechtssicherheit in der Betriebsratsvergütung«, a. a. O., S. 1306; ähnlich Bayreuther, a. a. O., S. 948.

51 Fitting, § 37 Rn. 119e; BT-Drucks. 20/9469, S. 10; Kommission »Rechtssicherheit in der Betriebsratsvergütung«, a. a. O., S. 1306; weitergehend DKW-Wedde, § 37 Rn. 88n, der auch im Falle einer Vergleichsgruppenbildung nach § 37 Abs. 4 Satz 5 BetrVG einen individuellen Auskunftsanspruch bejaht.

52 BAG 19. 1. 2005 – 7 AZR 208/04, Rn. 14.

53 BAG 4. 11. 2015 – 7 AZR 972/13, Rn. 24; vgl. auch BAG 20. 3. 2025 – 7 AZR 159/24, Rn. 33.

54 Vgl. hierzu auch zu Dohna, AuR 2024, S. 413, 414f.

III. Hypothetische Karriereentwicklung nach § 78 Satz 2 BetrVG

Neben der über § 37 Abs. 4 BetrVG abgesicherten Mindestvergütung kann sich nach ständiger Rechtsprechung des BAG ein höherer Vergütungsanspruch eines BR-Mitglieds aus den §§ 611a Abs. 2 BGB, 78 Satz 2 BetrVG unter dem Gesichtspunkt einer **hypothetischen Karriereentwicklung** bzw. eines **fiktiven Beförderungsanspruchs** ergeben.[55] Wenn ein BR-Mitglied nur infolge der Amtsübernahme oder seiner Freistellung nicht in eine Position mit einer höheren Vergütung aufgestiegen ist, kann es zur Vermeidung einer nach § 78 Satz 2 BetrVG unzulässigen Benachteiligung wegen der Betriebsratstätigkeit von dem AG eine entsprechend erhöhte Vergütung verlangen.[56] 20

Nachdem der BGH in einem Strafurteil vom 10. 1. 2023 festgestellt hatte, dass der objektive Straftatbestand der Untreue nach § 266 Abs. 1 StGB erfüllt sein kann, wenn die Verantwortlichen einer Aktiengesellschaft unter Verstoß gegen das betriebsverfassungsrechtliche Begünstigungsverbot des § 78 Satz 2 BetrVG einem BR-Mitglied ein überhöhtes Arbeitsentgelt gewähren, und zur Begründung ausgeführt hatte, dass es sich verbiete *»auf die hypothetische Gehaltsentwicklung des Betriebsrats bei der* ***Sonderkarriere*** *abzustellen«*[57], wurden in der Literatur zum Teil Zweifel daran geäußert, ob an der Rechtsprechung des BAG festgehalten werden kann. Mit der am 25. 7. 2024 in Kraft getretenen Reform des § 78 BetrVG hat der Gesetzgeber aber klargestellt, dass diese Anspruchsgrundlage weiterhin besteht.[58] In der Gesetzesbegründung wurde unter Bezugnahme auf die Urteile des BAG vom 22. 1. 2020 und 20. 1. 2021 ausdrücklich darauf hingewiesen, dass es zur Vermeidung einer sachwidrigen Benachteiligung eines BR-Mitglieds geboten sein kann, ihm einen fiktiven Beförderungsanspruch zuzuerkennen, wenn es nur infolge der Amtsübernahme oder Freistellung nicht in eine Position mit höherer Vergütung aufgestiegen ist.[59] Dies kommt in der Ergänzung des § 78 BetrVG durch den neuen § 78 Satz 3 BetrVG zum Ausdruck, der klarstellt, dass keine unzulässige Begünstigung oder Benachteiligung vorliegt, wenn dem BR-Mitglied ein höheres Arbeitsentgelt gewährt wird, weil es *»die für die Gewährung des Arbeitsentgelts erforderlichen betrieblichen Anforderungen und Kriterien erfüllt.«* 21

Die vom BAG entwickelten Grundsätze zur hypothetischen Karriereentwicklung bzw. zum fiktiven Beförderungsanspruch sind daher auch weiterhin anwendbar.[60]

---

55 Vgl. nur BAG 2. 3. 2025 – 7 AZR 46/24, Rn. 63 ff.; BAG 23. 11. 2022 – 7 AZR 122/22, Rn. 41; BAG 22. 1. 2020 – 7 AZR 222/19, Rn. 28 ff.; BAG 20. 1. 2021 – 7 AZR 52/20, Rn. 23; alle m. w. N.

56 BAG 20. 3. 2025 – 7 AZR 46/24, Rn. 63; BAG 22. 1. 2020 – 7 AZR 222/19, Rn. 29; BAG 20. 1. 2021 – 7 AZR 52/20, Rn. 23.

57 BGH 10. 1. 2023 – 6 StR 133/22, Rn. 22.

58 Bayreuther, a. a. O., S. 949; Giesen, a. a. O., S. 282 f.

59 BT-Drucksache 20/9469, S. 11.

60 BAG 20. 3. 2025 – 7 AZR 46/24, Rn. 67 ff.; DKW-Buschmann, § 78 Rn. 13c ff.

1. Fallgruppen

22 Das BAG hat mehrere **Fallgruppen** entwickelt, in denen der Amtsträger geltend machen kann, dass er ohne die Ausübung seines Amts oder ohne die Freistellung durch eine Beförderung einen beruflichen Aufstieg genommen hätte, und ihm deshalb ein Anspruch auf Zahlung der höheren Vergütung nach §§ 611a Abs. 2 BGB, 78 Satz 2 BetrVG zusteht.[61]

Dies sind zunächst die Fälle, in denen die **tatsächlich erfolgte Bewerbung** des BR-Mitglieds auf eine bestimmte Stelle gerade wegen seiner Betriebsratstätigkeit und/oder seiner Freistellung **erfolglos geblieben** ist.

Aber auch wenn sich ein BR-Mitglied auf eine bestimmte Stelle **nicht beworben** hat, kann ihm ein fiktiver Beförderungsanspruch zustehen, wenn er die **Bewerbung** gerade wegen seiner Betriebsratstätigkeit oder Freistellung **unterlassen** hat, und die **Bewerbung ohne diese Betriebsratstätigkeit oder diese Freistellung erfolgreich gewesen wäre.**[62] Außerdem muss das BR-Mitglied **grundsätzlich** über die für die Stelle erforderlichen **Fachkenntnisse und Qualifikationen** verfügen und seine tatsächliche oder fiktive **Bewerbung** müsste **grundsätzlich erfolgreich** gewesen sein. Von diesen Grundsätzen lässt das BAG allerdings mit Blick auf den Schutzzweck des § 78 Satz 2 BetrVG Ausnahmen zu. So ist es unschädlich, wenn eine tatsächliche oder fiktive Bewerbung daran scheitert, dass dem Amtsträger gerade aufgrund seiner Betriebsratstätigkeit die aktuellen Fachkenntnisse fehlen oder der AG sich zur Beurteilung der fachlichen und beruflichen Qualifikation infolge der Freistellung des BR-Mitglieds außer Stande gesehen hat.[63]

23 In allen Fällen ist Voraussetzung des fiktiven Beförderungsanspruchs, dass tatsächlich eine entsprechende **freie Stelle** vorhanden war.[64]

> **Tipp:**
> BR-Mitglieder sollten die Ausschreibungen von Beförderungsstellen durch den AG im Blick behalten, sich diese notieren und sich auf geeignete Stellen bewerben.

2. Berücksichtigung von während der Betriebsratstätigkeit erworbenen Kenntnissen

24 Im Zusammenhang mit der Prüfung, ob ein BR-Mitglied über die für die Beförderungsstelle erforderlichen fachlichen und beruflichen Qualifikationen verfügt, stellt sich häufig die Frage, ob **Kenntnisse und Qualifikationen** berücksichtigt werden können, die das BR-Mitglied **nach seiner Wahl in den BR**, unter

---

61 BAG 13.8.2025 – 7 AZR 174/24, Rn. 22; BAG 20.1.2021 – 7 AZR 52/20, a.a.O., Rn. 24; BAG 22.1.2020 – 7 AZR 222/19, Rn. 31; alle m.w.N.

62 BAG 13.8.2025 – 7 AZR 174/24, Rn. 25; BAG 20.1.2021 – 7 AZR 52/20, Rn. 24; BAG 22.1.2020 – 7 AZR 222/19, Rn. 31.

63 BAG 13.8.2025 – 7 AZR 174/24, Rn. 25; BAG 20.1.2021 – 7 AZR 52/20, Rn. 24; BAG 22.1.2020 – 7 AZR 222/19, Rn. 31.

64 BAG 13.8.2025 – 7 AZR 174/24, Rn. 31; Bayreuther, a.a.O., S. 949f., m.w.N.; ErfK-Koch, § 37 Rn. 9b; Fitting, § 78 Rn. 19; BT-Drucksache 20/9469, S. 11.

Umständen sogar im Rahmen seiner Betriebsratstätigkeit, **erworben** hat. Diese Frage war in der Vergangenheit juristisch umstritten, weil teilweise darin eine unzulässige Begünstigung des BR-Mitglieds gesehen wurde,[65] dürfte nun aber durch die Reform des § 78 BetrVG geklärt sein. Nach § 78 Satz 3 BetrVG ist darauf abzustellen, ob das BR-Mitglied in seiner Person die für die Gewährung des Arbeitsentgelts erforderlichen Kriterien erfüllt. Es wird also allein auf die Anforderungen der konkreten Stelle abgestellt. Es kann daher nicht darauf ankommen, wie diese Kenntnisse, Fähigkeiten und Qualifikationen erworben wurden.[66] Diese Auslegung entspricht auch dem Verständnis des Gesetzgebers, der hierzu in der Gesetzesbegründung ausführt:[67] »*Dabei kann es sachlich gerechtfertigt sein, bei einer solchen Stellenbesetzung auch die durch und während der Amtstätigkeit erworbenen Kenntnisse, Fähigkeiten und Qualifikationen zu berücksichtigen, soweit sie im Unternehmen auch außerhalb des Betriebsratsamtes für die jeweilige Stelle karriere- und vergütungsrelevant sind. Sie sind das Ergebnis eines individuellen persönlichen Lernprozesses des Betriebsratsmitglieds und nicht ohne weiteres durch eine Funktion im Betriebsrat oder einem seiner Ausschüsse oder Gremien vorgegeben. Nicht berücksichtigungsfähig ist indes, dass etwa ein Mitglied des Betriebsrats ggf. mit Vorständen und Managern »auf Augenhöhe verhandelt« oder »komplexe Aufgaben« wahrnimmt oder in »unternehmerische Entscheidungskomplexe eingebunden« ist. Diese Maßstäbe knüpfen in unzulässiger Weise an die Betriebsratstätigkeit an und finden keine Stütze im Betriebsverfassungsgesetz.*«
In diesem Sinn hat nun auch das BAG entschieden, dass es nicht darauf ankommt, auf welchem Weg ein BR-Mitglied die für die Besetzung der freien (Beförderungs-)Stelle erforderlichen Kenntnisse, Fähigkeiten und Qualifikationen erworben hat. Wesentlich ist, dass es sich um konkrete Kenntnisse, Fähigkeiten und Qualifikationen handelt, die auch ansonsten für die zu besetzende Stelle einstellungs- und vergütungsrelevant sind.[68] Dies gilt auch für die im Rahmen der Betriebsratstätigkeit als Ehrenamt erworbenen Kenntnisse etc., die dem AN auch nach der Beendigung seiner Betriebsratstätigkeit erhalten bleiben.[69]

3. Gestaltungsspielraum nach § 78 Satz 3 BetrVG

Durch den neu in das Gesetz aufgenommenen § 78 Satz 3 BetrVG hat der Gesetzgeber außerdem auch in diesem Zusammenhang klargestellt, dass dem AG bei der Festlegung der Betriebsratsvergütung ein **Beurteilungsspielraum** zusteht.[70] 25

65 Vgl. zum Meinungsstand Fitting, § 78 Rn. 20.

66 Ebenso Bayreuther, a. a. O, S. 949; Fitting, § 78 Rn. 21; ähnlich ErfK-Koch, § 37 Rn. 9b; HWK/Sittard, § 78 BetrVG Rn. 12a.

67 BT-Drucksache, 20/9469, S. 11, im Anschluss an die Empfehlungen der Kommission »Rechtssicherheit in der Betriebsratsvergütung«, a. a. O., S. 1307.

68 BAG 13.8.2025 – 7 AZR 174/24, Rn. 31.

69 BAG 13.8.2025 – 7 AZR 174/24, Rn. 32.

70 Bayreuther, a. a. O., S. 950; BT-Drucksache 20/9469, S. 11.

Die Ausübung dieses Beurteilungsspielraums ist nach § 78 Satz 3 BetrVG nur dahingehend zu überprüfen, ob sie **ermessensfehlerhaft** erfolgt ist. Dabei bezieht sich die Festlegung und damit auch die Ermessensausübung sowohl auf die für die Stelle erforderlichen betrieblichen Anforderungen als auch auf die Höhe des Arbeitsentgelts.[71] Es ist erforderlich aber auch ausreichend, dass der AG eine plausible, nachvollziehbare und nicht an sachwidrigen Kriterien orientierte Festlegung vornimmt.[72] Von einem Ermessensfehler wird dann auszugehen sein, wenn die Vertragsparteien nicht vernünftigerweise davon ausgehen durften, dass sie eine zutreffende Bewertung der hypothetischen Karriere- und der daraus resultierenden Gehaltsentwicklung vorgenommen haben.[73] Da hier im Gesetz auf die betrieblichen Anforderungen und Kriterien abgestellt wird, sind sowohl die verbindlichen tarifvertraglichen als auch die sonstigen Vorgaben maßgeblich, nach denen gewöhnlich die betreffenden Positionen im Betrieb besetzt werden.[74] Diese können nach der Gesetzesbegründung auch auf subjektiven Einschätzungen und Bewertungen beruhen.[75]

71 Fitting, § 78 Rn. 22.

72 ErfK-Koch, § 37 Rn. 9b; Fitting, § 78 Rn. 22.

73 Bayreuther, a. a. O., S. 950; Fitting, § 78 Rn. 22, m. w. N.; BT-Drucksache 20/9469, S. 11; Kommission »Rechtssicherheit in der Betriebsratsvergütung«, a. a. O., S. 1307.

74 Giesen, a. a. O., S. 2286.

75 BT-Drucksache 20/9469, S. 11 unter Hinweis darauf, dass in der Privatwirtschaft Personalauswahlentscheidungen legitimerweise auf subjektiven, diskriminierungsfreien Einschätzungen und Bewertungen beruhen.

C. Eingruppierung und Entwicklung § 37 BetrVG (Allgemeiner Teil)

von Waghma Kopp

I. Neukonzeption des § 37 Abs. 4 BetrVG

Die Regelungen zur Vergütung von Betriebsratsmitgliedern (BR-Mitglieder) sind von zentraler Bedeutung, da ohne entsprechende Vorgaben die Gefahr bestünde, dass BR-Mitglieder aufgrund ihrer Amtsausübung von der allgemeinen Entgeltentwicklung abgekoppelt werden würden. Nur durch eine sachgerechte Ausgestaltung der Vergütungsregelungen kann sichergestellt werden, dass die Übernahme eines Betriebsratsamtes nicht zu finanziellen Nachteilen führt und die Unabhängigkeit der Interessenvertretung gewahrt bleibt. 1

Die gesetzlichen Regelungen erwiesen sich jedoch als besonders komplex und vielschichtig. Trotz der kontinuierlichen Weiterentwicklung durch die Rechtsprechung blieben zahlreiche Auslegungsfragen offen, die bei den BR-Mitgliedern weiterhin zu Unsicherheiten führten. In der Praxis stellten sich große Schwierigkeiten bei der Anwendung der gesetzlichen Vorgaben dar. 2

Tatsächlich führte die Umsetzung der allgemeinen Grundsätze nicht selten dazu, dass sich die Vergütungsentwicklung von BR-Mitgliedern im Vergleich zu Nichtmitgliedern verschlechterte.[1] 3

Gerade für freigestellte BR-Mitglieder, die über einen längeren Zeitraum ausschließlich Betriebsratstätigkeit ausübten, gestalteten sich die entwickelten Grundsätze als besonders schwierig oder waren teilweise gar nicht mehr umsetzbar.

Das Fehlen einer klaren Regelung zur Fortzahlung des ausgefallenen Entgelts der BR-Mitglieder führte meist konsequenterweise zu einer Benachteiligung dieser.

Gesetzlich ist die Regelung zur Betriebsratsvergütung in § 37 BetrVG verankert. 4

Bis 24.7.2024 lautete § 37 Abs. 4 BetrVG: »*Das Arbeitsentgelt von Mitgliedern des Betriebsrats darf einschließlich eines Zeitraums von einem Jahr nach Beendigung der Amtszeit nicht geringer gemessen werden als das Arbeitsentgelt vergleichbarer Arbeitnehmer mit betriebsüblicher beruflicher Entwicklung. Dies gilt auch für allgemeine Zuwendung des Arbeitgebers.*«

Durch die Regelung des § 37 Abs. 4 BetrVG durfte das Arbeitsentgelt von BR-Mitgliedern bis zu einem Jahr nach dem Ende ihrer Amtszeit »nicht geringer

1 Annuß in BRuR, 2024, 286.

bemessen werden als das Arbeitsentgelt vergleichbarer Arbeitnehmer mit betriebsüblicher beruflicher Entwicklung«. Diese Regelung sollte dazu dienen, das allgemeine Benachteiligungsverbot zur Bekämpfung der feststellbaren Benachteiligung von BR-Mitgliedern durch eine »einfach zu handhabende Mindestgewährleistung« zu ergänzen.[2] Dennoch erwies sich die Regelung als unklar und unvollständig. In der praktischen Umsetzung stellte sich die Regelung als zu komplex dar.

5 Mit dem Bundesgerichtshofurteil aus dem Jahr 2023,[3] welches die Frage der Untreue bei Verstößen gegen das betriebsverfassungsrechtliche Begünstigungsverbot thematisierte, wurde in der Praxis eine noch größere Rechtsunsicherheit im Hinblick auf die Grundsätze zur Vergütung von BR-Mitgliedern geschaffen. In dieser Entscheidung wurde vom BGH klargestellt, dass der objektive Tatbestand der Untreue nach § 266 Abs. 1 StGB erfüllt ist, wenn ein Vorstand oder Prokurist einer Aktiengesellschaft unter Verstoß gegen das betriebsverfassungsrechtliche Begünstigungsverbot (§ 78 Satz 2 BetrVG) einem Mitglied des Betriebsrats ein überhöhtes Arbeitsentgelt gewährt. Der BGH verschärfte in seinem Urteil die Risiken für vorsätzliches Handeln, was zu erheblichen Konsequenzen in der Praxis führte. Die Entscheidung führte in der Praxis zu weiterer Rechtsunsicherheit, sodass Unternehmen vermehrt präventiv die Vergütung von BR-Mitgliedern kürzten. Umso bedeutender wurde die Frage wie die Vergütung von BR-Mitgliedern nun tatsächlich festzulegen sei, ohne gleichzeitig gegen das Begünstigungsverbot zu verstoßen. Angesichts dieser entstandenen Rechtsunsicherheiten erschien eine Anpassung der gesetzlichen Regelungen als zwingend erforderlich. Damit sollte eine klare und verlässliche Grundlage geschaffen werden, um sowohl Rechtssicherheit als auch eine faire Behandlung der BR-Mitglieder zu gewährleisten und Transparenz zu schaffen.

6 Der Gesetzgeber sah sich in der Verantwortung negative Folgen für die betriebliche Mitbestimmung insgesamt auszuschließen, ohne dabei die Möglichkeit der Aufklärung und Ahndung von Verstößen gegen das Begünstigungsverbot einzuschränken.[4] Die Überlegung bestand darin, den Mitgliedern des BR mit der Anknüpfung an die betriebsübliche Entwicklung vergleichbarer Arbeitnehmer einen klar nachvollziehbaren Maßstab bereitzustellen. Dabei war beabsichtigt, den BR-Mitgliedern den Anspruch auf die gleiche Vergütungsentwicklung wie diejenige Vergütungsentwicklung vergleichbarer Arbeitnehmer zu gewähren.[5] Die Regelung über die »Vergleichsgruppe« sowie die »hypothetische Karriereentwicklung« erwiesen sich dabei als geeigneter Ansatz, um eine sachgerechte Lösung zu schaffen und Benachteiligungen im Hinblick auf die Entgeltentwicklung zu vermeiden. Die Absicht des Gesetzgebers bestand darin, in Klarstellung der aktuellen Rechtslage eine Fortschreibung sowohl des § 37 Absatz 4 als auch des § 78 Satz 2 BetrVG im Sinne des Ehrenamtsprinzips durchzuführen. Durch

2 Annuß in BRuR, 2024, 287.
3 BGH 10.1.2023 – 6 StR 133/22.
4 Gesetzesentwurf, Drucksache 20/9469, S. 6.
5 Annuß in BRuR, 2024, 287.

eine präzisere Regelung sollte das Risiko von Verstößen redlich handelnder Arbeitgeber und betriebsverfassungsrechtlicher Amtsträger gegen das Benachteiligungs- und Begünstigungsverbot reduziert werden. Es war nicht beabsichtigt neue oder zusätzliche Entgeltansprüche zu schaffen.[6] Die vom Bundesarbeitsgericht bisher entwickelten Grundsätze zu dieser Thematik sollten lediglich konkretisiert werden.[7]

Diese gesetzliche Neuregelung zur Vergütung von BR-Mitgliedern trat am 7
25.7.2024 sodann in Kraft. § 37 Abs. 4 BetrVG lautet nunmehr: »*Das Arbeitsentgelt von Mitgliedern des Betriebsrats darf einschließlich eines Zeitraums von einem Jahr nach Beendigung der Amtszeit nicht geringer bemessen werden als das Arbeitsentgelt vergleichbarer Arbeitnehmer mit betriebsüblicher beruflicher Entwicklung. Dies gilt auch für allgemeine Zuwendungen des Arbeitgebers. Zur Bestimmung der vergleichbaren Arbeitnehmer nach Satz 1 ist auf den Zeitpunkt der Übernahme des Betriebsratsamtes abzustellen, soweit nicht ein sachlicher Grund für eine spätere Neubestimmung vorliegt. Arbeitgeber und Betriebsrat können in einer Betriebsvereinbarung ein Verfahren zur Festlegung vergleichbarer Arbeitnehmer regeln. Die Konkretisierung der Vergleichbarkeit in einer solchen Betriebsvereinbarung kann nur auf grobe Fehlerhaftigkeit überprüft werden; Gleiches gilt für die Festlegung der Vergleichspersonen, soweit sie einvernehmlich zwischen Arbeitgeber und Betriebsrat erfolgt und in Textform dokumentiert ist.*«

Durch die Neuregelungen werden zentrale Aspekte aus der Rechtsprechung teilweise ausdrücklich in § 37 Abs. 4 BetrVG aufgenommen oder in der Gesetzesbegründung berücksichtigt.

Die in § 37 Abs. 4 BetrVG enthaltene Mindestgarantie wurde nunmehr um die Sätze 3 bis 5 ergänzt.

1. Zeitpunkt der Amtsübernahme

Die Neukonzeption konkretisiert den Begriff »vergleichbarer Arbeitnehmer«, 8
indem nunmehr geregelt ist, dass der Maßstab für die Entlohnung von BR-Mitgliedern grundsätzlich auf den Zeitpunkt der Amtsübernahme abgestellt wird. § 37 Abs. 4 BetrVG begründet einen Anspruch auf Angleichung des Arbeitsentgelts an die Entgeltentwicklung vergleichbarer Arbeitnehmer im Betrieb. Die Vorschrift ist keine abschließende Regelung über die Entgelthöhe des Amtsträgers, sondern dient der Durchsetzung des Benachteiligungsverbots durch einfacher nachzuweisende Anspruchsvoraussetzungen.[8] Für die Bestimmung der Vergleichsgruppe ist nach § 37 Abs. 4 Satz 3 BetrVG grundsätzlich auf den Zeitpunkt der Amtsübernahme abzustellen. Dies gilt ungeachtet einer etwaigen Freistellung des BR-Mitglieds. Insbesondere kommt es dabei nicht auf den exakten Zeitpunkt der Freistellung an.

---

6 Gesetzesentwurf, Drucksache 20/9469, S. 7.
7 Annuß in BRuR, 2024, 286.
8 BAG 22.1.2020 in NZA 2020, 594.

9 Die Zusammensetzung der jeweiligen Vergleichsgruppe kann sich im Laufe der Amtszeit des BR-Mitglieds jedoch verändern. Dies findet nun durch die Regelung des § 37 Abs. 4 Satz 3 2. Halbsatz BetrVG – »*so weit nicht ein sachlicher Grund für eine spätere Neubestimmung vorliegt*«– Berücksichtigung. Liegt beispielsweise ein beruflicher Aufstieg desjenigen BR-Mitglieds vor, welches die persönlichen und fachlichen Voraussetzungen für eine höherwertige Position erfüllt, und eine entsprechende Änderungsvereinbarung mit dem Arbeitgeber ist erforderlich, besteht ein sachlicher Grund für eine Neubestimmung der Vergleichsgruppe.[9]

> **Beispiel:**
> Erfolgt im Betrieb eine Betriebsänderung im Sinne des § 111 BetrVG, kann hierin beispielsweise ein sachlicher Grund für eine Neubestimmung der Vergleichsgruppe liegen. Dies gilt insbesondere im Falle einer grundlegenden Änderung der Betriebsorganisation gemäß § 111 Satz 3 Nr. 4 BetrVG. Eine solche Maßnahme kann das Stellenprofil der ursprünglichen Tätigkeit des BR-Mitglieds wesentlich verändern und somit eine Anpassung der Vergleichsgruppe erforderlich machen. Kommt es im Zuge der Betriebsänderung zu einem Abschluss eines Änderungsvertrags mit dem BR-Mitglied, ist die Neubestimmung der Vergleichsgruppe aufgrund des sachlichen Grundes indiziert.[10] Es besteht die Notwendigkeit eine Neubestimmung der Vergleichsgruppe zu dokumentieren.

10 § 37 Abs. 4 und Abs. 5 BetrVG stellen weiterhin sicher, dass BR-Mitglieder weder in wirtschaftlicher noch in beruflicher Hinsicht gegenüber vergleichbaren Arbeitnehmern mit betriebsüblicher beruflicher Entwicklung Nachteile erleiden.[11] Dadurch soll dem BR-Mitglied eine berufliche Entwicklung ermöglicht werden, wie sie ohne die Übernahme des Betriebsratsamts möglich gewesen wäre. § 37 Abs. 4 BetrVG gilt weiterhin als Mindestentgeltschutz und enthält keine abschließende Regelung.[12]

2. Freiwillige Betriebsvereinbarung

11 Da es in der Praxis häufig zu Abgrenzungsproblemen bei der Bildung der Vergleichsgruppen kam, eröffnet § 37 Abs. 4 Satz 4 BetrVG nunmehr die Möglichkeit, das Verfahren zur Bestimmung vergleichbarer Arbeitnehmer in einer freiwilligen Betriebsvereinbarung zu regeln.[13]
Die gesetzlichen Vorgaben sind so gestaltet, dass sie Unternehmen und Betriebsräte (BR) dazu anregen, konkrete und faire Regelungen zur Vergütung in Betriebsvereinbarungen festzulegen.
Dabei kann, ausgehend von einer Betriebsvereinbarung über die Vergleichskriterien, auch eine einvernehmliche Festlegung konkreter Vergleichspersonen

9 Gesetzesentwurf, Drucksache 20/9469; S. 9; BAG 20.3.2025 – 7 AZR 159/24.
10 Bundverlag Extra, Neues zur Betriebsratsvergütung, S. 7.
11 DKW-Wedde, § 37, Rn. 86.
12 Gesetzesentwurf, Drucksache 20/9469, S. 6ff.
13 ErfK-Koch, § 37 BetrVG, Rn. 9a; BAG 18.1.2017 – 7 AZR 205/15.

in Textform erfolgen, § 37 Abs. 4 Satz 5, 2. Halbsatz BetrVG. Den Betriebsparteien steht ein weiter Beurteilungs- und Wertungsspielraum zu, da nach § 37 Abs. 4 Satz 5, 1. Halbsatz BetrVG nur grobe Fehlerhaftigkeit zu prüfen ist. Diese liegt vor, wenn die jeweiligen Vergleichbarkeitsmerkmale entweder nicht an den Kriterien des durch die Rechtsprechung konkretisierten gesetzlichen Leitbilds orientiert sind, sachwidrige weitere Kriterien enthalten, wesentliche Kriterien unberücksichtigt lassen, oder diese im Verhältnis zueinander eindeutig unzureichend oder mit verfehlter Gewichtung berücksichtigt werden.[14]

Hinweis:
Bei der Auswahl und Festlegung vergleichbarer Arbeitnehmer können die Betriebsparteien im Rahmen von § 37 Abs. 4 Satz 4 und 5 BetrVG weitgehend eigenverantwortlich entscheiden. Aufgrund des breiten Beurteilungs- und Wertungsspielraums empfiehlt es sich, zur Vermeidung von Streitigkeiten und zur Klarstellung, eine präzise, sachgerechte und dokumentierte Vorgehensweise in einer freiwilligen Betriebsvereinbarung festzuhalten. So kann möglichen Abgrenzungsproblemen und späteren Konflikten wirksam vorgebeugt werden. Es wird Transparenz geschaffen und zugleich eine Benachteiligung vermieden.

Die Neuregelung bzw. Ergänzung des § 37 Abs. 4 BetrVG ist ein wichtiger Schritt 12
zu einer größeren Vereinheitlichung der Vergütung von BR-Mitgliedern, zur Verhinderung von Nachteilen sowie zur Schaffung von Rechtsicherheit. Entscheidend bleibt weiterhin das Ehrenamtsprinzip, sodass weder eine Benachteiligung noch eine Begünstigung zulässig ist. Betriebsvereinbarungen zur Festlegung der Vergleichsgruppe werden empfohlen und unterliegen nur einer eingeschränkten gerichtlichen Kontrolle. Sowohl die Neuregelung als auch die bestehende und künftige BAG-Rechtsprechungen, aber auch die Möglichkeit Betriebsvereinbarungen mit klar definierten Regelungen zu treffen, werden Handlungssicherheit für Betriebsräte und ihre Mitglieder bieten.

II. Grundsätze der Vergütung

Die Neuregelung ergänzt die bestehenden Grundsätze zu § 37 BetrVG, ohne 13
diese inhaltlich zu ändern.

1. Ehrenamtsprinzip, § 37 Abs. 1 BetrVG

Nach dem festgelegten Grundsatz führen die Mitglieder des BR ihr Amt un- 14
entgeltlich als Ehrenamt aus, § 37 Abs. 1 BetrVG. Durch das Ehrenamtsprinzip wird die innere und äußere Unabhängigkeit der BR-Mitglieder gewahrt. Dies trägt wesentlich dazu bei, das Vertrauen der vom BR vertretenen Arbeitnehmer

14 Gesetzesentwurf, Drucksache 20/9469, S. 10.

zu festigen, da sichergestellt ist, dass die Ausübung der Mitbestimmungsrechte unbeeinflusst von der Gewährung oder dem Entzug materieller Vorteile für BR-Mitglieder erfolgt.[15] BR-Mitglieder führen demnach das Amt unentgeltlich und eigenverantwortlich. Dieser Grundsatz der Unentgeltlichkeit unterliegt strengen Maßstäben, sodass dem BR-Mitglied keine unmittelbaren oder mittelbaren Vorteile aus der Amtsausübung zufließen dürfen. Jegliche materielle Besserstellung ist unzulässig. Dem Verbot von Vorteilsgewährungen steht zugleich das Verbot jeglicher Benachteiligung, sowie der Anspruch auf Ersatz notwendiger Auslagen gegenüber. Ein pauschaler Ersatz regelmäßig anfallender Auslagen und Aufwendungen ist zulässig, sofern darin keine verdeckte Vergütung vorliegt. Pauschalen sind ebenfalls zulässig, wenn sie sich auf tatsächlich angefallene Kosten beschränken, und eine Einzelabrechnung entweder wirtschaftlich nicht zumutbar oder nicht möglich ist. Werden diese Voraussetzungen beachtet, kann die Pauschale für alle BR-Mitglieder einheitlich festgelegt werden.

Eine gesonderte Vergütung für die Tätigkeit im BR ist nach dem Betriebsverfassungsgesetz unzulässig.

Unzulässig sind außerdem beispielsweise: eine Lohnzahlung für offensichtlich überflüssige Arbeitsversäumnisse; die Zahlung einer höheren Vergütung als an vergleichbare Arbeitnehmer; eine Freistellung von der Arbeit, ohne dass diese zur Erfüllung der Betriebsratsarbeit erforderlich ist oder die Weiterzahlung einer pauschalierten Überstundenabgeltung an freigestellte BR-Mitglieder, wenn andere Arbeitnehmer keine Überstunden mehr erbringen.[16]

Die Zuweisung einer besonders günstig angebotenen Werkswohnung an ein BR-Mitglied ist nur dann unzulässig, wenn das Mitglied dabei gegenüber anderen Arbeitnehmern bevorzugt wird, die Wohnung also nicht zu denselben günstigen Konditionen auch anderen Beschäftigten angeboten wird.[17]

Entsprechendes gilt für die Gewährung besonders günstiger Konditionen bei Firmendarlehen und Deputaten. Auch insoweit ist eine Unzulässigkeit anzunehmen, sofern das BR-Mitglied gegenüber anderen Arbeitnehmern bevorzugt wird.[18]

Unzulässig ist nicht nur die tatsächliche Gewährung eines besonderen Entgelts oder sonstigen Vorteils, sondern bereits das Versprechen einer solchen Besserstellung.[19]

Die Annahme unzulässiger Vorteile durch ein BR-Mitglied kann eine grobe Pflichtverletzung darstellen, die zu einem Ausschluss aus dem Betriebsrat nach § 23 Abs. 1 BetrVG führen könnte.[20]

15 Wechselt ein BR-Mitglied aufgrund der Amtsübernahme auf einen Arbeitsplatz, welcher niedriger vergütet wird, ist der Arbeitgeber verpflichtet, die entstehende

15 BAG 5.5.2010 – 7 AZR 728/08.
16 DKW-Wedde § 37 Rn. 4.
17 Fitting, BetrVG § 37 Rn. 8.
18 DKW-Wedde § 37 Rn. 4.
19 Fitting, BetrVG, § 37 Rn. 11.
20 GK-BetrvG/Weber, § 37 Rn. 15.

Lohndifferenz auszugleichen. Dies ist keine Begünstigung, sondern Ausgleich einer amtsbedingten Benachteiligung.[21]

16 Die ehrenamtliche Betriebsratstätigkeit gilt sozialversicherungsrechtlich als normale Arbeitsleistung. Unfälle, die ein BR-Mitglied in Ausübung seiner Amtsgeschäfte erleidet – einschließlich Wegeunfällen und Schulungsmaßnahmen nach Abs. 6 und 7 –, sind als Betriebsunfälle nach den allgemeinen unfallversicherungsrechtlichen Vorschriften zu entschädigen.[22] Private Aktivitäten während Schulungswochen sind nicht versichert.[23]

2. Lohnausfallprinzip, § 37 Abs. 2 BetrVG

17 Die Systematik der fortzuzahlenden Vergütung richtet sich auch weiterhin nach dem Lohnausfall bzw. Entgeltausfallprinzip. § 37 Abs. 2 BetrVG konkretisiert das allgemeine Benachteiligungsverbot des § 78 Satz 2 BetrVG und stellt klar, dass die durch die Wahrnehmung erforderlicher Betriebsratsaufgaben versäumte Arbeitszeit keine Minderung des Arbeitsentgelts zur Folge haben darf.[24]

Die Betriebsratstätigkeit ist grundsätzlich während der Arbeitszeit auszuüben. Während dieses Zeitraums ist das BR-Mitglied gemäß § 37 Abs. 2 BetrVG unter Fortzahlung des Arbeitsentgelts von der Arbeitspflicht freizustellen.

Demnach besteht nur Anspruch auf das Entgelt, welches das BR-Mitglied erhalten hätte, wenn keine Betriebsratstätigkeit angefallen wäre.[25] Dadurch soll die Minderung des Entgelts des BR-Mitglieds aufgrund des Amtes verhindert werden. Die Fortzahlung des Arbeitsentgelts nach dem Lohnausfallprinzip erfordert demnach eine hypothetische Betrachtung, welches Entgelt das BR-Mitglied ohne die Arbeitsbefreiung verdient hätte.[26] Insofern wird nicht die Betriebsratsarbeit an sich, sondern die aufgrund der Betriebsratsarbeit notwendige Arbeitsversäumnis wie geleistete Arbeit vergütet.[27]

Das BR-Mitglied hat im Umfang seiner persönlichen vertraglichen Arbeitszeit Anspruch auf das Arbeitsentgelt, das es von seinem Arbeitgeber erhalten hätte, wenn es keine Betriebsratstätigkeit ausgeübt hätte.[28]

18 Eine tarifvertragliche Modifikation des Begriffs des fortzuzahlenden Entgelts ist mangels tariflicher Öffnungsklausel ausgeschlossen.[29]

19 Aus § 37 Abs. 2 BetrVG wird kein eigenständiger Vergütungsanspruch begründet. Diese Norm sichert vielmehr das Entgelt des BR-Mitglieds, indem sie dem

21 Richardi-*Thüsing*, § 37 Rn. 8.
22 DKW-Wedde § 37 Rn. 8.
23 LSG Baden-Württemberg 12.5.16 – L 6 U 836/16, NZS 16, 552.
24 BAG 5.4.2000 – 7 AZR 213/99 in NZA 2000, 1174.
25 BAG 23.6.2004 – 7 AZR 514/03.
26 BAG 14.10.2020, AP BetrVG 1972 § 37 Nr. 176.
27 ErfK-Koch, § 37 Rn. 6.
28 BAG 25.10.2017 in NZA 2018, 538.
29 DKW-Wedde § 37 Rn. 50.

Arbeitgeber den Einwand des nicht erfüllten Vertrags nimmt.[30] Anspruchsgrundlage ist der Arbeitsvertrag i. V. m. § 611a Abs. 2 BGB und § 37 Abs. 2 BetrVG. Die fiktive Arbeitstätigkeit des BR-Mitglieds ist zu vergüten, sodass neben dem Fixgehalt auch Zulagen zu gewähren sind, wenn diese hypothetisch ohne Betriebsratsarbeit verdient worden wären.[31]

Es besteht folglich der Anspruch sowohl auf das Arbeitsentgelt als auch auf sämtliche Zulagen und Zuschläge, die ohne die Arbeitsbefreiung angefallen wären. Dies umfasst insbesondere Zuschläge für tatsächlich angefallene Mehr-, Über-, Nacht-, Sonn- und Feiertagsarbeit (einschließlich Erschwernis- und Schmutzzulagen).[32]

Auch Weihnachtsgratifikationen, Urlaubsgeld, Anwesenheitsprämien, vermögenswirksame Leistungen und sonstige Zuwendungen sind fortzuzahlen.[33]Leistungsabhängige Entgeltbestandteile (wie Akkordlohn, Boni und Liquidationseinnahmen) sind nach der vorangegangenen durchschnittlichen Arbeitsleistung des BR-Mitglieds zu vergüten.

Auch die Vergütung von Überstunden sind weiter zu gewähren, wenn das BR-Mitglied bei der regulären Tätigkeit diese geleistet hätte.[34] Ist die Höhe aufgrund der Amtsausübung nicht feststellbar, ist nach Maßgabe der durchschnittlichen Arbeitsleistung vergleichbarer Arbeitnehmer zu vergüten.[35]

Zudem können Leistungen der betrieblichen Altersversorgung als Bestandteil der Vergütung betrachtet werden.[36]

Hätte ein BR-Mitglied ohne Freistellung im gleichen Umfang Überstunden oder erschwerte Arbeitsbedingungen wie vergleichbare Arbeitnehmer erbracht, umfasst der Anspruch ebenfalls die dafür gewährte Vergütung.[37] Wenn nachgewiesen werden kann, dass das BR-Mitglied auch regelmäßig Mehrarbeit geleistet hätte, ist das Entgelt entsprechend anzupassen.[38]

Hat das BR-Mitglied vor seiner Freistellung einen überdurchschnittlichen Zielerreichungsgrad im Vergleich zu vergleichbaren Arbeitnehmern aufgewiesen, ist dieser höhere Zielerreichungsgrad verhältnismäßig fortzuführen.[39]

Entfällt aufgrund der Ausübung von Betriebsratstätigkeit ein kompletter Arbeitseinsatz oder eine gesamte Schicht, steht dem betroffenen BR-Mitglied hierfür ein voller Ausgleichsanspruch zu.[40]

---

30 BAG 13.3.2024 –7 ABR 11/23.
31 Byers in NZA 2014, 65.
32 BAG 23.6.2004 – 7 AZR 514/03; DKW-Wedde, § 37 Rn. 50.
33 DKW-Wedde § 37 Rn. 54.
34 BAG 29.8.2018 –7 AZR 206/17.
35 BAG 29.4.2015 –7 AZR 123/13.
36 BAG 10.11.2015 in NZA 2016, 576.
37 BAG 29.8.2018 – 7 AZR 206/17.
38 BeckOK ArbR/Mauer, § 37 Rn. 15.
39 BAG 12.6.2024 – 7 AZR 141/23.
40 DKW-Wedde § 37 Rn. 51.

Bei der Bestimmung des fortzuzahlenden Arbeitsentgelts ist die fiktive berufliche Entwicklung des BR-Mitglieds gemäß § 37 Abs. 4 BetrVG zu berücksichtigen.[41]

Die Verjährungs- bzw. Verfallsfristen gelten auch beim Entgeltanspruch der BR-Mitglieder.[42] 20

3. Aufwendungsersatz

Vom Arbeitsentgelt und den Zulagen abzugrenzen ist der Anspruch auf Ersatz von Aufwendungen für Tätigkeiten, die infolge der Übernahme des Betriebsratsamts nicht mehr ausgeübt werden. Hierzu zählen beispielsweise Wegstreckenentschädigungen, Auslösungen oder Verpflegungszulagen. 21

Eine Ausnahme besteht, wenn die Zahlung über einen reinen Aufwendungsersatz hinausgeht und damit einen Bestandteil des Entgelts darstellt. Gewährt der Arbeitgeber derartige Leistungen, entfallen diese folgerichtig aufgrund des Lohnausfallprinzips, sofern das BR-Mitglied die zugrunde liegenden Tätigkeiten aufgrund der Ausübung des Betriebsratsamts nicht mehr wahrnehmen kann. Gleichwohl bedarf es einer sorgfältigen Unterscheidung nach der Art der Aufwendung, sodass im Einzelfall stets zu prüfen ist, ob der Anspruch tatsächlich entfällt. Liegt ein reiner Aufwendungsersatz vor, besteht kein Anspruch. Handelt es sich dagegen um einen Vergütungsbestandteil, bleibt der Anspruch weiterhin bestehen.[43] Dabei spielen die inhaltliche Ausgestaltung und der objektive Zweck der Leistung eine entscheidende Rolle. Maßgeblich ist, ob es sich der Sache nach tatsächlich um einen Aufwendungsersatz handelt. Voraussetzung hierfür ist, dass in den betreffenden Fällen typischerweise besondere Aufwendungen entstehen, die dem Umfang der gewährten Leistung jedenfalls im Regelfall entsprechen. Besteht weder eine rechtliche Verpflichtung noch eine tatsächliche Notwendigkeit für den Arbeitnehmer entsprechende Mehraufwendungen zu tätigen, sondern verwendet er die Leistung nach eigenem Ermessen lediglich zur Verbesserung seines Lebensstandards, fehlt es in der Regel am erforderlichen sachlichen Zusammenhang mit tatsächlichen Mehraufwendungen, und damit an einem Anspruch auf Aufwendungsersatz. In solchen Fällen handelt es sich um einen reinen Aufwendungsersatz, der dem BR-Mitglied nach dem Sinn und Zweck des Lohnausfallprinzips nicht zu gewähren ist. Sofern die Entschädigung nicht spezifische, typische Mehraufwendungen ersetzt, sondern zur allgemeinen Verbesserung des Lebensstandards genutzt werden kann, oder vorwiegend zum Ausgleich von Erschwernissen und Belastungen dient, handelt es sich nicht um einen steuerfreien Aufwendungsersatz, sondern um ein fortzuzahlendes Arbeitsentgelt. Eine pauschale Zahlung stellt nur dann Aufwendungsersatz dar, wenn bei

41 BAG 29.8.2018 – 7 AZR 206/17.
42 BAG 8.9.2010 – 7 AZR 513/09.
43 DKW-Wedde, § 37 Rn. 57.

den begünstigten Arbeitnehmern üblicherweise tatsächlich Mehraufwendungen in entsprechender Höhe anfallen.[44]

> **Hinweis:**
> Bei der Beurteilung, ob eine Zahlung an das BR-Mitglied als steuerfreier Aufwendungsersatz oder als steuerpflichtiges Arbeitsentgelt zu behandeln ist, kommt es maßgeblich auf den tatsächlichen Zweck der Leistung an. Wird die Zahlung unabhängig von tatsächlich entstandenen Aufwendungen, und vor allem zum Ausgleich besonderer Belastungen oder Erschwernisse gewährt, handelt es sich regelmäßig um Arbeitsentgelt.
> Es empfiehlt sich daher, die Zweckbestimmung und Ausgestaltung solcher Zahlungen genau zu prüfen und im Zweifel den Anspruch auf Gleichbehandlung mit vergleichbaren Arbeitnehmern geltend zu machen. Dabei kann der Umstand, ob die Leistung als steuerfrei oder -pflichtig gewährt wird, als Indiz für die Beantwortung herangezogen werden. Dient eine Leistung nicht vorwiegend der Abgeltung eines wirklichen Mehraufwandes, sondern sollen jedenfalls auch besondere Belastungen ausgeglichen werden und ist insoweit eine hinreichend klare Aufspaltung hinsichtlich der steuerlichen Verpflichtung der Leistung nicht möglich, so wird diese Leistung unter das Lohnfortzahlungsprinzip fallen und nicht als reiner Aufwendungsersatz betrachtet.[45]

22 Dem BR-Mitglied ist das Arbeitsentgelt entsprechend dem vergleichbaren Arbeitnehmer laufend anzupassen. Das BR-Mitglied darf weder einen geringeren Stundenlohn, Akkordlohn oder Prämiensatz usw. erhalten als vergleichbare Arbeitnehmer.[46] Hierzu gehören auch Zuwendungen, die der Arbeitgeber allen oder zumindest einem vergleichbaren Arbeitnehmer gewährt. Dazu zählen Sozialzulagen, besondere Leistungszulagen oder Leistungsprämien.[47]

23 Für Ersatzmitglieder gilt in der Regel der Zeitraum ab dem erstmaligen Nachrücken in den Betriebsrat als maßgeblich. Für Mitglieder der Schwerbehindertenvertretung gilt § 179 Abs. 5 SGB IX. Nach § 179 Abs. 3 Satz 1 SGB IX genießen Vertrauenspersonen dieselbe persönliche Rechtsstellung wie BR-Mitglieder. Folglich gelten auch die Regelungen des § 37 BetrVG entsprechend.

24 Der Anspruch aus § 37 Abs. 4 BetrVG kann tariflichen Verfallfristen unterliegen.[48]

44 BAG 27.11.2024 – 7 AZR 291/23.
45 BAG 5.4.2000 in NZA 2000, 1174; BAG 27.11.2024 – 7 AZR 291/23.
46 BAG 29.8.2018 – 7 AZR 206/17; ErfK-Koch, § 37 Rn. 10.
47 ErfK-Koch, § 37 Rn. 10.
48 BAG 8.9.2010 in NZA 2011, 159.

III. Ausgleich für Betriebsratstätigkeit außerhalb der Arbeitszeit, § 37 Abs. 3 BetrVG

Vergütungsansprüche der BR-Mitglieder für Betriebsratstätigkeiten, die außerhalb ihrer regulären Arbeitszeit ausgeübt werden, werden in § 37 Abs. 3 BetrVG geregelt. 25

Grundsätzlich sind die sich aus dem Amt ergebenden Aufgaben während der Arbeitszeit wahrzunehmen. In der Praxis erweist sich dies jedoch nicht immer als durchführbar. Um zu verhindern, dass BR-Mitglieder, die ihre Tätigkeit aus betrieblichen Gründen außerhalb der Arbeitszeit ausüben müssen, durch den Verlust persönlicher Freizeit benachteiligt werden, gewährt ihnen Abs. 3 einen Ausgleichsanspruch. Dieser besteht vorrangig in einer entsprechenden Arbeitsbefreiung ohne Minderung des Arbeitsentgelts, hilfsweise in der Abgeltung der aufgewendeten Zeit.[49]

Die Norm regelt ausschließlich die Folgen einer, aus betrieblichen Gründen notwendigen, Abweichung von dem Grundsatz, dass Betriebsratstätigkeit während der Arbeitszeit zu erfolgen hat. Es handelt sich um zeitlich verschobenes Arbeitsentgelt für eine Betriebsratstätigkeit, die üblicherweise während der persönlichen Arbeitszeit anfallen würde, jedoch aufgrund eines dem Arbeitgeber zuzurechnenden Umstands in die Freizeit verlegt werden musste.[50]

Absatz 3 begründet demnach einen Ausgleichsanspruch ausschließlich für tatsächlich erbrachte, erforderliche Betriebsratstätigkeit, die außerhalb der persönlichen Arbeitszeit erfolgt. Voraussetzung ist, dass das BR-Mitglied aus betriebsbedingten Gründen zur Erfüllung seiner Betriebsratsaufgaben auf seine Freizeit verzichten musste. Ein hiervon losgelöster Anspruch auf Zahlung einer angemessenen Vergütung besteht nicht.[51] Das Lohnausfallprinzip bleibt hiervon unberührt.[52]

1. Erforderliche Betriebsratstätigkeit

Der Ausgleichsanspruch setzt voraus, dass die außerhalb der Arbeitszeit ausgeübte Betriebsratstätigkeit zur ordnungsgemäßen Durchführung der Aufgaben des Betriebsrats im Sinne des § 37 Absatz 2 BetrVG erforderlich war. 26

Als Arbeitszeit ist die individuelle, persönliche Arbeitszeit des BR-Mitglieds maßgeblich, die sich aus dessen Arbeitsvertrag, einer Betriebsvereinbarung oder dem einschlägigen Tarifvertrag ergibt.[53] Teilzeitarbeitsverhältnisse werden in der Regelung berücksichtigt.

49 ErfK-Koch, § 37 Rn. 7.
50 BAG 26.9.2018 – 7 AZR 424/16.
51 BAG 28.5.2014 – 7 AZR 404/12.
52 BAG 8.11.2017 – 5 AZR 11/17.
53 BAG 15.5.2019 – 7 AZR 396/17.

Maßgeblich ist die objektive Notwendigkeit der Tätigkeit zur ordnungsgemäßen Erfüllung der Betriebsratsaufgaben.[54] Die Durchführung dieser Aufgaben muss zudem außerhalb der Arbeitszeit erforderlich sein.[55]
Zu den Betriebsratstätigkeiten im Sinne des § 37 Abs. 3 BetrVG gehören auch Aktivitäten, die zwar für sich keine Betriebsratstätigkeit darstellen, aber in einem unmittelbaren notwendigen sachlichen Zusammenhang mit den Aufgaben des Betriebsrats stehen. Hierzu zählen auch Wege-, Fahrt- und Reisezeiten, die ein BR-Mitglied außerhalb seiner Arbeitszeit zur Wahrnehmung erforderlicher betriebsverfassungsrechtlicher Aufgaben zurücklegt. Diese können einen Freizeitausgleichsanspruch gemäß § 37 Abs. 3 BetrVG oder – sofern die weiteren Voraussetzungen erfüllt sind – einen Vergütungsanspruch nach § 37 Abs. 3 Satz 3 BetrVG begründen.
Die Regelung des § 37 Abs. 3 BetrVG findet auch bei Betriebs-, Teil- oder Abteilungsversammlungen gemäß § 43 Abs. 1 BetrVG Anwendung, die außerhalb der Arbeitszeit durchgeführt werden. BR-Mitglieder nehmen in ihrer Amtseigenschaft teil. Eine Begünstigung für BR-Mitglieder liegt darin nicht, da sie im Gegensatz zu anderen Arbeitnehmern verpflichtet sind, an den Versammlungen außerhalb der Arbeitszeit teilzunehmen.[56]

2. Betriebsbedingte Gründe

27 Neben der Erforderlichkeit der Betriebsratstätigkeit setzt § 37 Abs. 3 BetrVG außerdem voraus, dass die Erfüllung der Betriebsratsarbeit aus betrieblichen Gründen außerhalb der Arbeitszeit zu erfolgen hat. Ein betrieblicher Grund liegt vor, wenn konkrete betriebliche Verhältnisse die Ausübung der Betriebsratstätigkeit während der persönlichen Arbeitszeit des BR-Mitglieds ausschließen und dieses daher gezwungen ist, seine Amtstätigkeit außerhalb der individuellen Arbeitszeit wahrzunehmen. Derartige Gründe können sich insbesondere aus der Eigenart des Betriebs oder der betrieblichen Arbeitsabläufe ergeben. Ebenso können sie vorliegen, wenn die Betriebsratstätigkeit aufgrund der unterschiedlichen Arbeitszeitlagen der BR-Mitglieder nicht innerhalb deren jeweiliger Arbeitszeit durchgeführt werden kann.[57]

Beispiel 1:
Ein BR-Mitglied arbeitet im Wechselschichtsystem und die erforderliche Betriebsratstätigkeit – etwa die Teilnahme an einer Betriebsratssitzung oder an einer Besprechung mit dem Arbeitgeber – fällt in dessen schichtfreie Zeit. In diesem Fall liegt nach der Rechtsprechung ein betrieblicher Grund im Sinne des § 37 Abs. 3 Satz 1 BetrVG vor. Die Betriebsratstätigkeit muss aus betriebsbedingten Gründen außerhalb der persönlichen Arbeitszeit des BR-Mitglieds durchgeführt werden,

---

54 BAG 16.4.2003 – 7 AZR 423/01.
55 ErfK-Koch § 37, Rn. 7.
56 DKW-Wedde, § 37 Rn. 64.
57 BAG 15.5.2019 – 7 AZR 396/17; BAG 19.3.2014 – 7 AZR 480/12.

sodass ein Anspruch auf entsprechende Arbeitsbefreiung unter Fortzahlung des Arbeitsentgelts entsteht.

Beispiel 2:
Ein BR-Mitglied ist als Zeitungszusteller tätig und hat seine individuelle Arbeitszeit in den frühen Morgenstunden zwischen 04:00 Uhr und 06:30 Uhr zu erbringen. Die Betriebsratstätigkeit (Betriebsratssitzungen, Sprechstunden oder Verhandlungen mit dem Arbeitgeber) findet aufgrund der Eigenart des Betriebs regelmäßig während der üblichen Bürozeiten ab 07:00 Uhr statt. In diesem Fall liegt ein betrieblicher Grund im Sinne des § 37 Abs. 3 Satz 1 BetrVG vor, da die Betriebsratstätigkeit zwangsläufig außerhalb der persönlichen Arbeitszeit des BR-Mitglieds durchgeführt werden muss. Das BR-Mitglied hat daher Anspruch auf entsprechende Arbeitsbefreiung unter Fortzahlung des Arbeitsentgelts.

Betriebsbedingte Gründe sind ferner gegeben, wenn der Arbeitgeber - mittelbar oder unmittelbar - darauf Einfluss genommen hat, dass die Betriebsratstätigkeit nicht während der Arbeitszeit stattfinden kann. Solche Gründe liegen in der »Sphäre des Arbeitgebers«[58] und begründen einen Anspruch nach § 37 Abs. 3 BetrVG. 28

Betriebsbedingte Gründe liegen auch vor, wenn Betriebsratssitzungen auf Wunsch des Arbeitgebers oder Verhandlungen zwischen Betriebsrat und Arbeitgeber im betrieblichen Interesse außerhalb der Arbeitszeit stattfinden. Erforderlich ist die Tätigkeit außerhalb der Arbeitszeit auch bei Teilnahme an nächtlichen Betriebsbegehungen des Gewerbeaufsichtsamts (§ 89 Abs. 2 BetrVG) oder Unfalluntersuchungen.

Gleiches gilt, wenn der Arbeitgeber kurzfristig eine objektiv nicht während der Arbeitszeit zu bewältigende Anzahl beteiligungspflichtiger Vorgänge vorlegt, die der BR auch bei konzentrierter Arbeit nicht innerhalb der üblichen Arbeitszeit bewältigen kann. Ist ein BR-Mitglied aufgrund seiner betrieblichen Schlüsselstellung während der Arbeitszeit unabkömmlich und muss aus diesem Grund unaufschiebbare Betriebsratsarbeit nacharbeiten, liegt ebenfalls ein betriebsbedingter Grund vor. Gleiches gilt, wenn der Arbeitgeber ein BR-Mitglied veranlasst, erforderliche Betriebsratsarbeit nicht während dessen Arbeitszeit vorzunehmen.[59]

Hat das BR-Mitglied dem Arbeitgeber mitgeteilt, dass es beabsichtigt, erforderliche Betriebsratstätigkeit außerhalb der Arbeitszeit auszuüben, und gewährt der Arbeitgeber daraufhin keine Gelegenheit, die Tätigkeit während der Arbeitszeit vorzunehmen, sind die Voraussetzungen des § 37 Abs. 3 Satz 1 BetrVG ebenfalls erfüllt. Es liegt ein betriebsbedingter Grund vor, der einen Anspruch auf Freizeitausgleich begründet.[60]

58 ErfK-Koch, § 37 Rn. 7.
59 DKW-Wedde, § 37 Rn. 65f.
60 DKW-Wedde, § 37 Rn. 77.

3. Die Kodifizierung betriebsbedingter Gründe in § 37 Abs. 3 Satz 2 BetrVG

29 § 37 Abs. 3 Satz 2 BetrVG wurde durch das Betriebsrätemodernisierungsgesetz vom 18. 6. 2021 ergänzt. Die Ergänzung betraf die Formulierung:

»... insbesondere wegen der unterschiedlichen Arbeitszeiten der Betriebsratsmitglieder.«

Die Vorschrift wurde mit dem Betriebsrätemodernisierungsgesetz eingefügt, um gesetzlich zu verankern, dass unterschiedliche Arbeitszeitlagen der BR-Mitglieder in jedem Fall als betriebsbedingter Grund im Sinne des § 37 Abs. 3 Satz 2 BetrVG anzusehen sind. Damit soll sichergestellt werden, dass sich die vielfältigen Formen flexibler Arbeitszeitgestaltung nicht nachteilig auf die Betriebsratsarbeit oder die persönliche Rechtsstellung der BR-Mitglieder auswirken.
Teilzeitbeschäftigte BR-Mitglieder können folglich Freistellung unter Fortzahlung der Vergütung verlangen, wenn sie Betriebsratsarbeit innerhalb der betriebsüblichen, aber außerhalb ihrer persönlichen Arbeitszeit leisten.[61]
Die Neuregelung gilt für alle Formen der individuellen persönlichen Arbeitszeit, wie etwa kapazitätsorientierte variable Arbeitszeit (KAPOVAZ), Jobsharing oder Gleitzeit.[62]
Bei Gleitzeitarbeit ist zu beachten, dass lediglich die innerhalb des Gleitzeitrahmens geleistete Betriebsratstätigkeit im Wege des Freizeitausgleichs zu kompensieren ist. Erledigt ein BR-Mitglied erforderliche Betriebsratsarbeit während der Gleitzeit, kann es diese zunächst im Rahmen der allgemeinen Gleitzeitregelung auch ausgleichen. Eine besondere Geltendmachung des Ausgleichsanspruchs oder eine ausdrückliche Gewährung der Arbeitsbefreiung durch den Arbeitgeber ist insoweit nicht erforderlich. Betriebsratstätigkeiten außerhalb dieses Rahmens werden hingegen nicht ausgeglichen.[63]

30 Für die Anwendung des § 37 Abs. 3 Satz 2 BetrVG ist unerheblich, ob die verkürzte Arbeitszeit auf arbeitgeber- oder arbeitnehmerseitigen Interessen beruht, da dies eine der Vorschrift vorgelagerte Frage darstellt. Dies gilt auch für Arbeitszeitverringerungen, die auf Veranlassung des Arbeitnehmers nach §§ 8, 9a TzBfG erfolgt sind.[64]
Der Anspruch auf Freizeitausgleich besteht, soweit Organisationsentscheidungen des Betriebsrats auf betriebsbedingte Gründe zurückgehen.
Fehlen solche betriebsbedingten Gründe und wird die Betriebsratstätigkeit ausschließlich aus persönlichen Gründen des BR-Mitglieds außerhalb dessen Arbeitszeit durchgeführt – etwa, weil es seinen Urlaub unterbricht, um an einer Betriebsratssitzung teilzunehmen–, entsteht kein Ausgleichsanspruch.[65] Ebenso

61 ErfK-Koch, § 37 Rn. 7; BAG 10. 11. 2004 – 7 AZR 131/04.
62 BT-Drs. 14/5741, S. 40.
63 BAG 28. 9. 2016 – 7 AZR 248/14.
64 Fitting, § 37 Rn. 83.
65 BAG 28. 5. 2014 – 7 AZR 404/12.

wenig liegen betriebsbedingte Gründe vor, wenn das BR-Mitglied aus persönlichen Gründen Betriebsratstätigkeiten außerhalb der Arbeitszeit durchführt, die es ohne Weiteres auch während der Arbeitszeit hätte durchführen können.[66]

4. Notwendige Reisezeiten

Für die Bewertung von Fahrt- und Reisezeiten, die ein BR-Mitglied zur Wahr- 31
nehmung von Betriebsratstätigkeiten aufwendet, dürfen keine anderen Maßstäbe gelten als für Fahrtzeiten, die ein Arbeitnehmer im Zusammenhang mit der Erfüllung seiner Arbeitspflicht aufwendet.
Zur Wahrnehmung von Betriebsratstätigkeit erforderliche Fahrtzeiten von der Wohnung zum Betrieb können demnach dann weder einen Anspruch auf Freizeitausgleich gemäß § 37 Abs. 3 BetrVG noch einen Vergütungsanspruch nach § 37 Abs. 3 Satz 3 BetrVG auslösen, wenn entsprechende Fahrtzeiten von Arbeitnehmern im Zusammenhang mit der Erfüllung ihrer Arbeitspflicht nicht vergütungspflichtig sind. Eine Ausnahme besteht somit, wenn nähere tarifliche oder betriebliche Regelungen die Vergütung solcher Fahrtzeiten auch für Arbeitnehmer vorsehen. Ist dies der Fall, so sind diese auch bei Reisen von BR-Mitgliedern maßgeblich. Dies gilt uneingeschränkt auch für teilzeitbeschäftigte BR-Mitglieder sowie bei Kurzarbeit. Kann ein BR-Mitglied die für eine notwendige Reise erforderliche Arbeitsbefreiung aus betriebsbedingten Gründen nicht erhalten und muss es die Reise deshalb in seiner Freizeit durchführen, steht ihm ein Freizeitausgleich nach § 37 Abs. 3 BetrVG zu. Der Umfang des Ausgleichsanspruchs beschränkt sich allerdings auf diejenige Reisezeit, die in die reguläre Arbeitszeit des BR-Mitglieds gefallen wäre.[67]

Beispiel:
Ein BR-Mitglied aus Stuttgart muss zu einer Gesamtbetriebsratssitzung nach Berlin reisen, die am Dienstag um 9:00 Uhr beginnt.
Die reguläre Arbeitszeit des Mitglieds ist Montag bis Freitag von 8:00 bis 17:00 Uhr.
Grundsätzlich ist das Mitglied berechtigt, bereits am Montag während seiner Arbeitszeit (8:00 bis 17:00 Uhr) anzureisen und dafür freigestellt zu werden. Verweigert der Arbeitgeber die Freistellung aus betriebsbedingten Gründen und reist das Mitglied daher am Montag in seiner Freizeit an, besteht ein Ausgleichsanspruch für denjenigen Zeitraum der Reise, der in die reguläre Arbeitszeit von 8:00 bis 17:00 Uhr fiel. Reist das Mitglied beispielsweise am Montag von 14:00 bis 20:00 Uhr, entsteht ein Ausgleichsanspruch für die Zeit von 14:00 bis 17:00 Uhr (3 Stunden). Für die Reisezeit von 17:00 bis 20:00 Uhr, die außerhalb der regulären Arbeitszeit liegt, besteht hingegen kein Anspruch.

Reisezeiten zu einer Betriebsratsschulung gehören zur nach § 37 Abs. 2 BetrVG vergütungspflichtigen Freistellungszeit, soweit sie in die reguläre Arbeitszeit

66 DKW-Wedde, § 37 Rn. 65.
67 BAG 16.4.2003 – 7 AZR 423/01.

fallen. Liegen sie außerhalb der Arbeitszeit, begründen sie einen Ausgleichsanspruch nach § 37 Abs. 3 BetrVG, sofern die frühere oder spätere Anreise zur ordnungsgemäßen Wahrnehmung der Schulung erforderlich war. Treffen Schulungs- oder Reisezeiten mit weiteren Betriebsratstätigkeiten am selben Tag zusammen, sind sämtliche Zeiten bei der Berechnung des Ausgleichsanspruchs zu berücksichtigen.[68]

Existieren tarifvertragliche oder betriebliche Regelungen über Dienstreisen, insbesondere zur Anrechnung von Reisezeiten als Arbeitszeit, gehen diese den allgemeinen Grundsätzen vor.

Bei Reisen teilzeitbeschäftigter BR-Mitglieder ist für den Ausgleichsanspruch nach § 37 Abs. 3 Satz 2 BetrVG nicht auf deren individuelle Arbeitszeit, sondern auf die übliche Arbeitszeit eines vollzeitbeschäftigten BR-Mitglieds abzustellen. Fällt die erforderliche Reisezeit in die Arbeitszeit eines Vollzeitbeschäftigten, besteht der Ausgleichsanspruch. Aufgrund der verkürzten Arbeitszeit ist es dem teilzeitbeschäftigten BR-Mitglied nicht möglich, die Reise während der regulären Vollzeit-Arbeitszeit durchzuführen.

Insoweit gilt die gleiche Regelung wie bei sonstiger notwendiger Betriebsratstätigkeit, die außerhalb der individuellen Arbeitszeit eines teilzeitbeschäftigten BR-Mitglieds stattfindet.[69]

Betriebsbedingte Gründe liegen nach der Rechtsprechung des Bundesarbeitsgerichts vor, wenn der Schulungsträger die zeitliche Lage der Veranstaltung festgelegt hat und die betriebliche Arbeitszeitgestaltung des BR-Mitglieds eine Teilnahme während der Arbeitszeit ausschließt.[70]

Freigestellte BR-Mitglieder haben ihre Betriebsratstätigkeit grundsätzlich während der betriebsüblichen Arbeitszeit zu erledigen. Nehmen diese an einer Gleitzeitregelung teil, kann sich ein positives Gleitzeitsaldo nur aus der Tätigkeit außerhalb der Arbeitszeit ergeben und ist aus diesem Grund auszugleichen.[71]

5. Ausgleichs- oder Abgeltungsanspruch

a) Ausgleichsanspruch

32 Die Arbeitsbefreiung ist vor Ablauf eines Monats zu gewähren. Ist dies aus betriebsbedingten Gründen nicht möglich, so ist die aufgewendete Zeit wie Mehrarbeit zu vergüten, § 37 Abs. 3 Satz 3 BetrVG. Der Freizeitausgleich nach § 37 Abs. 3 Satz 1 und 2 BetrVG hat grundsätzlich Vorrang vor der finanziellen Abgeltung nach § 37 Abs. 3 Satz 3 BetrVG. Diese gesetzliche Rangfolge ist zwingend und kann weder vom Arbeitgeber noch vom BR-Mitglied abbedungen werden.[72]

68 LAG Sachsen 21.3.2022 – 2 Sa 77/21.
69 DKW-Wedde, § 37 Rn. 70.
70 BAG 10.11.2004 – 7 AZR 131/04.
71 DKW-Wedde, § 37 Rn. 70.
72 ErfK-Koch, § 37 Rn. 7.

Der Freizeitausgleichsanspruch ist nicht auf die persönliche Arbeitszeit des BR-Mitglieds begrenzt. Sein Umfang ist unabhängig von der Dauer der üblichen Arbeitszeit und deren vergütungsrechtlicher Bewertung. Allerdings muss die Dauer der gewährten Arbeitsbefreiung zeitgenau der Dauer der tatsächlich außerhalb der Arbeitszeit erbrachten Betriebsratstätigkeit entsprechen.[73] 33

Der Arbeitgeber hat die Arbeitsbefreiung durch empfangsbedürftige gestaltende Erklärung zu gewähren. Eine rückwirkende Gewährung des Freizeitausgleichs für bereits erbrachte Betriebsratstätigkeit ist nicht möglich. Die Gewährung des Freizeitausgleichs unterliegt dem Weisungsrecht des Arbeitgebers nach § 106 Satz 1 GewO und den Grundsätzen billigen Ermessens nach § 315 Abs. 3 BGB. Die Grenzen billigen Ermessens sind gewahrt, wenn der Arbeitgeber die wesentlichen Umstände des Einzelfalls abgewogen und die beiderseitigen Interessen angemessen berücksichtigt hat. Der Arbeitgeber kann bei der zeitlichen Lage der Gewährung des Freizeitausgleichs nicht einseitig auf seine Bedürfnisse abstellen.[74] Die von dem BR-Mitglied geäußerten Anliegen zur zeitlichen Lage der Arbeitsbefreiung sind dabei zu berücksichtigen. Es sind die beiderseitigen Interessen angemessen zu berücksichtigen und die wesentlichen Umstände des Einzelfalls abzuwägen.[75] 34

Zu beachten ist, dass das BR-Mitglied diesen Anspruch nicht einseitig durchsetzen und ohne vorherige Zustimmung des Arbeitgebers von der Arbeit fernbleiben kann. Erfüllt der Arbeitgeber den Ausgleichsanspruch allerdings nicht innerhalb eines Monats und stehen der Gewährung offensichtlich keine erkennbaren Gründe entgegen, kann das BR-Mitglied den Freizeitausgleich von sich aus in Anspruch nehmen. Denn es ist zu berücksichtigen, dass der Anspruch auf Freizeitausgleich durch die Betriebsratstätigkeit bedingt ist und das BR-Mitglied für die Wahrnehmung von Betriebsratstätigkeiten während der Arbeitszeit ebenfalls keiner Zustimmung des Arbeitgebers bedarf.[76] 35

Keine Voraussetzung für den Ausgleichsanspruch ist, dass die außerhalb der Arbeitszeit des BR-Mitglieds geleistete Betriebsratstätigkeit eine zusätzliche, über die geschuldete Arbeitszeit hinausgehende Leistung darstellt. Es kommt ausschließlich darauf an, ob die aus betriebsbedingten Gründen erbrachte Betriebsratsarbeit zu einer Zeit erfolgte, in der das BR-Mitglied nicht zur Arbeitsleistung verpflichtet war.[77] 36

Die Monatsfrist des § 37 Abs. 3 Satz 3 1. Halbsatz BetrVG ist keine gesetzliche Ausschlussfrist. Der Anspruch bleibt bei Fehlen betriebsbedingter Gründe auch nach Fristablauf bestehen. Allerdings unterliegt er etwaigen tarifvertraglichen Ausschlussfristen. Der Anspruch erlischt durch Erfüllung, wenn der Arbeitgeber die Arbeitsbefreiung unter Fortzahlung des Arbeitsentgelts gewährt und das BR- 37

73 BAG 26.9.2018 – 7 AZR 829/16.
74 BAG 15.5.2019 – 7 AZR 396/17.
75 BAG 15.2.2012 – 7 AZR 774/10.
76 DKW-Wedde, § 37 Rn. 79.
77 BAG 15.5.2019 – 7 AZR 396/17.

Mitglied diese unbegründet nicht wahrnimmt. Der Ausgleichsanspruch kann mittels einstweiliger Verfügung durchgesetzt werden.[78]

38 Erkrankt das BR-Mitglied am Tag des Freizeitausgleichs, entsteht kein Entgeltfortzahlungsanspruch nach § 3 Abs. 1 Satz 1 EFZG. Die Krankheit ist nicht die Ursache für den Arbeitsausfall, da das Mitglied aufgrund des Freizeitausgleichs ohnehin nicht zur Arbeit verpflichtet gewesen wäre.[79]

39 Nimmt das BR-Mitglied den Freizeitausgleich unbegründet nicht in Anspruch, obwohl dieser ordnungsgemäß vom Arbeitgeber gewährt wurde, erlischt der Anspruch.[80]

b) Abgeltungsanspruch

40 Der Vergütungsanspruch nach § 37 Abs. 3 Satz 3 2. Halbsatz BetrVG kompensiert lediglich, dass der vorrangige Freizeitausgleich aus Gründen in der Sphäre des Arbeitgebers zeitnah nicht möglich ist. Der Freizeitausgleichsanspruch wandelt sich weder durch Fristablauf noch durch Untätigkeit des Arbeitgebers automatisch in einen Abgeltungsanspruch um.

41 Voraussetzung für die Entstehung des Abgeltungsanspruchs ist, dass das BR-Mitglied Freizeitausgleich verlangt hat und der Arbeitgeber diesen aus betriebsbedingten Gründen verweigert. Die bloße Anzeige der geleisteten Betriebsratstätigkeit reicht hierfür nicht aus.[81]

Der Abgeltungsanspruch nach § 37 Abs. 3 Satz 3 2. Halbsatz BetrVG erfordert, dass die Gewährung der geltend gemachten Arbeitsbefreiung innerhalb eines Monats aus betriebsbedingten Gründen nicht möglich ist. Das Rangverhältnis zwischen Freizeitausgleich und Abgeltung ist zwingend und unterliegt nicht der Disposition der Parteien. Weder kann der Arbeitgeber statt des Freizeitanspruchs die Abgeltung gewähren, noch kann das BR-Mitglied unmittelbar die Abgeltung verlangen. Eine automatische Umwandlung durch Fristablauf oder Untätigkeit des Arbeitgebers findet nicht statt.[82]

Der Begriff »betriebsbedingte Gründe« in Satz 3 ist enger auszulegen als der gleiche Begriff in Satz 1 und 2. Betriebsbedingte Gründe liegen nur vor, wenn aus objektiven Gründen die Arbeitsbefreiung für den Arbeitgeber nicht zumutbar erscheint, weil ein ordnungsgemäßer Betriebsablauf auch bei nur vorübergehender Abwesenheit des BR-Mitglieds nicht mehr gewährleistet ist.[83] Die Abgeltung stellt somit eine Ausnahme vom Grundsatz der Gewährung entsprechender Arbeitsbefreiung dar. Fortzuzahlen ist das Arbeitsentgelt, das das BR-Mitglied verdient hätte, wenn es während der Zeit der Arbeitsbefreiung gearbeitet hätte.[84]

42 Die Monatsfrist ist nach §§ 187ff. BGB ab dem Zeitpunkt der Durchführung der Betriebsratstätigkeit außerhalb der Arbeitszeit zu berechnen.

78 ErfK-Koch, § 37 Rn. 8.
79 BAG 11.2.2011 – 6 AZR 190/10.
80 DKW-Wedde § 37 Rn. 84.
81 BAG 28.5.2014 – 7 AZR 404/12.
82 BAG 8.11.2017 – 5 AZR 11/17.
83 Erfk-Koch, § 37 Rn. 8.
84 BAG 12.8.2009 – 7 AZR 218/08.

Zum Arbeitsentgelt zählen nicht nur die Grundvergütung, sondern auch sämtliche Zuschläge und Zulagen, die das BR-Mitglied erzielt hätte. Dazu gehören insbesondere Zuschläge für Mehrarbeit, Überstunden, Nacht-, Sonn- und Feiertagsarbeit sowie Erschwernis- und Sozialzulagen. Nicht einzubeziehen sind hingegen Aufwandsentschädigungen, soweit sie Ausgaben ausgleichen sollen, die dem BR-Mitglied aufgrund der Freistellung von der Arbeitspflicht tatsächlich nicht entstehen. Der Abgeltungsanspruch wird wie Mehrarbeit vergütet, sofern tatsächlich Überarbeit geleistet wurde und gilt für Teilzeitbeschäftigte entsprechend.[85] 43

Ein Anspruch auf einen dem Mehrarbeitszuschlag entsprechenden Freizeitzuschlag ergibt sich nicht aus dem Gesetzeswortlaut des § 37 Abs. 3 Satz 2 BetrVG, der lediglich eine »entsprechende Arbeitsbefreiung« vorsieht. Solche Mehrarbeitszuschläge erfordern nach der Rechtsprechung tatsächliche Arbeitsleistung, nicht die Ausübung der ehrenamtlichen Betriebsratstätigkeit. Es erfolgt somit ein Ausgleich Stunde für Stunde durch Zeitgutschrift oder entsprechende Freizeit ohne tarifliche Mehrarbeitszuschläge. Dabei gilt das Lohnausfallprinzip, wonach BR-Mitglieder weder begünstigt noch benachteiligt werden dürfen. Betriebsratstätigkeit wird wie Arbeitszeit behandelt, führt aber nicht zu zuschlagspflichtiger Vergütung wie bei tatsächlicher Mehrarbeit. Letztere knüpft an die Arbeitsleistung an sich an.[86]

Wird das Urlaubsentgelt nach dem zurückliegenden Durchschnittslohn berechnet, sind im Referenzzeitraum erfolgte Ausgleichszahlungen nach § 37 Abs. 3 Satz 2 BetrVG zu berücksichtigen. Dies gilt entsprechend für alle sonstigen Lohnersatzleistungen, deren Höhe sich nach dem Referenzperiodenprinzip bestimmen.

Leistet ein BR-Mitglied ständig zusätzlich zu seiner individuellen Arbeitszeit Betriebsratstätigkeit im Sinne des § 37 Abs. 3 BetrVG und kann hierfür keine regelmäßig bezahlte Arbeitsbefreiung erfolgen, sind auch diese Zeiten im Krankheitsfall bei der Bemessung der Entgeltfortzahlung zu berücksichtigen.[87]

---

85 ErfK-Koch, § 37 Rn. 8.
86 BAG 26.9.2018 – 7 AZR 829/16.
87 DKW-Wedde, § 37 Rn. 85.

D. Abstellen auf vergleichbare Arbeitnehmer

von Friedrich Schindele

I. Grundsatz

1 Mit der Übernahme des Betriebsratsamts ändert sich die Vergütung des gewählten Mandatsträgers nicht. Die Vergütung wird auf Grundlage des Lohnausfallsprinzips gemäß § 37 Abs. 2 BetrVG unverändert fortgezahlt. Entgeltbestandteile, die dem Mandatsträger vor Amtsübernahme gezahlt worden sind, werden entsprechend der maßgeblichen Rechtsgrundlage während des Mandats weitergezahlt, auch für Zeiten, in denen er wegen Ausübung seines Mandats nicht die arbeitsvertraglich vereinbarte Leistung erbringt.

2 Die fortzuzahlende Vergütung umfasst im tariflichen Bereich die gesamte Vergütung, insbesondere

- das Grundentgelt nach Entgeltgruppe,
- das Leistungsentgelt,
- eventuell betriebliche Komponenten,
- jährliche Einmalzahlungen,
- Zulagen,
- etwaige Sachbezüge,
- Zuschläge für Mehr-, Nacht- und Sonntagsarbeit.

Im außertariflichen Bereich umfasst sie die gesamte fortzuzahlende Vergütung insbesondere

- das monatliche Entgelt,
- die variable Vergütung,
- etwaige sonstige Entgeltbestandteile.

Nicht zur fortzuzahlenden Vergütung gehören Zahlungen mit reinem Aufwendungsersatzcharakter (z. B. Reisekostenerstattungen).

3 Im Falle einer Änderung der tarifvertraglichen oder betrieblichen Rechtsgrundlage oder bei einer Entwicklung durch eine hypothetische Karriere werden bislang gezahlte Entgeltbestandteile nur weitergezahlt, soweit der Mandatsträger auch nach der Änderung weiterhin einen Anspruch auf die entsprechenden Entgeltbestandteile hätte.

II. Entgeltentwicklung

Nach § 37 Abs 4 Satz 1 BetrVG darf das Arbeitsentgelt von Mitgliedern des Betriebsrats (BR) während der Ausübung des Mandats, aber auch einschließlich eines Zeitraums von einem Jahr nach Beendigung der Amtszeit nicht geringer bemessen werden als das Arbeitsentgelt vergleichbarer Arbeitnehmer (AN) mit betriebsüblicher beruflicher Entwicklung. Damit hat das BR-Mitglied während der gesamten Dauer der Amtsausübung und der Dauer von einem Jahr nach Ende des Mandats Anspruch auf eine Entwicklung des Entgelts in Relation zur Entgeltentwicklung vergleichbarer AN in diesem Zeitraum.[1] Der Mandatsträger nimmt an Tariflohnerhöhungen und sonstigen betriebsüblichen Automatismen bei der Vergütungsentwicklung ebenso teil wie vergleichbare AN des Betriebes. 4

1. Ermittlung der vergleichbaren Arbeitnehmer

Dem Gesetzestext kann nicht entnommen werden, wie die vergleichbaren AN zu ermitteln sind. Nach der Rechtsprechung[2] sind die AN vergleichbar, die im Zeitpunkt der Übernahme des Betriebsratsamtes ähnliche, im Wesentlichen gleich qualifizierte Tätigkeiten wie das BR-Mitglied ausgeübt haben und dafür in ähnlicher Art und Weise wie das BR-Mitglied fachlich und persönlich qualifiziert waren. Ausgangspunkt für die Ermittlung ist die zuletzt ausgeübte Tätigkeit vor der Übernahme des Betriebsratsmandats. 5

Für jeden Mandatsträger ist daher eine Gruppe vergleichbarer AN (Vergleichsgruppe) zu ermitteln, nach deren Entgeltentwicklung sich die Vergütung des Mandatsträgers gemäß § 37 Abs. 4 BetrVG bemisst und weiterentwickelt.

Nach den einschlägigen Entscheidungen des Bundesarbeitsgerichts kann es sich bei der Überprüfung, ob das Entgelt eines BR-Mitglieds eine Benachteiligung i.S.d. § 37 Abs. 4 BetrVG oder eine Bevorzugung i.S.d. § 78 BetrVG darstellt, immer nur um eine Einzelfallentscheidung und nicht um eine allgemeine Pauschalbewertung handeln. Die Rechtsprechung des Bundesarbeitsgerichts stellt immer auf die individuelle Entwicklung des BR-Mitglieds, auf die Entwicklung der personenbezogenen Vergleichsgruppe bzw. die Entwicklungschancen des BR-Mitglieds ab. Eine individualisierte Betrachtungsweise ist stets vorzunehmen.[3] 6

2. Maßgeblicher Zeitpunkt

Maßgeblich für die Ermittlung der Vergleichsgruppe ist nach § 37 Abs. 4 Satz 3 BetrVG grundsätzlich der Zeitpunkt der Übernahme des Betriebsratsmandats. Der 7. Senat des BAG hatte sich bereits seit 1992 explizit für den Zeitpunkt der Amtsübernahme als Zeitpunkt für den Vergleich entschieden. Nach der Neufas- 7

1 BAG 21.2.2028 – 7 AZR 496/16
2 BAG 21.2.2018 – 7 AZR 496/16
3 Klagges/Schrader, Die Vergütung von Betriebsratsmitgliedern, Rn. 70ff.

sung des § 37 Abs. 4 BetrVG ist grundsätzlich vom Zeitpunkt der Übernahme des Betriebsratsamtes auszugehen, soweit nicht ein sachlicher Grund für eine spätere Neubildung der Vergleichsgruppe vorliegt.

8 Die Amtsübernahme durch den Mandatsträger ist zu unterscheiden vom Beginn der Amtszeit des Gremiums. Unter Amtsübernahme ist die Annahme der Wahl gemäß § 18 WO BetrVG zu verstehen. Bei Ersatzmitgliedern ist der Zeitpunkt des Nachrückens in den BR maßgeblich.[4]

9 Im Fall einer Wiederwahl ohne zwischenzeitliche Unterbrechung wird die Vergleichsgruppe nicht neu ermittelt. Dies gilt auch bei mehreren sich unmittelbar aneinander anschließenden Amtszeiten.

Bei Mandatsunterbrechungen (z. B. bei Ersatzmitgliedern) ist der erstmalige Zeitpunkt der Amtsausübung für die Ermittlung der Vergleichspersonen maßgeblich, soweit ein Entgeltschutz während der Mandatsunterbrechung nach § 37 Abs. 4 Satz 1 BetrVG besteht und sich die Tätigkeit nicht verändert hat. Andernfalls ist die Vergleichsgruppe neu zu ermitteln. Stichtag ist dann jeweils der Tag vor der letztmaligen Amtsübernahme.

10 Bei beruflicher Entwicklung oder Übernahme einer neuen Tätigkeit während der Amtszeit ist eine Neuermittlung der Vergleichspersonen aus sachlichen Gründen vorzunehmen (s. u. Ziffer II. 6).

11 Bei einem vorübergehenden Ruhen der arbeitsvertraglichen Rechte und Pflichten, etwa während des Mutterschutzes oder der Elternzeit, wird die Vergleichsgruppe bei Rückkehr in den Betrieb und Wiederaufnahme des Mandats ebenfalls nicht neu gebildet.

3. Tätigkeit im selben Betrieb (Betriebsebene)

12 § 37 Abs. 4 BetrVG stellt auf die »betriebsübliche berufliche Entwicklung« ab. Daraus folgt, dass der Anwendungsbereich des § 37 Abs. 4 BetrVG auf den betrieblichen Bereich begrenzt ist.[5] Für die Bildung der Vergleichsgruppe sind daher nur AN des Betriebes, nicht des Unternehmens, heranzuziehen. Ein sachlicher Grund für die Einbeziehung aus über den Betrieb hinausgehenden Bereichen kann vorliegen, wenn der Betrieb in der ursprünglichen Organisation bei Amtsantritt nicht mehr existiert. Wenn z. B. durch eine Betriebsänderung ein Bereich, in dem ein BR-Mitglied beschäftigt war, abgespalten oder in einen anderen Betrieb des Unternehmens oder Konzerns eingegliedert wurde, können bei der Vergleichspersonenermittlung auch AN des übergegangenen Betriebsteils berücksichtigt werden.

13 Eine über den Betrieb hinausgehende Vergleichbarkeit kann bei Fehlen von Vergleichspersonen im Betrieb von den Betriebsparteien in einer Betriebsvereinbarung geregelt werden.

---

4 BAG 15. 1. 1992 – 7 AZR 194/91.

5 Thüsing/Denzer, Rn. 152.

4. Kriterien zur Ermittlung der Vergleichspersonen

Die Ermittlung der Vergleichspersonen ist nach den Vorgaben der zu § 37 Abs. 4 BetrVG ergangenen Rechtsprechung vorzunehmen. Es müssen die AN, aus denen sich die Vergleichsgruppe zusammensetzt, zum Zeitpunkt der Amtsübernahme ähnliche, im Wesentlichen gleich qualifizierte Tätigkeiten ausgeführt haben und dafür in gleicher Weise wie das BR-Mitglied fachlich und persönlich qualifiziert gewesen sein.[6] 14

a) Ausübung einer ähnlichen, im Wesentlichen gleich qualifizierten Tätigkeit

Die Rechtsprechung des BAG verlangt, dass die AN, aus denen sich die Vergleichsgruppe zusammensetzt, zum maßgeblichen Zeitpunkt ähnliche, im Wesentlichen gleich qualifizierte Tätigkeiten ausgeführt haben. Dies ist immer dann offensichtlich, wenn AN wechselseitig austauschbar sind. 15

Die Tätigkeit der Vergleichsarbeitnehmer muss nicht vollständig identisch, aber doch in den wesentlichen Inhalten gleich sein. Beispielhaft ist das beim Vergleich der Tätigkeit Feinwerkmechaniker und Zerspanungsmechaniker darstellbar:

- Zerspanungsmechaniker (früher: Dreher und auch Fräser) fertigen mit spanenden Verfahren wie Drehen, Fräsen oder Schleifen Präzisions-Bauteile aus unterschiedlichen Werkstoffen an.
- Feinwerkmechaniker stellen durch manuelle und maschinelle Fertigungsverfahren (Erstellen und Optimieren von CNC-Programmen und Bedienen von entsprechenden Maschinen) Werkstücke und Bauteile her.

Beides sind Ausbildungsberufe, die nicht vollständig identisch, aber doch in den wesentlichen Arbeitsinhalten und in ihrer Wertigkeit gleich sind.

Nicht hilfreich ist häufig die arbeitsvertraglich vereinbarte Bezeichnung der vom Mandatsträger zu erbringende Tätigkeit und die Vergütungsregelung.

Hinweise zur Gleichwertigkeit von Tätigkeiten können sich aus einer einschlägigen tariflichen Vergütungsordnung geben, wenn in ihr Tätigkeiten nach Aufgabenstruktur, Schwierigkeit und Umfang beschrieben und bewertet sind. Bei der Auswahl der ähnlichen, im Wesentlichen gleich qualifizierten Tätigkeiten kann darauf abgestellt werden, in welche Entgeltgruppe sie eingruppiert sind.

Ergänzend zu der jeweiligen Tätigkeitsbezeichnung ist auf Funktion (z. B. Gruppensprecher), Hierarchieebene und/oder eine gleiche oder vergleichbare organisatorische Zuordnung (Geschäftsbereich, Organisationseinheit) zurückzugreifen.

Bei der Einschätzung kann auch auf die Kriterien, die zu § 8 AÜG[7] und zum Entgelttransparenzgesetz[8] entwickelt wurden, zurückgegriffen werden.

---

6 BAG 20.3.2025 – 7 AZR 46/24.
7 BAG 21.10.2015 – 5 AZR 604/14.
8 Thüsing/Denzer, Rn. 109.

b) Vergleichbare Qualifikation

16 Fachlich vergleichbar qualifizierte AN werden insbesondere anhand einer vergleichbaren schulischen oder fachlichen (betriebsüblich anerkannten) Aus- oder Weiterbildung ermittelt. In der Regel ist der höchste Abschluss maßgebend.
Ausgangspunkt für die Ermittlung der fachlichen Qualifikation sind der Erwerb einer gleichen oder möglichst ähnlichen Ausbildung (beispielsweise Industriemeister) sowie insbesondere die Einstufung nach dem Deutschen Qualifikationsrahmen (»DQR«).
Sogenannte »Soft Skills« können nur miteinbezogen werden, wenn sie einer Bewertung zugänglich und dokumentiert sind. Dabei müssen auch die Merkmale und die Bewertungskriterien substantiiert nachvollziehbar sein. Das BAG fordert bei dem Vergleich der persönlichen Qualifikation eine strenge Prüfung.[9]
Wenn ein nicht freigestelltes BR-Mitglied sich unabhängig von seiner Amtsausübung Qualifikationen aneignet, knüpft eine Entwicklung oder Beförderung weder mittelbar noch unmittelbar an das Wahlamt an, wenn die Qualifikationen für die neue Tätigkeit geeignet sind. Eine unzulässige Begünstigung liegt dann nicht vor (siehe hierzu die Ausführungen zu § 78 Satz 2 BetrVG).

c) Persönliche Vergleichbarkeit

17 In Rechtsprechung und Literatur besteht Einigkeit, dass für die individuelle berufliche Entwicklung die persönlichen Fähigkeiten und Leistungen eine nicht unbedeutende Rolle spielen.[10] Der Begriff der vergleichbaren AN erfordert daher auch, individuelle Leistungs- und Qualifikationsmerkmale zu berücksichtigen.[11] Individuelle Leistungs- und Qualifikationsmerkmale sind zu berücksichtigen, wenn sie einen Bezug zu der ausgeübten Tätigkeit und deren Anforderungen (z. B. Verantwortung) haben. Zur Ermittlung der persönlichen Vergleichbarkeit sind folgende Kriterien grundsätzlich geeignet:

- Zeitraum, innerhalb dessen die Tätigkeit verrichtet wurde;
- Zeitraum der Zugehörigkeit zu einer Entgeltgruppe;
- Zeitlicher Ablauf der Entwicklung;
- dokumentiertes Entwicklungspotential (Zeugnis, Leistungsbeurteilung);
- Betriebszugehörigkeit;
- persönliche Leistungsfähigkeit.

AN, die eine schnelle und anspruchsvolle Entwicklung zurückgelegt haben, sind in der Regel besonders qualifiziert und überdurchschnittlich leistungsfähig. Diese Annahme muss auch für BR-Mitglieder gelten, wenn sich die berufliche Entwicklung vor und während der Amtsausübung nachvollziehen lässt.

18 Charaktereigenschaften sind in der Regel nicht nachprüfbar und daher für die Bewertung der fachlichen und persönlichen Geeignetheit und Qualifikation nicht brauchbar.

---

9 BAG 13.11.1987 – 7 AZR 550/86.
10 BAG 13.11.1987 – 7 AZR 550/86; Annuß, NZA 2018,134.
11 ErfK-Koch, § 37 BetrVG Rn. 9.

Außer Acht zu lassen sind persönliche Umstände wie Behinderung und Krankheit, da es nach § 37 Abs. 4 BetrVG um die betriebsübliche Entwicklung geht. 19

5. Größe der Vergleichsgruppe

Wie viele AN eine die betriebsübliche Entwicklung abbildende Vergleichsgruppe 20
umfassen muss, ergibt sich weder aus dem Gesetz noch aus der Rechtsprechung. Die Vergleichsgruppe muss nicht alle vergleichbaren AN miteinbeziehen, darf jedoch auch nicht zu klein und manipuliert sein. Sie soll ein repräsentativer Ausschnitt sein,[12] der es ermöglicht, die betriebsübliche Entwicklung nachzuvollziehen. Sie kann nach Anzahl der im Betrieb vorhandenen Stellen und nach Position (Führungskraft, Spezialist) unterschiedlich sein, sodass ausnahmsweise auch eine Person ausreichend sein kann.[13]
Durch die Neufassung des § 37 Abs. 4 BetrVG kann die Größe der Vergleichsgruppe in einer Betriebsvereinbarung zum Verfahren zur Festlegung vergleichbarer AN geregelt werden.

6. Änderung und Neuermittlung aller oder einzelner Vergleichspersonen nach Amtsübernahme

Während der Amtszeit kann aus sachlichen Gründen eine Änderung der Ver- 21
gleichsgruppe oder eine Neuermittlung notwendig sein, um die betriebsübliche Entwicklung eines Mandatsträgers abzubilden und eine Benachteiligung auszuschließen. Reduziert sich nach der Mandatsübernahme (etwa wegen Ausscheiden von Vergleichspersonen aus dem Betrieb) die Vergleichsgruppe so stark, dass die Gruppe eine betriebsübliche Entwicklung nicht mehr abbildet, ist die Vergleichsgruppe zu ergänzen oder eine neue zu bilden.
Die Zusammensetzung der Vergleichsgruppe kann sich ändern, wenn ein Mitglied des BR nach Mandatsübernahme neue oder andere für seine berufliche Entwicklung erhebliche Qualifikationen erwirbt. Von Erheblichkeit ist immer dann auszugehen, wenn die erworbene Qualifikation zu einer neuen Einstufung nach dem Deutschen Qualifizierungsrahmen (»DQR«) führt. Der Facharbeiter, der einen Meister Metall erwirbt, wird in metallverarbeitenden Betrieben die Chancen einer weiteren Entwicklung deutlich erhöhen. Die Vergleichsgruppe wäre entsprechend anzupassen.
Die eine berufliche Entwicklung beeinflussende Zusatzqualifikation kann auch durch herausragende Leistungen und die Erledigung von qualifizierten Aufgaben im Rahmen der Ausübung des Mandats erworben werden, insbesondere wenn dadurch Fähigkeiten erworben werden, die zu einer neuen Einstufung im Entgeltsystem führen.
Die Neubildung der Vergleichsgruppe ist erforderlich, wenn geeignete Vergleichspersonen nicht mehr zur Verfügung stehen oder der Mandatsträger eine

12 Annuß, NZA 2018, 314.
13 BAG 21.4.1983 – 6 AZR 407/80.

höherwertige Tätigkeit übernimmt. Auch wenn sich ein BR-Mitglied im Rahmen einer hypothetischen Karriere weiterentwickelt, ist eine Neuermittlung der Vergleichspersonen zum Tag der hypothetischen Übernahme einer neuen Tätigkeit in die Wege zu leiten.

Ein sachlicher Grund für die Neuermittlung der Vergleichspersonen kann/können gegebenenfalls die Einführung eines neuen Entgeltsystems oder eines neuen Tarifvertrages, die Ausgabe neuer Arbeitsverträge oder Veränderungen durch einen (Teil-)Betriebsübergang nach § 613a BGB sein.

Zeitpunkt für die Auswahl der neuen Vergleichspersonen ist auch hier der Tag, an dem der sachliche Grund gegeben ist (z. B. Abschluss einer Qualifikation, hypothetische Übernahme einer neuen Tätigkeit). Sollte nach der Mandatsannahme bereits eine Neubildung der Vergleichsgruppe (z. B. aufgrund einer sog. hypothetischen Karriere) stattgefunden haben, ist der maßgebliche Stichtag der Tag, an dem die neue Vergleichsgruppe gebildet worden ist.

Es erforderlich, neben der Auswahl der Vergleichspersonen den sachlichen Grund für die Änderung oder Neuermittlung der Vergleichsgruppe zu dokumentieren.

7. Ermittlung und Festlegung der Vergleichspersonen

22 Es besteht nunmehr die Verpflichtung, bereits bei Amtsantritt eines jeden BR-Mitglieds die vergleichbaren AN zu ermitteln und das Ergebnis samt Begründung zu dokumentieren. Es ist empfehlenswert, dies ausführlich und detailliert zu machen, da es andernfalls, insbesondere bei langjähriger Mitgliedschaft im BR, sonst sehr schwierig bzw. unmöglich sein wird, im Nachhinein den Kreis der vergleichbaren AN und deren Entwicklung nachvollziehbar darzustellen.

23 Die Ermittlung der Vergleichspersonen für jedes in das Mandat eintretende BR-Mitglied ist vom Unternehmen durchzuführen.

24 Dem betroffenen Mandatsträger ist die geplante Festlegung der Vergleichspersonen zu erläutern. Ihm sind die personenbezogenen Daten (einschließlich Namen, Tätigkeit, Qualifikation, Eingruppierung, Entgeltbestandteile, Arbeitszeit etc.) der in Betracht kommenden Vergleichspersonen samt Auswahlkriterien offenzulegen.[14]

Der Mandatsträger muss die Möglichkeit haben, andere Vergleichspersonen vorzuschlagen. Diese Vorschläge sind ernsthaft zu prüfen und gegebenenfalls zu berücksichtigen.

Für die Fälle, in denen zwischen Unternehmen und BR-Mitglied eine Verständigung über die Zusammensetzung der Vergleichsgruppe nicht möglich ist, muss eine Betriebsvereinbarung einen Konfliktlösungsmechanismus beinhalten (z. B. Schlichtungsstelle).

---

14 BAG 4.11.2015 – 7 AZR 972/13; 19.1.2005 – 7 AZR 208/04; ausführlich hierzu unter Berücksichtigung des Datenschutzes: Thüsing/Denzer, Rn. 238 ff.

8. Entgeltentwicklung anhand der Vergleichspersonen gemäß § 37 Abs. 4 BetrVG

a) Ermittlung bei tariflich eingruppierten Mandatsträgern

Die Entgeltentwicklung vergleichbarer AN infolge ihrer beruflichen Entwicklung ist für die Entgeltentwicklung von BR-Mitgliedern nur relevant, wenn sie betriebsüblich ist. Die Üblichkeit entsteht durch ein gleichförmiges und einer bestimmten Regel folgendes Verhalten des Arbeitgebers, infolgedessen zumindest in der überwiegenden Anzahl der vergleichbaren Fälle mit der jeweiligen Entwicklung gerechnet werden kann.[15] Damit liegt Betriebsüblichkeit vor, wenn die Mehrzahl der vergleichbaren AN einen entsprechenden Aufstieg erreicht. 25

aa) Median

Nach BAG[16] ist grundsätzlich die mehrheitliche Entwicklung der Vergleichsgruppe ab Amtsübernahme maßgeblich (»Sprunglogik«). Ein BR-Mitglied hat Anspruch darauf, dass sich seine Vergütung im Verhältnis zur Vergütung der vergleichbaren AN, also prozentual erhöht.[17] Ob sich die Entwicklung in der Vergleichsgruppe tatsächlich mehrheitlich vollzieht, bemisst sich nach dem Median der Entwicklungen in der Vergleichsgruppe. Es ist also in erster Linie eine Medianbetrachtung vorzunehmen. 26

Die Vergütung eines tariflich eingruppierten Mandatsträgers erhöht sich in gleichem Maße wie sich die Vergütung des Medians der Vergleichspersonen (der Mehrzahl oder nach Maßgabe der Betriebsüblichkeit mindestens von 50 % der Vergleichspersonen) entwickelt.

> **Beispiel:**
> Ein BR-Mitglied ist bei Mandatsübernahme in der Entgeltgruppe (EG) 7 des Tarifvertrages eingruppiert. Seine Vergleichsgruppe besteht aus fünf vergleichbaren AN des Betriebs. Diese sind bei Mandatsübernahme in EG 7, EG 7, EG 7, EG 8 und EG 8 eingruppiert.
> Diese Vergleichspersonen haben sich zum Prüfstichtag in die EG 8 (+1), EG 8 (+1), EG 9 (+2), EG 8 (+0) und EG 8 (+0) entwickelt.
> Nach der »Sprunglogik« ist die mehrheitliche Entwicklung der Vergleichspersonen durch eine Medianbetrachtung festzustellen, indem zuerst die »Entgeltsprünge« auf- oder absteigend zu sortieren und aufzureihen sind. Im Beispielsfall ergibt sich dabei folgende Reihe der Sprünge: 0, 0, 1, 1, 2.
> Somit liegt der Median der »Entgeltsprünge« bei 1, da die Mehrheit der Vergleichspersonen mindestens einen Sprung gemacht hat. Dem BR-Mitglied steht die Höhergruppierung von der EG 8 in die EG 9 zu.

Bei einer geraden Anzahl an Vergleichspersonen ist grundsätzlich die Anzahl der Entgeltsprünge der mittleren Vergleichspersonen maßgeblich.

15 BAG 22.1.2020 – 7 AZR 222/19; BAG 15.1.1992 – 7 AZR 194/91.
16 BAG 18.1.2017 – 7 AZR 205/15; BAG 19.1.2005 – 7 AZR 208/04.
17 BAG 21.2.2018 – 7 AZR 496/16.

bb) Durchschnitt

27 Um eine Benachteiligung von BR-Mitgliedern auszuschließen, ist es nach der Rechtsprechung des BAG auch zulässig, auf den durchschnittlichen prozentualen Umfang der Erhöhungen bei den Vergleichspersonen abzustellen. Es kann dann alternativ der Durchschnitt der Entgeltentwicklung herangezogen werden, sofern dies der Betriebsüblichkeit eher entspricht. Dies kann der Fall sein, wenn eine Gruppe sehr klein ist und die Erhöhungen individuell und unregelmäßig erfolgt sind.[18] Deshalb ist in einem Betrieb, in dem nur sehr wenige mit einem BR-Mitglied vergleichbare AN beschäftigt sind, und eine Feststellung, ob bzw. in welchem Umfang die Mehrzahl der vergleichbaren AN eine Entgeltentwicklung erfahren hat, nicht möglich ist, anstelle der Medianbetrachtung eine Durchschnittsbetrachtung der Entgeltentwicklung der vergleichbaren AN zulässig.[19] Das BAG hat nicht ausgeführt, bis zu welcher Personenanzahl nur eine »sehr kleine« Vergleichsgruppe vorliegt. In den zuvor genannten Entscheidungen wurde die Durchschnittsbetrachtung bei drei Vergleichspersonen in Erwägung gezogen. Aber auch bei einer sehr kleinen Vergleichsgruppe ist für eine Entgeltanpassung erforderlich, dass die Entgeltentwicklung der einzelnen vergleichbaren AN betriebsüblich ist und nicht auf individuellen Gründen beruht. Sollte nur ein vergleichbarer AN vorhanden sein, setzt dieser den Vergleichsmaßstab.[20]

cc) Leistungsentgelt bei tariflich eingruppierten Mandatsträgern

28 Leistungsentgeltprozentpunkte bleiben während der Mandatsausübung unverändert. Im Übrigen sind die tarifvertraglichen und betrieblichen Regelungen zu beachten.

b) Entgeltentwicklung bei außertariflich eingruppierten Mandatsträgern

aa) Ermittlung der Vergütung

29 Die allgemeinen Regelungen zur außertariflichen Vergütung im Betrieb gelten sowohl für die Festlegung der Vergütung als auch für Anpassungen der Vergütung von BR-Mitgliedern sowie für deren Entwicklung in Gehaltsbändern. Ein außertariflich eingruppierter Mandatsträger hat ebenso wie der Tarifmitarbeiter jeweils Anspruch gemäß § 37 Abs. 4 Satz 1 BetrVG auf eine Weiterentwicklung seiner Vergütung. Auch für diese Mitarbeitergruppe gilt das oben Gesagte zur Bildung der Vergleichsgruppe (Ziffer 7) und zur Ermittlung der Vergütungsentwicklung (Ziffer 8).

bb) Zielvergütung und variable Vergütung

30 Für eine Zielvergütung und die variable Vergütung gelten grundsätzlich die allgemein im Betrieb geltenden Regelungen. Soweit eine Erhöhung der Zielver-

---

18 BAG 21.2.2018 – 7 AZR 208/04.

19 BAG 23.11.22 – 7 AZR 122/22; BAG 21.2.2018 – 7 AZR 496/16; BAG 18.1.2017 – 7 AZR 205/15; BAG 19.1.2005 – 7 AZR 208/04.

20 BAG 21.4.1983 – 6 AZR 407/80.

gütung oder die Ermittlung der variablen Vergütung von einer individuellen Bewertung oder einer individuellen Leistungsbeurteilung abhängt, ist für den Mandatsträger der jeweilige Durchschnittswert aller Vergleichspersonen maßgeblich.
Soweit diese Ermittlungsmethode zu einer Benachteiligung des BR-Mitglieds führen würde, etwa weil es vor der Amtsübernahme jeweils einen überdurchschnittlichen Zielerreichungsgrad erreicht hatte, kann auch der vom BR-Mitglied vor Amtsantritt erreichte Zielerreichungsgrad ins Verhältnis zum Leistungsgrad der vergleichbaren AN gesetzt und bei der Ermittlung des variablen Entgelts berücksichtigt werden. Das Ergebnis des Vergleichs und das Verhältnis des persönlichen Leistungsgrades des BR-Mitglieds zum durchschnittlichen Leistungsgrad der Vergleichspersonen ist bei Amtsantritt zu dokumentieren und bei der jeweiligen Berechnung heranzuziehen.[21]

III. Arbeitszeit

Die wöchentliche Arbeitszeit des Mandatsträgers ermittelt sich grundsätzlich 31
nach Maßgabe der vor der Mandatsübernahme geleisteten Arbeitszeit.
Während des Mandats können sich Änderungen der Arbeitszeit insbesondere ergeben aus:

- Änderungen in der Person des Mandatsträgers (z. B. Verringerung oder Erhöhung der Arbeitszeit gemäß §§ 8, 9 und 9a TzBfG unter Berücksichtigung der tariflichen und betrieblichen Regelungen) oder vor Mandatsübernahme bereits feststehenden Änderungen;
- Änderungen der Arbeitszeit in der Organisationseinheit, in welcher der Mandatsträger bei Mandatsbeendigung tätig war;
- (hypothetischer) Übernahme einer anderen Stelle;
- mehrheitlichen Änderungen (mindestens 50 Prozent der Vergleichspersonen) der Arbeitszeit in der Vergleichsgruppe.

21 Siehe hierzu ausführlich Thüsing/Denzer, Rn. 351 ff.

E. Die Vergütung des Betriebsrats-mitglieds gemäß § 78 BetrVG

von Rolf-Christian Otto

I. Einleitung

1 § 78 Satz 2 BetrVG stellt neben § 37 Abs. 4 BetrVG die zweite zentrale Rechtsvorschrift dar, die als Grundlage für einen Anspruch eines Mitglieds auf Entgelterhöhung herangezogen werden kann. Der Anwendungsbereich von § 78 BetrVG geht darüber hinaus und untersagt auch jede Störung und Behinderung der Arbeit von Mitgliedern. Im Zusammenhang mit der Vergütung von Mitgliedern soll der Fokus aber nur auf die Bestimmung von § 78 Satz 2 BetrVG und ihre Bedeutung im Hinblick auf die Vergütung von Mitgliedern gerichtet werden.

II. Normzweck

2 Die Bestimmung soll die innere und äußere Unabhängigkeit der Mitglieder[1] schützen und gewährleisten, dass Mitglieder ohne Furcht vor Nachteilen oder Sanktionen das Amt übernehmen und unbeeinflusst ausüben können.[2] Die Regelung ist zwingend[3] mit der Folge, dass Vereinbarungen, die gegen § 78 Satz 2 BetrVG verstoßen, unwirksam sind.

3 § 78 Satz 2 BetrVG schützt ebenso wie § 78 Satz 1 BetrVG nicht nur die Mitglieder, sondern auch die Institution Betriebsrat (BR).[4] Das wird vereinzelt verkannt.[5] Das BAG hat aber zutreffend auf die Gesetzesbegründung hingewiesen: § 53 BetrVG 1952 beschränkte den Schutzbereich nicht auf die Mitglieder des BR, sondern schützte auch das Gremium als solches. § 78 BetrVG soll als Nachfolgeregelung den Schutzbereich nicht einschränken, auch wenn die Instituti-

1 Mit dem Begriff »Mitglied« werden nachfolgend alle Mitglieder der in § 78 BetrVG aufgeführten Gremien bezeichnet. Soweit nachfolgend die Bezeichnung »Betriebsrat« verwendet wird, gelten die Ausführungen sinngemäß für die anderen in § 78 BetrVG genannten Gremien.

2 DKW-Buschmann, § 78 BetrVG Rn. 2; Fitting, § 78 BetrVG, Rn. 1; BeckOGK/Rudnik, § 78 BetrVG Rn. 4.

3 Vgl. DKW-Buschmann, § 78 BetrVG Rn. 1.

4 BeckOGK/Rudnik, § 78 BetrVG, Rn. 5; Fitting, § 78 BetrVG Rn. 1.

5 MHdB ArbR/Krois, § 295, Rn. 173; GK-BetrVG/Kreutz, § 78 BetrVG, Rn. 22; Richardi-*Thüsing*, § 78 BetrVG Rn. 20.

on BR im Wortlaut nicht mehr genannt war. Vom Schutzweck von § 78 Satz 2 BetrVG werden deshalb sowohl die einzelnen Mitglieder als auch das Gremium erfasst.[6] Der Schutz vor einer Beeinträchtigung der Tätigkeit des BR erfolgt im Rahmen von § 78 Satz 2 BetrVG über den Schutz des Mitglieds.[7]

Die Regelung beinhaltet damit eine kollektive Dimension und schützt das Gremium auch in seiner personellen Kontinuität.[8] Die Norm hat damit eine vergleichbare Funktion wie andere die personelle Kontiunität sichernde Bestimmungen wie beispielsweise §§ 103 und 78a BetrVG und § 15 KSchG. Auch diese Regelungen verschaffen den Mitgliedern aufgrund ihrer Mitgliedschaft eine gegenüber anderen Arbeitnehmern (AN) stärkere Rechtsstellung – also einen Vorteil – und schützen damit nicht nur das Mitglied selbst, sondern auch den BR als Institution.[9] 4

III. Personeller Geltungsbereich

Durch § 78 BetrVG werden nicht nur Mitglieder des BR, sondern auch die Mitglieder der weiteren in § 78 BetrVG genannten Gremien geschützt. Dazu gehören neben Mitgliedern des BR auch Mitglieder einer Jugend- und Auszubildendenvertretung, der Bordvertretung, des Seebetriebsrats, einer Einigungsstelle,[10] eines Wirtschaftsausschusses, einer tariflichen Schlichtungsstelle und einer Beschwerdestelle. Darüber hinaus sind auch Auskunftspersonen i. S. v. § 80 Abs. 2 Satz 4 BetrVG erfasst. Mitglieder einer Arbeitsgruppe i. S. v. § 28a BetrVG sind in § 78 BetrVG nicht genannt; für diese soll § 78 BetrVG analog anzuwenden sein.[11] Für Ersatzmitglieder kommt § 78 Satz 1 BetrVG spätestens zur Anwendung, sobald sie aufgrund Verhinderung eines Mitglieds vorübergehend dem BR angehören oder endgültig nachgerückt sind.[12] Darüber hinaus findet § 78 Satz 2 BetrVG analoge Anwendung auf Wahlbewerber[13] und Ersatzmitglieder, die noch nicht 5

6 BAG 25.6.2014 – 7 AZR 847/12, 32f.; DKW-Buschmann, § 78 BetrVG Rn. 1; Fischer, AuR 2023, S. 230–237, 233; BeckOGK/Rudnik, § 78 BetrVG Rn. 4.

7 Linck/Preis, § 78 BetrVG Rn. 15; Schlamp, Die Vergütung von Betriebsräten, S. 85f.; Richardi-*Thüsing*, § 78 BetrVG Rn. 9.

8 BAG 25.6.2014 – 7 AZR 847/12, Rn. 33; Schaub ArbR-HdB/*Ahrendt*, § 230 Rn. 22.

9 Vgl. BAG 25.6.2014 – 7 AZR 847/12, Rn. 33; BAG 21.6.2012 – 2 AZR 343/11, Rn. 21; BAG 15.11.2006 – 7 ABR 15/06, Rn. 24.

10 Geschützt sind damit auch externe Mitglieder einer Einigungsstelle, vgl. DKW-Buschmann, § 78 BetrVG Rn. 7.

11 BeckOGK/Rudnik, § 78 BetrVG Rn. 23; Fitting, § 78 BetrVG Rn. 1; ErfK-Koch, § 28a BetrVG Rn. 3; differenzierend GK-BetrVG/Kreutz, § 78 BetrVG Rn. 17; Richardi-*Thüsing*, § 28a BetrVG Rn. 34. Ablehnend DKW-Wedde, § 28a BetrVG Rn. 83, der eine Analogie mangels Rechtslücke ausschließt; die Behinderung oder Benachteiligung der Arbeitsgruppenmitglieder sei aber ggf. als Behinderung der Arbeit des BR relevant; ebenso DKW-Buschmann, § 78 BetrVG Rn. 7, der zusätzlich auf § 612a BGB verweist.

12 BeckOGK/Rudnik, § 78 BetrVG Rn. 24.

13 GK-BetrVG/Kreutz, § 78 BetrVG Rn. 15; DKW-Buschmann, § 78 BetrVG Rn. 7.

erstmals temporär in den BR aufgerückt sind, wenn die Benachteiligung im Hinblick auf die zukünftige Betriebsratstätigkeit erfolgt.[14] § 78 Satz 2 BetrVG gilt für Mitglieder und Ersatzmitglieder nach einer ersten Tätigkeit im BR zeitlich unbegrenzt.[15]

6 Das Verbot der Störung und Behinderung der Tätigkeit und der Benachteiligung und Begünstigung richtet sich gegen jedermann, also sowohl gegen den Arbeitgeber (AG), leitende Angestellte, andere AN, aber auch gegen externe Stellen, natürliche oder juristische Personen.[16]

IV. Verhältnis zu anderen Rechtsnormen

7 § 78 BetrVG dient auch der Umsetzung des Übereinkommens Nr. 135 der Internationalen Arbeitsorganisation (IAO) vom 23. 6. 1971[17] und von Art. 7 RL 2002/14/EG.[18]

8 Die Bestimmung von § 78 Satz 2 BetrVG wird durch verschiedene Regelungen konkretisiert. Die Regelungen zum Sonderkündigungsschutz in § 103 BetrVG und § 15 KSchG sind gegenüber § 78 Satz 2 BetrVG vorrangig; daneben findet § 78 Satz 2 BetrVG keine Anwendung.[19] Die Bestimmungen von §§ 37–41, 51, 59, 65, 73, 78a und 103 BetrVG stellen speziellere Vorschriften dar; im Verhältnis zu diesen Regelungen dient § 78 Satz 2 BetrVG als Auffangnorm.[20] Darüber hinaus stellt § 78 BetrVG ein Schutzgesetz im Sinne von § 823 Abs. 2 BetrVG dar und kann somit zu Schadensersatz- und Unterlassungsansprüchen führen.[21]

9 Umstritten war das Verhältnis von § 78 Satz 2 BetrVG zu § 37 Abs. 4 BetrVG. Teils wurde vermutet, dass § 37 Abs. 4 BetrVG die Bemessung des Arbeitsentgelts eines Mitglieds abschließend regelt und § 78 Satz 2 BetrVG insoweit keinen eigenständigen Anwendungsbereich hat.[22] Das BAG hat hingegen in ständiger Rechtsprechung entschieden, dass § 78 Satz 2 BetrVG neben § 37 Abs. 4 BetrVG

14 GK-BetrVG/Oetker, § 25 BetrVG Rn. 69; DKW-Buschmann, § 78 BetrVG Rn. 10; Fitting, § 78 BetrVG Rn. 15 (»Vorwirkung«).

15 BeckOGK/Rudnik, § 78 BetrVG Rn. 24; DKW-Buschmann, § 78 BetrVG Rn. 10; Fitting, § 78 BetrVG Rn. 15.

16 Allg. Auffassung, vgl. BAG 15. 10. 2014 – 7 ABR 74/12, Rn. 32; DKW-Buschmann, § 78 BetrVG Rn. 11; ErfK-Kania, § 78 BetrVG Rn. 2; GK-BetrVG/Kreutz, § 78 BetrVG Rn. 23; BeckOGK/Rudnik, § 78 BetrVG Rn. 31; Richardi-*Thüsing*, § 78 BetrVG Rn. 12; Fitting, § 78 BetrVG Rn. 7.

17 BAG 3. 12. 1997 – 7 AZR 236/97, Rn. 18; für eine unmittelbare Geltung der Regelungen ohne Umsetzungserfordernis DKW-Buschmann, § 78 BetrVG, Rn. 3.

18 EuArbRK/Weber, RL 2002/14/EG Art. 7, Rn. 6.

19 BAG 21. 3. 2018 – 7 AZR 590/16, Rn. 19: eine unzulässige Begünstigung liegt nicht vor, wenn ein Mitglied in einem Aufhebungsvertrag aufgrund des Sonderkündigungsschutzes eine höhere Abfindung durchsetzen kann.

20 BeckOGK/Rudnik, § 78 BetrVG Rn. 12; Fitting, § 78 BetrVG Rn. 30.

21 Rn. 75.

22 LG Braunschweig, 28. 9. 2021 – 16 KLs 85/19, S. 182.

zur Anwendung kommt. Bereits aus dem klaren Wortlaut von § 37 Abs. 4 BetrVG ergebe sich, dass damit das Arbeitsentgelt von Mitgliedern nicht abschließend geregelt sei.[23] § 37 Abs. 4 BetrVG regele vielmehr nur die Untergrenze der Vergütung.[24] Ein Mitglied müsse sich aber nicht mit dieser Mindestentwicklung begnügen. Vielmehr werde das Mitglied sachwidrig benachteiligt, wenn § 78 Satz 2 BetrVG für die Vergütung des BR nicht zur Anwendung käme.[25] Deshalb könnte sich aus § 78 Satz 2 BetrVG i. V. m. § 611a Abs. 2 BGB ein über § 37 Abs. 4 BetrVG hinausgehender Anspruch auf eine höhere Vergütung ergeben, »wenn sich die Zahlung einer geringeren Vergütung als Benachteiligung des Mitglieds wegen seiner Betriebsratstätigkeit darstellt«.[26] § 78 Satz 2 BetrVG kommt deshalb neben § 37 Abs. 4 BetrVG zur Anwendung. § 37 Abs. 4 BetrVG stellt damit regelmäßig nur die Untergrenze der Vergütungsentwicklung dar, während sich aus § 78 Satz 2 BetrVG gegebenenfalls ein darüberhinausgehender Anspruch ergeben kann.[27]

V. Benachteiligung und Begünstigung

Eine Benachteiligung oder Begünstigung soll immer dann vorliegen, wenn das Mitglied besser oder schlechter behandelt wird, als es behandelt werden würde, wenn es das Mandat nicht hätte. Wenn das Mitglied ohne die Amtstätigkeit (»Mitglied ohne Amt«) eine günstigere oder ungünstigere Behandlung erfahren würde, soll danach eine Begünstigung oder Benachteiligung vorliegen.[28] Ein Vergleich mit anderen AN soll lediglich indizielle Bedeutung haben.[29] 10

Das BAG teilt diese Betrachtung im Grundsatz, öffnet aber den Betrachtungshorizont. Nach ständiger Rechtsprechung des BAG soll eine Benachteiligung eines Mitgliedes bei jeder »Schlechterstellung im Vergleich zu anderen AN, die nicht auf sachlichen Gründen, sondern auf der Tätigkeit als BR-Mitglied beruht«, vorliegen.[30] Eine Benachteiligungsabsicht ist danach nicht erforderlich; vielmehr genügt die objektive Schlechterstellung gegenüber Nichtmitgliedern.[31] Der Vergleichsmaßstab ist dabei in diversen Entscheidungen des BAG nicht das »Mitglied ohne Amt«, sondern die Situation anderer AN. 11

---

23 BAG 20.3.2025 -7 AZR 46/24, Rn. 64.

24 So auch Annuß, NZA 2018, S. 134–138, 134.

25 BAG 20.3.2025 – 7 AZR 46/24, Rn. 65.

26 BAG 20.3.2025 – 7 AZR 46/24, Rn. 63.

27 Vgl. Fitting, § 78 BetrVG Rn. 17.

28 DKW-Buschmann, § 78 BetrVG Rn. 23; BeckOGK/Rudnik, § 78 BetrVG 57 und 79; GK-BetrVG/Kreutz, § 78 BetrVG Rn. 57; Fitting, § 78 BetrVG Rn. 16.

29 BeckOGK/Rudnik, § 78 BetrVG Rn. 57.

30 BAG 23.11.2022 – 7 AZR 122/22, Rn. 39; BAG 25.6.2014 – 7 AZR 847/12, Rn. 29; BAG 10.11.2015 – 3 AZR 574/14, Rn. 47; BAG 18.5.2016 – 7 AZR 401/14, Rn. 21; BAG 21.3.2018 – 7 AZR 590/16, Rn. 16.

31 Ebenda.

Beispiel:
Ein AG hatte die Vergütung eines Mitglieds aufgrund von Betriebsratstätigkeit gekürzt. Auf die dahin erhobene Klage schlossen die Parteien einen Vergleich, in dem sich der AG verpflichtete, die Klageforderung (ohne Zinsen) zu erfüllen. Ferner wurde vereinbart, dass jede Partei ihre Kosten selbst trägt. Später verlangte das Mitglied die Erstattung seiner Anwaltskosten.
Diese Klage wurde letztlich vom BAG zurückgewiesen. Wäre das »Mitglied ohne Amt« der Maßstab für die Entscheidung des BAG gewesen, hätte das BAG der Klage stattgeben müssen. Ohne Amt hätte das Mitglied die Aufwendungen für Rechtsanwaltskosten nicht gehabt und ein Verzicht auf die Kostenerstattung wäre bei dieser Betrachtungsweise gemäß § 134 BGB, § 78 Satz 2 BetrVG unwirksam. Das BAG zog als Maßstab aber nicht das »Mitglied ohne Amt« heran, sondern andere AN. Auch diese könnten in einem Rechtsstreit mit dem AG vereinbaren, wer welche Kosten trägt. Deshalb liege keine Benachteiligung i. S. v. § 78 Satz 2 BetrVG vor.[32]

12 Das BAG hält aber auch Vorteile, die Mitglieder aufgrund ihrer Amtsstellung erhalten, nicht stets für eine unzulässige Begünstigung. Vielmehr untersage das Begünstigungsverbot nur »jegliche Besserstellung im Vergleich zu anderen AN, die nicht aus sachlichen oder in der Person des AN liegenden Gründen, sondern durch die Amtstätigkeit als solche veranlasst ist. Sie liegt vor bei jeder Zuwendung eines Vorteils, der ausschließlich wegen der Amtstätigkeit erfolgt«.[33]

13 Beruht der Vorteil hingegen auf sachlichen oder in der Person des Mitglieds liegenden Gründen oder auf einer gesetzlichen Wertung, stellt ein Vorteil keine unzulässige Begünstigung dar.

Beispiel:
Ein AG schloss mit einem Mitglied einen Aufhebungsvertrag. Darin wurde die Zahlung einer Abfindung vereinbart. Nach Ende des Arbeitsverhältnisses erhob das (ehemalige) Mitglied Klage und vertrat die Auffassung, der Aufhebungsvertrag sei aufgrund der hohen Abfindung gemäß § 78 Satz 2 BetrVG nichtig. Die Höhe der Abfindung und weitere Konditionen seien mit ihm nur aufgrund seiner Mitgliedschaft im BR vereinbart worden. Das sei eine unzulässige Begünstigung und der gesamte Aufhebungsvertrag sei deshalb nichtig. Das BAG sah eine Begünstigung, diese sei aber nicht unzulässig. Der Sonderkündigungsschutz nach § 15 Abs. 1 KSchG, § 103 BetrVG schaffe für das Mitglied zwar eine günstigere Verhandlungsposition, als AN, die nicht Mitglied des BR sind, diese haben würden. Das sei aber Folge der Wertentscheidung von § 15 KSchG und keine unzulässige Begünstigung. Die Bedingungen

---

32 BAG 20.1.2010 – 7 ABR 68/08; vgl. auch BAG 16.4.2003 – 7 AZR 423/01, I.2: Für die Bewertung von Reisezeiten für Betriebsratstätigkeit gelten dieselben Maßstäbe wie für Reisezeiten von Arbeitnehmern bei sonstigen Dienstreisen, auch wenn das dazu führt, dass nicht alle Reisezeiten ausgeglichen werden. Maßstab ist auch hier nicht das hypothetische »Mitglied ohne Amt«, sondern der Vergleich mit Dienstreisen sonstiger Beschäftigter; BAG 25.2.2009 – 7 AZR 954/07: Ein Mitglied durfte einen, ausschließlich zu dienstlichen Zwecken und zur Fahrt zwischen Wohnort und Arbeitsort überlassenen, Dienstwagen nicht mehr nutzen, nachdem er wegen der Betriebsratstätigkeit keine Kundenbesuche mehr durchführte.

33 BAG 13.8.2025 – 7 AZR 174/24, Rn. 30.

eines Aufhebungsvertrages unterlägen der Vertragsfreiheit, die durch § 78 Satz 2 BetrVG insoweit grundsätzlich nicht eingeschränkt sei.[34]

Die weitere Sichtweise des BAG zielt in die richtige Richtung. Das BAG nutzt diese aber fast durchgängig zur Begründung der Zulässigkeit von Nachteilen, die das Mitglied aufgrund seiner Mitgliedschaft im BR hat. Es muss deshalb differenziert werden. Ein BR-Mitglied darf nicht schlechter gestellt werden, als es stehen würde, wenn es nicht Mitglied des BR wäre. Wenn der AG aber Leistungen nach allgemeinen Kriterien gewährt und ein Mitglied diese Kriterien nur aufgrund seiner Mitgliedschaft im BR erfüllt, würde es eine »Schlechterstellung im Vergleich zu anderen AN (darstellen), die nicht auf sachlichen Gründen, sondern auf der Tätigkeit als BR-Mitglied beruht«,[35] wenn dem Mitglied diese Leistungen vorenthalten würden.

Beispiel:
Das Mitglied war bis zu seiner Freistellung im Produktionsbereich tätig. Seit der Freistellung ist das Mitglied in den Räumlichkeiten des BR in einer anderen Betriebsstätte tätig. Dort gewährt der AG allen dort tätigen AN kostenloses Obst. Das Mitglied muss nicht als einziger dort tätiger AN auf den täglichen Apfel verzichten, nur weil er diesen nicht erhalten würde, wenn er nicht freigestellt wäre.

1. Stellenbesetzungen

Mitglieder dürfen bei Stellenbesetzungen nicht benachteiligt, aber auch nicht be- 14
günstigt werden. Wird eine bestimmte Stelle nur wegen der Betriebsratstätigkeit übertragen oder ein befristetes Arbeitsverhältnis wegen der Betriebsratstätigkeit verlängert, stellt dies eine rechtswidrige Begünstigung dar.

a) Nichtberücksichtigung bei Stellenbesetzung

Wird ein Mitglied bei der Besetzung einer Stelle mit höherer Vergütung wegen 15
seiner Betriebsratstätigkeit nicht berücksichtigt, stellt das eine Benachteiligung dar.[36] Dabei muss das Mitglied den Nachweis erbringen, dass es ohne seine Betriebsratstätigkeit eine bestimmte Position übernommen hätte. Dazu reicht es nicht aus, dass das Mitglied die für die Stelle erforderliche Eignung aufweist,[37] dass eine bestimmte Tätigkeit »üblicherweise« in einer höherwertigen Tätigkeit mündet oder eine konkrete Chance einer solchen Entwicklung besteht.[38] Solche Üblichkeiten oder Chancen sind vielmehr im Rahmen von § 37 Abs. 4 BetrVG relevant.[39] Vielmehr muss der Nachweis erbracht werden, dass das Mitglied ohne

34 BAG 21.3.2018 – 7 AZR 590/16, Rn. 21.
35 BAG 23.11.2022 – 7 AZR 122/22, Rn. 39; BAG 25.6.2014 – 7 AZR 847/12, Rn. 29; BAG 10.11.2015 – 3 AZR 574/14, Rn. 47; BAG 18.5.2016 – 7 AZR 401/14, Rn. 21; BAG 21.3.2018 – 7 AZR 590/16, Rn. 16.
36 BAG 20.1.2021 – 7 AZR 52/20, Rn. 23.
37 BAG 27.6.2001 – 7 AZR 496/99, B. II. 1.
38 BAG 20.1.2021 – 7 AZR 52/20, Rn. 28.
39 Siehe Kapitel D.

die Mitgliedschaft die begehrte Position erlangt hätte, eine Bewerbung für eine bestimmte Stelle also gerade wegen der Betriebsratstätigkeit erfolglos geblieben ist.[40]

16 Ein Anspruch auf eine höhere Vergütung im Rahmen einer Stellenbesetzung kann auch dann bestehen, wenn sich ein (freigestelltes) Mitglied für eine bestimmte Stelle (wegen seiner Freistellung) tatsächlich nicht beworben hat, aber im Fall einer Bewerbung erfolgreich gewesen wäre.[41]

17 Schließlich kann ein Anspruch auf eine höhere Vergütung im Rahmen einer Stellenbesetzung auch dann bestehen, wenn eine tatsächliche oder wegen der Freistellung unterlassene Bewerbung des Mitglieds erfolglos geblieben ist bzw. wäre, wenn die Bewerbung an fehlendem Fachwissen scheitert/scheitern würde und das Fehlen des Fachwissens gerade auf der Betriebsratstätigkeit beruht.[42]

18 Wird die Übernahme einer Stelle von der Aufgabe der Betriebsratstätigkeit oder der Freistellung abhängig gemacht, stellt das ebenfalls eine Benachteiligung dar.[43] Eine Benachteiligung liegt auch vor, wenn mit einem befristeten beschäftigten Mitglied wegen der Amtstätigkeit kein Folgevertrag vereinbart wird.[44] Macht der AG die Verlängerung eines Arbeitsverhältnisses von bestimmten Kenntnissen und Fähigkeiten des Mitglieds abhängig oder erfolgt unter verschiedenen Bewerbern oder befristet Beschäftigten eine Auswahl, dürfen etwaige fehlende Kenntnisse oder geringere Leistungen zulasten des Mitglieds nur berücksichtigt werden, wenn die geringeren Kenntnisse oder Leistungen nicht auf der Betriebsratstätigkeit oder einer Freistellung als Mitglied beruhen.[45]

19 Die Darlegungs- und Beweislast trägt grundsätzlich das Mitglied; das BAG hat aber eine Erleichterung und teilweise Umkehr der Darlegungs- und Beweislast zugunsten des Mitglieds vorgesehen.[46]

aa) Kein Betriebsbezug

20 Es ist unerheblich, ob die dem Mitglied wegen seiner Amtstätigkeit vorenthaltene Stelle dem Betrieb zugeordnet ist, in dem das Mitglied tätig ist. § 78 Satz 2 BetrVG unterscheidet nicht zwischen Stellen im Betrieb oder außerhalb des Betriebs. Ein Mitglied darf nicht wegen seiner Betriebsratstätigkeit benachteiligt werden. Wenn dem Mitglied allein wegen seiner Betriebsratstätigkeit die Übertragung einer höherwertigen Tätigkeit in einem anderen Betrieb verweigert

---

40 BAG 20.1.2021 – 7 AZR 52/20, Rn. 24, 28.

41 BAG 13.8.2025 – 7 AZR 174/24, Rn. 25; BAG, 20.1.2021 – 7 AZR 52/20, Rn. 24.

42 BAG 13.8.2025 – 7 AZR 174/24, Rn. 25; BAG, 20.1.2021 – 7 AZR 52/20, Rn. 24.

43 BAG 20.1.2021 – 7 AZR 52/20, Rn. 24; LAG Niedersachsen, 9.10.2024 – 8 Sa 797/23, II. 4 der Gründe; LAG Baden-Württemberg 30.12.2011 – 14 Sa 103/11, 24f.; Fitting, § 78 BetrVG Rn. 23.

44 BAG 25.6.2014 – 7 AZR 847/12, Rn. 28; EuArbRK/Weber, RL 2002/14/EG Art. 7, Rn. 7 m.w.N.

45 LAG Düsseldorf 3.8.2007 – 10 Sa 112/07, Rn. 73.

46 Siehe Kapitel I.

wird, stellt auch das eine Benachteiligung dar. Hier gilt nichts anderes als bei der Ablehnung einer Beförderungsstelle in einem anderen Betrieb.[47]

bb) Stellen leitender Angestellter

21 § 78 Satz 2 BetrVG verbietet es ebenso, Mitglieder wegen ihrer Betriebsratstätigkeit bei der Besetzung von Stellen leitender Angestellter auszuschließen. Wird ein Mitglied bei einer Bewerbung für die Position eines leitenden Angestellten wegen der Mitgliedschaft im BR benachteiligt, hat das Mitglied deshalb Anspruch auf Zahlung der höheren Vergütung. Dagegen wird eingewandt, dass sich die Tätigkeit als Mitglied und die Position als leitender Angestellter unvereinbar gegenüberstünden.[48] So richtig diese Beobachtung ist, übersieht sie doch den Kern des rechtlichen Problems. Wird einem Mitglied wegen seiner Betriebsratstätigkeit eine höherwertige Stelle nicht übertragen, erfährt es damit einen Nachteil. § 78 BetrVG verbietet es jedermann, ein Mitglied wegen der Betriebsratstätigkeit zu benachteiligen, also nicht nur dem AG, sondern auch Dritten, die mit dem Arbeitsverhältnis nichts zu tun haben müssen.[49] Weshalb gerade der AG ein Mitglied bei einem besonders relevanten beruflichen Aufstieg benachteiligen dürfte, wäre nicht zu begründen. Mitglieder müssen dieselben Chancen haben in den Kreis der leitenden Angestellten aufzusteigen wie alle anderen AN.[50] Thüsing hat die Problemstellung auf den Punkt gebracht: »*Dass Tätigkeit und Vergütung auch hier auseinanderzuhalten sind, zeigt schon das hypothetische Beispiel, in dem der Arbeitgeber dem Betriebsrat sagt: ›Du würdest die Stelle als leitender Angestellter bekommen (was sicherlich keine betriebsübliche Entwicklung wäre), aber du bist nun mal im Betriebsrat – und deswegen bekommst Du die Stelle nicht und bleibst nicht-leitend‹. Wie wollte man dann argumentieren, ein Anspruch auf die höhere Vergütung wäre nicht gegeben?*«[51]

22 Das Mitglied, welches sich für die Position eines leitenden Angestellten beworben hat und nur wegen seiner Betriebsratstätigkeit nicht für diese Stelle ausgewählt wurde, wird damit benachteiligt und hat Anspruch auf Zahlung der entsprechenden Vergütung.[52] Das führt nicht zum Ausscheiden aus dem Amt. Es muss zwischen der *Vergütung* und der *Position* des leitenden Angestellten unterschieden werden.[53] Das Mitglied ist kein leitender Angestellter geworden und kann deshalb Mitglied im BR bleiben.

---

47 Dazu unten Rn. 33ff.

48 Wewetzer, RdA 2023, S. 250 –255, 254; MHdB ArbR/Krois, § 295 Rn. 178; wohl auch Schrader/Klagges/Siegel/Lipski, NZA 2022, 456-460460. Gräfl/Rennpferdt, RdA 2023, S. 245–249, 249 halten einen Wertungswiderspruch für denkbar.

49 DKW-Buschmann, § 78 BetrVG, Rn. 11; GK-BetrVG/Kreutz, § 78 BetrVG Rn. 23; BeckOGK/Rudnik, § 78 BetrVG Rn. 12; für § 78 Satz 1 BetrVG ebenso BAG 15.10.2014 – 7 ABR 74/12, Rn. 32; Richardi-*Thüsing*, § 78 BetrVG Rn. 12.

50 Im Ergebnis ebenso Thüsing, NZA 2022, S. 831–833, 832.

51 Thüsing, NZA 2022, S. 831–833, 832.

52 So für § 37 Abs. 4 BetrVG zutreffend Annuß, Die Vergütung freigestellter Betriebsratsmitglieder – Richtig verstanden, S. 87 –104, 103.

53 Vgl. Thüsing, NZA 2022, S. 831–833, 832.

23 Würde ein Mitglied ein Angebot zum Wechsel in die Position als leitender Angestellter annehmen, würde es damit die Wählbarkeit verlieren und aus dem Amt ausscheiden. Es könnte allerdings ein solche Angebot ablehnen und hätte gleichwohl Anspruch auf die entsprechende Vergütung.[54]

b) Kenntnisse des Mitglieds

24 Es sind stets alle Kenntnisse und Fähigkeiten des Mitglieds zu berücksichtigen. Dabei sind gleichwertige Abschlüsse grundsätzlich auch als gleichwertig zu behandeln. Einen Maßstab für Gleichwertigkeit bietet der Deutsche Qualifikationsrahmen (DQR), der die nationale Umsetzung des Europäischen Qualifikationsrahmens darstellt.[55] Der DQR definiert acht Niveaus zur Einordnung der Qualifikationen des deutschen Bildungssystems und ordnet Abschlüsse diesen Niveaus zu. Wenn Qualifikationen, die demselben DQR-Niveau angehören, bei der Bewerberauswahl ohne sachlichen Grund unterschiedlich bewertet werden, kann das ein Indiz für eine Benachteiligung eines Mitglieds darstellen.

Beispiel:
Es wird die Stelle eines »Sicherheitsingenieurs« ausgeschrieben, der für Arbeitssicherheit zuständig sein soll. Gewünscht ist ein naturwissenschaftlicher oder technischer Hochschulabschluss. Ein Mitglied verfügt über einschlägige Abschlüsse als Handwerksmeister und Techniker und hat im BR das Thema Arbeitssicherheit federführend begleitet und dazu an diversen Fortbildungen für Sicherheitsfachkräfte teilgenommen. Der AG entscheidet sich für einen anderen Bewerber, der vor drei Jahren einen Bachelor als Ingenieur erreicht hat und seither in der Entwicklungsabteilung tätig war.
Bachelor, Meister und Techniker sind dem DQR-Niveau 6 zugeordnet. Die Abschlüsse sind damit gleichwertig. Wenn das Mitglied über zwei einschlägige Abschlüsse mit dem DQR-Niveau 6 verfügt, und darüber hinaus diverse Fortbildungen absolviert hat, liegt es nahe, dass das Mitglied für die Tätigkeit als »Sicherheitsingenieur« besser qualifiziert ist als der ausgewählte Bewerber. Hinzu kommt, dass der Abschluss als Handwerksmeister dazu befähigt, einen Betrieb eigenständig zu führen und deshalb in der Ausbildung weitergehende Kenntnisse in Arbeitssicherheit vermittelt werden, als das in vielen Ingenieurstudiengängen der Fall ist.

25 Auch bei Gleichwertigkeit von Abschlüssen bleibt die Möglichkeit gegeben, dass aufgrund der Ausbildungs*inhalte* bestimmte Abschlüsse vorrangig berücksichtigt werden. Soweit dadurch ein Mitglied bei einer Bewerbung ausgeschlossen wird, bedarf es aber eines sachlichen Grundes für die Erforderlichkeit bestimmter Abschlüsse.

26 Eine Benachteiligung kann auch dann vorliegen, wenn die Bewerbung eines Mitglieds aufgrund besserer Qualifikationen eines anderen Bewerbers nicht erfolg-

54 Siehe dazu Rn. 38f.
55 *https://www.dqr.de.*

reich war, das Mitglied aber ohne die Betriebsratstätigkeit über die entsprechenden Qualifikationen verfügen und für die Stelle ausgewählt werden würde.[56]

> **Beispiel:**
> Das Mitglied war bis zur Übernahme des Betriebsratsamts als Facharbeiter tätig. Es hatte bereits die Qualifikation als Meister erworben. Später wurden drei Meisterstellen besetzt. Das Mitglied war inzwischen freigestellt und am besten qualifiziert, wurde aber vom AG gebeten, sich für die Stelle nicht zu bewerben. Anschließend erhielt das Mitglied die Vergütung der Meisterstelle. Fünf Jahre später wurde die nächsthöhere Stelle neu besetzt. Das Mitglied war erneut fachlich am besten qualifiziert. Der AG lehnte die Bewerbung des Mitglieds aber ab, weil dieses über keine Führungserfahrungen verfügte.
> Hier beruht das Fehlen der Führungserfahrungen gerade auf der früheren Entscheidung des Mitglieds, sich wegen seiner Freistellung nicht für die Meisterstelle zu bewerben. Hätte sich das Mitglied für die Meisterstelle beworben, hätte es diese übernommen und würde damit über die für die nächsthöhere Stelle erforderlichen Führungserfahrungen verfügen. Da die Ablehnung auf das Fehlen dieser Führungserfahrungen gestützt wurde, liegt eine Benachteiligung vor.

Viele Mitglieder erwerben während ihrer Amtszeit diverse Kenntnisse, die sie im **27**
Rahmen ihrer Berufstätigkeit kaum erworben hätten.

> **Beispiel:**
> Ein Metallfacharbeiter spezialisiert sich nach seiner Wahl in den BR auf Aufgaben des Arbeitsschutzes und der Arbeitssicherheit. Er ist im ASA tätig und nimmt an einer Vielzahl von fachlichen Fortbildungen zum Thema teil. Der AG genehmigt ihm eine Fortbildung zur Fachkraft für Arbeitssicherheit, damit dieses Thema im BR optimal bearbeitet wird. Später erlangt er in seiner Freizeit den Abschluss als Meister. Nach einigen Jahren wird die Stelle eines Sicherheitsingenieurs ausgeschrieben. Das Mitglied bewirbt sich und ist aufgrund seiner im Amt erworbenen Qualifikationen der bestqualifizierte Bewerber. Darf oder muss der AG die im Amt erworbenen Qualifikationen bei der Besetzung der Stelle außer Acht lassen?

In der Literatur wird teilweise unterschieden. Soweit Qualifikationen während **28**
der Amtszeit, aber nicht aufgrund der Amtstätigkeit erworben werden, sollen diese stets zugunsten des Mitglieds berücksichtigt werden können. Im obig genannten Beispiel dürfte die Meisterqualifikation zugunsten des Mitglieds berücksichtigt werden. Diese ist zwar während der Amtszeit, aber nicht durch die Betriebsratstätigkeit erworben worden.

Nach einer anderen Auffassung sollen durch die Amtstätigkeit erworbene Kennt- **29**
nisse und Fähigkeiten hingegen nur insoweit berücksichtigt werden können, wie sie für die Arbeitstätigkeit des Mitglieds eingesetzt werden könnten.[57] Das hätte aber eine Ungleichbehandlung zur Folge. Die Tätigkeit im BR vermittelt häufig Qualifikationen, die insbesondere im Bereich Verwaltung oder HR verwendet

56 BAG 20.1.2021 – 7 AZR 52/20, Rn. 24.
57 Byers, NZA 2014, S. 65–69, 66.

werden können. Mitglieder aus diesen Bereichen würden danach ihre im Amt erworbenen Qualifikationen bei späteren Bewerbungen einsetzen dürfen, während das bei aus dem gewerblichen Bereich stammenden Mitgliedern nicht der Fall wäre.[58] Darüber hinaus würde ignoriert werden, dass der Zuwachs an Kenntnissen nicht die alleinige Folge der Betriebsratstätigkeit ist – Menschen können Entwicklungsmöglichkeiten unterschiedlich nutzen. Die zusätzlichen Kenntnisse sind das Ergebnis eines individuellen Lernprozesses und nicht automatische Folge der Betriebsratstätigkeit.[59]

30 Mit der Ergänzung von § 78 Satz 3 BetrVG hat der Gesetzgeber diese Frage entschieden. Danach ist es unerheblich, auf welche Weise ein Mitglied seine Kenntnisse erworben hat. Entscheidend ist insoweit vielmehr, dass das Mitglied die »erforderlichen betrieblichen Anforderungen und Kriterien« erfüllt. Die von einem Mitglied erworbenen Kenntnisse können und müssen bei Stellenbesetzungen deshalb immer berücksichtigt werden, soweit diese für die jeweilige Stelle und deren Vergütung relevant sind.[60] Das stellt auch keine rechtswidrig Begünstigung des Mitglieds dar, weil die Berücksichtigung der während oder in der Amtstätigkeit erworbenen Qualifikationen keine Vergütung für die Amtstätigkeit, sondern eine »Honorierung konkreter beruflicher Weiterbildung oder Qualifikation« darstellt.[61] Im obig dargestellten Beispiel können und müssen mithin sämtliche für die Stelle als Sicherheitsingenieur relevanten Kenntnisse und Fähigkeiten des Mitglieds bei der Bewerberauswahl berücksichtigt werden.

2. Ablehnung einer Stelle

31 Wird einem AN eine höherwertige Tätigkeit angeboten, die nicht vom Direktionsrecht des AG erfasst ist, bedarf es zur Übernahme der Stelle stets einer vertraglichen Vereinbarung. In vielen Fällen wird das mündlich oder durch eine schriftliche Vereinbarung erfolgen, die sich auf die Übernahme der neuen Tätigkeit und der entsprechenden Vergütung beschränkt. Nimmt ein (nicht freigestelltes) Mitglied das Angebot zur Übernahme der Stelle nicht an, hat es grundsätzlich keinen Anspruch auf die Vergütung der Stelle.[62] Verlangt ein AG für die Übernahme einer anderen Stelle den Abschluss eines neuen Arbeitsvertrages, kommt es darauf an, ob dies dem üblichen Vorgehen bei der Übertragung höherwertiger Stellen entspricht. Soweit die Vereinbarung eines solchen Arbeitsvertrags dem üblichen Vorgehen im Betrieb entspricht, stellt das keine Benachteiligung des Mitglieds dar. Verweigert das Mitglied den Abschluss eines solchen

58 BeckOGK/Rudnik, § 78 BetrVG Rn. 128.

59 Gräfl/Rennpferdt, RdA 2023, S. 245–249, 249.

60 BAG 13.8.2025 – 7 AZR 174/24, Rn. 38; BeckOGK/Rudnik, § 78 BetrVG Rn. 128; Fitting, § 78 BetrVG Rn. 21 m.w.N.

61 BAG 13.8.2025 – 7 AZR 174/24, Rn. 30.

62 Anders könnte es sein, wenn ein sachlicher Grund dafür vorliegt, dass das Angebot trotz des Freistellungsanspruchs aus § 37 Abs. 2 BetrVG wegen der Betriebsratstätigkeit nicht angenommen wurde.

Arbeitsvertrags, hat es grundsätzlich keinen Anspruch auf die Vergütung der höherwertigen Stelle. Davon sind verschiedene Ausnahmen zu machen.

a) Unüblicher oder benachteiligender Arbeitsvertrag

Wenn der Abschluss eines neuen Arbeitsvertrags zur Übernahme einer höher- 32
wertigen Tätigkeit nur bei Mitgliedern verlangt wird, oder der Arbeitsvertrag das Mitglied gegenüber anderen AN benachteiligende Klauseln enthalten würde, würde die Verweigerung eines solchen Vertragsabschlusses zwar ebenfalls dazu führen, dass keine Einigung über die Übernahme der höherwertigen Stelle vorläge. Es läge aber eine Benachteiligung vor und das Mitglied hätte Anspruch auf Übertragung der Tätigkeit zu den im Betrieb üblichen Bedingungen und auf die Vergütung der höherwertigen Stelle. Allerdings läge die Darlegungs- und Beweislast für die Abweichung von den betriebsüblichen Regelungen beim Mitglied; wenn das Mitglied die Abweichung von den üblichen Bedingungen nicht nachzuweisen vermag, würde es seinen Anspruch auf Übertragung der höherwertigen Tätigkeit und die höhere Vergütung nicht durchsetzen können. Es kann deshalb im Einzelfall zu empfehlen sein, auch einen solchen Arbeitsvertag mit nachteiligen Klauseln zu akzeptieren, um so die höhere Vergütung zu erhalten.

b) Tätigkeit in einem anderen Betrieb

Wenn ein Mitglied das Angebot für eine offene (höherwertige) Stelle in einem 33
anderen Betrieb des Unternehmens erhält, kann das Mitglied dieses Angebot ablehnen und hat gleichwohl Anspruch auf die Vergütung der höherwertigen Stelle.[63] Das wird vereinzelt abgelehnt. Das Mitglied müsse sich zwischen Beförderung und Mandat entscheiden. Würde anders entschieden werden, dann würde dem Mitglied eine Vergütungserhöhung gewährt, ohne dass das Mitglied die höherwertige Arbeitsleistung erbringen müsse; das könne ein nicht dem Gremium angehörender AN nicht erreichen.[64]

So zutreffend die Beobachtung ist, übersieht diese Argumentation gleichwohl 34
den kollektiven Schutzzweck von § 78 Satz 2 BetrVG. Die Bestimmung soll nicht nur das Mitglied individuell vor Benachteiligungen schützen, sondern hat auch eine kollektive Dimension und soll auch das Gremium in seiner personellen Kontinuität schützen.[65] Dazu muss § 78 Satz 2 dem BR keine eigenen Rechte einräumen; der Schutz vor einer Beeinträchtigung der Tätigkeit des BR erfolgt im Rahmen von § 78 Satz 2 BetrVG über den Schutz des Mitglieds.[66] Wenn ein anderer AN die Chance der Beförderung ergreifen und dazu den Betrieb wechseln würde, hätte das keine Auswirkungen auf die Zusammensetzung des BR. Er-

---

63 Schlegel/Schmidt/Thüsing, Vorschläge der Kommission »Rechtssicherheit in der Betriebsratsvergütung«, S. 11 f.; Entwurf eines Zweiten Gesetzes zur Änderung des Betriebsverfassungsgesetzes, BT-Drs. 20/9469, S. 12; Fitting, § 78 BetrVG Rn. 23.

64 Annuß, RdA 2025, S. 322–326, 324.

65 BAG 25.6.2014 – 7 AZR 847/12, Rn. 33; Schaub ArbR-HdB/*Ahrendt*, § 230 Rn. 22; Fitting, § 78 BetrVG Rn. 23.

66 Linck/Preis, § 78 BetrVG Rn. 15; Schlamp, Die Vergütung von Betriebsräten, S. 85 f.; Richardi-*Thüsing*, § 78 BetrVG Rn. 9.

greift ein Mitglied die Chance der Beförderung in einen anderen Betrieb, so hat dies unmittelbare Auswirkungen auf den BR und seine Zusammensetzung. Die Effektivität der Betriebsratstätigkeit ist aber im hohen Maß von der personellen Kontinuität des BR abhängig. Diese wird durch § 78 Satz 2 BetrVG geschützt. Die Norm hat damit eine vergleichbare Funktion wie andere, die personelle Kontiunität sichernde Bestimmungen wie beispielsweise §§ 103 und 78a BetrVG und § 15 KSchG. Auch diese Regelungen verschaffen den Mitgliedern aufgrund ihrer Mitgliedschaft eine gegenüber anderen AN stärkere Rechtsstellung – also einen Vorteil – und schützen damit nicht nur das Mitglied selbst, sondern auch den BR als Institution.[67]

35 Dieser Schutzzweck – die personelle Kontinuität des BR – kann bei einem Angebot des AG zu einer Beförderung, die zu einem Verlust der Wählbarkeit und damit der Mitgliedschaft führen würde, nur erreicht werden, wenn das Mitglied das Angebot ohne wirtschaftlichen Nachteil ablehnen kann. Das Mitglied kann ein solches Angebot deshalb ablehnen und hat Anspruch auf die Vergütung der höherwertigen Tätigkeit.

36 Anders könnte es sein, wenn der AG dem Mitglied einen Arbeitsvertrag anbietet, in dem zwar die höhere Vergütung vereinbart wird, der Wechsel in den anderen Betrieb aber unter die aufschiebende Bedingung des Ausscheidens aus dem BR gestellt wird. Als Bedingung müsste ein endgültiges Ausscheiden aus dem BR vereinbart werden. Das bloße Ende der Amtszeit reicht dazu nicht aus, sofern das Mitglied bei der nächsten Wahl erneut in den BR gewählt wird. Das gilt auch, wenn im Rahmen einer Zusammenfassung von Betrieben ein anderer BR das Übergangsmandat wahrnimmt und das Mitglied bei der nächsten Wahl wieder in den BR gewählt wird. In den Fällen von § 24 Nr. 2–6 BetrVG wäre das endgültige Ausscheiden hingegen gegeben.

37 Wird dem Mitglied ein solcher Vertrag mit dem aufschiebend bedingten Wechsel in einen anderen Betrieb angeboten, wäre der Schutz der personellen Kontinuität des BR gewährleistet und die Ablehnung des Angebotes hätte zur Folge, dass das Mitglied keinen Anspruch auf die Vergütung der höherwertigen Tätigkeit hätte. Würde das Mitglied bei einem direkten Wechsel in den anderen Betrieb besondere Leistungen, z. B. eine Umzugskostenerstattung zu beanspruchen haben, hat es diese Leistungen auch bei dem Wechsel nach Eintritt der aufschiebenden Bedingung auch dann zu beanspruchen, wenn die Leistungen dann nicht mehr betriebsüblich gewährt werden. Ohne die Mitgliedschaft im BR hätte das Mitglied zum früheren Zeitpunkt den Betrieb gewechselt; würde der spätere Wechsel zum Wegfall dieser Ansprüche führen, würde das eine Benachteiligung darstellen.

c) Höherwertige Tätigkeit als leitender Angestellter

38 Diese Ausführungen gelten entsprechend, wenn einem Mitglied eine Tätigkeit als leitender Angestellter angeboten wird. Die Annahme des Angebotes hätte das Ende des Amts des Mitglieds zur Folge. § 78 Satz 2 BetrVG dient auch dem Schutz

67 Vgl. BAG 25.6.2014 – 7 AZR 847/12, Rn. 33; BAG 21.6.2012 – 2 AZR 343/11, Rn. 21; BAG 15.11.2006 – 7 ABR 15/06, Rn. 24; Fitting, § 78 BetrVG Rn. 30.

der personellen Kontinuität des BR.[68] Das Mitglied könnte deshalb das Angebot zum Wechsel in die Position als leitender Angestellter ablehnen und hätte gleichwohl die Vergütung der Tätigkeit zu beanspruchen. Das gilt gleichermaßen für vollständig freigestellte als auch für nicht vollständig freigestellte Mitglieder.

Würde dem Mitglied der Wechsel in die Position als leitender Angestellter hin- 39
gegen unter der aufschiebenden Bedingung des endgültigen Ausscheidens aus dem BR angeboten, wäre die personelle Kontinuität des BR durch die Annahme dieses Angebotes nicht gefährdet. Der Anspruch auf Vergütung bestünde gleichwohl bereits ab dem Zeitpunkt, zu dem die Position ohne die Betriebsratstätigkeit übernommen worden wäre. Die Ablehnung eines solchen Angebotes hätte bei nicht freigestellten Mitgliedern zur Folge, dass das Mitglied die höhere Vergütung nicht zu beanspruchen hätte.

d) Ablehnung wegen Fortsetzung der Freistellung

Umstritten ist, ob ein Mitglied, welches das Angebot einer höherwertigen Stelle 40
unter Verweis auf seine Freistellung ablehnt, einen Anspruch auf die Vergütung der höherwertigen Stelle hat. Verlangt der AG vom Mitglied die Beendigung der Freistellung, liegt die Antwort auf der Hand: Wenn die Fortsetzung der Betriebsratstätigkeit im Rahmen der Freistellung dazu führen würde, dass dem Mitglied eine höherwertige Tätigkeit nicht übertragen wird, stellt das eine Benachteiligung wegen der Betriebsratstätigkeit dar. Das Mitglied hätte Anspruch auf die höherwertige Vergütung.

Das soll nach der Rechtsprechung des BAG auch dann gelten, wenn der AG die 41
Übernahme der Tätigkeit nicht von der Beendigung der Freistellung abhängig macht. Das freigestellte Mitglied soll auch in diesem Fall die Stelle ablehnen und gleichwohl Anspruch auf die höherwertige Vergütung haben können.[69]

Dagegen wird eingewandt, dass der AG dazu verpflichtet ist, die Freistellung des 42
Mitglieds auch im Falle der Übertragung einer höherwertigen Tätigkeit fortzusetzen und die Stelle gegebenenfalls doppelt zu besetzen hätte.[70] Dieser Einwand ist im Grundsatz nachvollziehbar, übersieht aber wesentliche Aspekte: Ein freigestelltes Mitglied, welches sich auf eine Stelle nicht beworben hat, kann sich zur Begründung seines (fiktiven) Beförderungsanspruchs darauf berufen, dass eine wegen seiner Freistellung unterlassene Bewerbung erfolgreich gewesen wäre.[71] Es wäre widersprüchlich, wenn ein freigestelltes Mitglied, welches ein Angebot für eine höherwertige Stelle erhält, die Vergütung der höherwertigen Stelle nur erhielte, wenn es das Angebot annehmen würde, zumal ein Angebot auch ohne vorherige Bewerbung erfolgen kann.[72] Hinzu kommt, dass die Fortsetzung der Freistellung bei Annahme der neuen Stelle keineswegs stets sicher wäre. Wenn das freigestellte Mitglied die Stelle unter Fortsetzung der Freistellung übernimmt

68 Siehe oben Rn. 3f.
69 BAG, 13.8.2025 – 7 AZR 174/24, Rn. 27; Fitting, § 78 BetrVG Rn. 23.
70 Annuß, RdA 2025, S. 322–326, 324.
71 BAG 20.1.2021 – 7 AZR 52/20, Rn. 24; BAG 13.8.2025 – 7 AZR 174/24, Rn. 27.
72 Vgl. BAG 13.8.2025 – 7 AZR 174/24, Rn. 27.

und mangels geeigneter weiterer Bewerber keine Ersatzbesetzung der Stelle erfolgen kann, könnte der AG zwingende betriebliche Notwendigkeiten dafür sehen, dass das Mitglied seine Freistellung aufgibt und die übernommene Stelle ausübt. In einem solchen Fall soll der AG nach einer Auffassung verlangen können, dass die Freistellung des Mitglieds durch den BR widerrufen wird.[73] Nach dieser Auffassung könnte die Übernahme der höherwertigen Tätigkeit mithin gegebenenfalls das Ende der Freistellung zur Folge haben.

43 Das Mitglied könnte deshalb bei einem Angebot für eine höherwertige Tätigkeit die Bestätigung des AG einzuholen, dass die Übernahme der Tätigkeit der Fortsetzung der Freistellung nicht entgegensteht. Erteilt der AG keine solche Bestätigung, könnte das Mitglied die Stelle ablehnen und hätte gleichwohl Anspruch auf die Vergütung der höherwertigen Tätigkeit. In der Praxis wird das Mitglied die angebotene höherwertige Tätigkeit übernehmen und freigestellt bleiben können – es dürfte nur höchst selten vorkommen, dass ein AG erfolgreich den Widerruf einer einmal erteilten Freistellung eines Mitglieds durchsetzen kann.

3. Unterlassene Bewerbung

44 Wenn sich ein freigestelltes Mitglied für eine höherwertige Stelle nicht beworben hat, kann es gleichwohl Anspruch auf die Vergütung der Stelle haben, wenn es »die Bewerbung gerade wegen seiner Freistellung unterlassen hat und eine Bewerbung ohne die Freistellung erfolgreich gewesen wäre«.[74] Mit dieser Rechtsprechung erkennt das BAG an, dass die Bewerbung eines freigestellten Mitglieds im Betrieb (unberechtigte) Zweifel im Hinblick auf sein weiteres Interesse an der Fortsetzung der Freistellung wecken und damit seine Position als Mitglied schwächen könnte. Ein Anspruch besteht aber nur dann, wenn eine Bewerbung des Mitglieds erfolgreich gewesen wäre.

45 Die Darlegungs- und Beweislast dafür, dass sich das Mitglied wegen seiner Freistellung für eine bestimmte Stelle nicht beworben hat, obliegt dem Mitglied. Es ist deshalb zu empfehlen, die Überlegungen zur Bewerbung und den Grund für das Unterlassen der Bewerbung zu dokumentieren und nach Möglichkeit auch Zeugen für diesen Sachverhalt benennen zu können. Ist eine Stelle hingegen ohne Ausschreibung besetzt worden, muss das Mitglied nicht darlegen, dass es wegen seiner Freistellung von einer Bewerbung abgesehen hat.[75]

46 Eine unterlassene Bewerbung kann auch bei nicht freigestellten Mitgliedern relevant sein.[76] Allerdings haben alle Mitglieder Anspruch auf eine anlassbezogene Freistellung zur Erledigung der ihnen im BR obliegenden Aufgaben und der AG muss die Arbeitsaufgaben gegebenenfalls so umverteilen, dass das Mitglied sei-

73 BeckOGK/Pitzer, § 38 BetrVG Rn. 193; GK-BetrVG/Weber, § 38 BetrVG Rn. 82.

74 BAG 13.8.2025 – 7 AZR 174/24, Rn. 25; BAG 20.1.2021 – 7 AZR 52/20, Rn. 24.

75 BAG 25.2.2025 – 9 AZR 5/24, Rn. 20.

76 Das Betriebsratsmitglied kann »u. a. vortragen, dass seine Bewerbung (…) gerade wegen seiner Freistellung und/oder seiner Betriebsratstätigkeit« erfolglos geblieben ist (BAG 25.2.2025 – 9 AZR 5/24, Rn. 19).

nen Amtsaufgaben ordnungsgemäß nachkommen kann.[77] Deshalb müssten spezifische Gründe dafür vorliegen, dass das Mitglied trotz des Anspruchs auf Freistellung gem. § 37 Abs. 2 BetrVG eine Bewerbung unterlassen hat. Diese werden nur in Ausnahmefällen gegeben sein. Dem Mitglied ist deshalb stets anzuraten sich für die in Betracht kommenden offenen Stellen tatsächlich zu bewerben.

a) Folgen der Ablehnung oder unterlassenen Bewerbung für die Vergleichsgruppe

Wird einem Mitglied eine höherwertige Stelle rechtswidrig vorenthalten oder lehnt das Mitglied die Übernahme einer höherwertigen Stelle ab, kann das Mitglied zwar bei Vorliegen der entsprechenden Voraussetzungen Anspruch auf die Vergütung der höherwertigen Stelle haben. Eine neue Vergleichsgruppe soll in solchen Fällen nach Auffassung der Kommission »Rechtssicherheit in der Betriebsratsvergütung« und der Gesetzesbegründung für die Neuregelung von §§ 37 Abs. 4 und 78 Satz 2 BetrVG – anders als bei der Übernahme einer höherwertigen Stelle – nicht zu bilden sein,[78] weil der »Mindestentgeltanspruch des § 37 Absatz 4 (…) nach seiner Konzeption keine hypothetischen Verläufe beruflichen Aufstiegs (»hypothetische Karriere«/»fiktiver Beförderungsanspruch«)« erfasse; diese seien »Gegenstand eines Anspruchs aus § 611a BGB in Verbindung mit § 78 Satz 2 BetrVG«.[79] Es soll also kein sachlicher Grund zur Neubildung der Vergleichsgruppe i. S. v. § 37 Abs. 4 Satz 3 2. Halbsatz BetrVG vorliegen. **47**

Zutreffend ist, dass § 37 Abs. 4 BetrVG nicht die Vergütung konkreter hypothetischer Karrieren abbildet. Deshalb resultiert der Vergütungsanspruch des Mitglieds bei einer Benachteiligung nicht aus § 37 Abs. 4 BetrVG. Damit kann jedoch nicht begründet werden, dass nach einer hypothetischen Karriere die weitere Entgeltentwicklung nicht durch § 37 Abs. 4 BetrVG abgebildet wird und die Benachteiligung eines Mitglieds bei Stellenbesetzungen keinen sachlichen Grund für die Neubildung einer Vergleichsgruppe darstellt.[80] Das Mitglied auf seine alte Vergleichsgruppe zu verweisen kann zu erheblichen Nachteilen führen. **48**

> **Beispiel:**
> Ein Fluggerätmechaniker hatte bei erstmaliger Wahl in den BR die Entgeltgruppe 7 erreicht; zu diesem Zeitpunkt hatte er bereits den Abschluss als Meister absolviert, war aber noch nicht als Meister tätig. Nach seiner erstmaligen Wahl wird er alsbald gem. § 38 BetrVG freigestellt. Als eine Meisterstelle ausgeschrieben wird, führt er ein Gespräch mit dem Geschäftsführer. Dieser äußert, dass er eine Bewerbung des Mitglieds nicht wünsche; das Mitglied sei bestens qualifiziert und würde bei einer Bewerbung wohl der Kandidat der Wahl sein. Er werde aber im BR benötigt.

77 BAG 23.11.2022 – 7 AZR 122/22, Rn. 39; DKW-Wedde, § 37 BetrVG Rn. 13; GK-BetrVG/Weber, § 37 Rn. 28; MHdB-ArbR/Krois, § 295 Rechtsstellung der Betriebsratsmitglieder, Rn. 19.

78 Schlegel/Schmidt/Thüsing, Vorschläge der Kommission »Rechtssicherheit in der Betriebsratsvergütung«, S. 7; Bayreuther, NZA 2024, S. 946–951, 947; BT-Drs. 20/9469, S. 8.

79 BT-Drs. 20/9469, S. 8.

80 Dzida/Castrup, NZA 2025, S. 953–960, 955.

Deshalb solle er auf eine Bewerbung verzichten; die Vergütung als Meister (EG 10) erhalte er trotzdem.
Wenn die Vergleichsgruppe hier nicht neu gebildet würde, hätte das Mitglied gem. § 37 Abs. 4 BetrVG erst dann einen Anspruch auf die Vergütung gem. der nächsthöheren Entgeltgruppe 11, wenn der Median seiner alten Vergleichsgruppe die Entgeltgruppe 11 erreicht – dass der Median einer Gruppe von Facharbeitern eine gehobene Meistervergütung erreicht, ist außerordentlich unwahrscheinlich. Das Mitglied hätte mithin keine realistische Aussicht auf eine weitere Erhöhung der Vergütung gem. § 37 Abs. 4 BetrVG.

49 Kommission und Gesetzesbegründung lassen auch die Frage offen, wie die weitere Entwicklung der Vergütung des benachteiligten Mitglieds bemessen werden soll. Zwar wird ausgeführt, dass diese Entwicklung »Gegenstand eines Anspruchs aus § 611a BGB i. V. m. § 78 Satz 2 BetrVG« sein solle.[81] *Wie* dieser Anspruch ermittelt werden soll, bleibt aber unklar. Als Maßstab für eine Ermittlung nach §§ 78 Satz 2, 611a BGB die weitere Entgeltentwicklung derjenigen Person heranzuziehen, die anstelle des Mitglieds eine höherwertige Stelle übernommen hat, würde die Individualität von Kompetenzen und beruflichen Entwicklungen von AN verkennen, zumal eine Benachteiligung im Regelfall nur dann vorliegt, wenn das Mitglied für die Stelle besser qualifiziert war und deshalb mit einer positiveren Vergütungsentwicklung zu rechnen war. Schließlich würde diese Auffassung dem AG die Möglichkeit einer Ungleichbehandlung von Mitgliedern eröffnen: Mitgliedern, die Wohlverhalten zeigen, könnte in solchen Situationen die Stelle übertragen werden, so dass nach allen Auffassungen eine neue Vergleichsgruppe zu bilden wäre; wenn andere Mitglieder bei Stellenbesetzungen benachteiligt würden, wäre – nach der Kommission und der Gesetzesbegründung – keine neue Vergleichsgruppe zu bilden und die Bemessung der weiteren Entwicklung der Vergütung bliebe ungeklärt.[82] Das Mitglied würde damit nochmals i. S. v. § 78 Satz 2 BetrVG benachteiligt werden.[83] Die Benachteiligung bei einer Stellenbesetzung, welche zu einem höheren Vergütungsanspruch des Mitglieds führt, stellt deshalb einen sachlichen Grund für die Neubildung der Vergleichsgruppe i. S. v. § 37 Abs. 4 Satz 3 2. Halbsatz BetrVG dar.[84]

b) Beteiligung des Betriebsrats

50 Wird die Vergütung eines Mitglieds gem. § 37 Abs. 4 BetrVG erhöht, stellt das keine Eingruppierung i. S. v. § 99 BetrVG dar, an der der BR zu beteiligen wäre.[85] Das soll nach Auffassung des BAG auch dann gelten, wenn die Vergütung eines freigestellten Mitglieds gem. § 78 Satz 2 BetrVG erhöht wird, weil sich die

81 Schlegel/Schmidt/Thüsing, S. 7; im Ergebnis ebenso Bayreuther, NZA 2024, S. 946–951, 947.
82 So zutreffend Dzida/Castrup, NZA 2025, S. 953–960, (955–956).
83 Fitting, § 78 BetrVG Rn. 119b.
84 Dzida/Castrup, NZA 2025, S. 953–960, 955; Fitting, § 78 BetrVG Rn. 119b.
85 BAG 26.11.2024 – 1 ABR 12/23, Rn. 15.

Zahlung einer geringeren Vergütung als Benachteiligung darstellen würde.[86] Das BAG führt zur Begründung an, dass in diesem Fall nicht die zu verrichtenden Aufgaben des Mitglieds, sondern lediglich ein möglicher Arbeitsplatz bewertet werde. Die personenunabhängige Bewertung eines Arbeitsplatzes falle aber nicht unter § 99 BetrVG.[87]

Diese Entscheidung ist zutreffend, soweit tatsächlich lediglich eine vom Mitglied unabhängige Bewertung eines Arbeitsplatzes erfolgt. Das gilt auch für die Beteiligung des BR bei nicht freigestellten Mitgliedern. Die Begründung des BAG verdeutlicht aber, dass der BR in bestimmten Konstellationen auch bei einer auf § 78 Satz 2 BetrVG beruhenden Vergütungserhöhung gem. § 99 BetrVG zu beteiligen sein kann. **51**

Das gilt einerseits, wenn einem Mitglied eine andere Tätigkeit tatsächlich übertragen wurde. In diesem Fall ist der BR gem. § 99 BetrVG bei Versetzung und Umgruppierung zu beteiligen. Gleiches gilt, wenn einem freigestellten Mitglied eine andere Tätigkeit übertragen wird und das Mitglied weiterhin freigestellt bleibt. **52**

Der BR ist aber auch dann zu beteiligen, wenn bei einem Anspruch auf eine höherwertige Vergütung auch die Arbeitsaufgaben des Mitglieds zu bewerten sind. **53**

Beispiel:
Es wird eine offene Stelle als »Teamleiter« ausgeschrieben. Die Vergütung soll »je nach Erfüllung der Voraussetzungen bis EG 15« erfolgen. Die Stelle wird dem bestqualifizierten Bewerber übertragen. Da dieser nicht alle Voraussetzungen erfüllt, erhält dieser zunächst eine Vergütung entsprechend EG 14. Ein freigestelltes Mitglied hat wegen seiner Freistellung von einer Bewerbung abgesehen; die Stelle wäre im Falle einer Bewerbung aber diesem Mitglied übertragen worden, welches alle Voraussetzungen der Stelle erfüllt hätte.
Hier ist der Ausschreibung nicht zu entnehmen, welche konkrete Vergütung zu beanspruchen sein soll. Erfüllt der Bewerber alle Voraussetzungen, soll die EG 15 gezahlt werden; ist das nicht der Fall, wird die Stelle gegebenenfalls weniger anspruchsvoll ausgestaltet, so dass eine geringere Vergütung gezahlt wird. Der AG muss also bei der Übertragung der Tätigkeit prüfen, ob die Stelle mit allen Anforderungen übertragen wird, oder, ob eine weniger anspruchsvolle Stelle übertragen wird. Das Mitglied, welchem im Falle seiner Bewerbung die Stelle übertragen worden wäre, hätte mindestens Anspruch auf die Vergütung, die der Bewerber erhält, dem die Stelle anstelle des Mitglieds übertragen wird (EG 14) – es ist davon auszugehen, dass das Mitglied mindestens diese Anforderungen ebenso erfüllt hätte. Wenn das Mitglied aber alle Voraussetzungen der Stelle erfüllt hätte, dann hätte es Anspruch auf die Zielvergütung (EG 15). Der AG hat hier also nicht nur eine personenunabhängige Bewertung einer Stelle vorzunehmen, sondern auch eine Einreihung in die Vergütungsordnung.

86 BAG 26.11.2024 – 1 ABR 12/23, Rn. 16.
87 BAG 26.11.2024 – 1 ABR 12/23, Rn. 16.

Das BAG hat diese Konstellation nicht bedacht, sondern ist davon ausgegangen, dass im Falle der Vergütungserhöhung gem. § 78 Satz 2 BetrVG immer »lediglich ein möglicher Arbeitsplatz bewertet« werden würde, also eine »personenunabhängige –abstrakte – Bewertung von Arbeitsplätzen oder Tätigkeiten« erfolgen würde.[88] Im Umkehrschluss bedeutet das, dass der BR gem. § 99 BetrVG zu beteiligen ist, wenn nicht nur abstrakt ein möglicher Arbeitsplatz zu bewerten ist, sondern es auch auf die Tätigkeiten ankommt, die das Mitglied verrichtet hätte, wenn ihm die Stelle übertragen worden wäre.

4. Personal für den Betriebsrat

54 Es stellt keine Begünstigung dar, wenn der AG dem BR im überobligatorischen Umfang Sach- oder Personalmittel zur Verfügung stellt, solange das Mitglied dadurch nicht einmal mittelbar einen privat nutzbaren materiellen Vorteil erlangt. Die Bestimmung von § 40 BetrVG umfasst die vom BR zu beanspruchende Minimalausstattung. Stellt der AG weitergehende Sach- oder Personalmittel zur Verfügung, dann mag dadurch die Betriebsratstätigkeit effektiver und erfolgreicher gestaltet werden können. Wird ein Dienstwagen für die Betriebsratstätigkeit zur Verfügung gestellt, mag das auch zur Folge haben, dass dem Mitglied mehr Zeit zur Erledigung seiner Amtsaufgaben oder seiner dienstlichen Aufgaben zur Verfügung stehen. Solange das Betriebsratsmitglied aber nicht einmal mittelbar einen materiellen, privat nutzbaren Vorteil erlangt, stellt das keine Begünstigung dar.[89] Sollte eine solche überobligatorische Zurverfügungstellung dazu führen, dass das Mitglied außerhalb seiner Arbeitszeit weniger Zeit für sein Ehrenamt einbringen muss, stellt das gegebenenfalls die Vermeidung eines (bei betriebsratsbedingter Tätigkeit zulässigen) Nachteils, aber keine Begünstigung dar.

5. Vergütungen

55 Wenn ein Mitglied wegen seiner Betriebsratstätigkeit eine geringere Vergütung erhält, als es ohne die Amtsübernahme erhalten würde, stellt das regelmäßig eine Benachteiligung wegen der Betriebsratstätigkeit dar.[90] Diese ist regelmäßig dann gegeben, wenn ein Mitglied eine höherwertige Stelle wegen seiner Betriebsratstätigkeit nicht erreicht.[91] Eine Benachteiligung ist aber auch dann gegeben, wenn bestimmte Entgeltbestandteile wegen der Betriebsratstätigkeit nicht mehr gezahlt werden, oder dem Mitglied die Zuschläge, Zulagen und Mehrarbeitsvergütungen nicht gezahlt werden, die es ohne die Betriebsratstätigkeit zu beanspruchen haben würde.[92]

88 BAG 26.11.2024 – 1 ABR 12/23, Rn. 16.

89 Richardi-*Thüsing*, § 78 BetrVG, Rn. 35; BAG 29.4.2015 – 7 ABR 102/12, Rn. 44.

90 Ständige Rspr., vgl. nur BAG 20.1.2021 – 7 AZR 52/20, Rn. 23; Fitting, § 78 BetrVG Rn. 18.

91 Dazu ausführlich Rn. 15ff.

92 Dazu Kapitel C.

Mitglieder dürfen bei der Vergütung auch nicht begünstigt werden. Die Rechtslage dazu schien unübersichtlich zu sein und sowohl das LG Braunschweig als auch der BGH haben unzutreffende bzw. missverständliche Entscheidungen zum Vorliegen einer Begünstigung im Zusammenhang mit der Vergütung gefällt.[93] Der Gesetzgeber hat nunmehr § 78 BetrVG um einen neuen Satz 3 ergänzt, um die Rechtslage klarzustellen.[94] Dabei wurde zwar nicht geregelt, was eine Begünstigung oder Benachteiligung ist; es ist aber immerhin eine Negativdefinition erfolgt.[95] Danach liegt eine »Begünstigung oder Benachteiligung (…) im Hinblick auf das gezahlte Arbeitsentgelt nicht vor, wenn das Mitglied einer in Satz 1 genannten Vertretung in seiner Person die für die Gewährung des Arbeitsentgelts erforderlichen betrieblichen Anforderungen und Kriterien erfüllt und die Festlegung nicht ermessensfehlerhaft erfolgt«. Auch wenn der Wortlaut sowohl Begünstigungen als auch Benachteiligungen anspricht, dürfte sich der praktische Anwendungsbereich dieser Norm auf die Negativdefinition einer Begünstigung beschränken.[96] 56

Ein Umkehrschluss ist unzulässig: Wenn die Voraussetzungen von Satz 3 nicht vorliegen, hat das nicht zwingend das Vorliegen einer Begünstigung zur Folge; im Regelfall dürfte das Vorliegen einer Begünstigung dann aber naheliegen. 57

§ 78 Satz 3 BetrVG zielt auf die Negativdefinition einer Begünstigung oder Benachteiligung »im Hinblick auf das gezahlte Arbeitsentgelt«. Die Kriterien dürften aber auch für die tatsächliche Übertragung einer Stelle heranzuziehen sein. Unter den Voraussetzungen von § 78 Satz 3 BetrVG stellt nicht nur die Gewährung der Vergütung, sondern auch die Übertragung einer Stelle, die zu einer entsprechenden Vergütung führt, keine Begünstigung oder Benachteiligung dar. 58

Zur Vermeidung einer Begünstigung muss das Mitglied in seiner Person die betrieblichen Anforderungen der Stelle bzw. der Vergütung erfüllen. Häufig werden Stellen mit hohen Wunschanforderungen ausgeschrieben, ohne dass diese aus Sicht des AG zwingend erfüllt sein müssen. Die »für die Besetzung erforderlichen betrieblichen Anforderungen und Kriterien« erfüllt ein Mitglied deshalb gegebenenfalls auch dann, wenn es nicht alle in der Ausschreibung genannten Wunschanforderungen erfüllt. Bei der Vergütung kann dann zu unterscheiden sein. Werden alle nach dem Tarifvertrag bzw. der betrieblichen Entgeltordnung für die entsprechende Vergütung erforderlichen Voraussetzungen trotzdem erfüllt, dann sind trotz Fehlens von Wunschanforderungen zur Besetzung der Stelle »die für die Gewährung des Arbeitsentgelts erforderlichen betrieblichen Anforderungen und Kriterien erfüllt«; anderenfalls kann gegebenenfalls nur die entsprechend geringere Vergütung gezahlt werden. Soweit die Stelle einem anderen Bewerber übertragen wurde und das Mitglied gleich oder besser qualifiziert war, stellt es grundsätzlich keine Begünstigung dar, wenn dem Mitglied 59

93 LG Braunschweig 28.9.2021 – 16 KLs 85/19; BGH 10.1.2023 – 6 StR 133/22.
94 BT-Drs. 20/9469, S. 4.
95 Buschmann, AuR 2024, S. 373, 376.
96 Buschmann, AuR 2024, S. 373, 377.

eine Vergütung in Höhe der Vergütung gezahlt wird, die dem Bewerber, dem die Stelle übertragen wurde, gezahlt wird.

60 Nach dem Wortlaut von § 78 Satz 3 BetrVG darf die Festlegung der Vergütung zur Vermeidung einer Begünstigung nicht ermessenfehlerhaft erfolgen. Damit berücksichtigt der Gesetzgeber, dass es in vielen Fällen nicht nur *eine* richtige Entscheidung geben kann. Andere Bewerber mögen bessere Zeugnisse aufweisen oder zusätzliche Qualifikationen erworben haben; trotzdem kann sich ein AG ohne Ermessensfehler für einen Bewerber oder ein Mitglied entscheiden, wenn dieses bestimmte Stärken aufweist, die für die Stelle besonders wichtig erscheinen.[97] Ein Ermessensfehler liegt nur dann vor, wenn AG (und Mitglied) nicht davon ausgehen konnten, eine zutreffende Bewertung einer hypothetischen Gehalts- oder Karriereentwicklung vorgenommen zu haben.[98]

61 Erforderlich ist stets eine zu besetzende Stelle.[99] Der Wortlaut von § 78 Satz 3 BetrVG verlangt aber nicht, dass die Stelle tatsächlich mit dem Mitglied besetzt wird. Der AG kann mit dem freigestellten Mitglied, welches die Anforderungen erfüllt, auch vereinbaren, dass es lediglich die Vergütung der Stelle erhält. Bei nicht freigestellten Mitgliedern könnte dem möglicherweise entgegenstehen, dass das Mitglied eine höherwertige Vergütung erhält, ohne die dafür erforderlichen höherwertigen Tätigkeiten auszuüben.[100] Ist die Stelle bereits besetzt, weil ein Mitglied wegen seiner Betriebsratstätigkeit nicht berücksichtigt wurde oder sich wegen seiner Freistellung nicht beworben hat und im Falle einer Bewerbung den Vorzug erhalten hätte, ist die Stelle zwar aktuell nicht mehr offen, aber sie war es zum relevanten Zeitpunkt; dies reicht aus.

6. Einzelfälle

a) Dienstwagen zur Privatnutzung

62 Wenn einem AN die Privatnutzung eines Dienstwagens zugesagt wird, bleibt der Anspruch des AN bestehen, auch wenn er in den BR gewählt wird. Übernimmt ein Mitglied eine Tätigkeit, die mit der Gewährung der Privatnutzung eines Dienstwagens verbunden ist, stellt das keine Begünstigung dar. Ebenso wenig liegt eine Begünstigung vor, wenn sich aus § 37 Abs. 4 BetrVG ein Anspruch auf Privatnutzung ergibt. Wird einem Mitglied aber lediglich aufgrund seines Status als Mitglied ein Dienstwagen zur privaten Nutzung überlassen, stellt das eine unzulässige Begünstigung dar.

63 In vielen Unternehmen gibt es »Vielfahrerregelungen«, nach denen ab einer bestimmten Anzahl dienstlich gefahrener Kilometer ein Dienstwagen mit Privatnutzung zu beanspruchen ist. Würde ein Mitglied ohne die Betriebsratstätigkeit diese Kilometeranzahl erreichen, hätte es unstreitig ebenfalls Anspruch auf die Privatnutzung. Umstritten ist, ob das auch dann gilt, wenn die Kilometeranzahl

---

97 Dzida/Castrup, NZA 2025, S. 953–960, 958.
98 Fitting, § 78 BetrVG Rn. 22; BeckOGK/Rudnik, § 78 BetrVG Rn. 133.
99 Fitting, § 78 BetrVG Rn. 23; BeckOGK/Rudnik, § 78 BetrVG Rn. 132.
100 Annuß, NZA 2022, S. 247–249, 249.

nur aufgrund der Betriebsratstätigkeit erreicht wird. Dies wird zum Teil verneint, weil das Mitglied ohne die Betriebsratstätigkeit den Dienstwagen nicht zu beanspruchen haben würde.[101] Dabei wird aber der falsche Maßstab angelegt. Bezugsobjekt für solche Nebenleistungen ist nicht das hypothetische »Mitglied ohne Amt«. Eine nach § 78 Satz 2 BetrVG untersagte Begünstigung ist vielmehr nur eine »Besserstellung im Vergleich zu anderen AN, die nicht auf sachlichen Gründen, sondern auf der Tätigkeit als Mitglied beruht«[102] und liegt »bei jeder Zuwendung eines Vorteils (vor), der ausschließlich wegen der Amtstätigkeit erfolgt«.[103]

Der Vorteil der Privatnutzung erfolgt nicht ausschließlich wegen der Mitgliedschaft im BR. Zwar würde das hypothetische »Mitglied ohne Amt« die für die Privatnutzung erforderliche Kilometer-Grenze nicht erreichen. Wie alle anderen AN muss aber auch das Mitglied die entsprechende Kilometeranzahl erreichen, um ein Fahrzeug privat nutzen zu können. Die Gewährung der Privatnutzung hat weitere Vorteile. So können Dienstreisen im Regelfall direkt von zuhause aus begonnen werden. Bliebe dem Mitglied auch bei entsprechender Kilometeranzahl die Privatnutzung des Kfz verwehrt, müsste das Mitglied gegebenenfalls zunächst in den Betrieb fahren und dort ein Poolfahrzeug übernehmen. Würde dem Mitglied bei entsprechender Kilometeranzahl die Privatnutzung verweigert, stellte das gegenüber allen anderen AN, die aufgrund dienstlicher Veranlassung eine entsprechende Kilometeranzahl erreichen, eine Benachteiligung dar. **64**

b) Temporäre Verlängerung der Arbeitszeit

In der Metallindustrie besteht die Möglichkeit, im Rahmen einer tariflichen Quote einzelvertraglich eine längere wöchentliche Arbeitszeit als die im Tarifvertrag vorgesehene durchschnittliche Arbeitszeit zu vereinbaren. Dabei kann die Arbeitszeit im Regelfall auf bis zu 40 Stunden verlängert werden. Diese Arbeitszeit kann vom AG und dem AN einseitig auf die tarifliche Normalarbeitszeit verkürzt werden. **65**

Erfolgt eine Verkürzung der Arbeitszeit durch den AG, so stellt das eine Benachteiligung dar, wenn die Verkürzung wegen der Betriebsratstätigkeit erfolgt. Das Mitglied kann den Anlass für die Verkürzung der Arbeitszeit durch den AG nicht kennen. Es darf deshalb behaupten, dass die Verkürzung wegen der Betriebsratstätigkeit erfolgt. Der AG muss dann einlassungsfähig darlegen, dass die Verkürzung auf anderen Gründen beruht.[104] **66**

c) Ausgleich von tatsächlich geleisteter Mehrarbeit

Die Vereinbarung einer pauschalen Stundenvergütung zur Abgeltung von Betriebsratstätigkeiten stellt eine unzulässige Begünstigung dar, wenn sie »ohne **67**

---

101 BeckOGK/Rudnik, § 78 BetrVG Rn. 97.
102 Rn. 10f.
103 BAG 21.3.2018 – 7 AZR 590/16, Rn. 16.
104 Vgl. BAG 20.1.2021 – 7 AZR 52/20, Rn. 30 (für die Darlegungs- und Beweislast bei Auswahlentscheidungen).

sachlichen Grund wegen der Betriebsratstätigkeit gewährt wird und zu einer Verdiensterhöhung führt«.[105] Aus betrieblichen Gründen außerhalb der Arbeitszeit geleistete Tätigkeiten sind nach Maßgabe von § 37 Abs. 3 BetrVG auszugleichen. Das gilt auch für vollzeitig freigestellte Mitglieder. Um einen Ausgleich in Freizeit zu ermöglichen, muss der Betriebsrat gegebenenfalls andere Mitglieder gem. § 37 Abs. 2 BetrVG von der Arbeit befreien.[106] Ein Ausgleich wird bei freigestellten Mitgliedern in bestimmten Phasen, in denen die Anwesenheit des Mitglieds erforderlich ist, nicht immer möglich sein; dann hat das Mitglied gem. § 37 Abs. 3 Satz 3 BetrVG Anspruch auf Vergütung wie bei Mehrarbeit.

> **Beispiel:**
> Der AG will bis zu einem bestimmten Datum Betriebsvereinbarungen verhandeln und abschließen. Die Verhandlungsführer des BR werden in diesem Zeitraum für die Verhandlungen gegebenenfalls unverzichtbar sein, so dass ein Freizeitausgleich aus betrieblichen Gründen (vom AG gesetzte Fristen) nicht möglich ist.

Gleiches gilt, wenn die spezifischen Kompetenzen eines Mitglieds innerhalb eines bestimmten Zeitraums erforderlich sind und nicht durch zusätzliche Freistellungen kompensiert werden können.[107]

68 Gilt für ein Mitglied eine Betriebsvereinbarung zur flexiblen Arbeitszeit, so kann das Mitglied seine Arbeitszeit innerhalb der Grenzen der Betriebsvereinbarung gestalten und dabei auch etwaige Plusstunden durch Freizeit ausgleichen; § 37 Abs. 3 BetrVG kommt insoweit nicht zur Anwendung.[108] Ist ein Freizeitausgleich innerhalb des Ausgleichszeitraums nicht erfolgt, hat das Mitglied unter den Voraussetzungen von § 37 Abs. 3 BetrVG Anspruch auf Freizeitausgleich und gegebenenfalls Vergütung als Mehrarbeit;[109] das Mitglied trägt allerdings die Darlegungs- und Beweislast dafür, dass die Plusstunden aus betriebsbedingten Gründen i. S. v. § 37 Abs. 1 Satz 1 BetrVG angefallen sind.[110]

d) Weitere Einzelfälle

69 Die Rechtsprechung hat im Zusammenhang mit der Vergütung von Mitgliedern folgende weitere Verhaltensweisen als unzulässige Benachteiligungen gewertet:[111]

---

105 BAG 8.11.2017 – 5 AZR 11/17, Rn. 31.
106 GK-BetrVG/Weber, § 38 BetrVG, Rn. 103.
107 GK-BetrVG/Weber, § 38 BetrVG, Rn. 103.
108 BeckOGK/Pitzer, § 38 BetrVG, Rn. 217; BAG 28.9.2016 – 7 AZR 248/14, Rn. 32.
109 BAG 28.9.2016 – 7 AZR 248/14, Rn. 32.
110 BeckOGK/Pitzer, § 38 BetrVG Rn. 217; BAG, 28.9.2016 – 7 AZR 248/14, Rn. 39.
111 Siehe auch die ausführliche Liste von Beispielen bei DKW-Buschmann, § 78 BetrVG Rn. 26.

- Nichtgewährung eines tariflichen Zusatzurlaubes für gesundheitsgefährdende Tätigkeit, die aufgrund der Freistellung nicht ausgeübt wird.[112]
- Nichtgewährung eines tariflichen Zusatzurlaubs für Wechselschichtarbeit, wenn ohne die Freistellung der Anspruch erworben worden wäre.[113]
- Nichtberücksichtigung bei Stellenbewerbung mangels aktueller Fachkenntnisse, wenn das Fehlen dieser Fachkenntnisse auf der Freistellung beruht.[114]
- Berücksichtigung des Medians der Vergütungsgruppe i. S. v. § 37 Abs. 4 BetrVG bei sehr kleinen Vergleichsgruppen, wenn zur Vermeidung eines Nachteils auf den Durchschnitt der Vergütungserhöhungen der Vergleichsgruppe abzustellen ist.[115]
- Kürzung der Zuschläge von Wechselschicht, wenn ein zu 50 % freigestelltes, in Wechselschicht tätiges Mitglied die Betriebsratstätigkeit während der üblichen Bürozeiten und nicht in Wechselschicht ausübt, aber im Übrigen weiterhin in Wechselschicht tätig ist.[116]
- Widerruf einer vorübergehenden Übertragung einer höherwertigen Tätigkeit wegen einer zwischenzeitlich erfolgten Freistellung.[117]

Keine Benachteiligungen sollen sein:[118] **70**

- Für die Bewertung von Reisezeiten für Betriebsratstätigkeit gelten dieselben Maßstäbe wie für Reisezeiten von AN bei sonstigen Dienstreisen, auch wenn das dazu führt, dass nicht alle durch die Betriebsratstätigkeit entstandenen Reisezeiten ausgeglichen werden.[119]
- Ein Mitglied durfte einen, ausschließlich zu dienstlichen Zwecken und zur Fahrt zwischen Wohnort und Arbeitsort überlassenen, Dienstwagen nicht mehr nutzen, nachdem es wegen der Betriebsratstätigkeit keine Kundenbesuche mehr durchgeführt hat.[120]
- Verpflichtung des Mitglieds, nach Abschluss eines Vergleichs mit Kostenteilung die eigenen außergerichtlichen Kosten zu tragen.[121]
- Verpflichtung eines freigestellten Mitglieds, während der Freistellung im Umfang von 40 Stunden wöchentlich tätig zu sein, obgleich ohne die Freistellung eine wöchentliche Arbeitszeit von 36,75 Stunden zu leisten wäre, wenn die nicht freigestellten AN darüber hinaus bis zu durchschnittlich 3,25 Stunden zu anderen Tätigkeiten herangezogen werden können.[122]

---

112 BAG 8.10.1981 – 6 AZR 81/79.
113 BAG 7.11.2007 – 7 AZR 820/06.
114 BAG 20.1.2021 – 7 AZR 52/20, Rn. 24.
115 BAG 20.3.2025 – 7 AZR 46/24, Rn. 60.
116 BAG 28.8.2024 – 7 AZR 198/23.
117 BAG 13.1.1981 – 6 AZR 678/78.
118 Siehe auch die ausführliche Liste von Beispielen bei DKW-Buschmann, § 78 BetrVG Rn. 32.
119 BAG 16.4.2003 – 7 AZR 423/01.
120 BAG 25.2.2009 – 7 AZR 954/07.
121 BAG 20.1.2010 – 7 ABR 68/08.
122 So, wohl unzutreffend, BAG 25.10.2017 – 7 AZR 731/15; Es muss richtigerweise darauf ankommen, ob der Arbeitgeber die Arbeitnehmer tatsächlich zusätzliche 3,25 Stunden heranzieht und nicht darauf, ob er das nur tun könnte.

- Zahlung einer Vergütungserhöhung unterhalb des Durchschnitts der Vergleichsgruppe, wenn eine stärkere Erhöhung zu einer außertariflichen Vergütung geführt hätte und nur eine von drei Vergleichspersonen in den AT-Bereich aufgerückt ist.[123]
- Keine Zahlung von Nachtarbeitszuschlägen, wenn das zuvor auch in Nachtschicht tätige Mitglied wegen seiner Betriebsratstätigkeit eine Verschiebung seiner Arbeitszeit auf die Zeit ab 6:00 Uhr vereinbart.[124]
- Verlängerung der Wegstrecke zum Betrieb ohne Ausgleichszahlung des AG, wenn das Mitglied freigestellt wird und das Büro des BR in einer weiter entfernten Betriebsstätte gelegen ist.[125]

71 Keine Begünstigung soll u. a. in folgenden Fällen vorliegen:

- Ein Mitglied schließt einen Aufhebungsvertrag und vereinbart darin eine Abfindung, deren Höhe unter Berücksichtigung des besonderen Kündigungsschutzes vereinbart wurde.[126]
- Verlängerung des Arbeitsverhältnisses über die Regelaltersgrenze hinaus, wenn eine Üblichkeit im Unternehmen für solche Verlängerungen gegeben ist.[127]
- Erstattung von Fahrtkosten eines in Elternzeit befindlichen Mitglieds, die aufgrund der Teilnahme an Betriebsratssitzungen entstanden sind.[128]
- Teilnahme und Vergütung des Mitglieds eines BR in einer Einigungsstelle eines anderen Betriebs des Unternehmens.[129]
- Erstattung von Kosten einer erforderlichen Kinderbetreuung für Zeiten auswärtiger Betriebsratstätigkeit.[130]
- Vereinbarung einer pauschalen Mehrarbeitsvergütung zur Abgeltung von Betriebsratstätigkeit, wenn die pauschale Mehrarbeitsvergütung aus sachlichem Grund erfolgt.[131]
- Übertragung einer Stelle an ein freigestelltes Mitglied ohne Absolvieren des für die Stelle vorgesehenen Zugangsverfahrens.[132]

---

123 BAG 18.1.2017 –7 AZR 205/15.

124 BAG 18.5.2016 – 7 AZR 401/14; siehe aber BAG 28.8.2024 – 7 AZR 198/23: keine Reduzierung des Anspruchs auf Schichtzuschläge, wenn das in Wechselschicht tätige, zu 50 % freigestellte Mitglied seine Betriebsratstätigkeit ausschließlich während der üblichen Bürozeiten erbringt und nur noch im Rahmen seiner Arbeitstätigkeit in Wechselschicht tätig ist.

125 BAG 13.6.2007 – 7 ABR 62/06, diese Entscheidung erscheint wenig nachvollziehbar, stellt doch die Freistellung und damit die Betriebsratstätigkeit den einzigen Grund für die Veränderung des Arbeitsorts dar.

126 BAG 21.3.2018 – 7 AZR 590/16.

127 LAG Köln 18.7.2019 – 6 TaBVGa 3/19.

128 BAG 25.5.2005 – 7 ABR 45/04.

129 BAG 13.5.2015 2 ABR 38/14.

130 BAG 23.6.2010 – 7 ABR 103/08.

131 BAG 8.11.2017 – 5 AZR 11/17, Rn. 31; die Zulässigkeit wird neben einem sachlichen Grund weiter erfordern, dass typischerweise aus betriebsbedingten Gründen Mehrarbeit anfällt und diese nicht ausgeglichen werden kann.

132 BAG 13.8.2025 – 7 AZR 174/24, Rn. 39.

Unzulässige Begünstigungen sollen u. a. in folgenden Fällen vorliegen: 72

- Vereinbarung einer pauschalen Mehrarbeitsvergütung, soweit diese Regelung einer für nicht freigestellte Mitglieder geltenden Regelung widerspricht.[133]
- Vereinbarung über Buchung von zehn Stunden monatlicher Mehrarbeit für Amtstätigkeit auf einem Langzeitkonto, soweit für Nichtmitglieder eine solche Buchungsmöglichkeit nicht vorgesehen ist.[134]
- Vereinbarung über die Erhöhung der monatlichen Sollarbeitszeit um 10 Stunden monatlich für die Zeit der Freistellung.[135]
- Die Zusage, die von Mitgliedern ausgeübten Stellen auch gegenüber Dritten mit höherwertigen Bezeichnungen zu versehen.[136]

VI. Rechtsfolge von Verstößen

1. Nichtigkeit von Vereinbarungen

73 Werden Vereinbarungen unter Verstoß gegen § 78 Satz 2 BetrVG abgeschlossen, so sind diese gem. § 134 BGB nichtig; § 78 Satz 1 und 2 BetrVG stellen gesetzliche Verbote i. S. v. § 134 BGB dar.[137] Die Darlegungs- und Beweislast für die Nichtigkeit einer solchen Vereinbarung trägt derjenige, der sich auf die Nichtigkeit beruft. Hat ein AG mit einem Mitglied eine Vereinbarung über die Übernahme einer höherwertigen Stelle oder eine höhere Vergütung abgeschlossen und behauptet der AG die Nichtigkeit dieser Vereinbarung wegen eines angeblichen Verstoßes gegen § 78 Satz 2 BGB, so trägt der AG die Darlegungs- und Beweislast für das Vorliegen einer rechtswidrigen Begünstigung.[138]

2. Schadensersatz

74 Wird ein Mitglied wegen seiner Betriebsratstätigkeit rechtswidrig benachteiligt, hat es darüber hinaus Anspruch auf Schadensersatz.

a) § 78 Satz 2 BetrVG als Schutzgesetz i. S. v. § 823 Abs. 2 BGB

75 Im Falle einer schuldhaften Benachteiligung hat das Mitglied gem. § 78 Satz 2 BetrVG i. V. m. §§ 280 Abs. 1, 823 Abs. 2, 249 Abs. 1 BGB Anspruch auf Schadensersatz. Der AG hat dabei gemäß § 249 Abs. 1 BGB »den Zustand herzustellen, der bestehen würde, wenn der zum Ersatz verpflichtende Umstand nicht eingetreten wäre«. Demgemäß hat das Mitglied, welches wegen seiner Betriebs-

133 BAG 26. 5. 2021 – 7 AZR 248/20, Rn. 31.
134 BAG 28. 9. 2016 – 7 AZR 248/14, Rn. 36–37.
135 BAG 28. 9. 2016 – 7 AZR 248/14, Rn. 38ff.
136 LAG Sachsen 27. 8. 2008 – 2 Sa 752/07, Rn. 48.
137 BAG 5. 11. 2025 – 7 AZR 186/24, Rn. 21 f.; BAG 8. 11. 2017 – 5 AZR 11/17, Rn. 31; DKW-Buschmann, § 78 BetrVG Rn. 36; Fitting, § 78 BetrVG Rn. 33.
138 BAG 20. 3. 2025 – 7 AZR 46/24, Rn. 37; DKW-Buschmann, § 78 BetrVG Rn. 37.

ratstätigkeit bei einer Stellenbesetzung vom AG nicht berücksichtigt und damit benachteiligt wurde, bei Verschulden des AG Anspruch auf Übertragung der entsprechenden Tätigkeit bzw. Abschluss eines entsprechenden Arbeitsvertrages für die aufgrund der Benachteiligung entgangene Tätigkeit.[139] Darüber hinaus besteht unter den gleichen Voraussetzungen Anspruch auf die Vergütung der höherwertigen Stelle.

b) § 611a Abs. 2 BGB i.V.m. § 78 Satz 2 BetrVG als eigenständige Anspruchsgrundlage

76 § 78 Satz 2 BetrVG stellt nach der Rechtsprechung des BAG darüber hinaus eine eigenständige Anspruchsgrundlage dar. Der wesentliche Unterschied zu einem Anspruch aus § 78 Satz 2 BetrVG i. V. m. § 280 Abs. 1, § 823 Abs. 2, § 249 Abs. 1 BGB besteht darin, dass ein Anspruch auf § 78 Satz 2 BetrVG kein Verschulden des AG voraussetzt.

77 Wenn sich die Zahlung einer geringeren Vergütung als Benachteiligung des Mitglieds wegen seiner Betriebsratstätigkeit darstellt, soll das Mitglied gem. § 611a Abs. 2 BGB i. V. m. § 78 Satz 2 BetrVG Anspruch auf Zahlung der höheren Vergütung haben.[140] Ein schuldhaftes Verhalten des AG ist dazu nicht erforderlich. Bereits der Umstand, dass ein Mitglied ohne seine Amtstätigkeit eine höhere Vergütung zu beanspruchen haben würde, begründet den Anspruch des Mitglieds auf Zahlung der höheren Vergütung.[141]

78 Offen ist, ob § 611a Abs. 2 BGB i. V. m. § 78 Satz 2 BetrVG lediglich einen Anspruch auf Zahlung der Vergütung der entgangenen Stelle gewährt, oder ob das bei der Stellenbesetzung wegen seiner Betriebsratstätigkeit benachteiligte Mitglied danach – also auch ohne schuldhaftes Verhalten des AG– Anspruch auf Übertragung der höherwertigen Tätigkeit hat. Teile der Literatur verstehen die Rechtsprechung des BAG so, dass auf Grundlage von § 78 Satz 2 BetrVG lediglich Anspruch auf eine höhere Vergütung besteht.[142] In den entsprechenden Entscheidungen des BAG war aber stets nur über die Vergütung des Mitglieds und nicht über einen etwaigen Anspruch auf eine höhere Vergütung zu entscheiden.[143]

79 Der Wortlaut von § 78 Satz 2 BetrVG legt ein anderes Verständnis nahe; danach gilt das Benachteiligungsverbot zugunsten der Mitglieder »auch für ihre berufliche Entwicklung«. Die »berufliche Entwicklung« umfasst aber nicht nur die Vergütung, sondern insbesondere die Übertragung der entsprechenden Tä-

139 So bereits für den Anspruch auf Übernahme nach der Ausbildung BAG 12.2.1975 – 5 AZR 79/74, III. 4 der Gründe; ebenso BAG 25.6.2014 – 7 AZR 847/12, Rn. 30; LAG Berlin-Brandenburg 13.1.2016 – 23 Sa 1445/15, II. 2.4 der Gründe; GK-BetrVG/Kreutz, § 78 BetrVG, 96f.; Richardi-*Thüsing*, § 78 BetrVG Rn. 37.

140 BAG 22.1.2020 – 7 AZR 222/19, Rn. 29; BAG 20.1.2021 – 7 AZR 52/20, Rn. 23; GK-BetrVG/Kreutz, § 78 BetrVG Rn. 98; BAG 20.3.2025 – 7 AZR 46/24, Rn. 25.

141 BAG 25.2.2025 – 9 AZR 5/24, Rn. 17.

142 Giesen, NJW 2024, S. 2281–2286, 2282; GK-BetrVG/Kreutz, § 78 BetrVG Rn. 98; Bayreuther, NZA 2024, S. 946–951, 949; BeckOGK/Rudnik, § 78 BetrVG Rn. 143; Waas, RdA 2023, S. 209–223, 210.

143 BAG 20.1.2021 – 7 AZR 52/20; BAG, 22.1.2020 – 7 AZR 222/19; BAG 17.8.2005 – 7 AZR 528/04.

tigkeit. Deshalb betont das BAG regelmäßig, dass vom »Benachteiligungsverbot (...) nicht nur die berufliche Tätigkeit, sondern auch das sich aus ihr ergebende Entgelt« erfasst wird,[144] und formuliert, »dass dem Mitglied eine berufliche Entwicklung zu gewährleisten ist, die derjenigen entspricht, die es ohne Amtstätigkeit durchlaufen hätte«.[145] Wenn § 78 Satz 2 BetrVG aber sowohl vor Benachteiligungen im Hinblick auf das Entgelt als auch auf die berufliche Entwicklung schützen und (i. V. m. § 611a Abs. 2 BGB) eine eigene Anspruchsgrundlage darstellen soll, erscheint die Folge zwingend, dass ein Mitglied, welches wegen seiner Betriebsratstätigkeit eine bestimmte höherwertige Position nicht erreicht hat, nicht nur Anspruch auf die der höherwertigen Position entsprechende Vergütung, sondern auch im Rahmen von § 78 Satz 2 BetrVG – also auch ohne Verschulden des AG – Anspruch auf Übertragung der Tätigkeit hat.[146] Nur so kann die Naturalrestitution gem. § 249 BGB erfolgen.[147] Die Bestimmung von § 15 Abs. 6 AGG, nach der bei einem Verstoß gegen das Benachteiligungsverbot des § 7 Abs. 1 AGG kein Anspruch auf Begründung eines Arbeitsverhältnisses besteht, kommt mangels vergleichbarer Interessenlage nicht entsprechend zur Anwendung; während der Schutzweck des AGG ebenso wie der von § 612a BGB im Wesentlichen personenbezogen ist, schützt § 78 Satz 2 BGB nicht nur das Betriebsratsmitglied selbst, sondern auch den BR als Organ und seine Tätigkeit.[148] Die damit geschützte personelle Kontinuität der Zusammensetzung des BR[149] würde gefährdet werden, wenn ein BR-Mitglied, welches unter Verstoß gegen § 78 Satz 2 BetrVG bei einer Stellenbesetzung unberücksichtigt bleibt, keinen Anspruch auf Naturalrestitution hätte und sich deshalb veranlasst sehen könnte, sein Amt niederzulegen, um die begehrte Stelle zu erhalten.

Anders als auf der Grundlage von § 78 Satz 2 BetrVG, §§ 280 Abs. 1, 823 Abs. 2, **80**
249 Abs. 1 BGB ist ein Verschulden des AG nicht erforderlich. Deshalb haben Mitglieder, die sich wegen ihrer Freistellung oder Betriebsratstätigkeit für eine bestimmte offene Stelle nicht beworben haben und im Falle ihrer Bewerbung die Stelle erhalten hätten, nicht nur Anspruch auf die der Stelle entsprechende Vergütung, sondern auch auf Abschluss eines dieser Stelle entsprechenden Arbeitsvertrages. Gleiches gilt, wenn das befristete Arbeitsverhältnis eines Mitglieds wegen seiner Amtstätigkeit nicht entfristet oder verlängert wird.

---

144 BAG 25. 2. 2025 – 9 AZR 5/24, Rn. 17.

145 BAG 20. 3. 2025 – 7 AZR 46/24, Rn. 25.

146 LAG Berlin-Brandenburg 13. 1. 2016 – 23 Sa 1445/15, II. 2.4 der Gründe; EuArbRK/*Weber*, RL 2002/14/EG Art. 7, Rn. 7; Richardi-*Thüsing*, § 78 BetrVG Rn. 37.

147 So bereits für den Anspruch eines befristet beschäftigten Betriebsratsmitgliedes, dessen Arbeitsverhältnis unter Verstoß gegen § 78 Satz 2 BetrVG nicht entfristet wurde, BAG 25. 6. 2014 – 7 AZR 847/12, Rn. 30.

148 Siehe oben Rn. 3, ebenso BAG, 25. 6. 2014 – 7 AZR 847/12, Rn. 32.

149 BAG 25. 6. 2014 – 7 AZR 847/12, Rn. 33.

VII. Darlegungs- und Beweislast

81 Hält ein Mitglied oder ein AG einen Verstoß gegen § 78 Satz 2 BetrVG für gegeben und sollen daraus Folgen abgeleitet werden, dann liegt die Darlegungs- und Beweislast regelmäßig bei dem, der den Verstoß gegen § 78 BetrVG für gegeben hält. Behauptet das Mitglied eine Benachteiligung bei einer Stellenbesetzung, läge die Darlegungs- und Beweislast mithin grundsätzlich beim Mitglied. Das BAG sieht jedoch eine Beweiserleichterung vor. Wenn ein Mitglied die für eine Stelle erforderlichen Qualifikationen aufweist (oder ohne seine Betriebsratstätigkeit aufweisen würde), kann es die Behauptung aufstellen, wegen seiner Betriebsratstätigkeit benachteiligt worden zu sein. Der AG muss sich dann wahrheitsgemäß erklären und seine Motive für die Auswahlentscheidung so konkret benennen, dass diese objektiv nachvollzogen werden können.[150] Dabei kann sich der AG nicht auf bloße Wertungen berufen, sondern muss die Tatsachen, die seiner Entscheidung zugrunde lagen, benennen. Wurde ein Bewerber ausgewählt, der für die Stelle niedriger qualifiziert ist als das Mitglied, stellt auch das regelmäßig ein Indiz für eine Benachteiligung dar.[151] Der AG muss dann darlegen und nachweisen, dass das Mitglied auch ohne seine Betriebsratstätigkeit nicht berücksichtigt worden wäre.

Beispiel:
Der AG hat im Betrieb eine Stelle im Vertrieb für Italien ausgeschrieben. Als Anforderung wurden ein technisches Studium und englische Sprachkenntnisse genannt; italienische Sprachkenntnisse wurden als wünschenswert bezeichnet. Ein Mitglied erfüllt die Anforderungen, spricht aber nicht Italienisch. Die Auswahl fällt auf einen qualifizierten Facharbeiter, der die Meisterprüfung nicht bestanden hat, aber neben Englisch auch Italienisch (als Muttersprache) beherrscht. Wenn der AG hier nachvollziehbar darlegen kann, dass die fachlichen Kenntnisse auf gutem Facharbeiterniveau ausreichen, aber die Italienischkenntnisse für den Vertrieb in Italien entsprechend vorteilhaft sind, dürfte gegebenenfalls keine Benachteiligung des Mitglieds vorliegen.

82 Haben der AG und das Mitglied eine Vereinbarung über eine (höhere) Vergütung abgeschlossen, und hält der AG diese wegen eines Verstoßes gegen das Begünstigungsverbot für rechtswidrig, muss der AG die Rechtswidrigkeit der Vereinbarung darlegen und gegebenenfalls beweisen. Hält umgekehrt das Mitglied eine solche Vereinbarung für rechtswidrig, muss das Mitglied beweisen, dass es durch die Vereinbarung benachteiligt wird. Das kann für Mitglieder in bestimmten Situationen problematisch werden. Hat ein AG die Vergütung eines Mitglieds wegen des Verdachts einer Begünstigung gekürzt, so liegt die Darlegungs- und Beweislast grundsätzlich beim AG. Wird die gekürzte Vergütung in der Folgezeit in einem Vertrag zwischen AG und Mitglied vereinbart – beispielsweise in einem Vertrag über Altersteilzeit – dann läge die Darlegungs- und Beweislast für die

150 BAG 20.1.2021 – 7 AZR 52/20, Rn. 30.
151 BAG 20.1.2021 – 7 AZR 52/20, Rn. 39.

Rechtswidrigkeit der damit bestätigten Kürzung der Vergütung beim Mitglied. Deshalb sollte in solchen Situationen vermieden werden, eine eventuell benachteiligende Vergütung in einer Vereinbarung zu fixieren.

F. Besondere Problemfelder bei der Betriebsratsvergütung

von Eva Büchele

1 Nach dem Lohnausfallprinzip hat ein Betriebsratsmitglied (BR-Mitglied) für die Zeit, in der es erforderliche Betriebsratsarbeit ausübt, nach § 37 Abs. 2 BetrVG einen Anspruch auf Fortzahlung der Vergütung, die es erzielt hätte, wenn es gearbeitet hätte (vgl. hierzu Kapitel C, Rn. 17 ff.).[1] Die für die Betriebsratsvergütung demnach gebotene hypothetische Betrachtungsweise kann Schwierigkeiten bereiten. Dies gilt insbesondere bei besonderen Entgeltbestandteilen, wie Zuschlägen, variabler Vergütung und der privaten Nutzung eines Dienstwagens. Auch wenn die Arbeitszeit im Betrieb durch Überstunden verlängert oder aufgrund von Kurzarbeit verkürzt wird, stellt sich die Frage, was dies für die Vergütung eines BR-Mitglieds bedeutet.
Wie die Betriebsratsvergütung in diesen besonderen Fallkonstellationen zu berechnen ist, wird im Folgenden aufgezeigt.

I. Hypothetische Mehrarbeit und hypothetische Zuschläge für Mehrarbeit

2 Ein BR-Mitglied kann unabhängig davon, in welchem Umfang es Betriebsratsarbeit leistet, einen Anspruch auf die Vergütung von Überstunden haben. Allein entscheidend ist nach dem Lohnausfallprinzip, ob das BR-Mitglied, wenn es keine Betriebsratsarbeit ausgeübt, sondern seine Arbeitsleistung erbracht hätte, Überstunden geleistet hätte und diese nicht durch Freizeit ausgeglichen, sondern vergütet worden wären.[2] In diesem Fall hat ein BR-Mitglied auch dann einen Anspruch auf die Vergütung dieser hypothetisch geleisteten Überstunden, wenn es ausschließlich innerhalb seiner regulären Arbeitszeit Betriebsratstätigkeit ausgeübt hat. Sofern bei dem Arbeitgeber (AG) für die hypothetisch angefallenen Überstunden Mehrarbeitszuschläge gewährt worden wären, umfasst der Anspruch des BR-Mitglieds nach dem Lohnausfallprinzip neben der Vergütung

1 Ständige Rspr. des BAG, vgl. z. B. BAG 29.8.2018 – 7 AZR 206/17, Rn. 31, zitiert nach juris; Fitting, § 37 Rn. 57, § 38 Rn. 85, DKW-Wedde, § 37 Rn. 50 ff., § 38 Rn. 73.

2 BAG 12.12.2000 – 9 AZR 508/99, Rn. 32, zitiert nach juris; BAG 29.6.1988 – 7 AZR 651/87, Rn. 12 f., zitiert nach juris; Fitting, § 37 Rn. 125; § 38 Rn. 88; DKW-Wedde, § 38 Rn. 74; GK-BetrVG/Weber § 37 Rn. 72, 77; 162, § 38 Rn. 98.

der hypothetischen Überstunden ebenfalls die Gewährung dieser hypothetisch angefallenen Mehrarbeitszuschläge.[3] Denn nur in diesem Fall erhält das BR-Mitglied die Vergütung, die es erhalten würde, wenn es an Stelle der Ausübung von Betriebsratstätigkeit gearbeitet und Überstunden geleistet hätte.[4] Auch wenn die Verrichtung der Betriebsratstätigkeit dazu führt, dass ein BR-Mitglied nicht die erforderliche Anzahl von Überstunden erreicht, um die tariflichen Voraussetzungen für den Bezug einer Pauschalvergütung für Überstunden zu erhalten, ist dem BR-Mitglied diese Pauschalvergütung zu zahlen.[5] Denn das BR-Mitglied hätte, wenn es keine Betriebsratstätigkeit ausgeübt, sondern gearbeitet hätte, einen Anspruch auf diese Pauschalvergütung.

Der Grundsatz der hypothetischen Betrachtungsweise gilt sowohl für nach § 38 BetrVG von ihrer beruflichen Tätigkeit voll- oder teilfreigestellte BR-Mitglieder[6] als auch für BR-Mitglieder, die anlassbezogen nach § 37 Abs. 2 BetrVG für erforderliche Betriebsratsarbeit freizustellen sind.[7]

Nur die konsequent durchgeführte hypothetische Betrachtung kann dem Gesetzeszweck der Lohnfortzahlungsbestimmung nach § 37 Abs. 2 BetrVG gerecht werden: die Bereitschaft des Arbeitnehmers (AN) zur Übernahme betriebsverfassungsrechtlicher Ämter zu fördern.[8] Hierfür muss dem AN die Befürchtung genommen werden, er könne infolge der Amtsübernahme eine Einkommenseinbuße erleiden. Es ist daher erforderlich, dass der für Betriebsratsarbeit freigestellte AN sämtliche anfallende Vergütungsbestandteile erhält, sofern er sie ohne seine Freistellung erhalten hätte.[9] Hierzu gehört auch die Vergütung von Überstunden, ggf. zuzüglich Mehrarbeitszuschlägen.

1. Feststellung der hypothetischen Überstunden

Nach herrschender Meinung soll für die Feststellung der hypothetisch von BR-Mitgliedern geleisteten Überstunden sowie der hypothetisch verdienten Zuschläge (vgl. hierzu Rn. 21 ff.) nicht darauf abgestellt werden, ob und ggf. in welchem Umfang die nach § 37 Abs. 4 BetrVG festzulegenden Vergleichsarbeitnehmer (vgl. hierzu Kapitel D, Rn. 4 ff.) Überstunden leisten.[10] Zur Begründung wird 3

3 DKW-Wedde § 38 Rn. 74; Fitting, § 37 Rn. 63, § 38 Rn. 88; GK-BetrVG/Weber § 38 Rn. 98.

4 Fitting, § 37 Rn. 63, § 38 Rn. 88; DKW-Wedde § 38 Rn. 74.

5 LAG Berlin-Brandenburg 22.2.2012 – 17 Sa 2212/12, Rn. 17 f., zitiert nach juris.

6 BAG 12.12.2000 – 9 AZR 508/99, Rn. 32, zitiert nach juris; BAG 29.6.1988 – 7 AZR 651/87, Rn. 12 f., zitiert nach juris; Fitting, § 38 Rn. 88, DKW-Wedde § 38 Rn. 74, GK-BetrVG/Weber § 38 Rn. 98.

7 Fitting, § 37 Rn. 57; GK-BetrVG-Weber § 37 Rn. 72, 77; DKW-Wedde, § 37 Rn. 50; BAG 3.12.1997 – 7 AZR 490/93, Rn. 15, zitiert nach juris, zu Arbeit auf Abruf.

8 BAG 29.4.2015 – 7 AZR 123/13, Rn. 12, zitiert nach juris; BAG 29.6.1988 – 7 AZR 651/87, Rn. 15, zitiert nach juris.

9 BAG 29.4.2015 – 7 AZR 123/13, Rn. 12, zitiert nach juris; BAG 29.6.1988 – 7 AZR 651/87, Rn. 15, zitiert nach juris.

10 BAG 29.8.2018 – 7 AZR 206/17, Rn. 40, zitiert nach juris; BAG 18.5.2016 – 7 AZR 401/14, Rn. 17 ff., zitiert nach juris; BAG 7.2.1985 – 6 AZR 72/82, Rn. 22 ff, zitiert nach juris; Fitting, § 37 Rn. 125; GK-BetrVG/Weber § 37 Rn. 162, § 38 Rn. 98; a. A. LAG Köln

angeführt, § 37 Abs. 4 BetrVG regele nur den Anspruch auf die Erhöhung des Arbeitsentgelts, während § 37 Abs. 2 BetrVG den Anspruch des BR-Mitglieds regele, unter Fortzahlung der hypothetisch erhaltenen Vergütung freigestellt zu werden.[11] Ein Anspruch auf die Vergütung hypothetischer Überstunden bestünde nur, wenn das BR-Mitglied ohne die Ausübung von Betriebsratstätigkeit Überstunden geleistet hätte; hierfür soll es unerheblich sein, in welchem Umfang Vergleichsarbeitnehmer nach § 37 Abs. 4 BetrVG Überstunden leisten.[12] Zudem führt die herrschende Meinung an, dass § 37 Abs. 4 Satz 2 BetrVG in das zu gewährende Arbeitsentgelt lediglich allgemeine Zuwendungen des AG einbeziehe, keine Überstunden.[13]
Die Feststellung, ob und ggf. wie viele Überstunden ein BR-Mitglied geleistet hätte, wenn es keine Betriebsratstätigkeit ausüben würde, bereitet allerdings häufig Schwierigkeiten. Schließlich geht es hier um die Feststellung eines hypothetischen Sachverhalts: Wäre der AN ohne die Ausübung von Betriebsratstätigkeit zu Überstunden herangezogen worden und wenn ja zu wie vielen Überstunden? Wären diese Überstunden vergütet oder durch Freizeitausgleich abgegolten worden?
In der Praxis wird daher häufig – entgegen der herrschenden Meinung – für die Feststellung und Vergütung von hypothetischen Überstunden auf die von den Vergleichsarbeitnehmern nach § 37 Abs. 4 BetrVG geleisteten Überstunden abgestellt. Dieser Ansatz bietet eine praktikable Lösung unter Berücksichtigung des Entgeltschutzes der BR-Mitglieder, die zu interessengerechten Ergebnissen führt.

a) Grundsätze

4 Nach der Rechtsprechung des BAG müssen hypothetisch geleistete Überstunden anhand von sog. Hilfstatsachen festgestellt werden, die in Verbindung mit Erfahrungsregeln darauf schließen lassen, dass das BR-Mitglied ohne die Amtsübernahme Überstunden geleistet hätte.[14]
Der herrschenden Meinung folgend, die ein Abstellen auf die Vergleichsarbeitnehmer nach § 37 Abs. 4 BetrVG ablehnt, muss für die Feststellung von hypothetischen Überstunden danach differenziert werden, ob es um die Feststellung von hypothetischen Überstunden vor (hierzu Rn. 5 ff.) oder nach einem möglichen hypothetischen beruflichen Aufstieg des BR-Mitglieds geht (hierzu Rn. 15 f.).

19.12.2013 – 12 Sa 682/13, Rn. 78 ff., das zur Berechnung der hypothetischen Vergütung § 37 Abs. 4 BetrVG nennt, allerdings sodann nicht auf Vergleichsarbeitnehmer im Sinne von § 37 Abs. 4 BetrVG abstellt.

11 BAG 29.8.2018 – 7 AZR 206/17, Rn. 40, zitiert nach juris; BAG 18.5.2016 – 7 AZR 401/14, Rn. 17 ff., zitiert nach juris.

12 BAG 29.8.2018, a.a.O.; BAG 18.5.2016, a.a.O.; BAG 7.2.1985 – 6 AZR 72/82, Rn. 18 ff., zitiert nach juris; Fitting, § 37 Rn. 125; GK-BetrVG/Weber § 37 Rn. 162, § 38 Rn. 98.

13 GK-BetrVG/Weber § 37 Rn. 162.

14 BAG 29.6.1988 – 7 AZR 651/87, Rn. 16; BAG 3.12.1997 – 7 AZR 490/93, Rn. 15, zitiert nach juris.

Vor einem hypothetischen beruflichen Aufstieg ist – der herrschenden Meinung folgend – für die Feststellung der hypothetischen Überstunden maßgeblich, ob und in welchem Umfang »**vergleichbare Arbeitnehmer**« – nicht zu verwechseln mit den Vergleichsarbeitnehmern nach § 37 Abs. 4 BetrVG – Überstunden leisten.[15] 5

Vergleichbar in diesem Sinne sind in der Regel die AN, die

- in der Einheit tätig sind, in der das BR-Mitglied tätig ist bzw. ein nach § 38 BetrVG vollfreigestelltes BR-Mitglied vor der Amtsübernahme tätig war, und
- Tätigkeiten ausüben, die mit denen des BR-Mitglieds identisch oder vergleichbar sind.

Im Regelfall dürfte das BR-Mitglied einen Anspruch auf die Vergütung des Durchschnitts der Überstunden, die diese AN leisten, während es zur Ausübung von Betriebsratstätigkeit von der Arbeit freigestellt ist, haben, ggf. zuzüglich Mehrarbeitszuschlägen, vorausgesetzt die Überstunden werden diesen AN ausgezahlt und nicht durch Freizeitausgleich abgegolten. Denn vom Grundsatz her kann davon ausgegangen werden, dass ein BR-Mitglied, wenn es an Stelle der Ausübung von Betriebsratstätigkeit weiterhin in seiner Einheit arbeiten würde, Überstunden in dem Umfang leisten würde, welcher im Durchschnitt in dieser Einheit von den AN erbracht wird, die identische oder vergleichbare Tätigkeiten ausüben wie das BR-Mitglied.[16] Bei schwankenden Bezügen ist es für die Berechnung der hypothetischen Vergütung zulässig, eine Schätzung nach den Grundsätzen des § 287 Abs. 2 ZPO vorzunehmen[17] (siehe zu den Ausnahmefällen Rn. 14).

Sollte sich die Einheit, in der ein vollfreigestelltes BR-Mitglied vor der Amtsübernahme tätig war, vor einem hypothetischen beruflichen Aufstieg aufgrund einer Umstrukturierung auflösen, muss zur Feststellung der hypothetischen Überstunden auf die nächstgrößere noch bestehende Einheit abgestellt werden; also beispielsweise auf eine Abteilung an Stelle eines aufgelösten Teams oder auf den ganzen Betrieb an Stelle einer aufgelösten Abteilung.

Wichtig ist, dass die **maßgebliche Einheit nicht zu groß** bemessen wird. 6

> **Beispiel:**
> Das vollfreigestellte BR-Mitglied war vor der Amtsübernahme in der Abteilung Z im Team A als Produktionsmitarbeiter tätig. In der Abteilung Z gibt es neben dem Team A noch 5 weitere Teams. In diesen sind ebenfalls Produktionsmitarbeiter tätig, die vergleichbare Tätigkeiten ausführen wie das BR-Mitglied. In den Teams fallen in

15 BAG 29.6.1988 – 7 AZR 651/87, Rn. 16, zitiert nach juris; BAG 7.2.1985 – 6 AZR 72/82, Rn. 21, zitiert nach juris.

16 Koll, AiB 2019, Heft 12, S. 32; a. A. LAG Niedersachsen 13.2.2025 – 5 SLa 503/24, nicht veröffentlicht, Revision anhängig unter 7 AZR 64/25, das entgegen BAG 7.2.1985, a. a. O., BAG 29.6.1988, a. a. O., und BAG 3.12.1997, a. a. O., nicht überzeugend die Auffassung vertritt, im Bereich der »freiwilligen Mehrarbeit« könne es keinen Anscheinsbeweis geben.

17 BAG 29.4.2015 – 7 AZR 123/13, Rn. 14, zitiert nach juris.

unterschiedlichem Umfang Überstunden an. Besonders viele Überstunden müssen die Mitarbeiter des Teams A leisten.
Für die Ermittlung der hypothetischen Überstunden, die das BR-Mitglied nach der Amtsübernahme geleistet hätte, ist darauf abzustellen, wie viele Überstunden die Produktionsmitarbeiter des Teams A nach der Amtsübernahme im Durchschnitt leisten. Nicht entscheidend ist der Umfang der von allen Produktionsmitarbeitern der Abteilung Z geleisteten Überstunden. Auf diese Weise kann zutreffend ermittelt werden, wie viele Überstunden das BR-Mitglied geleistet hätte, wenn es das Betriebsratsamt nicht übernommen hätte, sondern weiterhin im Team A tätig wäre. Nur so kann daher die nach § 37 Abs. 2 BetrVG fortzuzahlende Vergütung zutreffend berechnet werden.
Bei einem nicht vollfreigestellten BR-Mitglied, das nach der Amtsübernahme weiterhin in der Abteilung Z im Team A tätig ist, ist für die Ermittlung der hypothetischen Überstunden, die es möglicherweise geleistet hätte, wenn es nicht für die Ausübung von Betriebsratstätigkeit freigestellt worden wäre, ebenfalls darauf abzustellen, wie viele Überstunden seine Kollegen im Team A in dieser Zeit im Durchschnitt leisten.

b) Einzelfälle

7 Es gibt bei der Feststellung hypothetischer Überstunden eine Vielzahl von Einzelfällen, die – der herrschenden Meinung weiter folgend – eine Modifizierung der dargestellten Grundsätze erforderlich machen. Hier werden die in der Praxis relevantesten Einzelfälle mit Lösungsvorschlägen dargestellt.
Ein BR-Mitglied, das **überdurchschnittlich viele Überstunden** leistet, bzw. als vollfreigestelltes BR-Mitglied vor der Amtsübernahme geleistet hat, muss sich nicht damit begnügen, während der Ausübung von Betriebsratsarbeit nur eine Überstundenvergütung in Höhe der in seiner Einheit im Durchschnitt geleisteten Überstunden zu erhalten.
Jedenfalls, solange sich der Umfang, der in der maßgeblichen Einheit zu leistenden Überstunden, nicht erheblich ändert, kann zur Ermittlung der vom BR-Mitglied hypothetisch geleisteten Überstunden eine »**Überstundenquote**« gebildet werden, um den überdurchschnittlichen Einsatz des BR-Mitglieds angemessen zu berücksichtigen.[18]

Beispiel:
In dem Team X, in dem das **vollfreigestellte BR-Mitglied** vor der Amtsübernahme tätig war, wurden vor der Amtsübernahme im Durchschnitt pro Monat 6 Überstunden je Mitarbeiter geleistet. Das BR-Mitglied hat im Durchschnitt 9 Überstunden im Monat geleistet und damit 1,5mal so viel wie der Durchschnitt. Die »Überstundenquote« des BR-Mitglieds beträgt somit 1,5. In dem Jahr nach der Amtsübernahme liegt der Durschnitt der monatlich geleisteten Überstunden bei 5,9.

---

18 Alternativ kann nach BAG 29.6.1988 – 7 AZR 651/87, Rn. 16, zitiert nach juris und BAG 7.2.1985 – 6 AZR 72/82, Rn. 23, zitiert nach juris, auf die von maßgeblichen AN (vgl. Rn. 5) regelmäßig geleisteten überdurchschnittlichen Überstunden als maßgebliche Hilfstatsache abgestellt werden, wenn ein BR-Mitglied vor seiner Amtsübernahme in vergleichbarem Umfang wie diese AN regelmäßig Überstunden geleistet hat; dieses Vorgehen ist indes deutlich aufwendiger und nicht möglich, wenn es an solchen AN fehlt.

Es ist davon auszugehen, dass das BR-Mitglied, wenn es das Betriebsratsamt nicht übernommen hätte, in diesem Jahr 8,85 Überstunden im Monat geleistet hätte. Dies entspricht dem 1,5fachen Wert der durchschnittlich erbrachten 5,9 Überstunden. Da der Umfang der zu leistenden Überstunden in der Regel von der persönlichen Bereitschaft des einzelnen Mitarbeiters abhängt, ist davon auszugehen, dass das BR-Mitglied, wenn es das Amt nicht übernommen hätte, sondern seine Arbeitsleistung weiter erbringen würde, weiterhin überdurchschnittlich viele Überstunden geleistet hätte, und zwar entsprechend seiner »Überstundenquote« in Höhe von 1,5 vor der Amtsübernahme.

Eine Ermittlung der hypothetischen Überstunden anhand dieser »Überstundenquote« ist ebenfalls geboten, wenn ein vollfreigestelltes BR-Mitglied vor der Amtsübernahme in seiner Einheit die meisten Überstunden geleistet hat.[19]
Auch nach der Rechtsprechung des BAG kann ein Abstellen auf ausschließlich in der Vergangenheit liegende Umstände – hier dem Verhältnis der Anzahl an vor Amtsübernahme vom BR-Mitglied geleisteten Überstunden zum Durchschnitt der geleisteten Überstunden – zur Feststellung eines hypothetischen Sachverhalts – hier dem Umfang der ohne die Amtsübernahme hypothetisch geleisteten Überstunden – zulässig sein.[20]
Dementsprechend ist auch bei einem **nicht vollfreigestellten BR-Mitglied**, das in überdurchschnittlichem Umfang Überstunden leistet, für die Frage wie viele Überstunden es geleistet hätte, wenn es beispielsweise nicht für eine erforderliche Betriebsratsschulung freigestellt worden wäre, auf die »Überstundenquote« dieses BR-Mitglieds abzustellen. Auch bei nicht vollfreigestellten BR-Mitgliedern empfiehlt es sich, für die Ermittlung ihrer persönlichen »Überstundenquote« auf die Zeit vor der Amtsübernahme abzustellen und nicht jeweils auf einen Zeitraum, der der Freistellung nach § 37 Abs. 2 BetrVG unmittelbar vorausgeht, damit die »Überstundenquote« nicht ständig neu berechnet werden muss. (Zur Ermittlung der »Überstundenquote« von nicht vollfreigestellten BR-Mitgliedern bei geändertem Umfang der anfallenden Überstunden siehe Rn. 11.)

Beispiel:
Ein nach § 37 Abs. 2 BetrVG freizustellendes BR-Mitglied hat im Jahr vor der Amtsübernahme im Durchschnitt doppelt so viele Überstunden gemacht wie der Durchschnitt in seinem Team. Seine »Überstundenquote« beträgt somit 2,0. Während eines Betriebsräteseminars, an dem das BR-Mitglied teilnimmt, fallen in seinem Team im Durchschnitt 2 Überstunden an, die vergütet werden. Das BR-Mitglied hat für die Zeit der Seminarteilnahme einen Anspruch auf die Vergütung von 4 hypothetischen Überstunden. Es ist davon auszugehen, dass auch das BR-Mitglied, wenn es nicht an dem Seminar teilgenommen hätte, sondern seiner Tätigkeit nach-

19 In diesem Fall fehlt es an maßgeblichen AN (vgl. Rn. 5), die in vergleichbarem Umfang wie das BR-Mitglied vor der Amtsübernahme Überstunden geleistet haben und weiterhin leisten, sodass nur die vom BR-Mitglied selbst geleisteten Überstunden als maßgebliche Hilfstatsache herangezogen werden können.

20 BAG 3.12.1997 – 7 AZR 490/93, Rn. 15, zitiert nach juris; BAG 29.6.1988 – 7 AZR 651/87, Rn. 16, zitiert nach juris.

gegangen wäre, Überstunden geleistet hätte, und zwar in dem Umfang seiner »Überstundenquote«.

Es bietet sich für die Ermittlung der »Überstundenquote« eines BR-Mitglieds an, einen Zeitraum von einem Jahr zu Grunde zu legen. Dies gilt insbesondere, wenn es in einem Betrieb saisonbedingt in bestimmten Zeiten zu Auftragsspitzen und damit in höherem Umfang zu Überstunden kommt.

8 Wenn der **Umfang** der in der Einheit eines BR-Mitglieds insgesamt anfallenden **Überstunden** in erheblichem Umfang **steigt oder sinkt**, ist im Regelfall auf den Durchschnitt der von den maßgeblichen AN (vgl. Rn. 5) nunmehr geleisteten Überstunden abzustellen. Auch in diesem Fall muss sich ein BR-Mitglied, das **überdurchschnittlich viele Überstunden** leistet, bzw. als vollfreigestelltes BR-Mitglied vor der Amtsübernahme geleistet hat, hiermit allerdings nicht begnügen. Ein Abstellen auf die »Überstundenquote« ist bei **vollfreigestellten BR-Mitgliedern** allerdings nicht immer sachgerecht, wenn sich der Umfang, der in der Einheit zu leistenden Überstunden, erheblich ändert (s. Rn. 11 zur Rechtslage bei nach **§ 37 Abs. 2 BetrVG freigestellten BR-Mitgliedern**). Wie viele Überstunden ein AN leistet, hängt stets auch davon ab, wie viele Überstunden in einer Einheit insgesamt anfallen und wie viele Überstunden die anderen Kollegen übernehmen. So wird etwa ein AN, der pro Woche 6 Überstunden geleistet hat, nicht 12 Überstunden in der Woche erbringen, wenn sich der Umfang der insgesamt anfallenden Überstunden verdoppelt. Bei einer Ermittlung anhand der »Überstundenquote« werden die Faktoren »Gesamtumfang an Überstunden« und »Verteilung der Überstunden auf die anderen AN« nicht ausreichend berücksichtigt, sobald sich der Gesamtumfang der anfallenden Überstunden erheblich ändert.

Die Ermittlung der hypothetisch vom BR-Mitglied geleisteten Überstunden ist im Fall eines erheblich geänderten Umfangs der insgesamt anfallenden Überstunden bei **vollfreigestellten BR-Mitgliedern** daher komplizierter und aufwendiger als bei im Wesentlichen gleichbleibendem Umfang der anfallenden Überstunden sofern ein BR-Mitglied die Vergütung von hypothetischen Überstunden in **überdurchschnittlichem** Umfang geltend machen will (für einen weniger genauen dafür aber deutlich praktikableren Weg s. Rn. 10):

Gibt es maßgebliche AN (vgl. Rn. 5), die vor der Änderung des Arbeitsaufkommens in vergleichbarem Umfang Überstunden erbracht haben wie das BR-Mitglied vor der Amtsübernahme, kann für die Ermittlung der hypothetischen Überstunden auf den Umfang der Überstunden dieser AN abgestellt werden.

Das BR-Mitglied hat in diesem Fall einen Anspruch auf die Vergütung des Durchschnitts der Überstunden, die diese AN leisten, während es Betriebsratsarbeit ausübt, ggf. einschließlich Mehrarbeitszuschlägen. Sollte sich bei einem AN die Anzahl der geleisteten Überstunden aus persönlichen Gründen verringern – z. B. weil ein AN Vater wird und nun nur noch so wenig Überstunden macht wie möglich –, darf zur Ermittlung der hypothetischen Überstunden des BR-Mitglieds nicht mehr auf die Anzahl der von diesem AN geleisteten Überstunden abgestellt werden.

Beispiel:
In der Einheit X, in der das vollfreigestellte BR-Mitglied vor der Amtsübernahme tätig war, wurden vor der Amtsübernahme im Durchschnitt pro Monat 6 Überstunden geleistet. Wenn Überstunden zu leisten sind, werden die Mitarbeiter zunächst gefragt, ob jemand freiwillig länger bleiben kann. Das BR-Mitglied hat vor der Übernahme des Betriebsratsamtes im Durchschnitt 10 Überstunden im Monat geleistet. Sein Kollege A hat 10,5 Überstunden pro Monat im Durchschnitt geleistet, sein Kollege B 9,7 Überstunden. Einige Monate nach der Amtsübernahme steigt die Anzahl der in der Einheit X anfallenden Überstunden auf im Durchschnitt 9 Überstunden pro Monat pro Mitarbeiter wegen eines Auftragsrückgangs. Der Kollege A leistet nunmehr durchschnittlich 12 Überstunden pro Monat, der Kollege B 11,5 Überstunden pro Monat. Das BR-Mitglied hat nunmehr einen Anspruch auf eine Vergütung für hypothetische Überstunden in Höhe von 11,75 Stunden pro Monat, ggf. einschließlich Mehrarbeitszuschlägen. Dies entspricht dem Durchschnitt der von seinen Kollegen A und B nunmehr geleisteten Überstunden. Es ist davon auszugehen, dass das BR-Mitglied weiterhin in überdurchschnittlichem Maß Überstunden leistet, und zwar in dem Umfang, in dem diejenigen Kollegen Überstunden leisten, welche in vergleichbarem Umfang wie das BR-Mitglied vor dessen Amtsübernahme, Überstunden geleistet haben.

Alternativ zu der in Rn. 8 dargestellten Vorgehensweise zur Ermittlung hypothetischer Überstunden bei einer erheblichen Änderung des Gesamtumfangs der anfallenden Überstunden kann die Anzahl der hypothetischen Überstunden mithilfe der nachfolgend anhand eines Beispiels beschriebenen **Berechnungsmethode** für **vollfreigestellte BR-Mitglieder** ermittelt werden (s. Rn. 11 zur Rechtslage bei nach § 37 Abs. 2 BetrVG **freigestellten BR-Mitgliedern**). Diese Berechnungsmethode bietet sich insbesondere an, wenn es an maßgeblichen AN (vgl. Rn. 5) fehlt, die in vergleichbarem Umfang Überstunden leisten wie das vollfreigestellte BR-Mitglied vor der Amtsübernahme, und die in Rn. 8 dargestellte Vorgehensweise daher nicht angewendet werden kann. 9
Zunächst ist auszurechnen, in welchem Verhältnis die vom BR-Mitglied vor der Amtsübernahme über dem Durchschnitt geleisteten Überstunden zu der durchschnittlichen Abweichung vom Durchschnitt der geleisteten Überstunden (der sogenannten Standardabweichung) vor der Amtsübernahme stehen, also welche Anzahl an Standardabweichungen der Abweichung der vom BR-Mitglied geleisteten Überstunden zum Durchschnitt der Überstunden entspricht. Im nächsten Schritt wird der aktuelle Durchschnitt der in der Einheit geleisteten Überstunden sowie die aktuelle sogenannte Standardabweichung ermittelt. Die hypothetischen Überstunden des BR-Mitglieds belaufen sich auf den Durchschnitt der in der Einheit nunmehr geleisteten Überstunden, addiert mit der Anzahl der Standardabweichungen des BR-Mitglieds vor der Amtsübernahme, multipliziert mit der aktuellen Standardabweichung.

Beispiel:
Ein BR-Mitglied leistet vor der Amtsübernahme mit im Durchschnitt 12 Überstunden pro Monat die meisten Überstunden in seinem Team. Im Team des BR-Mitglieds

sind 5 Mitarbeiter tätig. Wenn Überstunden zu leisten sind, werden die Mitarbeiter zunächst gefragt, ob jemand freiwillig länger bleibt. Vor der Amtsübernahme waren Umfang und Verteilung der zu leistenden Überstunden wie folgt:

Mitarbeiter	Anzahl Überstunden	Abweichung vom Durchschnitt
BR-Mitglied	12	6
Mitarbeiter A	9	3
Mitarbeiter B	2	4
Mitarbeiter C	5	1
Mitarbeiter D	2	4
Überstunden insgesamt	30	
Durchschnitt Überstunden pro Mitarbeiter	6	
Standardabweichung:		3,6
Anzahl der Standardabweichungen von BR-Mitglied		1,67

In der Einheit des BR-Mitglieds wurden, wie aus der Tabelle ersichtlich, durchschnittlich pro Monat 30 Überstunden geleistet. Dies sind pro Mitarbeiter im Durchschnitt 6 Überstunden. Das BR-Mitglied lag mit den von ihm geleisteten 12 Überstunden 6 Stunden über diesem Durchschnitt. Die Abweichungen aller Mitarbeiter von den durchschnittlich geleisteten 6 Überstunden betrugen im Durchschnitt 3,6 Stunden. Bei diesem Wert handelt es sich um die sogenannte Standardabweichung. Die Abweichung des BR-Mitglieds von den durchschnittlichen 6 Überstunden betrug mit 6 Stunden 1,67 Standardabweichungen (6 geteilt durch 3,6).
Nach der Amtsübernahme stellen sich Umfang und Verteilung der in der Einheit zu leistenden Überstunden wie folgt dar:

Mitarbeiter	Anzahl Überstunden	Abweichung vom Durchschnitt
Mitarbeiter N (neuer MA)	15	3
Mitarbeiter A	15	3
Mitarbeiter B	8	4
Mitarbeiter C	13	1
Mitarbeiter D	9	3
Summe	60	
Durchschnitt	12	
Standardabweichung:		2,8
Hypothetische Überstunden BR-Mitglied		16,68

Der Umfang, der insgesamt von den Mitarbeitern in dieser Einheit zu leistenden Überstunden, hat sich auf durchschnittlich 60 Überstunden pro Monat verdoppelt. Dies sind im Durchschnitt 12 Überstunden pro Monat pro Mitarbeiter. Die Standardabweichung, also der Durchschnitt der Abweichungen vom Durchschnitt, beträgt nunmehr nur noch 2,8. Wenn mehr Überstunden anfallen, führt dies häufig dazu, dass die zu leistenden Überstunden gleichmäßiger auf die Mitarbeiter verteilt werden. Denn auch bei Mitarbeitern, die in überdurchschnittlichem Umfang zur Leistung von Überstunden bereit sind, gibt es häufig persönliche Obergrenzen, die vor den Grenzen des Arbeitszeitgesetzes liegen. Eine gleichmäßigere Verteilung der Überstunden führt zu einer geringeren Standardabweichung. Wenn das BR-Mitglied zu dieser Zeit noch in der Einheit tätig wäre, ist die Annahme gerechtfertigt, dass es 16,68 Überstunden im Durschnitt pro Monat leisten würde. Dieser Wert ergibt sich aus den durchschnittlich pro Mitarbeiter im Monat anfallenden 12 Überstunden addiert mit der Anzahl der Standardabweichungen des BR-Mitglieds vor der Amtsübernahme multipliziert mit der jetzigen Standardabweichung (12 + 1,67 x 2,8). Die Annahme, dass das BR-Mitglied, welches vor der Amtsübernahme die meisten Überstunden in seiner Einheit geleistet hatte, weiterhin in weit überdurchschnittlichem Umfang Überstunden leistet, ist naheliegend. Bei der Berechnung der konkreten Anzahl der hypothetischen Überstunden ist aber auch zu berücksichtigen, wie viele Überstunden die anderen Kollegen nunmehr leisten. Denn dieser Umstand würde sich auf die Anzahl der vom BR-Mitglied hypothetisch geleisteten Überstunden auswirken.
Die angeregte Berechnung berücksichtigt mit der Anzahl der Standardabweichungen des BR-Mitglieds sowohl das überdurchschnittliche Engagement des BR-Mitglieds vor seiner Amtsübernahme als auch mit der aktuellen Standardabweichung die aktuelle Verteilung der Überstunden in der maßgeblichen Einheit, die sich auf die Anzahl der vom BR-Mitglied hypothetisch geleisteten Überstunden auswirken würde.

Die in den Rn. 8 und 9 dargestellten Möglichkeiten zur Ermittlung der hypothetischen Überstunden für vollfreigestellte BR-Mitglieder bei einer erheblichen Änderung des Gesamtumfangs der anfallenden Überstunden sind recht kompliziert und aufwendig. Häufig wird auch in solchen Fällen mittels einer »Überstundenquote« (vgl. Rn. 7) noch ein sachgerechtes Ergebnis erreicht werden können, sofern sich der Umfang der Überstunden nicht drastisch ändert, sich beispielsweise verdoppelt. Eine Ermittlung der hypothetischen Überstunden anhand der »Überstundenquote« hat den großen Vorteil, dass diese Berechnungsmethode in der Praxis relativ leicht umsetzbar ist. 10

Bei **nicht vollfreigestellten BR-Mitgliedern** bereitet die Ermittlung der hypothetischen Überstunden bei einem geänderten Umfang der insgesamt anfallenden Überstunden weniger Schwierigkeiten. Da das nicht vollfreigestellte BR-Mitglied auch während des geänderten Arbeitsaufkommens seiner beruflichen Tätigkeit weiter nachgeht, kann hier in der Regel auf die persönliche »Überstundenquote« des BR-Mitglieds (siehe hierzu Rn. 7) seit Beginn des geänderten Arbeitsaufkommens abgestellt werden. 11

Auch wenn ein BR-Mitglied vor seiner Amtsübernahme keine Überstunden geleistet hat, kommt die Vergütung hypothetischer Überstunden während der Zeit 12 der Ausübung des Betriebsratsamtes in Betracht. Hiervon ist auszugehen, wenn ein AG in der Zeit nach der Übernahme des Betriebsratsamtes die maßgeblichen AN (vgl. Rn. 5) **erstmals zu Überstunden heranzieht**, weil sich das Arbeitsaufkommen für die AN in dieser Einheit erst nach der Amtsübernahme erhöht hat. In diesem Fall ist in der Regel die Annahme gerechtfertigt, dass auch das BR-Mitglied Überstunden leisten würde, wenn es keine Betriebsratsarbeit ausüben würde, sondern weiterhin in dieser Einheit tätig wäre. Das vollfreigestellte BR-Mitglied hat in diesem Fall einen Anspruch auf die Vergütung des Durchschnitts der von allen maßgeblichen AN (siehe Rn. 5) geleisteten Überstunden ggf. einschließlich Mehrarbeitszuschlägen. Da bei einem erstmaligen Anfall von Überstunden nicht bekannt ist, in welchem Umfang das vollfreigestellte BR-Mitglied bei anfallenden Überstunden zur Leistung von Überstunden herangezogen wird, kann in dieser Fallkonstellation nur auf den Durchschnitt der erbrachten Überstunden abgestellt werden.

Da das nicht vollfreigestellte BR-Mitglied auch nach der Amtsübernahme – und damit während des erstmaligen Aufkommens von Überstunden – seiner beruflichen Tätigkeit weiter nachgeht, kann hier zur Ermittlung des Umfangs der hypothetisch während der Ausübung von Betriebsratstätigkeit geleisteten Überstunden auf die »Überstundenquote« des einzelnen BR-Mitglieds seit Beginn des geänderten Arbeitsaufkommens abgestellt werden (vgl. Rn. 7 und 11).

13 Der Anspruch eines BR-Mitglieds auf die Vergütung von hypothetisch geleisteten Überstunden ist nicht auf regelmäßig anfallende Überstundenvergütungen begrenzt.[21] Es ist allein maßgeblich, ob das BR-Mitglied ohne die Amtsübernahme bestimmte Überstunden geleistet hätte, die ihm vergütet worden wären. Wenn davon auszugehen ist, dass ein BR-Mitglied ohne die Übernahme seines Amtes **außerplanmäßige, zu vergütende Überstunden** erbracht hätte, hat es einen Anspruch auf die Vergütung dieser,[22] ggf. einschließlich Mehrarbeitszuschlägen. Nur so kann der Zweck der gesetzlichen Lohnfortzahlungsbestimmung des Betriebsverfassungsgesetzes, die Bereitschaft des AN zur Übernahme betriebsverfassungsrechtlicher Ämter zu fördern, erreicht werden (vgl. Rn. 1).[23]

Da sich bei Anfall von außerplanmäßigen Überstunden der Umfang der insgesamt anfallenden Überstunden erheblich ändert, ist der Umfang der von einem BR-Mitglied in einer solchen Situation hypothetisch geleisteten Überstunden nach den Ausführungen in den Rn. 8–11 zur Feststellung hypothetischer Überstunden bei einer erheblichen Änderung des Gesamtumfangs der anfallenden Überstunden zu ermitteln.

c) Ausnahmefälle

14 In bestimmten Ausnahmefällen kann – weiter der herrschenden Meinung (vgl. Rn. 3) folgend – wegen einer **besonderen persönlichen Situation** des BR-Mitglieds für die Feststellung etwaiger vom BR-Mitglied hypothetisch geleisteter

21 BAG 29.6.1988 – 7 AZR 651/87, Rn. 13ff., zitiert nach juris.
22 BAG, a.a.O.
23 BAG, a. a. O, Rn. 15, zitiert nach juris.

Überstunden nicht darauf abgestellt werden, ob und wie viele Überstunden die AN in der Einheit des BR-Mitglieds mit identischen oder vergleichbaren Tätigkeiten leisten, während das BR-Mitglied Betriebsratstätigkeiten ausübt; jedenfalls nicht ohne weiteres. Wenn ein BR-Mitglied etwa auf Grund einer gesundheitlichen Beeinträchtigung nicht dazu in der Lage ist, Überstunden zu leisten, kann nicht davon ausgegangen werden, das BR-Mitglied würde Überstunden leisten, wenn es nicht für die Ausübung von Betriebsratsarbeit freigestellt wäre. Etwas anderes gilt allerdings, wenn ein vollfreigestellten BR-Mitglied zwar vor der Amtsübernahme aus gesundheitlichen Gründen nicht in der Lage war, Überstunden zu leisten, sich sein Gesundheitszustand nach der Amtsübernahme aber derart verbessert hat, dass es zu der Ausübung von Überstunden nunmehr in der Lage wäre. In diesem Fall ist der Anspruch auf die Vergütung des Durchschnitts von den maßgeblichen AN (vgl. Rn. 5) begrenzt. Ein Anspruch auf die Vergütung von Überstunden in überdurchschnittlichem Umfang ist in einem solchen Fall nicht durchsetzbar.[24]

2. Hypothetische Überstunden nach einem hypothetischen beruflichen Aufstieg

a) Hypothetischer beruflicher Aufstieg nach § 37 Abs. 4 BetrVG

Nach § 37 Abs. 4 BetrVG darf das Arbeitsentgelt von Mitgliedern des BR nicht geringer bemessen werden als das Arbeitsentgelt vergleichbarer AN mit betriebsüblicher beruflicher Entwicklung (vgl. hierzu Kapitel C, Rn. 1ff.). Ist während der Dauer der Freistellung ein hypothetischer betriebsüblicher beruflicher Aufstieg des BR-Mitglieds eingetreten, ist für die Höhe der nach dem Lohnausfallprinzip gemäß § 37 Abs. 2 BetrVG zu zahlenden Vergütung darauf abzustellen, welche Vergütung das BR-Mitglied mit der Tätigkeit erzielt hätte, in die es zwischenzeitlich aufgestiegen wäre.[25] Dies gilt auch für die Vergütung hypothetisch geleisteter Überstunden. Für einen etwaigen Anspruch auf die Vergütung hypothetischer Überstunden ist somit entscheidend, ob und ggf. in welchem Umfang das BR-Mitglied auf der Position, auf die es sich nach § 37 Abs. 4 BetrVG beruflich hin entwickelt hätte, Überstunden leisten würde. Nach herrschender Meinung soll insoweit nicht maßgeblich sein, ob und in welcher Höhe die Vergleichsarbeitnehmer nach § 37 Abs. 4 BetrVG (vgl. hierzu Kapitel D, Rn. 4ff.) Überstunden leisten, sondern ob das BR-Mitglied ohne die Ausübung von Betriebsratstätigkeit auf der hypothetisch erreichten Position Überstunden geleistet hätte (vgl. Rn. 3 zum Meinungsstand).[26] Hierfür sollte es im Regelfall zulässig 15

24 BAG, a. a. O., nach dem ein BR-Mitglied, wenn es eine überdurchschnittliche Vergütung von Überstunden geltend machen will, zusätzlich Hilfstatsachen dafür darlegen müsste, dass es – abgesehen von einer gesundheitlichen Beeinträchtigung – in überdurchschnittlichem Umfang Überstunden leisten würde.

25 BAG 29.8.2018 – 7 AZR 206/17, Rn. 40, zitiert nach juris.

26 BAG 29.8.2018 – 7 AZR 206/17, Rn. 40, zitiert nach juris; BAG 7.2.1985 – 6 AZR 72/82, Rn. 22, zitiert nach juris; Fitting, § 37 Rn. 125; GK-BetrVG/Weber § 37 Rn. 162, § 38 Rn. 98.

sein, darauf abzustellen, in welchem Umfang sämtliche Mitarbeiter, die die hypothetisch erreichte Position innehaben, im Durchschnitt Überstunden leisten.

> **Beispiel – Ausgangsfall:**
> Ein BR-Mitglied war vor der Amtsübernahme als Produktionsmitarbeiter im Team A tätig. Insgesamt gibt es in dem Betrieb sieben Teams, in denen Produktionsmitarbeiter mit vergleichbaren Tätigkeiten arbeiten, die Teams A bis G. Jedes Team wird von einem Teamleiter geführt. Zum Zeitpunkt der Amtsübernahme werden für das BR-Mitglied vier Produktionsmitarbeiter als Vergleichsarbeitnehmer nach § 37 Abs. 4 BetrVG festgelegt (vgl. hierzu Kapitel D, Rn. 4ff.). Drei Jahre nach der Amtsübernahme sind drei dieser vier Vergleichsarbeitnehmer zum Teamleiter aufgestiegen. Einer der Vergleichsarbeitnehmer, die zum Teamleiter aufgestiegen sind, macht deutlich weniger Überstunden als die anderen neun Teamleiter.
> Für die Feststellung, ob das BR-Mitglied ohne die Amtsübernahme Überstunden geleistet hätte, ist nunmehr entscheidend, ob das BR-Mitglied auf der von ihm hypothetisch erreichten Position des Teamleiters Überstunden leisten würde. Hierfür ist in der Regel maßgeblich, ob und in welchem Umfang die Teamleiter der Teams A bis J Überstunden leisten.[27] Ob und in welcher Höhe die Vergleichsarbeitnehmer nach § 37 Abs. 4 BetrVG des BR-Mitglieds Überstunden leisten, soll nach herrschender Meinung unerheblich sein. In der Regel hat das BR-Mitglied daher einen Anspruch auf die Vergütung der von allen Teamleitern der Teams A bis J im Durchschnitt geleisteten Überstunden, ggf. zuzüglich Mehrarbeitszuschlägen.
> Da nicht feststeht und auch nicht hypothetisch ermittelt werden kann, von welchem Team das BR-Mitglied ohne die Amtsübernahme die Leitung übernommen hätte, können die hypothetischen Überstunden durch ein Abstellen auf alle Teamleiter gut ermittelt und zufällige Ergebnisse ausgeschlossen werden. Allerdings ist dieses Vorgehen in der praktischen Umsetzung sehr aufwendig. Vor diesem Hintergrund ist das in der Praxis weit verbreitete Vorgehen zu begrüßen, nach dem die Feststellung der hypothetischen Überstunden sowohl vor als auch nach einem hypothetischen beruflichen Aufstieg stets anhand der von den Vergleichsarbeitnehmern im Sinne von § 37 Abs. 4 BetrVG geleisteten Überstunden erfolgt (vgl. Rn. 3).

Ein Anspruch auf die Vergütung hypothetischer Überstunden in Höhe der im Durchschnitt von den Mitarbeitern auf der hypothetisch erreichten Position geleisteten Überstunden, ggf. zuzüglich Mehrarbeitszuschlägen, besteht in der Regel auch, wenn es **erstmals** auf dieser Position zu Überstunden kommt (vgl. **Rn. 12**) sowie bei **außerplanmäßigen** Überstunden (Rn. 13).[28]

16 Auch bei der Ermittlung der hypothetischen Überstunden, die ein BR-Mitglied nach einem hypothetischen beruflichen Aufstieg nach § 37 Abs. 4 BetrVG auf der hypothetisch erreichten Position leisten würde, kann die vom BR-Mitglied vor der Amtsübernahme **gezeigte Bereitschaft, Überstunden zu leisten**, eine Rolle spielen.

---

27 BAG 29.8.2018 – 7 AZR 206/17, Rn. 40, 42, zitiert nach juris, in der das BAG auf die üblicherweise von AN auf der höheren Position geleisteten Tätigkeiten abstellt.

28 BAG 29.6.1988 – 7 AZR 651/87, Rn. 13ff., zitiert nach juris.

Beispiel – Variante zum Ausgangsfall:
Das BR-Mitglied leistete vor der Amtsübernahme als Produktionsmitarbeiter im Team A im Durchschnitt 9 Überstunden pro Monat. Im gesamten Team A fielen im Durchschnitt vor der Amtsübernahme pro Monat 6 Überstunden pro Mitarbeiter an. Der Mitarbeiter mit den meisten Überstunden im Team A leistete pro Monat im Durchschnitt 12 Überstunden. Wenn Überstunden zu leisten sind, wurden die Mitarbeiter der Teams zunächst gefragt, ob jemand freiwillig länger bleibt. Bei den Teamleitern fallen im Durchschnitt 10 Überstunden pro Mitarbeiter an. Die Überstunden für Teamleiter entstehen insbesondere durch zusätzliche Aufgaben, die von einzelnen Teamleitern für den ganzen Betrieb wahrgenommen werden. Auch hier wird zunächst die freiwillige Bereitschaft der Teamleiter zur Übernahme dieser zusätzlichen Aufgaben erfragt.
Die meisten Überstunden leistet der Teamleiter B mit durchschnittlich 14 Überstunden pro Monat.
Seitdem davon auszugehen ist, dass das BR-Mitglied ohne die Amtsübernahme hypothetisch die Position eines Teamleiters erreicht hätte, ist für die Ermittlung der hypothetischen Überstunden entscheidend, ob und in welchem Umfang das BR-Mitglied auf dieser Position Überstunden leisten würde. Da der Umfang der Überstunden, die Teamleiter leisten, ebenso wie der Umfang der Überstunden der Produktionsmitarbeiter überwiegend von der persönlichen Bereitschaft abhängt, Überstunden zu leisten, ist für die Ermittlung der Anzahl der von dem BR-Mitglied auf der Position als Teamleiter hypothetisch geleisteten Überstunden zum einen maßgeblich, in welchem Umfang das BR-Mitglied vor seiner Amtsübernahme als Produktionsmitarbeiter Überstunden geleistet hat und in welchem Verhältnis diese zu den von seinen Kollegen erbrachten Überstunden standen, zum anderen, in welchem Umfang und in welchem Verhältnis zueinander die Teamleiter Überstunden leisten.
Um diese beiden Hilfstatsachen angemessen zu berücksichtigen und in einen sachgerechten Ausgleich zu bringen, kann für die Ermittlung der hypothetischen Überstunden wieder auf die in **Rn. 9** dargestellte Berechnungsmethode zurückgegriffen werden.

Zur Veranschaulichung folgendes Beispiel:

Beispiel – Variante zum Ausgangsfall – Fortsetzung:
Im Team A, in der das BR-Mitglied vor der Amtsübernahme als Produktionsmitarbeiter tätig war, stellten sich Umfang und Verteilung der Überstunden wie folgt dar:

Mitarbeiter	Anzahl Überstunden	Abweichung vom Durchschnitt
BR-Mitglied	9	3
Mitarbeiter A	0	6
Mitarbeiter B	6	0
Mitarbeiter C	12	6
Mitarbeiter D	3	3
Durchschnitt	6	
Standardabweichung:		3,6
Anzahl der Standardabweichungen BR-Mitglied		0,83

Bei den Teamleitern stellen sich Umfang und Verteilung der Überstunden wie folgt dar:

Teamleiter	Anzahl an Überstunden	Abweichung vom Durchschnitt
Teamleiter A	11	1
Teamleiter B	7	3
Teamleiter C	10	0
Teamleiter D	8	2
Teamleiter E	12	2
Teamleiter F	8	2
Teamleiter G	14	4
Durchschnitt	10	
Standardabweichung		2
Hypothetische Überstunden BR-Mitglied		11,67

Das BR-Mitglied hat in diesem Fall einen Anspruch auf die Vergütung von 11,67 hypothetischen Überstunden (siehe zur Erläuterung der einzelnen Rechenschritte Rn. 9).
Die Annahme, dass das BR-Mitglied, welches vor der Amtsübernahme überdurchschnittlich viele Überstunden in seiner Einheit geleistet hat, auch auf der hypothetisch erreichten Position eines Teamleiters in einem überdurchschnittlichem Umfang Überstunden leisten würde, ist naheliegend. Bei der Berechnung der konkre-

ten Anzahl der hypothetischen Überstunden ist aber auch zu berücksichtigen, wie viele Überstunden seine hypothetischen Kollegen auf der hypothetisch erreichten Position leisten. Denn dieser Umstand würde sich auf die Anzahl der vom BR-Mitglied hypothetisch geleisteten Überstunden auswirken.

Die angeregte Berechnung berücksichtigt über die Anzahl der Standardabweichungen des BR-Mitglieds sowohl das überdurchschnittliche Engagement des BR-Mitglieds vor seiner Amtsübernahme als auch mit der aktuellen Standardabweichung die aktuelle Verteilung der Überstunden in der maßgeblichen Einheit, die sich auf die Anzahl der vom BR-Mitglied hypothetisch geleisteten Überstunden auswirken würde.

Anders ist der Fall zu bewerten, wenn auf der neuen Position, die ein BR-Mitglied hypothetisch erreicht hat, die Anzahl der zu erbringenden Überstunden nicht von der Bereitschaft, Überstunden zu leisten, abhängt, sondern allein von betrieblichen Erfordernissen. In diesem Fall kann nur auf den Durchschnitt der von allen auf dieser Position tätigen AN abgestellt werden.

b) Hypothetische Karriereentwicklung nach § 78 Satz 2 BetrVG

Ein höherer Vergütungsanspruch eines BR-Mitglieds kann sich auch unter dem Gesichtspunkt einer **hypothetischen Karriereentwicklung** aus den §§ 611a Abs. 2 BGB, 78 Satz 2 BetrVG ergeben. Hätte ein BR-Mitglied, wenn es das Betriebsratsamt nicht übernommen hätte, eine bestimmte, tatsächlich existente und neu zu besetzende höhere Stelle erhalten, hat es einen Anspruch auf die Zahlung der höheren für diese Position gewährten Vergütung (vgl. hierzu Kapitel E, Rn. 14 ff.). Ein Anspruch auf die Vergütung hypothetischer Überstunden steht einem BR-Mitglied in diesem Fall zu, wenn es auf dieser konkreten, tatsächlich existenten Stelle Überstunden leisten würde und diese vergütet werden würden. Hierfür dürfte der Schluss zulässig sein, dass ein BR-Mitglied auf dieser höheren Stelle hypothetische Überstunden leisten würde, wenn der tatsächliche Inhaber dieser Beförderungsstelle Überstunden leistet. Ein Anspruch auf die Vergütung hypothetischer Überstunden, ggf. zuzüglich Mehrarbeitszuschlägen, besteht demnach, wenn der Stelleninhaber Überstunden leistet und diese vergütet werden, in der diesem gewährten Höhe. 17

Wenn sowohl der Umfang der Überstunden, die das BR-Mitglied auf seiner ursprünglichen Position vor der Amtsübernahme geleistet hat, als auch der Umfang der Überstunden des Stelleinhabers der Beförderungsposition und dessen Kollegen überwiegend von der persönlichen Bereitschaft des einzelnen AN abhängt, Überstunden zu leisten, kann für genauere Ergebnisse zur Feststellung der hypothetisch vom BR-Mitglied auf der Beförderungsstelle geleisteten Überstunden alternativ auch auf die unter Rn. 10 dargestellte Berechnungsmethode zurückgegriffen werden.

3. Pauschalierter Monatsbetrag zur Abgeltung hypothetischer Überstunden

18 Wie die obigen Ausführungen zeigen, kann insbesondere die Ermittlung der hypothetischen Überstunden, die ein nach § 38 BetrVG vollfreigestelltes BR-Mitglied leisten würde, wenn es das Betriebsratsamt nicht übernommen hätte, herausfordernd sein. Hier hilft die Rechtsprechung des BAG, nach der die Gewährung eines pauschalierten Monatsbetrags bei **vollfreigestellten BR-Mitgliedern** für die Fortzahlung der hypothetischen Vergütung bei schwankenden Bezügen zulässig sein kann. Ein solcher stellt keine versteckte nach § 78 Satz 2 BetrVG unzulässige Begünstigung dar, wenn hierbei bestimmte Anforderungen eingehalten werden:[29] Der pauschalierte Monatsbetrag muss im Wesentlichen dem Durchschnitt der tatsächlichen hypothetisch geleisteten Überstunden, ggf. zuzüglich Mehrarbeitszuschlägen, entsprechen, die das BR-Mitglied ohne die Übernahme des Betriebsratsamtes geleistet hätte. In diesem Fall ist der pauschalierte Monatsbetrag nur ein Bestandteil der dem BR-Mitglied nach § 37 Abs. 2 BetrVG fortzuzahlenden Vergütung.[30] Eine Schätzung der an das BR-Mitglied zu zahlenden Vergütung für hypothetische Überstunden ist nach den Grundsätzen des § 287 Abs. 2 ZPO zulässig, wenn die Schätzung anhand der von vergleichbaren AN geleisteten Überstunden erfolgt.[31] Die Pauschale stellt dann keine versteckte zusätzliche Vergütung dar, die nach § 78 Satz 2 BetrVG unzulässig wäre.[32] Der pauschalierte Betrag muss sich zur Vermeidung einer unzulässigen Begünstigung an dem Umfang der von den vergleichbaren AN üblicherweise erbrachten Überstunden orientieren und darf lediglich einer rechnerischen Erleichterung dienen.[33]

Die Gewährung eines solchen pauschalierten Monatsbetrags hindert ein BR-Mitglied nicht daran, ggf. einen höheren Anspruch auf die Vergütung hypothetischer Überstunden geltend zu machen. Hat ein BR-Mitglied vor der Amtsübernahme überdurchschnittlich viele Überstunden geleistet oder kommt es während der Amtsausübung zu außerplanmäßigen Überstunden, wird der genauer berechnete Anspruch auf die Vergütung hypothetischer Überstunden, ggf. zuzüglich Mehrarbeitszuschlägen, über dem pauschalierten Monatsbetrag liegen.

---

29 BAG 29.8.2018 – 7 AZR 206/17, Rn. 39, zitiert nach juris, zur Zulässigkeit eines pauschalierten Monatsbetrages für die Abgeltung hypothetisch verdienter Zuschläge.

30 BAG 29.8.2018 – 7 AZR 206/17, Rn. 39, zitiert nach juris, zur Zulässigkeit eines pauschalierten Monatsbetrages für die Abgeltung hypothetisch verdienter Zuschläge.

31 BAG 29.4.2015 – 7 AZR 123/13, Rn. 13 f., zitiert nach juris.

32 BAG 29.8.2018 – 7 AZR 206/17, Rn. 39, zitiert nach juris; zur Zulässigkeit eines pauschalierten Monatsbetrages für die Abgeltung hypothetisch verdienter Zuschläge.

33 BAG a.a.O.

4. Zeitpunkt der Vergütungsanpassung

Das hypothetisch ermittelte Gehalt eines BR-Mitglieds ist **laufend anzupassen.**[34] 19
Dies gilt auch für die Vergütung hypothetischer Überstunden. Es ist nachvollziehbar, wenn AG die konkrete Berechnung der hypothetischen Vergütung für einen längeren Zeitraum als einen einzelnen Monat durchführen möchten. Die ermittelten Beträge müssen in diesem Fall aber jedenfalls nachgezahlt werden. Ein anderes Vorgehen verstößt gegen die gesetzliche Vorgabe des § 37 Abs. 2 BetrVG, nach der BR-Mitglieder ohne Minderung des Arbeitsentgelts für die Ausübung der Betriebsratstätigkeit von ihrer beruflichen Tätigkeit zu befreien sind, und stellt eine Benachteiligung von BR-Mitgliedern nach § 78 Satz 2 BetrVG dar.

Zur Vermeidung, bzw. jedenfalls Reduzierung, eines Zinsschadens und zur Verhinderung einer daraus resultierenden Benachteiligung eines BR-Mitglieds sollten AG an ein vollfreigestelltes BR-Mitglied vorerst für jeden Monat einen geschätzten pauschalierten Betrag zur Abgeltung der hypothetischen Vergütung zahlen, die über das Grundgehalt hinausgeht (siehe Rn. 18). Die konkrete Berechnung kann dann für einen längeren Zeitraum erfolgen. Etwaige Differenzen können mit den nachfolgenden Gehaltszahlungen ausgeglichen werden.

Der Zeitraum, für den die konkrete Berechnung durchgeführt wird, darf dennoch nicht zu groß bemessen werden, damit sich ein etwaiger Zinsschaden, der einem BR-Mitglied bei einer erst nachträglich konkret berechneten hypothetischen Vergütung entstehen kann, in Grenzen hält. Ein Zeitraum von 3 Monaten dürfte hierfür als angemessen zu werten sein.

> **Tipp:**
> Wenn ein AG die konkrete Berechnung der hypothetischen Vergütung nachträglich für einen längeren Zeitraum durchführt, müssen etwaige tarif- oder arbeitsvertraglich vereinbarte **Ausschlussfristen** im Blick behalten werden. Sinnvoll ist in diesem Fall eine klare Vereinbarung zwischen BR-Mitglied und AG darüber, für welche Zeiträume die hypothetische Vergütung konkret berechnet und ggf. nachbezahlt wird. Aus dieser Vereinbarung muss sich eindeutig ergeben, dass die Ausschlussfrist für Ansprüche des BR-Mitglieds auf die über das Grundgehalt hinausgehende hypothetische Vergütung erst zu laufen beginnt, wenn die Abrechnung der hypothetischen Vergütung durchgeführt und diese ausgezahlt wird.

5. Vergütung hypothetischer Überstunden und Freizeitausgleich nach § 37 Abs. 3 BetrVG

Ein BR-Mitglied, das aus betriebsbedingten Gründen über seine reguläre Ar- 20
beitszeit hinaus Betriebsratstätigkeit verrichtet, hat grundsätzlich nach § 37 Abs. 3 BetrVG einen Anspruch auf Freizeitausgleich. Wenn ein BR-Mitglied für den **gleichen Zeitraum** allerdings bereits eine Vergütung von Überstunden erhält, entfällt der Anspruch auf Freizeitausgleich entsprechend in Höhe der er-

34 Fitting, § 37 Rn. 124.

haltenen Überstundenvergütung. Das BR-Mitglied wäre ansonsten gegenüber den anderen AN begünstigt.[35]

Beispiel 1:
Ein nach § 38 BetrVG vollfreigestelltes BR-Mitglied erhält in einem Monat als Fortzahlung seiner Vergütung nach § 37 Abs. 2 BetrVG neben der Grundvergütung die Vergütung für sechs von ihm hypothetisch geleistete Überstunden einschließlich Mehrarbeitszuschlägen. In diesem Monat hat das BR-Mitglied an insgesamt acht Stunden aus betriebsbedingten Gründen Betriebsratsarbeit außerhalb seiner regulären Arbeitszeit erbracht. Der Anspruch des BR-Mitglieds auf Freizeitausgleich nach § 37 Abs. 3 BetrVG besteht in diesem Fall nur in Höhe von zwei Stunden. Die anderen sechs Stunden zusätzliche Betriebsratsarbeit außerhalb der Arbeitszeit sind bereits durch die Vergütung der sechs Überstunden abgegolten.

Beispiel 2:
Ein nach § 37 Abs. 2 BetrVG anlassbezogen freizustellendes BR-Mitglied erhält in einem Monat neben der Grundvergütung die Vergütung für zwei hypothetisch geleistete Überstunden zuzüglich Mehrarbeitszuschlägen. Eine dieser hypothetisch geleisteten Überstunden wurde für einen Tag gewährt, an dem das BR-Mitglied für die Teilnahme an einem erforderlichen Betriebsratsseminar freigestellt war. Die andere hypothetische Überstunde wurde für einen Tag gewährt, an dem das BR-Mitglied wegen Verhandlungen mit dem AG über eine Betriebsvereinbarung zwei Stunden über seine reguläre Arbeitszeit hinaus seiner Betriebsratstätigkeit nachging.
Das BR-Mitglied hat in diesem Fall einen Anspruch auf die Vergütung von zwei hypothetischen Überstunden und einen Anspruch auf Freizeitausgleich nach § 37 Abs. 3 BetrVG in Höhe von einer Stunde. Die zweite Stunde, die das BR-Mitglied am Tag der Verhandlungen mit dem AG außerhalb seiner persönlichen Arbeitszeit Betriebsratsarbeit geleistet hat, ist bereits durch die Vergütung der einen hypothetischen Überstunde an diesem Tag abgegolten. Die verbleibende Stunde des Freizeitausgleichs für den Tag der Verhandlungen mit dem AG wird nicht durch die Vergütung für die hypothetische Überstunden während der Seminarteilnahme abgegolten. Denn diese erhält das BR-Mitglied für einen anderen Zeitraum.

II. Hypothetische Zuschläge für Nacht-, Sonn- und Feiertagsarbeit

21 Zu dem nach § 37 Abs. 2 BetrVG fortzuzahlenden Arbeitsentgelt gehören nach dem Lohnausfallprinzip neben der Grundvergütung auch die Zuschläge für Nacht-, Sonn- und Feiertagsarbeit, wenn das BR-Mitglied diese ohne die Arbeitsbefreiung zur Ausübung von Betriebsratstätigkeit verdient hätte.[36] Dies

35 DKW-Wedde, § 38 Rn. 76; Fitting, § 38 Rn. 88; GK-BetrVG/Weber, § 38 Rn. 98.
36 BAG 29.8.2018 – 7 AZR 206/17, Rn. 31, zitiert nach juris; BAG 5.4.2000 – 7 AZR 213/99, Rn. 15, zitiert nach juris; DKW-Wedde § 37 Rn. 50; Fitting, § 37 Rn. 63.

gilt für alle BR-Mitglieder unabhängig davon, ob sie nach § 38 BetrVG vollfreigestellt oder nach § 37 Abs. 2 BetrVG anlassbezogen für Betriebsratstätigkeit freizustellen sind.[37] Nur durch die Gewährung der ohne die Ausübung von Betriebsratsarbeit verdienten Zuschläge kann erreicht werden, dass ein BR-Mitglied nicht aufgrund seiner Amtsübernahme eine geringere Vergütung als vergleichbare andere AN erhält.[38]

1. Feststellung der hypothetischen Zuschläge

22 Nach herrschender Meinung soll für die Feststellung der hypothetisch von BR-Mitgliedern verdienten Zuschläge nicht darauf abgestellt werden, ob und ggf. in welchem Umfang den nach § 37 Abs. 4 BetrVG festzulegenden Vergleichsarbeitnehmern (vgl. hierzu Kapitel D, Rn. 4ff.) Zuschläge gewährt werden (vgl. zum Meinungsstand Rn. 3). Für einen Anspruch auf die Gewährung von hypothetischen Zuschlägen ist nach herrschender Meinung maßgeblich, ob das BR-Mitglied ohne die Ausübung von Betriebsratstätigkeit Arbeit zu zuschlagspflichtigen Zeiten verrichtet hätte; hierfür soll unerheblich sein, in welchem Umfang Vergleichsarbeitnehmer nach § 37 Abs. 4 BetrVG Tätigkeiten zu zuschlagspflichtigen Zeiten verrichten.[39] Während die Feststellung der hypothetisch verdienten Zuschläge bei nicht vollständig freigestellten BR-Mitgliedern keine großen Schwierigkeiten bereitet (vgl. Rn. 34ff.), kann die Feststellung solcher Zuschläge bei vollständig freigestellten BR-Mitgliedern herausfordernd sein.

a) bei nach § 38 BetrVG vollständig freigestellten BR-Mitgliedern

aa) Grundsätze

23 Ein nach § 38 BetrVG vollfreigestelltes BR-Mitglied arbeitet in der Regel weder in der Nachtschicht noch an Sonn- oder Feiertagen. Da freigestellte BR-Mitglieder ihre Betriebsratstätigkeit so einteilen können, wie es ihnen ihrer Ansicht nach zur ordnungsgemäßen Durchführung ihrer Aufgaben am besten erscheint,[40] legen sie ihre Arbeitszeit meist so, dass sie sowohl für AN aus der Früh- als auch für AN aus der Spätschicht sowie für die Vertreter des AG ansprechbar sind. Dies beinhaltet keine regelmäßige Tätigkeit in der Nacht oder an Sonn- und Feiertagen.

---

37 BAG 29.8.2018 – 7 AZR 206/17, Rn. 31, zitiert nach juris; DKW-Wedde, § 37 Rn. 50, § 38 Rn. 73; Fitting, § 37 Rn. 63, § 38 Rn. 87.

38 BAG 29.8.2018 – 7 AZR 206/17, Rn. 31, zitiert nach juris; DKW-Wedde, § 37 Rn. 50; Fitting, § 37 Rn. 57ff., § 38 Rn. 85ff.

39 BAG 29.8.2018 – 7 AZR 206/17, Rn. 40, zitiert nach juris; BAG 18.5.2016 – 7 AZR 401/14, Rn. 17ff., zitiert nach juris; BAG 7.2.1985 – 6 AZR 72/82, Rn. 22ff., zitiert nach juris; GK-BetrVG/Weber § 37 Rn. 162; GK-BetrVG/Weber § 38 Rn. 98; a. A., LAG Köln 19.12.2013, Rn. 78ff., das zur Berechnung der hypothetischen Vergütung § 37 Abs. 4 BetrVG nennt, allerdings sodann nicht auf Vergleichsarbeitnehmer im Sinne von § 37 Abs. 4 BetrVG abstellt.

40 LAG Hamm 20.3.2009 – 10 Sa 1407/08, Rn. 80, zitiert nach juris; Fitting, § 38 Rn. 78; DKW-Wedde, § 38 Rn. 67.

Auch wenn ein freigestelltes BR-Mitglied aufgrund seiner Amtstätigkeit tatsächlich keinen Nachtdienst und keine Sonntags- oder Feiertagsarbeit mehr leistet, hat es weiterhin einen Anspruch auf die Fortzahlung von Zuschlägen, sofern es diese Zuschläge erhalten würde, wenn es weiterhin arbeiten und keine Betriebsratsarbeit ausüben würde.[41] Eine andere Sichtweise würde dazu führen, dass ein BR-Mitglied, welches vor der Amtsübernahme im Schichtsystem gearbeitet hat, allein aufgrund der Übernahme des Betriebsratsamtes eine deutliche Einkommenseinbuße hinzunehmen hätte. Dies wäre weder mit dem Verbot der Benachteiligung von BR-Mitgliedern nach § 78 Satz 2 BetrVG in Einklang zu bringen, noch mit der gesetzlichen Vorgabe des § 37 Abs. 2 BetrVG, nach der BR-Mitglieder ohne Minderung des Arbeitsentgelts für die Ausübung der Betriebsratstätigkeit von ihrer beruflichen Tätigkeit zu befreien sind, welche das allgemeine Benachteiligungsverbot des § 78 Satz 2 BetrVG hinsichtlich der Vergütung konkretisiert.[42]

24 Die Feststellung, ob und in welchem konkreten Umfang ein vollfreigestelltes BR-Mitglied, wenn es keine BR-Arbeit ausüben würde, zu zuschlagspflichtigen Zeiten eingesetzt worden wäre und dementsprechend Zuschläge erhalten hätte, bereitet – der herrschenden Meinung folgend – häufig Schwierigkeiten (vgl. Rn. 3). Schließlich geht es hier um die Feststellung eines **hypothetischen Sachverhalts**. Im Regelfall kann – der herrschenden Meinung folgend – für die Feststellung der hypothetischen Zuschläge vor einem hypothetischen beruflichen Aufstieg darauf abgestellt werden, ob und in welchem Umfang die mit dem BR-Mitglied **»vergleichbaren Arbeitnehmer«** – nicht zu verwechseln mit den Vergleichsarbeitnehmern nach § 37 Abs. 4 BetrVG – im Durchschnitt zu zuschlagspflichtigen Zeiten eingesetzt werden und dementsprechend Zuschläge erhalten.[43] (Siehe zur Feststellung der hypothetischen Zuschläge nach einem hypothetischen beruflichen Aufstieg Rn. 38 ff.)

Vergleichbar in diesem Sinne sind in der Regel die **AN**, die

- in der Einheit tätig sind, in der das BR-Mitglied vor der Amtsübernahme tätig war, und
- Tätigkeiten ausüben, die mit denen des BR-Mitglieds identisch oder vergleichbar sind.

Im Regelfall hat das BR-Mitglied somit einen Anspruch auf die Gewährung von hypothetischen Zuschlägen in der Höhe des Durchschnitts der Zuschläge, die diese AN erhalten. Grundsätzlich kann nämlich davon ausgegangen werden, dass ein BR-Mitglied, wenn es weiterhin in seiner Einheit arbeiten würde, in dem Umfang zu zuschlagspflichtigen Zeiten eingesetzt werden würde, wie durchschnittlich die AN mit identischen oder vergleichbaren Tätigkeiten seiner Einheit. Bei schwankenden Bezügen ist es für die Berechnung der hypothetischen

---

41 BAG 29.8.2018 – 7 AZR 206/17, Rn. 31, 38, zitiert nach juris; BAG 5.4.2000 – 7 AZR 213/99, Rn. 15, zitiert nach juris; Fitting, § 38 Rn. 87; DKW-Wedde, § 38 Rn. 73.

42 BAG 18.5.2016 – 7 AZR 401/14, Rn. 13, zitiert nach juris; Fitting, § 37 Rn. 57.

43 BAG 29.8.2018 – 7 AZR 206/17, Rn. 39, zitiert nach juris.

Vergütung zulässig, eine Schätzung nach den Grundsätzen des § 287 Abs. 2 Zivilprozessordnung (ZPO) vorzunehmen.[44] Siehe zu den Ausnahmefällen Rn. 32f.

Dabei darf die **maßgebliche Einheit nicht zu groß** bemessen werden. Wenn innerhalb einer Abteilung in verschiedenen Einheiten in unterschiedlichem Umfang Tätigkeiten zu zuschlagspflichten Zeiten auszuüben sind, ist nicht auf die gesamte Abteilung abzustellen, sondern auf die Einheit, in der das BR-Mitglied vor der Amtsübernahme tätig war. Auf diese Weise kann zutreffend ermittelt werden, in welcher Höhe das BR-Mitglied Zuschläge erhalten hätte, wenn es das Betriebsratsamt nicht übernommen hätte, sondern weiterhin in seiner Einheit tätig wäre. Nur so kann die nach § 37 Abs. 2 BetrVG fortzuzahlende Vergütung zutreffend berechnet werden. 25

> **Beispiel:**
> In einem Produktionsbetrieb wird in einigen Bereichen im Vollkonti-System (Vollkontinuierliches Schichtsystem; ein Schichtmodell, bei dem Sieben Tage in der Woche 24 Stunden lang ununterbrochen gearbeitet wird) gearbeitet, in anderen Bereichen fällt weder Nacht- noch Wochenendarbeit an. Bei einem BR-Mitglied, das vor der Amtsübernahme im Vollkonti-System tätig war, darf für die Ermittlung der hypothetisch verdienten Zuschläge nicht auf alle Produktionsmitarbeiter des Betriebs abgestellt werden, sondern nur darauf, in welchem Umfang die Kollegen mit identischen oder vergleichbaren Tätigkeiten aus seinem früheren Bereich zu zuschlagspflichtigen Zeiten eingesetzt werden.

Sollte sich die Einheit, in der ein vollfreigestelltes BR-Mitglied vor der Amtsübernahme tätig war, vor einem hypothetischen beruflichen Aufstieg auf Grund einer Umstrukturierung auflösen, muss zur Feststellung der hypothetischen Zuschläge auf die nächstgrößere noch bestehende Einheit abgestellt werden; also z.B. auf eine Abteilung an Stelle eines aufgelösten Teams oder auf den ganzen Betrieb an Stelle einer aufgelösten Abteilung.

bb) Einzelfälle

In bestimmten Einzelfällen kann – der herrschenden Meinung weiter folgend – ein Abweichen von dem unter Rn. 24 dargestellten Regelfall geboten sein. 26

Hier werden die in der Praxis relevantesten Einzelfälle mit Lösungsvorschlägen vorgestellt:

Ein vollfreigestelltes BR-Mitglied, das vor der Amtsübernahme im **überdurchschnittlichen Umfang Tätigkeiten zu zuschlagspflichtigen Zeiten** ausgeübt hat, muss sich nicht damit begnügen, während der Amtszeit nur hypothetische Zuschläge in Höhe der in seiner Einheit im Durchschnitt gewährten Zuschläge zu erhalten.

Jedenfalls solange sich der Umfang, der in der maßgeblichen Einheit insgesamt zu erbringenden Tätigkeiten zu zuschlagspflichtigen Zeiten nicht ändert – also beispielsweise keine Nachtschichten gestrichen werden oder hinzukommen –, kann zur Ermittlung der vom BR-Mitglied hypothetisch verdienten Zuschläge

44 BAG 29.4.2015 – 7 AZR 123/13, Rn. 14, zitiert nach juris.

eine »**Zuschlagsquote**« gebildet werden, um den überdurchschnittlichen Einsatz des BR-Mitglieds angemessen zu berücksichtigen.[45]

> **Beispiel:**
> In der Einheit X, in der das BR-Mitglied vor der Amtsübernahme tätig war, übernehmen die Mitarbeiter – sowohl vor als auch nach der Amtsübernahme – im Durchschnitt pro Monat 6 Nachtdienste à 8 Stunden. Die hierfür ausgezahlten Zuschläge betragen im Monat im Durchschnitt 220,00 Euro. Das BR-Mitglied hat vor der Übernahme des Betriebsratsamtes im Durchschnitt 8 Nachtdienste im Monat übernommen, da es überdurchschnittlich häufig für einen erkrankten Kollegen eingesprungen ist. Es erhielt hierfür im Durchschnitt monatliche Zuschläge in Höhe von 295,00 Euro und damit 1,34mal so viel wie der Durchschnitt der Zuschläge. Die »Zuschlagsquote« des BR-Mitglieds liegt somit bei 1,34 (295 geteilt durch 220).
> In dem Jahr nach der Amtsübernahme erhalten die Mitarbeiter in der Einheit X im Durchschnitt Zuschläge in Höhe von 230,00 Euro pro Monat. Es ist davon auszugehen, dass das BR-Mitglied, wenn es das Betriebsratsamt nicht übernommen hätte, in diesem Jahr Zuschläge in Höhe von 308,20 Euro pro Monat verdient hätte. Dies entspricht dem 1,34fachen Wert der durchschnittlichen monatlichen Zuschläge in Höhe von nunmehr 230,00 Euro.
> Da der Umfang der zu zuschlagspflichtigen Zeiten geleisteten Arbeit hier – wie häufig – von der persönlichen Bereitschaft des einzelnen Mitarbeiters abhängt, ist die Annahme gerechtfertigt, dass das BR-Mitglied, wenn es das Amt nicht übernommen hätte, sondern weiter seine Arbeitsleistung erbringen würde, weiterhin in überdurchschnittlichem Umfang Nachdienste übernommen hätte. Es hätte daher Zuschläge in überdurchschnittlicher Höhe erhalten, und zwar entsprechend seiner »Zuschlagsquote« in Höhe von 1,34.

Eine Ermittlung der hypothetisch verdienten Zuschläge anhand dieser »Zuschlagsquote« ist ebenfalls geboten, wenn ein vollfreigestelltes BR-Mitglied vor der Amtsübernahme in seiner Einheit die höchsten Zuschläge erhalten hat.[46] Auch nach der Rechtsprechung des BAG kann ein Abstellen auf ausschließlich in der Vergangenheit liegende Umstände – hier das Verhältnis der Anzahl der vor der Amtsübernahme vom BR-Mitglied im Durchschnitt übernommenen Nachtdienste und der hierfür gewährten Zuschläge zu dem Durchschnitt der übernommenen Nachtdienste und hierfür gewährten Zuschläge – zur Feststellung

45 Alternativ kann nach BAG 29.6.1988 – 7 AZR 651/87, Rn. 16, zitiert nach juris und BAG 7.2.1985 – 6 AZR 72/82, Rn. 23, zitiert nach juris, auf die von maßgeblichen AN (vgl. Rn. 5) in überdurchschnittlichem Umfang zu zuschlagspflichtigen Zeiten erbrachten Tätigkeiten als maßgebliche Hilfstatsache abgestellt werden, wenn ein BR-Mitglied vor seiner Amtsübernahme in vergleichbarem überdurchschnittlichem Umfang wie diese zu zuschlagspflichtigen Zeiten tätig war; dieses Vorgehen ist indes deutlich aufwendiger.

46 In diesem Fall fehlt es an maßgeblichen AN (vgl. Rn. 5), die in vergleichbarem Umfang wie das BR-Mitglied vor der Amtsübernahme Tätigkeiten zu zuschlagspflichtigen Zeiten geleistet haben und weiterhin leisten, so dass nur die vom BR-Mitglied selbst zu solchen Zeiten erbrachten Tätigkeiten als maßgebliche Hilfstatsache herangezogen werden können.

eines hypothetischen Sachverhalts – hier dem Umfang der ohne die Amtsübernahme hypothetisch geleisteten Nachtdienste – zulässig sein.[47]
Es bietet sich für die Ermittlung der »Zuschlagsquote« eines BR-Mitglieds an, einen Zeitraum von einem Jahr zugrunde zu legen. Dies gilt insbesondere, wenn in einem Betrieb Tätigkeiten zu zuschlagspflichtigen Zeiten wegen saisonbedingter Auftragsspitzen in unterschiedlichem Umfang anfallen.

Wenn der **Umfang** der in der Einheit des BR-Mitglieds insgesamt zu erbringenden Tätigkeiten zu zuschlagspflichtigen Zeiten **steigt oder sinkt**, ist in der Regel auf den Durchschnitt der von den maßgeblichen AN (siehe Rn. 24) nunmehr erbrachten Tätigkeiten zu solchen Zeiten abzustellen. Auch in diesem Fall muss ein BR-Mitglied, das vor der Amtsübernahme in überdurchschnittlichem Umfang Tätigkeiten zu zuschlagspflichtigen Zeiten erbracht hat, sich hiermit allerdings nicht begnügen. Ein Abstellen auf die »Zuschlagsquote« ist allerdings nicht immer sachgerecht, wenn sich der Umfang, der in der Einheit insgesamt zu erbringenden Tätigkeiten zu zuschlagspflichtigen Zeiten erheblich ändert, etwa, weil weitere Nachtdienste eingeführt werden. Denn für die Frage, in welchem Umfang ein AN Tätigkeiten zu zuschlagspflichtigen Zeiten übernimmt, ist stets auch entscheidend, in welchem Gesamtumfang Tätigkeiten zu solchen Zeiten anfallen, sowie in welchem Umfang die einzelnen Kollegen diese Tätigkeiten übernehmen. So wird ein AN bei einer höheren Anzahl verpflichtender Nachtdienste voraussichtlich weniger dazu bereit sein, über das geforderte Maß hinaus Nachtdienste von Kollegen zu übernehmen. Bei einer Ermittlung anhand der »Zuschlagsquote« bleiben die Faktoren »Gesamtumfang an zuschlagspflichtigen Zeiten« und »Verteilung dieser Zeiten auf die anderen Arbeitnehmer« unberücksichtigt, sobald sich der Gesamtumfang solcher Zeiten erheblich ändert. 27
Die Ermittlung der hypothetisch vom BR-Mitglied verdienten Zuschläge ist im Fall eines erheblich geänderten Umfangs der insgesamt zu erbringenden Tätigkeiten zu zuschlagspflichtigen Zeiten bei **vollfreigestellten BR-Mitgliedern** daher komplizierter und aufwendiger als bei im Wesentlichen gleichbleibendem Umfang solcher Tätigkeiten, sofern ein BR-Mitglied die Vergütung von hypothetischen Zuschlägen in überdurchschnittlichem Umfang geltend machen will (für einen weniger genauen, dafür aber deutlich praktikableren Weg siehe Rn. 29; für das Vorgehen bei einer Geltendmachung hypothetischer Zuschläge im durchschnittlichen Umfang siehe Rn. 27).
Gibt es maßgebliche AN (vgl. Rn. 5), die vor der Änderung der Umstände – z. B. durch die Einführung weiterer Nachtdienste – im vergleichbaren Umfang wie das BR-Mitglied vor der Amtsübernahme Nachtdienste übernommen haben, kann für die Ermittlung der hypothetisch verdienten Zuschläge auf die von diesen AN verdienten Zuschläge abgestellt werden.
Hilfstatsachen, die den Schluss auf hypothetisch verdiente Zuschläge zulassen, liegen nach der Rechtsprechung des BAG nämlich u. a. dann vor, wenn das BR-Mitglied vor der Freistellung zur Ausübung von Betriebsratsarbeit in ähnlichem

47 BAG 3.12.1997 – 7 AZR 490/93, Rn. 15, zitiert nach juris; BAG 29.6.1988 – 7 AZR 651/87, Rn. 16, zitiert nach juris.

Umfang wie andere mit ihm vergleichbare AN Tätigkeiten zu zuschlagspflichtigen Zeiten erbracht hat und diese AN solche Tätigkeiten während der Ausübung von Betriebsratsarbeit tatsächlich leisten.[48] Das BR-Mitglied hat in diesem Fall einen Anspruch auf die Gewährung von Zuschlägen in der Höhe des Durchschnitts der Zuschläge, die diese AN verdienen.
Sollte sich bei einem AN die Anzahl der übernommenen Nachtdienste aus persönlichen Gründen verringern – z. B. weil ein AN schwanger wird und nicht mehr in der Nacht eingesetzt werden darf – kann zur Feststellung, in welchem Umfang das BR-Mitglied zu solchen Zeiten tätig geworden wäre, nicht mehr auf die von diesem AN erbrachten Tätigkeiten abgestellt werden.

Beispiel:
In der Einheit X, in der das BR-Mitglied vor der Amtsübernahme tätig war, übernahmen die Mitarbeiter vor der Amtsübernahme im Durchschnitt 6 Nachtdienste à 8 Stunden pro Monat. Das BR-Mitglied hat vor der Übernahme des Betriebsratsamtes im Durchschnitt 8 Nachtdienste à 8 Stunden pro Monat übernommen. Sein Kollege A kam im Durchschnitt auf 8,5 Nachtdienste pro Monat, der Kollege B auf 7,5 Nachtdienste, jeweils à 8 Stunden.
Einige Monate nach der Amtsübernahme führt der AG weitere Nachtdienste auch am Wochenende ein. Die Mitarbeiter übernehmen nun im Durchschnitt 8 Nachtdienste à 8 Stunden. Der Kollege A kommt nun auf durchschnittlich 9 Nachtdienste pro Monat, der Kollege B auf 10 Nachtdienste.
Das BR-Mitglied hat nunmehr einen Anspruch auf die Gewährung von Zuschlägen für 9,5 Nachtdienste pro Monat à 8 Stunden. Es kann davon ausgegangen werden, dass das BR-Mitglied auch bei der Einführung weitere Nachtdienste weiterhin in überdurchschnittlichem Maße Nachtdienste übernimmt. Betreffend den genauen Umfang ist darauf abzustellen, wie viele Nachtdienste die Kollegen A und B nun unter den geänderten Umständen im Durchschnitt übernehmen, da diese in vergleichbarem Umfang wie das BR-Mitglied vor seiner Amtsübernahme Nachtdienste übernommen haben.

28 Alternativ zu der in Rn. 27 dargestellten Vorgehensweise zur Ermittlung hypothetisch verdienter Zuschläge bei einer Änderung des Umfangs der Tätigkeiten zu zuschlagspflichtigen Zeiten können die hypothetisch vom BR-Mitglied verdienten Zuschläge mit einer bestimmten **Berechnungsmethode** ermittelt werden, die sowohl auf den Umfang, der vom BR-Mitglied vor der Amtsübername erbrachten Tätigkeiten zu solchen Zeiten, abstellt, als auch darauf, in welchem Verhältnis dieser zu den von den Kollegen zu zuschlagspflichtigen Zeiten erbrachten Tätigkeiten stand, also auch unter Einbezug der aktuellen Entwicklung. Diese Berechnungsmethode wird unter Rn. 9 am Beispiel von hypothetischen Überstunden im Einzelnen erläutert.

29 Die in den Rn. 27 und 28 dargestellten Möglichkeiten zur Ermittlung der hypothetisch verdienten Zuschläge für vollfreigestellte BR-Mitglieder bei einer

48 BAG 29. 6. 1988 – 7 AZR 651/87, Rn. 13 ff, zitiert nach juris; BAG 7. 2. 1985 – 6 AZR 72/82, Rn. 23, zitiert nach juris.

erheblichen Änderung des Gesamtumfangs der zu zuschlagspflichtigen Zeiten anfallenden Tätigkeiten sind recht kompliziert und aufwendig. Häufig wird auch in solchen Fällen mittels einer »Zuschlagsquote« (vgl. **Rn. 26**) noch ein sachgerechtes Ergebnis erreicht werden können, sofern sich der Umfang der zu zuschlagspflichtigen Zeiten anfallenden Tätigkeiten nicht drastisch ändert, sich z. B. verdoppelt. Eine Ermittlung der hypothetischen Zuschläge anhand der »Zuschlagsquote« hat den großen Vorteil, dass diese Berechnungsmethode in der Praxis relativ leicht umsetzbar ist.

Auch wenn ein nach § 38 BetrVG vollfreigestelltes BR-Mitglied vor seiner Amts- 30
übernahme keine Tätigkeiten zu zuschlagspflichtigen Zeiten geleistet hat, kommt die Gewährung hypothetischer Zuschläge während der Zeit der Ausübung des Betriebsratsamts in Betracht. Hiervon ist auszugehen, wenn ein AG erst in der Zeit nach der Übernahme des Betriebsratsamtes die maßgeblichen AN (siehe Rn. 24) zu zuschlagspflichtigen Zeiten heranzieht, z. B. weil nach der Amtsübernahme im Betrieb für diese AN **erstmalig** eine Nachtschicht eingeführt wird.

In diesem Fall ist in der Regel die Annahme gerechtfertigt, dass auch das BR-Mitglied Tätigkeiten zu zuschlagspflichtigen Zeiten geleistet hätte, wenn es das Betriebsratsamt nicht übernommen hätte, sondern weiterhin in dieser Einheit tätig wäre. Das BR-Mitglied hat in diesem Fall in der Regel einen Anspruch auf die Gewährung des Durchschnitts der Zuschläge, die den maßgeblichen AN (siehe Rn. 24) gewährt werden. Da in diesem Fall für die Ermittlung des Umfangs der hypothetischen Tätigkeiten zu zuschlagspflichtigen Zeiten nicht darauf abgestellt werden kann, in welchem Umfang das BR-Mitglied vor seiner Amtsübernahme Tätigkeiten zu zuschlagspflichtigen Zeiten erbracht hat, kann in dieser Fallkonstellation nur auf den Durchschnitt der allen maßgeblichen AN (siehe Rn. 24) gewährten Zuschläge abgestellt werden.

Der Anspruch eines BR-Mitglieds auf die Gewährung hypothetisch verdienter 31
Zuschläge, ist nicht auf die Gewährung von Zuschlägen für regelmäßig anfallende Tätigkeiten zu zuschlagspflichtigen Zeiten begrenzt.[49] Es ist allein maßgeblich, ob das BR-Mitglied ohne die Amtsübernahme Tätigkeiten zu zuschlagspflichtigen Zeiten geleistet hätte.[50] Nur so kann der Zweck der gesetzlichen Lohnfortzahlungsbestimmung des BetrVG, die Bereitschaft des AN zur Übernahme betriebsverfassungsrechtlicher Ämter zu fördern, erreicht werden (vgl. Rn. 2).[51] Die Ermittlung der Höhe der hypothetisch verdienten Zuschläge erfolgt entweder über die »Zuschlagsquote« (vgl. **Rn. 26**) oder – im Fall einer erheblichen Änderung des Umfangs der zu zuschlagspflichtigen Zeiten zu erbringenden Tätigkeiten – nach den Ausführungen in den Rn. 27 f. hierzu.

cc) Ausnahmefälle

In bestimmten Ausnahmefällen kann – weiter der herrschenden Meinung (vgl. 32
Rn. 3) folgend – wegen einer **besonderen persönlichen Situation** des BR-Mit-

49 BAG 29.6.1988 – 7 AZR 651/87, Rn. 13 ff, zitiert nach juris; Fitting, § 37 Rn. 63.
50 BAG 29.6.1988 – 7 AZR 651/87, Rn. 13 ff, zitiert nach juris; Fitting, § 37 Rn. 63.
51 BAG, a. a. O., Rn. 15, zitiert nach juris.

glieds für die Feststellung etwaiger vom BR-Mitglied zu zuschlagspflichtigen Zeiten erbrachter Tätigkeiten nicht darauf abgestellt werden, ob und in welchem Umfang die maßgeblichen AN (siehe Rn. 24) zu solchen Zeiten eingesetzt werden; jedenfalls nicht ohne weiteres.

> **Beispiel:**
> Ein BR-Mitglied konnte vor der Amtsübernahme aus gesundheitlichen Gründen nur in der Früh- und nicht in der Spätschicht eingesetzt werden. Nach der Amtsübernahme wird eine Nachtschicht eingeführt, mit der Folge, dass erstmals Tätigkeiten zu zuschlagspflichtigen Zeiten anfallen. In diesem Fall kann nicht ohne weiteres davon ausgegangen werden, dass das BR-Mitglied, wenn es das Amt nicht übernommen hätte, nunmehr zu zuschlagspflichtigen Zeiten tätig sein würde und somit einen Anspruch auf die Gewährung von Zuschlägen hätte. In einer solchen Konstellation müsste ein BR-Mitglied darlegen, dass sich sein Gesundheitszustand derart verbessert hat, dass es zu einer Tätigkeit in der Nachtschicht nunmehr in der Lage wäre.[52]

33 Wenn in einem Betrieb der **Schichtbetrieb entfällt**, hat ein BR-Mitglied, das vor der Amtsübernahme im Schichtbetrieb tätig war und dementsprechend Schichtzuschläge erhalten hat, keinen Anspruch mehr auf die weitere Gewährung dieser Zuschläge.[53] Denn in diesem Fall würde das BR-Mitglied auch ohne die Amtsausführung keine Schichtzuschläge mehr erhalten. Nicht die Betriebsratstätigkeit ist ursächlich für den Wegfall der Schichtzuschläge, sondern die Einstellung des Schichtbetriebs. Würde ein BR-Mitglied in dieser Situation im Gegensatz zu anderen vergleichbaren AN, für die die Schichtzuschläge wegen der Einstellung des Schichtbetriebs entfallen, weiterhin Schichtzuschläge erhalten, wäre dies als eine nach § 78 Satz 2 BetrVG unzulässige Begünstigung des BR-Mitglieds zu werten.[54]

b) bei nicht vollständig freigestellten BR-Mitgliedern

34 Selbstredend haben auch BR-Mitglieder, die anlassbezogen nach § 37 Abs. 2 BetrVG für erforderliche Betriebsratsarbeit freizustellen sind oder über eine Teilfreistellung nach § 38 BetrVG verfügen, nach dem Lohnausfallprinzip einen Anspruch auf die Gewährung der Zuschläge, die sie verdient hätten, wenn sie keine Betriebsratsarbeit ausgeübt, sondern gearbeitet hätten.[55] Es kommt hierbei nicht darauf an, dass derartige Zuschläge regelmäßig anfallen. Entscheidend ist,

52 BAG 7.2.1985 – 6 AZR 72/82, Rn. 23, zitiert nach juris, nach dem ein BR-Mitglied, wenn es eine überdurchschnittliche Vergütung geltend machen will, zusätzlich Hilfstatsachen dafür darlegen müsste, dass es – abgesehen von einer gesundheitlichen Beeinträchtigung – in überdurchschnittlichem Umfang Leistungen erbracht hätte.

53 LAG Baden-Württemberg 17.9.2019 – 19 Sa 15/19, Rn. 57, zitiert nach juris.

54 LAG Baden-Württemberg 17.9.2019 – 19 Sa 15/19, Rn. 57, zitiert nach juris.

55 BAG 29.8.2018 – 7 AZR 206/17, Rn. 31, zitiert nach juris; DKW-Wedde, § 37 Rn. 50; Fitting, § 37 Rn. 63.

dass sie bei hypothetischer Betrachtung während der Arbeitsbefreiung angefallen wären.[56]

Wenn ein BR-Mitglied während seiner Nachtschicht oder während des Arbeitseinsatzes an einem Sonn- oder Feiertag Betriebsratsarbeit ausübt, liegt es auf der Hand, dass das BR-Mitglied für diese Zeit neben der Grundvergütung auch einen Anspruch auf die Zuschläge hat, die es für diese Zeit bekäme, wenn es arbeiten würde.

Darüber hinaus kann ein BR-Mitglied auch dann einen Anspruch auf die Gewährung von Zuschlägen haben, wenn es tatsächlich weder in der Nacht noch an Sonn- oder Feiertagen Betriebsratsarbeit ausgeübt hat. 35

Beispiel 1:
Ein BR-Mitglied, das im Schichtsystem arbeitet, ist für die Teilnahme an einem erforderlichen, einwöchigen Betriebsratsseminar freigestellt. In dieser Woche hätte das BR-Mitglied, wenn es nicht an dem BR-Seminar teilnehmen würde, in der Nachtschicht gearbeitet.
Das BR-Mitglied hat für die Zeit der Schulungsteilnahme einen Anspruch auf die Grundvergütung zuzüglich Zuschläge für die Nachtarbeit. Denn diese Vergütung hätte es ohne die Teilnahme an dem Betriebsratsseminar erhalten.

Beispiel 2:
Ein BR-Mitglied ist für eine Nachtschicht von 22.00 Uhr bis 06.00 Uhr eingeteilt. Am Folgetag findet um 13 Uhr eine Betriebsratssitzung statt. Das BR-Mitglied stellt seine Arbeit um 02.30 Uhr ein, um ausreichend ausgeruht an dieser Betriebsratssitzung teilnehmen zu können. Das BR-Mitglied hat für die Zeit von 02.30 Uhr bis 06.00 Uhr einen Anspruch auf seine Vergütung einschließlich Nachtzuschlag.
Nach § 37 Abs. 2 BetrVG sind BR-Mitglieder nämlich auch dann von ihrer beruflichen Tätigkeit ohne Minderung des Arbeitsentgelts zu befreien, wenn eine außerhalb der Arbeitszeit liegende erforderliche Betriebsratstätigkeit – im Beispielsfall die Betriebsratssitzung um 13 Uhr – die Arbeitsleistung unmöglich oder unzumutbar macht.[57] Auch in diesem Fall ist der Anspruch des BR-Mitglieds nicht auf die Zahlung der Grundvergütung beschränkt. Entscheidend ist vielmehr, welche Vergütungsbestandteile das BR-Mitglied erhalten hätte, wenn es keine Betriebsratsarbeit geleistet hätte. Das BR-Mitglied hätte ohne die Arbeitsbefreiung bis 06.00 Uhr in der Nachtschicht gearbeitet und für diese Tätigkeit neben der Grundvergütung auch Nachtzuschläge erhalten. Nur diese hypothetische Betrachtung kann das BR-Mitglied vor monetären Nachteilen infolge seiner Amtsführung bewahren.

Wenn ein BR-Mitglied nach § 37 Abs. 2 BetrVG für einen längeren Zeitraum 36
am Stück freigestellt wird, z. B. für Interessenausgleichs- und Sozialplanverhandlungen über eine von dem AG beabsichtigte Betriebsänderung, gelten zur Feststellung und Berechnung der hypothetischen Zuschläge, die dem BR-Mitglied

56 Fitting, § 37 Rn. 63; BAG 29.6.1988 – 7 AZR 651/87, Rn. 13ff., zitiert nach juris.
57 BAG 18.5.2016 – 7 AZR 401/14, Rn. 16, zitiert nach juris; Fitting, § 37 Rn. 63; GK-BetrVG/Weber, § 37 Rn. 76.

in diesem Zeitraum zu gewähren sind, die Grundsätze für nach § 38 BetrVG vollfreigestellte BR-Mitglieder entsprechend (vgl. **Rn. 23–33**).

2. Zuschläge bei Verschiebung der Arbeitszeit anlässlich der Betriebsratstätigkeit

37 Nach herrschender Meinung soll ein Anspruch auf Zuschläge entfallen, wenn ein teilfreigestelltes BR-Mitglied, das vor der Amtsübernahme zu zuschlagspflichtigen Zeiten Tätigkeiten erbracht hat, mit dem AG anlässlich seiner Amtsübernahme eine Änderung der Arbeitszeit auf einen Zeitraum beschließt, in den keine zuschlagspflichtigen Zeiten fallen.[58] Zur Begründung wird angeführt, der Verlust des Zuschlags beruhe in diesem Fall nicht auf der Freistellung für Betriebsratsarbeit, sondern auf der im Einvernehmen mit dem BR-Mitglied vorgenommenen Verschiebung dessen Arbeitszeit. Eine Benachteiligung des BR-Mitglieds wegen seiner Betriebsratstätigkeit nach § 78 Satz 2 BetrVG will die herrschende Meinung hier nicht erkennen. Die Nichtgewährung der Nachtarbeitszuschläge soll dadurch gerechtfertigt sein, dass das BR-Mitglied infolge der einvernehmlichen Verschiebung seiner Arbeitszeit keine Nachtarbeit mehr leistet. Es sei, so das BAG, somit nicht den Erschwernissen unterworfen, welche durch die Gewährung der Nachtarbeitszuschläge kompensiert werden sollen.[59]
Diese Auffassung kann nicht überzeugen.[60] Entscheidend ist, dass das BR-Mitglied seinen Arbeitsbeginn, anlässlich der Amtsübernahme, in die nicht zuschlagspflichtige Zeit verschoben hat, um den AN eine bessere Kontaktaufnahmemöglichkeit zu bieten.[61] Dies wird in dem der Entscheidung des BAG zugrunde liegenden Sachverhalt explizit festgehalten.[62] Nur die Betriebsratstätigkeit war somit ursächlich für die Veränderung der Arbeitszeit. Aus den gesetzlichen Regelungen in § 37 Abs. 2, Abs. 4 und § 78 Satz 2 (Verbot der Benachteiligung wegen der Betriebsratstätigkeit) ist abzuleiten, dass die BR-Mitglieder u. a. bei ihrer Vergütung nicht schlechter gestellt werden dürfen als sie stehen würden, wenn sie das Betriebsratsamt nicht übernommen hätten (vgl. hierzu Kapitel B. § 37 BetrVG und § 78 BetrVG – zwei Anspruchsgrundlagen, Rn. 1). Da das BR-Mitglied die Zuschläge nach dem Lohnausfallprinzip weiterhin erhalten hätte, wenn es das Betriebsratsamt nicht übernommen und aus diesem Grund nicht seine Arbeitszeit verändert hätte, hat das BR-Mitglied entgegen der herrschenden Meinung weiterhin einen Anspruch auf Gewährung der Zuschläge. Hinzu kommt, dass es auch nach der Rechtsprechung des BAG für den Erhalt von Zuschlägen gerade nicht erforderlich ist, dass ein BR-Mitglied seiner Amtstätigkeit

---

58 BAG 18.5.2016 – 7 AZR 401/14, Rn. 16, zitiert nach juris; Fitting, § 37 Rn. 63; GK-BetrVG/Weber, § 37 Rn. 76.

59 BAG 18.5.2016 – 7 AZR 401/14, Rn. 23, zitiert nach juris.

60 Jacobs, NZA 2019, 1606 (1607); im Ergebnis zutreffend LAG Köln 19.12.2013 – 12 Sa 682/13 (Vorinstanz), Rn. 75, zitiert nach juris.

61 Jacobs, a.a.O.

62 BAG 18.5.2016 – 7 AZR 401/14, Rn. 4, zitiert nach juris.

zu ungünstigen Zeiten nachgeht, welche eine Erschwernis der Arbeit bedeuten und Zuschläge auslösen.[63]

> **Tipp:**
> **Vollfreigestellte BR-Mitglieder** sollten keine Vereinbarung mit dem AG über eine Verschiebung ihrer Arbeitszeit anlässlich der Betriebsratstätigkeit treffen. Da sie ihre Betriebsratstätigkeit auch ohne eine entsprechende Vereinbarung so einteilen können, wie es ihnen ihrer Ansicht nach zur ordnungsgemäßen Durchführung ihrer Aufgaben am besten erscheint,[64] besteht hierfür kein Bedarf. Auch ohne eine entsprechende Vereinbarung sind BR-Mitglieder, die zuvor im Schichtsystem gearbeitet haben, für die Ausübung ihrer Betriebsratstätigkeit nicht an das Schichtsystem gebunden. Bei einer Vereinbarung zur Verschiebung der Arbeitszeit besteht dagegen das Risiko, dass die weitere Gewährung von Zuschlägen mit der (unzutreffenden) Begründung angezweifelt wird, der Grund für den Verlust der Zuschläge sei die Verschiebung der Arbeitszeit und nicht allein die Betriebsratstätigkeit.
> Für **nicht vollständig freigestellte BR-Mitglieder** hat die Vereinbarung einer Verschiebung der Arbeitszeit anlässlich der Betriebsratstätigkeit Vorteile. Ohne eine solche Vereinbarung sind sie für die Zeit, in der sie ihrer Arbeit nachgehen, weiter an das Schichtsystem gebunden. Dies kann zu einer geringeren Präsenz des BR-Mitglieds in der Belegschaft führen. Teilfreigestellte BR-Mitglieder sollten sich aber dessen bewusst sein, dass sie bei einer Verschiebung ihrer Arbeitszeit auf einen Zeitraum, in den keine zuschlagspflichtigen Zeiten fallen, nach der zu kritisierenden, aber herrschenden Meinung, keinen Anspruch mehr auf die Gewährung von Zuschlägen haben.

3. Hypothetische Zuschläge nach einem hypothetischen beruflichen Aufstieg

a) Hypothetischer beruflicher Aufstieg nach § 37 Abs. 4 BetrVG

Nach § 37 Abs. 4 BetrVG darf das Arbeitsentgelt von Mitgliedern des BR nicht geringer bemessen werden als das Arbeitsentgelt vergleichbarer AN mit betriebsüblicher beruflicher Entwicklung (vgl. hierzu Kapitel D, Rn. 4ff.). **38**

Für die Beurteilung, ob und in welcher Höhe einem BR-Mitglied nach einem hypothetischen beruflichen Aufstieg Zuschläge für die Erschwernis der Arbeit zu ungünstigen Zeiten zu zahlen sind, ist entscheidend, ob das BR-Mitglied diese Zuschläge mit der Tätigkeit erzielen würde, in die es – ohne Übernahme des Betriebsratsamts – nach § 37 Abs. 4 BetrVG zwischenzeitlich aufgestiegen wäre.[65] Hierfür ist nach herrschender Meinung nicht maßgeblich, ob und in welcher Höhe die Vergleichsarbeitnehmer nach § 37 Abs. 4 BetrVG (vgl. hierzu Kapitel D, Rn. 4ff.) mit ihrer Tätigkeit Zuschläge erzielen, sondern ob das BR-Mitglied ohne die Ausübung von Betriebsratstätigkeit zu zuschlagspflichtigen

63 BAG 29.8.2018 – 7 AZR 206/17, Rn. 38, zitiert nach juris zu der Rechtslage für ein vollfreigestelltes Betriebsratsmitglied.

64 LAG Hamm 20.3.2009 – 10 Sa 1407/08, Rn. 80; Fitting, § 38 Rn. 78; DKW-Wedde, § 38 Rn. 67.

65 BAG 29.8.2018 – 7 AZR 206/17, Rn. 40, zitiert nach juris.

Zeiten tätig werden würde (vgl. Rn. 3 zum Meinungsstand).[66] Im Regelfall ist hierfür darauf abzustellen, in welchem Umfang sämtliche Mitarbeiter, die die hypothetisch erreichte Position innehaben, im Durchschnitt Tätigkeiten zu zuschlagspflichtigen Zeiten erbringen.[67]

Sofern weiterhin Zuschläge gewährt werden, führt die erfolgte Steigerung des Arbeitsentgelts vergleichbarer AN meist auch zu einer Steigerung der gewährten Zuschläge, da Zuschläge in der Regel einen bestimmten Prozentsatz des Grundgehalts betragen. Das gebotene Abstellen auf die hypothetisch erreichte Position kann allerdings dazu führen, dass ein BR-Mitglied, welches vor der Amtsübernahme regelmäßig Zuschläge erhalten hat, nach einem hypothetischen beruflichen Aufstieg weniger oder gar keine hypothetischen Zuschläge mehr erhält; wohl aber ein höheres Gehalt.

Beispiel – Ausgangsfall:

Ein BR-Mitglied war vor seiner Amtsübernahme als Produktionsmitarbeiter im Schichtbetrieb tätig und hat daher regelmäßig Zuschläge erhalten. Zwischenzeitlich sind drei der vier zum Zeitpunkt der Amtsübernahme für das BR-Mitglied festgelegten Vergleichsarbeitnehmer nach § 37 Abs. 4 BetrVG auf die Position Aufgabenleiter aufgestiegen, mit der Folge, dass das BR-Mitglied nun einen Anspruch auf das Gehalt eines Aufgabenleiters hat (vgl. hierzu Kapitel D, Rn. 4ff.). Insgesamt sind im Betrieb sieben Aufgabenleiter tätig. Die Aufgabenleiter arbeiten nicht dauerhaft im Schichtbetrieb, erbringen aber manchmal außerplanmäßig Tätigkeiten zu zuschlagspflichtigen Zeiten. Einer der zum Aufgabenleiter aufgestiegenen Vergleichsarbeitnehmer erbringt deutlich weniger Tätigkeiten zu zuschlagspflichtigen Zeiten als die anderen sechs Aufgabenleiter.

Für die Feststellung, ob dem BR-Mitglied ohne die Amtsübernahme Zuschläge gewährt werden würden, ist nunmehr entscheidend, ob das BR-Mitglied auf der von ihm hypothetisch erreichten Position des Aufgabenleiters zu zuschlagspflichtigen Zeiten eingesetzt werden würde. Hierfür ist in der Regel – der herrschenden Meinung folgend – maßgeblich, ob und in welchem Umfang die sieben im Betrieb tätigen Aufgabenleiter zu solchen Zeiten im Einsatz sind.[68] Das BR-Mitglied hat daher in der Regel einen Anspruch auf die Gewährung des Durchschnitts der allen Aufgabenleitern gewährten Zuschläge. Es erhält somit weniger Zuschläge als vor dem hypothetischen Aufstieg zum Aufgabenleiter, aber auch das höhere Gehalt, das Aufgabenleiter erhalten.

Da nicht feststeht und auch nicht hypothetisch ermittelt werden kann, welches Aufgabengebiet das BR-Mitglied ohne die Amtsübernahme leiten würde, können die hypothetisch verdienten Zuschläge gut durch ein – nach der herrschenden Meinung gebotenes – Abstellen auf alle Aufgabenleiter ermittelt und zufällige Ergebnisse ausgeschlossen werden. Allerdings ist dieses Vorgehen in der praktischen Umsetzung sehr aufwendig. Vor diesem Hintergrund ist das in der Praxis weit verbreitete Vorgehen zu begrüßen, nach dem die Feststellung der hypothetischen Zu-

---

66 BAG 29.8.2018 – 7 AZR 206/17, Rn. 40, zitiert nach juris; BAG 18.5.2016 – 7 AZR 401/14, Rn. 18; BAG 7.2.1985 – 6 AZR 72/82, Rn. 22, zitiert nach juris; Fitting, § 37 Rn. 125; GK-BetrVG/Weber § 37 Rn. 162; GK-BetrVG/Weber § 38 Rn. 98.

67 BAG 29.8.2018 – 7 AZR 206/17, Rn. 40, 42, zitiert nach juris.

68 BAG 29.8.2018 – 7 AZR 206/17, Rn. 40, 42, zitiert nach juris.

schläge sowohl vor als auch nach einem hypothetischen beruflichen Aufstieg stets anhand der von den Vergleichsarbeitnehmern im Sinne von § 37 Abs. 4 BetrVG geleisteten Überstunden ermittelt wird (vgl. Rn. 3).

Ein Anspruch auf die Gewährung hypothetischer Zuschläge in Höhe der im Durchschnitt den Mitarbeitern auf der hypothetisch erreichten Position gewährten Zuschläge, besteht in der Regel auch, wenn es erstmals auf dieser Position zu zuschlagspflichtigen Tätigkeiten kommt (vgl. Rn. 30) sowie bei außerplanmäßigen Tätigkeiten zu solchen Zeiten (vgl. Rn. 31).[69]

39 Auch bei der Ermittlung der hypothetischen Zuschläge, die ein BR-Mitglied nach einem beruflichen Aufstieg nach § 37 Abs. 4 BetrVG ohne die Amtsübernahme erhalten würde, kann die vom BR-Mitglied vor der Amtsübernahme gezeigte überdurchschnittliche Bereitschaft, Tätigkeiten zu zuschlagspflichtigen Zeiten zu erbringen, von Bedeutung sein (vgl. hierzu die Beispielvariante in **Rn. 16** zu hypothetischen Überstunden nach einem beruflichen Aufstieg eines BR-Mitglieds).

b) Hypothetische Karriereentwicklung nach § 78 Satz 2 BetrVG

40 Ein höherer Vergütungsanspruch eines BR-Mitglieds kann sich auch unter dem Gesichtspunkt einer **hypothetischen Karriereentwicklung** aus den §§ 611a Abs. 2 BGB, 78 Satz 2 BetrVG ergeben (vgl. hierzu Kapitel E, Rn. 14ff.). Hätte ein BR-Mitglied, wenn es das Betriebsratsamt nicht übernommen hätte, eine bestimmte tatsächlich existente und neu zu besetzende höhere Stelle erhalten, hat es einen Anspruch auf die Zahlung der höheren für diese Position gewährten Vergütung (vgl. hierzu Kapitel E, Rn. 14ff.). Ein Anspruch auf die Gewährung von Zuschlägen steht einem BR-Mitglied in diesem Fall zu, wenn es auf dieser konkreten tatsächlich existenten Stelle Tätigkeiten zu zuschlagspflichtigen Zeiten leisten würde. Hier dürfte der Schluss zulässig sein, dass ein BR-Mitglied auf dieser höheren Stelle Tätigkeiten zu solchen Zeiten leisten würde, wenn der tatsächliche Inhaber dieser Beförderungsstelle zu solchen Zeiten im Einsatz ist. Ein Anspruch auf die Gewährung hypothetischer Zuschläge besteht demnach in Höhe der dem Stelleninhaber gewährten Zuschläge.

4. Pauschalierter Monatsbetrag zur Abgeltung hypothetischer Zuschläge

41 Wie die obigen Ausführungen zeigen, kann insbesondere die Ermittlung der hypothetischen Zuschläge, die ein nach § 38 BetrVG vollfreigestelltes BR-Mitglied erhalten würde, wenn es das Betriebsratsamt nicht übernommen hätte, herausfordernd sein. Hier hilft die Rechtsprechung des BAG, nach der die Gewährung eines pauschalierten Monatsbetrages bei **vollfreigestellten BR-Mitgliedern** für die Fortzahlung der hypothetischen Überstunden ggf. zuzüglich Mehrarbeitszuschlägen zulässig ist. Ein solcher stellt keine versteckte, nach § 78 Satz 2

69 BAG 29.6.1988 – 7 AZR 651/87, Rn. 13ff., zitiert nach juris.

BetrVG unzulässige Begünstigung dar, wenn hierbei bestimmte Anforderungen eingehalten werden (vgl. hierzu Rn. 18).[70]
Die Gewährung eines solchen pauschalierten Monatsbetrags hindert ein BR-Mitglied aber nicht daran, ggf. einen höheren Anspruch auf die Gewährung hypothetischer Zuschläge geltend zu machen. Hat ein BR-Mitglied vor der Amtsübernahme in überdurchschnittlich hohem Umfang Tätigkeiten zu zuschlagspflichtigen Zeiten erbracht, oder kommt es während der Amtsausübung bei den maßgeblichen AN (siehe **Rn. 24**) außerplanmäßig zu Tätigkeiten zu zuschlagspflichtigen Zeiten, wird der genau berechnete Anspruch auf die Vergütung hypothetischer Zuschläge über dem pauschalierten Monatsbetrag liegen.

5. Zeitpunkt der Vergütungsanpassung

42 Das hypothetisch ermittelte Gehalt eines BR-Mitglieds ist **laufend anzupassen.**[71] Dies gilt auch für die Gewährung von Zuschlägen.[72] Da die Höhe der hypothetisch verdienten Zuschläge ständigen Schwankungen unterliegt, ist es nachvollziehbar, wenn AG die konkrete Berechnung der hypothetischen Zuschläge für einen längeren Zeitraum als einen einzelnen Monat durchführen möchten. Um eine Benachteiligung von BR-Mitgliedern durch verspätete Auszahlungen zu verhindern, ist im Fall einer nachträglichen Berechnung der hypothetischen Vergütung, die über das Grundgehalt hinausgeht, allerdings einiges zu beachten (vgl. hierzu **Rn. 19**).

6. Steuer- und Sozialabgabenpflicht bei Zuschlägen für BR-Mitglieder

43 Das BR-Mitgliedern nach § 37 Abs. 2 BetrVG unvermindert fortzuzahlende Arbeitsentgelt unterliegt ebenso wie reguläres Arbeitsentgelt der Steuer- und Sozialabgabenpflicht.[73] Steuerfrei sind nach § 3b Abs. 1 EStG nur Zuschläge, die für tatsächlich geleistete Sonntags-, Feiertags- oder Nachtarbeit gezahlt werden.[74] Diese Voraussetzung ist bei BR-Mitgliedern nicht gegeben, denen derartige Zuschläge nach § 37 Abs. 2 aufgrund des Entgeltminderungsverbots fortgezahlt werden, also ohne das tatsächlich Betriebsratsarbeit zu den betreffenden Zeiten geleistet wurde. Das Gleiche gilt, wenn Zuschläge nur pauschal abgegolten werden, ohne eine Einzelabrechnung, aus der sich ergibt, dass tatsächlich zu den die Zuschläge auslösenden Zeiten Tätigkeiten verrichtet wurden. Solche Zuschläge unterliegen daher der Steuer- und damit auch der Sozialabgabenpflicht.[75] Dies führt dazu, dass ein BR-Mitglied, welchem Zuschläge in den genannten Fällen fortgezahlt werden, weniger Nettogehalt erhält als ein vergleichbarer AN, der zu den zuschlagspflichtigen Zeiten gearbeitet hat.

70 Vgl. BAG 29.8.2018 – 7 AZR 206/17, Rn. 39, zitiert nach juris.
71 Fitting, § 37 Rn. 124; GK-BetrVG/Weber, § 37 Rn. 159.
72 Fitting, § 37 Rn. 124.
73 DKW-Wedde, § 37 Rn. 58; Fitting, § 37 Rn. 71.
74 DKW-Wedde, a. a. O.; Fitting, a. a. O.
75 DKW-Wedde, a. a. O.; Fitting, a. a. O.

Entgegen der herrschenden Meinung[76] ist ein AG dazu verpflichtet, dem BR-Mitglied die Steuern und Sozialabgaben zu erstatten, die er von diesen Zuschlägen einbehalten und abführen muss, damit das BR-Mitglied das gleiche Nettogehalt erhält, dass es ohne die Ausübung von Betriebsratstätigkeit erhalten würde.[77] Nur so kann eine faktische Benachteiligung des BR-Mitglieds nach § 78 Satz 2 BetrVG vermieden werden. Für ein BR-Mitglied ist allein maßgeblich, dass es über dasselbe Nettogehalt verfügt, welches es erhalten würde, wenn es das Betriebsratsamt nicht übernommen hätte. Nur so ist gewährleistet, dass das BR-Mitglied seinen Lebensstandard erhalten kann und nicht schlechter gestellt ist als vergleichbare AN. Zutreffend ist, dass die Benachteiligung des BR-Mitglieds nicht auf einer Handlung des AG beruht, sondern auf steuerrechtlichen Regelungen und ihrer Anwendung.[78] Bis eine wünschenswerte Gesetzesänderung im Steuerrecht erfolgt ist, muss es aber die Aufgabe des AG sein, auch faktische monetäre Benachteiligungen von BR-Mitgliedern zu verhindern, unabhängig davon, wodurch die Benachteiligung ausgelöst wird. Es ist allgemein anerkannt, dass eine Benachteiligung im Sinne von § 78 Satz 2 BetrVG bereits dann vorliegt, wenn ein BR-Mitglied bei einem Vergleich objektiv schlechter gestellt wird als ein Nichtmitglied; eine besondere Benachteiligungsabsicht des AG ist nicht erforderlich.[79] Nur durch eine Erstattung der für die Zuschläge abgeführten Steuern und Sozialabgaben können die gesetzlichen Vorgaben des § 78 Satz 2 BetrVG und des § 37 Abs. 2 BetrVG eingehalten werden, die jegliche Benachteiligung und damit auch eine rein faktische, unbeabsichtigte Benachteiligung eines BR-Mitglieds im Hinblick auf seine Vergütung verbieten. 44

Soweit das BAG darauf abstellt, dass auch nach dem Urlaubsrecht gem. § 11 Abs. 1 Satz 1 BUrlG kein Anspruch auf die unversteuerte Auszahlung der Nachtzuschläge besteht, obwohl doch auch der Anspruch auf Urlaubsentgelt als Ausprägung des Lebensstandardprinzips anerkannt ist,[80] kann dies nicht überzeugen. Denn es fehlt an einer gesetzlichen Regelung, die eine Benachteiligung von AN während ihres Urlaubs verbietet, geschweige denn eine solche Benachteiligung unter Strafe stellt, wie dies bei einer Benachteiligung von BR-Mitgliedern gem. § 119 Abs. 1 Nr. 3 BetrVG der Fall ist.

Ein Anspruch des BR-Mitglieds auf Erstattung der von den Zuschlägen eingehalten und abgeführten Steuern und Sozialabgaben besteht selbstredend ferner dann, wenn die Arbeitsvertragsparteien eine ausdrückliche Vereinbarung darüber getroffen haben, dass der AG die auf die gewährten Zuschläge anfallenden Steuern und Sozialversicherungsbeiträge allein übernimmt.[81] In dieser Verein-

76 Vgl. zuletzt BAG 15.1.1997 – 7 AZR 873/95, Rn. 8ff., zitiert nach juris; Fitting, § 37 Rn. 71; GK-BetrVG/Weber § 37 Rn. 79.

77 DKW-Wedde, § 37 Rn. 58; Schneider, NZA 84, 21, 23; so zutreffend noch BAG 10.6.1969 – 1 AZR 203/68, 2. Leitsatz, zitiert nach juris.

78 BAG 29.7.1980 – 6 AZR 231/78, Rn. 27, zitiert nach juris.

79 Fitting, § 78, Rn. 16 m. w. N.

80 BAG 29.7.1980 – 6 AZR 231/78, Rn. 26, zitiert nach juris.

81 LAG Berlin-Brandenburg 12.3.2009 – 20 Sa 34/09; Rn. 19, zitiert nach juris; a. A. Esser, Die Begünstigung von Mitgliedern des Betriebsrats, S. 92.

barung kann keine Begünstigung eines BR-Mitglieds gesehen werden, da das BR-Mitglied durch die Vereinbarung nicht besser gestellt, sondern nur gleichgestellt wird mit anderen AN.[82]

45 Wenn ein BR-Mitglied tatsächlich zu zuschlagspflichtigen Zeiten BR-Arbeit ausgeübt hat- z. B. in der Nachtschicht – hat es einen Anspruch auf die Gewährung von steuerfreien Zuschlägen für die Ausübung der Betriebsratstätigkeit zu diesen Zeiten.[83] Betriebsratsarbeit ist auch als »Arbeit« i. S. d. § 3b Abs. 1 EStG zu werten.[84] Zwar ist Betriebsratstätigkeit keine Arbeit im Sinne einer Gegenleistung für das zu zahlende Arbeitsentgelt. Sie ist der arbeitsvertraglichen Leistung aber kraft Gesetzes (§ 37 Abs. 2 BetrVG) gleichgestellt.[85] Die Nichtgewährung von steuerfreien Zuschlägen für Betriebsratstätigkeit, die tatsächlich in der Nacht oder zu anderen Zeiten, die steuerfreie Zuschläge auslösen, ausgeübt wurde, stellt eine Benachteiligung von BR-Mitgliedern nach § 78 Satz 2 dar.[86]

III. Hypothetische variable Vergütung

46 Auch bei der Berechnung hypothetisch verdienter variabler Vergütung ist zu ermitteln, welche variable Vergütung ein BR-Mitglied ohne die Arbeitsbefreiung zur Ausübung von Betriebsratstätigkeit verdient hätte.[87] Dieses äußerst komplexe Themengebiet wird nachfolgend nur angerissen. Die Feststellung hypothetisch verdienter variabler Vergütung erfolgt – wie bei hypothetischen Überstunden und Zuschlägen – anhand von sogenannten Hilfstatsachen, die in Verbindung mit Erfahrungsregeln den Schluss auf ein hypothetisches Ergebnis zulassen.[88] Eine Schätzung der Höhe der hypothetisch verdienten variablen Vergütung ist nach der Feststellung solcher Hilfstatsachen gemäß den Grundsätzen des § 287 Abs. 2 ZPO zulässig.[89]

Bei **Akkordarbeit** ist es in der Literatur allgemein anerkannt, entweder auf den zuletzt vom BR-Mitglied in der vergleichbaren Zeit erzielten Akkordlohn abzustellen oder hilfsweise auf den Durchschnitt der Akkordlöhne der anderen vergleichbaren AN (vgl. **Rn. 5**) während der Arbeitsbefreiung des BR-Mitglieds.[90]

Bei **leistungs- oder erfolgsbezogenen Zahlungen** (Boni) soll nach der Rechtsprechung des BAG anhand der für den Umsatz maßgeblichen Umstände wie

82 LAG Berlin-Brandenburg, a. a. O.; a. A. Esser, a. a. O.
83 LAG Hessen 10. 3. 2014 – 16 TaBV 197/13, Rn. 18ff., zitiert nach juris.
84 LAG Hessen 10. 3. 2014 – 16 TaBV 197/13, Rn. 20ff., zitiert nach juris.
85 LAG Hessen 10. 3. 2014 – 16 TaBV 197/13, Rn. 22, zitiert nach juris; Fitting, § 37 Rn. 14; GK-BetrVG/Weber, § 37 Rn. 12.
86 LAG Hessen 10. 3. 2014 – 16 TaBV 197/13, Rn. 18ff., zitiert nach juris.
87 BAG 12. 6. 2024 – 7 AZR 141/23, Rn. 24., zitiert nach juris; BAG 24. 9. 2015 – 7 AZR 123/13, Rn. 13ff., zitiert nach juris; GK-BetrVG/Weber, § 37 Rn. 75.
88 BAG 24. 9. 2015 – 7 AZR 123/13, Rn. 23, zitiert nach juris.
89 BAG 24. 9. 2015 – 7 AZR 123/13, Rn. 14, zitiert nach juris.
90 DKW-Wedde, § 37 Rn. 52; Fitting, § 37 BetrVG Rn. 65; GK-BetrVG/Weber, § 37 Rn. 75.

Kundenstruktur, Vertragslaufzeiten oder Vertragsverhandlungen zu ermitteln sein, welche weiteren Geschäfte ein BR-Mitglied im Bezugszeitraum ohne die Betriebsratstätigkeit hätte abschließen können, oder ob aufgrund der Gegebenheiten im Verkaufsgebiet keine weiteren Umsätze zu erwarten gewesen wären.[91] Auch ein Vergleich der vor Übernahme des Amtes erzielten Leistungen des BR-Mitglieds mit Durchschnittswerten vergleichbarer AN (vgl. **Rn. 5**) wird vom BAG als Indiz anerkannt.[92] Zudem verweist das BAG zur Feststellung eines hypothetischen Zielerreichungsgrads auf eine vom LAG Berlin entwickelte Berechnungsmethode, mit der der durch Betriebsratstätigkeit geminderte Verdienst ausgeglichen werden kann.[93] Nach dieser Methode ist eine neue und niedrigere Vorgabe von Umsatzzielen zu berechnen. Hierfür ist aufgrund einer Schätzung zu ermitteln, welcher Teil des Umsatzes auf der Tätigkeit des BR-Mitglieds beruht und nicht auf anderen Marketingaktivitäten des AG, dabei wird das Verhältnis der Personalkosten des Vertriebs zu den Gesamtvertriebskosten einschließlich Marketingaktivitäten berechnet. Bei der vom LAG Berlin entwickelten Formel findet ebenfalls die Anzahl der Stunden Berücksichtigung, in der das BR-Mitglied Betriebsratstätigkeiten ausgeübt hat und keinen Vertriebstätigkeiten nachgehen konnte.[94] Der Berechnungsmethode des LAG Berlin liegt der Gedanke zugrunde, dass sich nur im Hinblick auf den Teil des Umsatzes, der auf der Tätigkeit eines BR-Mitglieds und nicht auf anderen Marketingaktivitäten des AG beruht, der Faktor Arbeitszeit auf den Leistungserfolg auswirkt.[95]
In der Literatur wird zum Teil vorgeschlagen, unter Rückgriff auf das Konzept des § 37 Abs. 4, darauf abzustellen, welche Ansprüche auf leistungsbezogene Vergütung vergleichbare AN im maßgeblichen Referenzzeitraum erlangt haben.[96]

IV. Dienstwagen

Für die Frage, ob ein BR-Mitglied einen Anspruch auf die (weitere) Überlassung eines Dienstwagens hat, ist danach zu differenzieren, ob der Dienstwagen einem BR-Mitglied als Bestandteil der nach § 37 Abs. 2 BetrVG fortzuzahlenden Vergütung zu überlassen ist oder als Sachmittel zur Ausübung von Betriebsratstätigkeit nach § 40 Abs. 2 BetrVG.[97] 47

91 BAG 24.9.2015 – 7 AZR 123/13, Rn. 26, zitiert nach juris.
92 BAG 24.9.2015 – 7 AZR 123/13, Rn. 27, zitiert nach juris; so auch Thüsing/Denzer, Rn. 358ff. bei vollständig freigestellten Betriebsratsmitgliedern.
93 BAG 24.9.2015 – 7 AZR 123/13, Rn. 28, zitiert nach juris, unter Verweis auf LAG Berlin 28.6.1996 – 6 Sa 37/96, NZA 1997, 224.
94 LAG Berlin, a.a.O.
95 LAG Berlin, a.a.O.
96 Jacobs/Frieling, Betriebsratsvergütung bei arbeitszeitunabhängiger Provision, NZA 2015, 513, 518ff.
97 vgl. Thüsing/Denzer, Rn. 313ff.

1. Dienstwagen als Entgeltbestandteil

a) Weitere Nutzung eines vor Amtsübernahme überlassenen Dienstwagens

48 Für nach § 38 BetrVG vollfreigestellte BR-Mitglieder, denen vor der Amtsübernahme ein Dienstwagen zur Verfügung gestellt wurde, stellt sich die Frage, ob sie ihren Dienstwagen mit der Amtsübernahme abgeben müssen oder weiter nutzen können. Nach § 37 Abs. 2 BetrVG freizustellende BR-Mitglieder fragen sich hingegen, ob sie den ihnen überlassenen Dienstwagen nach der Amtsübernahme auch für Betriebsratstätigkeiten nutzen können. In beiden Fällen ist entscheidend, ob ein BR-Mitglied den überlassenen Dienstwagen vor der Amtsübernahme auch **privat** oder **nur dienstlich** nutzen durfte.

aa) Auch private Nutzung des Dienstwagens vor Amtsübernahme

49 Die Möglichkeit, ein im Rahmen eines Arbeitsverhältnisses überlassenes Firmenfahrzeug auch für private Fahrten zu nutzen, ist Teil der Arbeitsvergütung. Es handelt sich um eine zusätzliche Gegenleistung für die geschuldete Arbeit in Form eines Sachbezugs.[98] Ein BR-Mitglied hat daher nach dem Lohnausfallprinzip auch im Fall der vollständigen Freistellung weiterhin einen Anspruch auf die Überlassung des Dienstwagens zur privaten Nutzung. Andernfalls käme es zu einer nach § 37 Abs. 2 BetrVG und § 78 Satz 2 BetrVG unzulässigen Minderung der Vergütung des BR-Mitglieds.[99] Eine Begünstigung im Sinne von § 78 Satz 2 BetrVG kann in der weiteren Überlassung des Dienstwagens zur privaten Nutzung daher keinesfalls gesehen werden.[100] Ein vertraglicher Ausschluss der weiteren Überlassung eines auch privat genutzten Dienstwagens für den Fall einer Freistellung von der Arbeit als BR-Mitglied ist dementsprechend wegen eines Verstoßes gegen die gesetzlichen Reglungen des § 37 Abs. 2 BetrVG und des § 78 Satz 2 BetrVG nach § 134 BGB nichtig.[101]

Der Dienstwagen kann in diesem Fall von dem BR-Mitglied – egal ob vollfreigestellt oder nicht – auch zur Ausübung von Betriebsratstätigkeiten genutzt werden. Die weiterhin zu gewährende private Nutzung gestattet auch die Nutzung des Wagens für Betriebsratstätigkeiten.

bb) Ausschließlich dienstliche Nutzung des Wagens vor Amtsübernahme

50 Anders ist die Rechtslage zu bewerten, wenn einem BR-Mitglied ein Dienstwagen vor der Amtsübernahme ausschließlich zur Ausübung der arbeitsvertraglich

---

98 BAG 23.6.2004 – 7 AZR 514/03, Rn. 33, zitiert nach juris; GK-BetrVG-Weber, § 37 Rn. 78; DKW-Wedde, § 37 BetrVG, Rn. 57; Fitting § 37 Rn. 67a.

99 BAG 23.6.2004 – 7 AZR 514/03, Rn. 35, zitiert nach juris; GK-BetrVG/Weber, § 37 Rn. 78; DKW-Wedde, § 37 BetrVG, Rn. 57; Fitting § 37 Rn. 67a; a. A. wohl Richardi-*Thüsing*, § 37 Rn. 33, nach dem jedenfalls eine Vertragsklausel zulässig sein müsse, die die Gewährung des Dienstwagens an den betrieblichen Bedarf bindet oder eine finanzielle Abgeltung für den Fall der vollständigen Freistellung als BR-Mitglied vorsieht.

100 BAG, a. a. O., Rn. 36ff.; Fitting § 37 Rn. 67a.

101 BAG 23.6.2004 – 7 AZR 514/03, Rn. 35, zitiert nach juris; Fitting § 37 Rn. 67a; a. A. Richardi-Thüsing, § 37 Rn. 33.

vereinbarten Tätigkeit überlassen wurde. In diesem Fall hat die Überlassung des Dienstwagens keinen Entgeltcharakter.[102] Sie dient nur als reines Arbeitsmittel zur Ausübung der Arbeitsleistung.[103] Ein vollständig freigestelltes BR-Mitglied hat daher keinen weiteren Anspruch auf die Überlassung des Dienstwagens nach § 37 Abs. 2 BetrVG.[104] Eine Minderung des Entgelts ist hierin nicht zu sehen, da nur die Möglichkeit, einen Dienstwagen auch privat zu nutzen, einen Teil der Arbeitsvergütung darstellt.[105] Die Arbeitsleistung, für deren Erbringung dem BR-Mitglied vor der Amtsübernahme der Dienstwagen ausschließlich zur Verfügung gestellt worden war, hat ein vollfreigestelltes BR-Mitglied nicht mehr zu erbringen.

Ein anlassbezogen nach § 37 Abs. 2 BetrVG freizustellendes BR-Mitglied darf 51 einen Dienstwagen, wenn ihm dieser ausschließlich zur Erbringung seiner Arbeitsleistung überlassen wurde, nach der Amtsübernahme grundsätzlich weiterhin nur für die Erbringung seiner Arbeitsleistung nutzen, nicht für die Ausübung von Betriebsratstätigkeiten.[106] Wegen des Ausschlusses der privaten Nutzung des Dienstwagens kann ein BR-Mitglied nicht frei darüber entscheiden, wofür es den Wagen nutzen möchte, sondern ist weiter an die Beschränkung der Nutzung auf die Ausübung der Arbeitsleistung gebunden. Ein AG ist zwar nach § 40 BetrVG dazu verpflichtet, für Reisekosten aufzukommen, die im Rahmen der Ausübung von erforderlicher Betriebsratstätigkeit anfallen. Nach § 40 Abs. 2 BetrVG kann im Einzelfall bei erheblicher Reisetätigkeit eines BR-Mitglieds auch die Zurverfügungstellung eines Dienstwagens erforderlich sein (vgl. **Rn. 53ff.**). Aus dem Umstand, dass ein BR-Mitglied für die Ausübung seiner Arbeitstätigkeit einen Dienstwagen nutzen kann, folgt indes nicht, dass die Nutzung des Dienstwagens auch für die Ausübung von Betriebsratstätigkeiten als erforderlich im Sinne von § 40 Abs. 2 BetrVG angesehen werden kann.

b) Erstmalige Überlassung eines Dienstwagens nach Amtsübernahme

aa) Wegen hypothetischem beruflichem Aufstieg nach § 37 Abs. 4 BetrVG

Ein Anspruch auf die Überlassung eines Dienstwagens zur privaten Nutzung 52 kann auch erst nach der Übernahme des Betriebsratsamtes entstehen.[107] Nach § 37 Abs. 4 BetrVG darf das Arbeitsentgelt von Mitgliedern des BR nicht geringer bemessen werden als das Arbeitsentgelt vergleichbarer AN mit betriebsüblicher beruflicher Entwicklung (vgl. hierzu Kapitel C, Rn. 1ff.). Hieraus folgt, dass einem BR-Mitglied ein Dienstwagen zur privaten Nutzung zur Verfügung

102 BAG 23.6.2004 – 7 AZR 514/03, Rn. 33, zitiert nach juris.
103 BAG 25.2.2009 – 7 AZR 954/07, Rn. 13.
104 BAG 25.2.2009 – 7 AZR 954/07, Rn. 12ff., zitiert nach juris; BAG 23.6.2004 – 7 AZR 514/03, Rn. 33ff., zitiert nach juris; Fitting § 37 Rn. 67a; GK-BetrVG/Weber, § 37 Rn. 78; a.A. DKW-Wedde, § 37 BetrVG, Rn. 57.
105 BAG 23.6.2004 – 7 AZR 514/03, Rn. 33, zitiert nach juris; GK-BetrVG/Weber, § 37 Rn. 78; DKW-Wedde, § 37 BetrVG, Rn. 57; Fitting § 37 Rn. 67a.
106 BAG 25.2.2009 – 7 AZR 954/07, Rn. 12ff., zitiert nach juris.
107 Vgl. Thüsing/Denzer Rn. 330ff.; GK-BetrVG/Weber, § 37 Rn. 163.

zu stellen ist, wenn vergleichbaren AN mit betriebsüblicher Entwicklung nach § 37 Abs. 4 BetrVG (vgl. hierzu Kapitel D, Rn. 4ff.) ein Dienstwagen auch zur privaten Nutzung überlassen wird.[108] Da die Privatnutzung eines Dienstwagens nach der zutreffenden ständigen Rechtsprechung des BAG einen Teil der Arbeitsvergütung darstellt,[109] muss auch ein BR-Mitglied davon profitieren, wenn vergleichbare AN im Sinne von § 37 Abs. 4 BetrVG einen überlassenen Dienstwagen auch privat nutzen dürfen.

Wird einigen der vergleichbaren AN im Sinne von § 37 Abs. 4 BetrVG eine höhere Grundvergütung gewährt, anderen ein Dienstwagen auch zur privaten Nutzung überlassen, ist dem BR-Mitglied nach zutreffender Auffassung ein Wahlrecht dahingehend einzuräumen, ob es den geldwerten Vorteil der Privatnutzung eines Dienstwagens als Gehaltserhöhung ausgezahlt oder aber einen Dienstwagen derselben Fahrzeugklasse zur privaten Nutzung überlassen bekommen möchte.[110]

bb) Wegen hypothetischer Karriereentwicklung nach § 78 Satz 2 BetrVG

53 Ein Anspruch auf die Überlassung eines Dienstwagens zur privaten Nutzung kann sich nach der Übernahme des Betriebsratsamtes auch unter dem Gesichtspunkt einer hypothetischen Karriereentwicklung aus den §§ 611a Abs. 2 BGB, 78 Satz 2 BetrVG ergeben.[111] Hätte ein BR-Mitglied, wenn es das Betriebsratsamt nicht übernommen hätte, eine bestimmte tatsächlich existente und neu zu besetzende, höhere Stelle erhalten, hat es einen Anspruch auf die für diese Position gewährte höhere Vergütung (vgl. hierzu Kapitel E, Rn. 14ff.).

Wenn ein BR-Mitglied darlegen kann, dass es auf eine bestimmte höhere Stelle befördert worden wäre, für deren Ausübung ihm ein Dienstwagen auch zur privaten Nutzung überlassen worden wäre, hat das BR-Mitglied neben der höheren, für diese Position gewährten Vergütung auch einen Anspruch auf die Überlassung eines entsprechenden Dienstwagens auch zur privaten Nutzung.[112] Eine Benachteiligung des BR-Mitglieds kann in diesem Fall nämlich nur verhindert werden, wenn dem BR-Mitglied dieselbe Vergütung gewährt wird, die es erhalten hätte, wenn es auf diese Stelle befördert worden wäre. Gehört zu dem auf dieser Stelle gewährten Gehalt die Möglichkeit, einen Dienstwagen auch privat zu nutzen, muss sich der Anspruch des BR-Mitglieds hierauf erstrecken.

2. Dienstwagen als Sachmittelausstattung nach § 40 Abs. 2 BetrVG

54 Unabhängig von der Frage, ob einem BR-Mitglied ein Dienstwagen als Bestandteil der nach § 37 Abs. 2 und Abs. 4 BetrVG fortzuzahlenden Vergütung zu überlassen ist, kann sich der Anspruch auf die Zurverfügungstellung eines Dienstwagens auch aus § 40 Abs. 2 BetrVG ergeben. Hierfür muss die Überlassung

108 Vgl. Thüsing/Denzer, Rn. 330ff., der dem BR-Mitglied ein Wahlrecht gewähren will; Joussen, NZA 2018, 139, 142f.; GK-BetrVG/Weber, § 37 Rn. 163.
109 Vgl. zuletzt BAG 23.6.2004 – 7 AZR 514/03, Rn. 33, zitiert nach juris.
110 Thüsing/Denzer, Rn. 332ff.
111 Thüsing/Denzer, Rn. 336.
112 Thüsing/Denzer, Rn. 336.

eines Dienstwagens zur ordnungsgemäßen Durchführung der Betriebsratsaufgaben erforderlich sein.[113] Eine Erforderlichkeit der Überlassung eines Dienstwagens kommt für BR-Mitgliedern in Betracht, die zur Ausübung der BR-Arbeit viel reisen müssen. In diesem Fall kann die Zurverfügungstellung eines Dienstwagens sogar die kostengünstigere Alternative gegenüber der Einzelabrechnung von Zug-, Flugtickets, Taxikosten und der Kostenerstattung für die Nutzung des Privatfahrzeugs sein, welche ein AG nach § 40 Abs. 1 BetrVG zu tragen hätte.[114] Auch wenn die Überlassung eines Dienstwagens als erforderlich zu werten ist, liegt die Initiative zur Anschaffung des Dienstwagens beim AG.[115] Inhaber des Anspruchs auf die Überlassung eines Dienstwagens für ein oder mehrere BR-Mitglieder ist der BR, nicht das einzelne BR-Mitglied.[116] Dem BR steht bei der Frage, ob die Überlassung eines Dienstwagens erforderlich ist, ein Beurteilungsspielraum zu.[117]

Nach wohl herrschender, aber noch nicht vom BAG bestätigter Auffassung, dürfen BR-Mitglieder, denen einen Dienstwagen als erforderliches Sachmittel zur Ausübung von Betriebsratsaufgaben zur Verfügung gestellt wird, das Firmenfahrzeug ausschließlich für dienstliche Fahrten und nicht privat nutzen.[118] Da die private Nutzung eines Dienstwagens Vergütungscharakter hat, würde ein BR-Mitglied andernfalls durch die Gewährung eines Sachmittels ein höheres Gehalt erhalten. Die Erhöhung des Gehalts von BR-Mitgliedern darf sich jedoch ausschließlich nach den gesetzlichen Vorgaben von § 37 Abs. 4 BetrVG – Gehaltserhöhung entsprechend der Entwicklung der Vergütung von vergleichbaren AN – und § 78 Satz 2 BetrVG – Gehaltserhöhung bei einer hypothetischen Karriereentwicklung – richten (vgl. hierzu Kapitel C, Rn. 1ff. und Kapitel E, Rn. 14ff.).[119] Vor diesem Hintergrund kann die herrschende Meinung durchaus überzeugen. **55**

In der Praxis führt das Verbot der privaten Nutzung von Dienstwagen nur für BR-Mitglieder allerdings häufig dazu, dass es BR-Mitgliedern ausschließlich gestattet wird, im Betrieb stationierte Poolfahrzeuge zu nutzen, während die AN, denen ein Dienstwagen für die Ausübung ihrer Arbeitstätigkeit zur Verfügung gestellt wird, ein eigenes Firmenfahrzeug erhalten, das sie auch privat nutzen können. Die BR-Mitglieder müssen in diesem Fall, um einen Dienstwagen nur für die BR-Arbeit nutzen zu können, stets erst zum Betrieb fahren – sowohl auf dem Hin- als auch auf dem Rückweg – während AN, denen ein Dienstwagen für die Ausübung ihrer Arbeitstätigkeit überlassen wird, mit diesem direkt von ihrem Zuhause aus zu einem Arbeitstermin oder einer Dienstreise aufbrechen und danach mit dem Dienstwagen bis vor die Haustür wieder zurückfahren kön- **56**

---

113 DKW-Wedde, § 40 Rn. 116; Fitting, § 40 Rn. 104; GK-BetrVG/Weber § 40 Rn. 135.
114 Thüsing/Denzer, Rn. 314.
115 DKW-Wedde, § 40 Rn. 118; Fitting, § 40 Rn. 104.
116 DKW-Wedde, § 40 Rn. 117; Fitting, § 40 Rn. 105.
117 DKW-Wedde, § 40 Rn. 117; Fitting, § 40 Rn. 106.
118 GK-BetrVG/Weber, § 37 Rn. 78; Thüsing/Denzer, Rn. 314f.; LAG Berlin-Brandenburg 11.2.2020 – 7 Sa 997/19, Rn. 32ff., zitiert nach juris.
119 BFH 6.10.2011 – VI R 56/10, NJW 2012, 1103, Rn. 17; Fitting, § 37 Rn. 67b.

nen. Diese in der Praxis weit verbreitete Vorgehensweise stellt einen erheblichen Nachteil für BR-Mitglieder da. Denn die in der Überlassung eines Dienstwagens liegenden Vorteile – Flexibilität und Zeitersparnis – können deutlich schwerer erreicht werden, wenn stets erst der Betrieb aufgesucht werden muss, um ein Poolfahrzeug abzuholen.

Richtigerweise ist einem BR-Mitglied, wenn die Überlassung eines Dienstwagens nach § 40 Abs. 2 BetrVG erforderlich ist, daher ein eigener Dienstwagen zur Verfügung zu stellen, den das BR-Mitglied auch für die Fahrten zwischen Wohnung und Betrieb nutzen darf – sofern diese Fahrten bedingt durch Betriebsratsreisetätigkeiten anfallen. Nach der Rechtsprechung des Bundesfinanzhofs (BFH) begründet allein die Nutzung eines Dienstwagens für Fahrten zwischen Wohnung und Arbeitsstätte noch keine Überlassung zur privaten Nutzung.[120] Ein BR-Mitglied erhält bei der angeregten Vorgehensweise somit keine Gehaltserhöhung durch die Erlaubnis der privaten Nutzung. Es wird ihm lediglich ermöglicht, für seine Reisetätigkeiten, die es als BR-Mitglied wahrzunehmen hat – z. B. um andere Betriebsstätten aufzusuchen –, einen Dienstwagen auf dieselbe Weise zu nutzen, wie ein AN den ihm überlassenen Dienstwagen für Arbeitstermine nutzt.

57 Das BR-Mitglied darf den für die Ausübung von Betriebsratstätigkeiten überlassenen Dienstwagen allerdings nur für Reisetätigkeiten nutzen. Für Fahrten zwischen Wohnung und Sitz des BR im Hauptbetrieb, die *nur* erfolgen, um Betriebsratstätigkeiten im Hauptbetrieb wahrzunehmen, darf der Dienstwagen daher streng genommen nicht genutzt werden. Denn in diesem Fall unternimmt das BR-Mitglied keine Reisetätigkeit, für die der Dienstwagen ausschließlich überlassen wurde. Es sucht nur den Sitz des BR auf, um Betriebsratstätigkeit zu verrichten. Ein Anspruch auf Erstattung der Fahrtkosten zwischen Wohnung und Sitz des BR besteht nicht.[121] Hierin wäre eine Begünstigung des BR-Mitglieds gegenüber anderen AN zu sehen, da AN grundsätzlich für die Fahrtkosten zu ihrem regulären Arbeitsort selbst aufkommen müssen.[122] Aus diesem Grund darf auch ein Dienstwagen, der für die Ausübung von Betriebsratsreisetätigkeiten zur Verfügung gestellt wird, nicht für Fahrten zum Sitz des BR genutzt werden, die ausschließlich erfolgen, um dort Betriebsratstätigkeiten auszuüben.[123]

Etwas anderes gilt dagegen für Fahrten zwischen Wohnung und Sitz des BR, wenn diese im Rahmen von Reisetätigkeiten anfallen.

> **Beispiel:**
> Ein vollfreigestelltes BR-Mitglied fährt morgens mit dem ihm überlassenen Dienstwagen von seiner Wohnung aus zunächst zu einer weiter entfernt gelegenen Betriebsstätte auf dem Lande, um dort eine Abteilungsversammlung zu leiten. Von dort aus fährt es direkt in den Hauptbetrieb, wo von 14 bis 16 Uhr Verhandlun-

120 BFH 6.10.2011 – VI R 56/10, NJW 2012, 1103, Rn. 17; Fitting, § 37 Rn. 67b.
121 BAG 13.6.2007 – 7 ABR 62/06, Rn. 12ff., zitiert nach juris.
122 BAG 13.6.2007 – 7 ABR 62/06, Rn. 14, zitiert nach juris; LAG Berlin-Brandenburg 11.2.2020 – 7 Sa 997/19, Rn. 42, zitiert nach juris.
123 LAG Berlin-Brandenburg 11.2.2020 – 7 Sa 997/19, Rn. 32ff., zitiert nach juris.

gen mit dem AG über eine Betriebsvereinbarung stattfinden. Nach den Verhandlungen fährt das BR-Mitglied mit dem Dienstwagen vom Hauptbetrieb zu seiner Wohnung.

Das BR-Mitglied darf für die Fahrt vom Hauptbetrieb zu seiner Wohnung den Dienstwagen nutzen. Denn diese Fahrt erfolgt bedingt durch die Reisetätigkeiten des BR-Mitglieds mit dem Dienstwagen. Wenn das BR-Mitglied nach der Abteilungsversammlung erst wieder in seine Wohnung fahren müsste, um von dort aus mit seinem privaten PKW oder der Bahn den Betrieb aufzusuchen, könnte es den Dienstwagen nicht auf dieselbe Weise sinnvoll nutzen, wie ein AN den ihm überlassenen Dienstwagen für Arbeitstermine.

Die Fahrten des BR-Mitglieds mit dem Dienstwagen zwischen Wohnung und erster Tätigkeitsstätte – für BR-Mitglieder ist dies der Hauptbetrieb – sind nach gewichtiger Auffassung nicht nach § 8 Abs. 2 Satz 3 EstG mit monatlich 0,03 % des Brutto-Wertes des PKW zu versteuern, wenn solche Fahrten bedingt durch Betriebsratsreisetätigkeiten anfallen.[124] Diese Steuer fällt nach der Lohnsteuerrichtlinie 9.4 nämlich nur an, wenn die betriebliche Einrichtung durchschnittlich im Kalenderjahr an einem Arbeitstag je Arbeitswoche zum Zwecke der *beruflichen* Tätigkeit aufgesucht wird. Fahrten, die ein BR-Mitglied im Rahmen seiner Betriebsratsreisetätigkeit zum Hauptbetrieb unternimmt, dürfen für die nach der Lohnsteuerrichtlinie 9.4 zu ermittelnden durchschnittlichen Kalendertage nach dieser Auffassung nicht mitzählen, da das Aufsuchen des Betriebs in diesem Fall zum Zwecke der Betriebsratstätigkeit erfolgt und nicht – wie in der Lohnsteuerrichtlinie 9.4 vorgesehen – zum Zweck der beruflichen Tätigkeit.[125] Die Nutzung eines Dienstwagens von einem BR-Mitglied in dem beschriebenen Umfang unterliegt somit nicht der Einkommenssteuer. 58

V. Vergütung von BR-Mitgliedern bei Kurzarbeit

Bei der Einführung von Kurzarbeit im Betrieb oder in Betriebsteilen wird die Arbeitszeit der betroffenen AN entsprechend einer rechtlichen Grundlage (Arbeitsvertrag, Betriebsvereinbarung oder Tarifvertrag) gekürzt; dies kann bis zur kompletten Freistellung reichen (Kurzarbeit Null). Das Betriebsratsamt bleibt während der Kurzarbeitsphase selbstredend bestehen.[126] 59

Kurzarbeit hat finanzielle Auswirkungen auf die betroffenen AN, da das Entgelt entsprechend dem Anteil der Kurzarbeit gekürzt wird. Als Ausgleich haben die AN Anspruch auf Kurzarbeitergeld durch die Bundesagentur für Arbeit. Nicht selten werden darüber hinaus zusätzliche arbeitgeberseitige Ausgleichszahlungen vereinbart.

124 Fitting, § 37 Rn. 67b; Schölzel/Grünberg, AiB 2011,79; Mayer, AiB 2011, 668 (671).
125 Fitting, a. a. O.; Schölzel/Grünberg, a. a. O.; Mayer AiB 2011, a. a. O.
126 DKW-Wedde, § 37 Rn. 40.

Die Auswirkungen von Kurzarbeit auf die Vergütung von BR-Mitgliedern stellen sich bei nicht vollständig freigestellten und bei vollfreigestellten BR-Mitgliedern unterschiedlich dar.

1. Nicht vollständig freigestellte BR-Mitglieder

60 Nicht vollständig freigestellte BR-Mitglieder können von Kurzarbeit betroffen sein. Hierfür ist unerheblich, ob ihre Vergleichsarbeitnehmer nach § 37 Abs. 4 BetrVG in Kurzarbeit tätig sind.[127] Die Betroffenheit von einzelnen BR-Mitgliedern bestimmt sich vielmehr danach, ob sie in einem der betroffenen Bereiche tätig sind, für die Kurzarbeit vereinbart wird. Wenn ein BR-Mitglied aufgrund der vereinbarten Reichweite der Kurzarbeit betroffen ist, ist seine tatsächliche Beschäftigung in dem vereinbarten Umfang suspendiert. Das Entgelt wird entsprechend gekürzt.[128] Der Umfang der Kürzung der Arbeitszeit richtet sich hierbei allein nach dem Arbeitsausfall in dem Bereich, dem das betroffene BR-Mitglied angehört. Nicht entscheidend ist der Umfang der zu dieser Zeit anfallenden Betriebsratstätigkeiten.[129]

Es stellt sich die Frage, wie mit Betriebsratstätigkeit umzugehen ist, die zu einer Zeit anfällt, in der die tatsächliche Beschäftigung wegen der vereinbarten Kurzarbeit suspendiert ist.

Das BAG hat im Jahre 1995 noch entschieden, dass ein BR-Mitglied während der Durchführung einer Betriebsratsschulung lediglich Anspruch auf den gekürzten Lohn entsprechend den übrigen AN der Schicht hat, welcher er für den Zeitraum der Schulung zugeteilt war.[130] Diese Rechtsprechung passt zu der kritisch zu wertenden Auffassung des BAG bezüglich der Frage der Vergütung von Betriebsratsarbeit während eines Ausfalls wegen Schlechtwetter.[131] Dem entgegenstehend hat das BAG im Jahr 1999 allerdings erkannt, dass das BR-Mitglied Anspruch auf eine Anwesenheitsprämie hat, die ihm nur wegen der Ausübung von Betriebsratstätigkeit während einer Kurzarbeitsphase zugesprochen wurde.[132]

61 Nach zutreffender, herrschender Meinung gelten für den Fall der Betriebsratsarbeit während einer Kurzarbeitsphase die Grundsätze über die Betriebsratstätigkeit außerhalb der Arbeitszeit entsprechend § 37 Abs. 3 BetrVG, allerdings mit der Maßgabe, dass ein etwaiger Mehrarbeitszuschlag entfällt (siehe hierzu Rn. 62).[133]

Nach § 37 Abs. 3 BetrVG hat ein BR-Mitglied einen Anspruch auf Freizeitausgleich, wenn aus betriebsbedingten Gründen außerhalb der Arbeitszeit Be-

127 Fitting, § 37 Rn. 125, m. w. N.; DKW-Wedde, § 37 Rn. 95.

128 Bonanni/Fehlberg, Betriebsräte in (Corona-)Kurzarbeit, ein kurzer Einblick in die arbeits- und sozialrechtliche Bewertung, ArbRB 2020, 151, 152; Richardi-*Thüsing*, § 37 Rn. 12.

129 Bonanni/Fehlberg, Betriebsräte in (Corona-)Kurzarbeit, ein kurzer Einblick in die arbeits- und sozialrechtliche Bewertung, ArbRB 2020, 151, 152; Richardi-*Thüsing*, § 37 Rn. 12.

130 BAG 12. 10. 1994, 7 AZR 398/93, Rn. 17, zitiert nach juris.

131 BAG 31. 7. 1986, 6 AZR 298/84, Rn. 15, zitiert nach juris.

132 BAG 29. 9. 1999, 7 AZR 281/98, Rn. 23, zitiert nach juris.

133 DKW-Wedde, § 37 Rn. 53; Fitting § 37 Rn. 69.

triebsratstätigkeit durchzuführen ist. Maßgebend ist hierbei die individuelle Arbeitszeit des jeweiligen BR-Mitglieds[134] sowie, ob die Betriebsratstätigkeit aus betriebsbedingten Gründen zu einer Zeit erfolgen muss, in der das BR-Mitglied ansonsten keine Arbeitsleistung zu erbringen hätte.[135] Im Fall von Kurzarbeit ist also konkret zu prüfen, ob sich aus der Vereinbarung zur Kurzarbeit ergibt, dass die persönliche Arbeitszeit des BR-Mitglieds zur Zeit der Betriebsratstätigkeit durch die Kurzarbeit suspendiert war. Ist dies der Fall handelt es sich um Betriebsratstätigkeit außerhalb der Arbeitszeit entsprechend § 37 Abs. 3 BetrVG.
Es gelten damit auch die Grundsätze zur Entlohnung »wie Mehrarbeit« entsprechend § 37 Abs. 3 Satz 3 BetrVG. Nach dieser Vorschrift ist die für Betriebsratsarbeit außerhalb der Arbeitszeit aufgewendete Zeit »wie Mehrarbeit« zu vergüten, wenn der Freizeitausgleich aus betriebsbedingten Gründen nicht innerhalb von einem Monat gewährt werden kann. Wenn ein BR-Mitglied in einer Kurzarbeitsperiode wegen der Quantität der Kürzung (Extremfall »Kurzarbeit Null«) innerhalb eines Monats keinen Freizeitausgleich nehmen kann, hat es daher einen Anspruch auf Vergütung der außerhalb seiner persönlichen – durch die Kurzarbeit gekürzten – Arbeitszeit geleisteten Betriebsratsarbeit mit seinem Gehalt.[136]

Hierbei entfällt allerdings der Anspruch auf einen etwaigen Mehrarbeitszuschlag, 62
denn wenn ein BR-Mitglied zu dieser Zeit keine Betriebsratsarbeit geleistet, sondern regulär gearbeitet hätte, würde es ebenfalls nur die übliche Vergütung ohne Mehrarbeitszuschlag erhalten.[137] Die Gewährung eines Mehrarbeitszuschlags wäre daher als Bevorzugung des BR-Mitglieds zu werten. Weiterhin bleibt die individuelle Arbeitszeit des BR-Mitglieds maßgeblich, sodass Mehrarbeitszuschläge auszuzahlen wären, sollte die Betriebsratsarbeit trotz Kurzarbeit über die individuelle Arbeitszeit des betroffenen BR-Mitglieds hinausgehen.

Eine andere Meinung geht davon aus, dass zwar die Grundsätze des § 37 Abs. 3 63
BetrVG Anwendung finden sollen, allerdings mit der Maßgabe, dass der Freizeitausgleich innerhalb der Zeiten des Arbeitsausfalls zu erfolgen habe, für die das BR-Mitglied nur einen Anspruch auf Kurzarbeitergeld hat.[138]
Diese Auffassung kann nicht überzeugen. Nach der gesetzlichen Konzeption der §§ 37 Abs. 2, Abs. 3 und 78 Satz 2 BetrVG hat ein BR-Mitglied für die Ausübung von erforderlicher Betriebsratsarbeit entweder während seiner regulären Arbeitszeit einen Anspruch auf Freistellung unter Fortzahlung der Vergütung oder, falls die Betriebsratstätigkeit ausnahmsweise außerhalb der zu vergütenden Arbeitszeit erfolgen muss, einen Anspruch auf vergüteten Freizeitausgleich. Der genannten Auffassung folgend, hätten BR-Mitglieder bei erforderlicher Betriebsratstätigkeit außerhalb der gekürzten Arbeitszeit nur einen Anspruch auf Frei-

134 DKW-Wedde, § 37 Rn. 71.
135 BAG 15.5.2019 – 7 AZR 396/17, 2. LS, zitiert nach juris, zu der allgemeinen Voraussetzung des Anspruchs auf Freizeitausgleich nach § 37 Abs. 3 BetrVG.
136 DKW-Wedde, § 37 Rn. 85; LAG Düsseldorf 19.5.1993 – 18 Sa 215, 4. Leitsatz, zitiert nach juris, zur Unmöglichkeit der Verwirklichung des Freizeitausgleiches bei BR-Mitgliedern in Teilzeit.
137 DKW-Wedde, § 37, Rn. 53; Fitting § 37, Rn. 69.
138 Bonanni/Fehlberg, ArbRB 2020, 151, 152 und 154.

stellung während des Arbeitsausfalls unter Bezug des deutlich niedrigeren Kurzarbeitergelds, welches sie für die Zeit des Arbeitsausfalls ohnehin erhalten. Diese Auffassung führt dazu, dass es für die BR-Mitglieder in finanzieller Hinsicht keinen Unterschied macht, ob außerhalb der gekürzten Arbeitszeit Betriebsratstätigkeiten anfallen oder nicht. Vor dem Hintergrund, dass Betriebsratsarbeit der regulären Arbeit gleichzustellen ist,[139] ist dies nicht sachgerecht. Zudem läuft diese Auffassung darauf hinaus, dass die Bundesagentur für Arbeit für die Kosten aufkommen müsste, die durch die Ausübung von Betriebsratstätigkeiten während der Kurzarbeit entstehen. Dies ist abzulehnen, da die Kosten für erforderliche Betriebsratsarbeit vom AG zu tragen sind.

2. Nach § 38 BetrVG vollständig freigestellte BR-Mitglieder

64 Für vollständig freigestellte BR-Mitglieder wird überwiegend vertreten, dass die Arbeitszeit dieser BR-Mitglieder auch dann nicht gekürzt wird, wenn entweder die AN Kurzarbeit leisten müssen, deren Betriebsabteilung das BR-Mitglied vor seiner Freistellung angehört hat,[140] oder die Vergleichsarbeitnehmer nach § 37 Abs. 4 BetrVG von der Kurzarbeit betroffen sind.[141] Eine Kürzung der Vergütung erfolgt für diese BR-Mitglieder demnach nicht. Nach wohl herrschender Meinung soll dies allerdings nur gelten, wenn sich nicht auch die Betriebsratstätigkeit entsprechend verringert.[142]

Abgesehen davon, dass es im Einzelfall schwierig sein kann, diese »ehemalige Betriebsabteilung« zu identifizieren, ist die Einschränkung bei einer etwaigen Reduzierung der möglichen Betriebsratsarbeit nicht überzeugend. Zum einen dürfte in der Regel nicht anzunehmen sein, dass sich die Betriebsratsarbeit durch die Einführung von Kurzarbeit reduziert. Zum anderen steht die gesetzliche Regelung des § 38 BetrVG einer Reduktion der Arbeitszeit von BR-Mitgliedern aufgrund von Kurzarbeit entgegen. Denn der Freistellungsanspruch nach § 38 BetrVG wird – bei Vorliegen der gesetzlichen Voraussetzungen – vorbehaltlos gewährt, unabhängig von dem tatsächlichen Umfang der anfallenden Betriebsratstätigkeit. Dies muss auch für die Kurzarbeitsphase gelten, bei der sich die Anzahl der regelmäßig Beschäftigten nicht verändert.

65 Nach anderer Meinung soll auch die Arbeitszeit von vollfreigestellten BR-Mitgliedern bei der Einführung von Kurzarbeit stets zu kürzen sein, entsprechend dem Arbeitsausfall in demjenigen Bereich, dem das betroffene BR-Mitglied vor seiner Freistellung zuzuordnen war. Andernfalls würde eine unzulässige Begünstigung dieser BR-Mitglieder vorliegen.[143] Es bestünde nur ein Anspruch auf Ver-

139 LAG Hessen 10.3.2014 – 16 TaBV 197/13, Rn. 22, zitiert nach juris; Fitting, § 37 Rn. 14; GK-BetrVG/Weber, § 37 Rn. 12.
140 Fitting, § 38, Rn. 88; Schneider, NZA 84, 21, 23.
141 Fitting, § 37 Rn. 125, m.w.N.; DKW-Wedde, § 37 Rn. 95.
142 Fitting, a.a.O.; Schneider, a.a.O.
143 Bonanni/Fehlberg, a.a.O., 151f.

gütung der reduzierten Arbeitszeit. Für die ausgefallene Arbeitszeit könnten die BR-Mitglieder Kurzarbeitergeld beanspruchen.[144]
Diese Auffassung ist entschieden abzulehnen. Kurzarbeit wird bei einem Ausfall der arbeitsvertraglich geschuldeten Arbeit eingeführt. Vollfreigestellte BR-Mitglieder sind indes von ihrer Pflicht zur Erbringung von Arbeitsleistung vollständig entbunden. Ein Arbeitsausfall kann daher kein Anknüpfungspunkt für eine Reduzierung der Tätigkeit von vollfreigestellten BR-Mitgliedern sein.
Die dargestellte Auffassung hätte für die betroffenen vollfreigestellten BR-Mitglieder zudem gravierende finanzielle Auswirkungen, da diese nicht mit einer Bewilligung von Kurzarbeitergeld von der Arbeitsagentur rechnen können. Die Arbeitsagentur geht nach ihrer fachlichen Weisung nämlich davon aus, dass bei vollfreigestellten BR-Mitgliedern zur Beurteilung des Arbeitsausfalls i. S. d. §§ 95f. SGB III auf deren aktuelle Tätigkeit als BR-Mitglied abzustellen sei, und ein Arbeitsausfall und demnach ein Anspruch auf Kurzarbeitergeld nur dann vorläge, wenn sich die Betriebsratsaufgaben tatsächlich verringern, welche in Zeiten der Kurzarbeit aber – so auch die Einschätzung der Arbeitsagentur – eher zu als abnähmen.[145]
Da sich die Arbeitszeit von vollfreigestellten BR-Mitgliedern durch die Einführung von Kurzarbeit somit nach hier vertretener Auffassung nie und nach herrschender Meinung in aller Regel nicht verändert, hat Kurzarbeit – jedenfalls in aller Regel – keine Auswirkung auf die Vergütung von vollfreigestellten BR-Mitgliedern.

144 Bonanni/Fehlberg, a. a. O., 151, 154.
145 Fachliche Weisung zu Kurzarbeitergeld der Bundesagentur für Arbeit, S. 11 f.

G. Muster-Gesamtbetriebsvereinbarung zur Betriebsratsvergütung

von Jochen Homburg

Eine Gesamtbetriebsvereinbarung (GBV) zu diesem Thema kann immer nur einen Teil der gesamten Problematik abbilden. Am Ende wird auch die beste GBV einen Verständigungswillen der beiden Parteien benötigen, um zu zufriedenstellenden Ergebnissen zu kommen. Daher bemüht sich die folgende GBV um einen Ausgleich der Positionen, ohne Arbeitgeber- oder Arbeitnehmerseite zu bevorzugen.

I. Gesamtbetriebsvereinbarung zur Betriebsratsvergütung

zwischen der

XY GmbH – nachfolgend Unternehmen genannt –

und dem

Gesamtbetriebsrat der XY GmbH – nachfolgend GBR genannt –

§ 1 Präambel

Die XY GmbH misst der Mitbestimmung einen hohen Stellenwert im Unternehmen für den innerbetrieblichen Frieden und die Unternehmensentwicklung bei.
Daher ist es dem Unternehmen ein wesentliches Anliegen auch in Zukunft mit den Betriebsräten vertrauensvoll zusammenzuarbeiten. Dazu braucht es eine faire, belastbare und transparente Regelung zur Vergütung für die Betriebsratsmitglieder.[1]
Grundlage der Vergütung ist das gesetzlich verankerte Ehrenamtsprinzip mit der Maßgabe, dass Betriebsräte weder begünstigt noch benachteiligt werden dürfen.
Gleichwohl es sich beim Betriebsratsamt um ein unentgeltliches Ehrenamt handelt, ergeben sich immer wieder rechtliche Unsicherheiten hinsichtlich der Vergütung und Karriereentwicklung von Betriebsräten. Mit dieser Vereinbarung soll zwischen den In-

1 Es empfiehlt sich die Regelungen dieser GBV ebenfalls auf die Mitglieder der Schwerbehindertenvertretung (SBV) und der Jugend- und Auszubildendenvertretung (JAV) auszudehnen.

teressen aller Beteiligten ein Ausgleich gefunden werden und gerichtliche Auseinandersetzungen sollen vermieden werden.
Die Regelungen zur Vergütung von Betriebsräten sollen mit dieser Betriebsvereinbarung im Unternehmen einheitlich vereinbart werden, soweit sie noch nicht von der Rechtsprechung ohnehin einheitlich vorgegeben sind.

§ 2 Geltungsbereich

a) Örtlicher Geltungsbereich

Die Gesamtbetriebsvereinbarung gilt in allen Betrieben des Unternehmens in der Bundesrepublik Deutschland.

b) Persönlicher Geltungsbereich

Diese Gesamtbetriebsvereinbarung gilt gemäß § 5 Absatz 1 BetrVG für alle Beschäftigten, die im örtlichen Geltungsbereich dieser Vereinbarung beschäftigt sind und ein Betriebsratsamt innerhalb des Unternehmens bekleiden.

§ 3 Grundsätze zur Betriebsratsvergütung

a) Das Entgelt der Betriebsratsmitglieder richtet sich nach ihrem Arbeitsvertrag i.V.m. § 611a BGB und § 37 Abs. 2 BetrVG. Bei der Entgeltfestlegung sind die § 37 Abs. 4 und § 78 Satz 2 BetrVG zu berücksichtigen.
b) Grundsätzlich findet das Lohnausfallprinzip Anwendung.
Das fortzuzahlende Entgelt umfasst das gesamte Entgelt samt Festgehalt nach Eingruppierung, Zulagen und möglicher Sachbezüge. Individuell abgerechnete Entgeltbestandteile (wie z.B. Zeitzuschläge oder Mehrarbeit) werden in dem Umfang berücksichtigt, wie sie jeweils im Durchschnitt der letzten 12 Monate[2] der letzten vertragsgemäßen Beschäftigung vor Antritt der Betriebsratsamtes angefallen sind.
c) Entgeltbestandteile, die dem Betriebsratsmitglied gezahlt werden, werden entsprechend der bisherigen Rechtsgrundlage so lange weitergezahlt, wie diese Rechtsgrundlage im Betrieb weiterbesteht. Im Falle einer Änderung der rechtlichen Grundlage, z.B. durch Übernahme einer anderen Tätigkeit, z.B. aufgrund einer hypothetischen Karriere, werden diese Entgeltbestandteile nur dann weitergezahlt, wenn das Betriebsratsmitglied auch weiterhin einen Anspruch auf diese Entgeltbestandteile hätte. Ebenso ist zu prüfen, ob ggf. neue Ansprüche entstehen können.
d) Das fortzuzahlende Entgelt eines Betriebsrates ist einmal im Jahr oder auf Antrag innerhalb dieser Zeitspanne zu überprüfen und gegebenenfalls anzupassen. Dies umfasst auch die individuellen Entgeltbestandteile.
e) Es gibt eine hypothetische Karriere in der beruflichen Entwicklung gemäß § 78 Satz 2 BetrVG unabhängig von der Entwicklung der Vergleichsgruppe. Eine nähere Beschreibung findet sich unter § 6 dieser Vereinbarung.
f) Das Betriebsratsmitglied erhält Entgelterhöhungen, z.B. Tariferhöhungen, und sonstige betriebsübliche Automatismen bei der Vergütungsentwicklung in gleicher Weise wie die übrigen Beschäftigten des Unternehmens auch.

2 Es empfiehlt sich einen Zeitraum zu nehmen, der zu einem repräsentativen Ergebnis kommt. Bei außergewöhnlich vielen besonderen Umständen im vorangegangenen Jahr, würde es sich anbieten, den zu betrachtenden Zeitraum auf 2 oder 3 Jahre zu verlängern.

g) Eine Abgruppierung von Betriebsräten, z. B. bei Änderung der Vergleichsgruppe, findet nicht statt. Es sei denn, sie übernehmen eine neue niedrige bewertete Aufgabe im Betrieb oder die Vergütung verstößt gegen die gesetzlichen Bestimmungen.

§ 4 Erstellung der Vergleichsgruppe

a) Spätestens drei Monate nach dem erstmaligen Antritt des Betriebsratsamtes wird für jedes Betriebsratsmitglied eine Gruppe vergleichbarer Beschäftigter gebildet, nach deren Entgeltentwicklung sich die zukünftige Entgeltentwicklung des Betriebsratsmitglieds gemäß § 37. Abs. 4 BetrVG bemisst.
b) Für Betriebsratsmitglieder, die zum Zeitpunkt des Abschlusses dieser Gesamtbetriebsvereinbarung bereits Betriebsratsmitglied sind, wird die Vergleichsgruppe schnellstmöglich, jedoch nicht später als ein Kalenderjahr nach Abschluss dieser Gesamtbetriebsvereinbarung gebildet.[3]
c) Ein Betriebsratsmitglied ist grundsätzlich vergleichbar mit anderen Beschäftigten, die zum Zeitpunkt der Amtsübernahme
   1. im selben Betrieb tätig sind,
   2. eine im Wesentlichen gleiche Tätigkeit ausüben,
   3. in vergleichbarer Weise qualifiziert sind, d. h. insbesondere eine vergleichbare schulische und fachliche Aus-/Fortbildung aufweisen,
   4. möglichst in dieselbe (tarifliche) Entgeltgruppe eingruppiert sind,
   5. möglichst das gleiche Lebensalter aufweist,[4]
   6. vergleichbare Leistungen auf Basis einer tariflichen Regelung (z. B. gleiche Leistungsbeurteilung) erbracht haben.
d) Die Festlegung der Vergleichsgruppe erfolgt für die Betriebsratsmitglieder durch das Unternehmen.
e) Diese Gesamtbetriebsvereinbarung ist eine Rechtsgrundlage im Sinne von Art. 88 DSGVO i. V. m. § 26 Abs. 1 Satz 1 BDSG. Eine entsprechende Datenverarbeitung ist somit gestattet.[5]
f) Die Festlegung der Vergleichspersonen wird wie folgt durchgeführt:
   1. Das betroffene Betriebsratsmitglied erhält die Möglichkeit dem Unternehmen mehrere Vergleichspersonen vorzuschlagen.
   2. Das Unternehmen ist nicht an die Vorschläge des Betriebsratsmitgliedes gebundenen. Das Unternehmen legt zunächst vorläufig die Vergleichspersonen anhand einer eigenen Liste mit Namen und den wesentlichen Eingruppierungskriterien fest. Dabei werden die Vorschläge des Betriebsratsmitgliedes – soweit möglich – berücksichtigt.
   3. Diese Liste der Vergleichspersonen wird mit dem betroffenen Betriebsratsmitglied besprochen. Diese Liste enthält die Vor- und Nachnamen und Personalnummern sowie die zur Eingruppierung weiterhin notwendigen Merkmale aller Vergleichspersonen.
      In diesem Gespräch soll Einvernehmen über die Vergleichspersonen erzielt werden.

---

3 Je früher man auch die »Altfälle« abbilden kann, desto besser.

4 Hier kann es sinnvoll sein einen Korridor (+/– 2 oder mehr Jahre) zu definieren oder stattdessen die Betriebszugehörigkeit zu nehmen, um je nach Bedarf die Vergleichsgruppe zu vergrößern oder zu verkleinern.

5 DKW-Wedde zu § 37, Rn. 88h.

4. Konnte ein Einvernehmen erzielt werden, wird die Liste mit den endgültig festgelegten Vergleichspersonen (Vor- und Nachnamen und Personalnummern) dem Gesamtbetriebsrat vorgelegt. Dieser bestätigt die Vergleichspersonen durch Beschluss gem. § 37 Abs. 4 Satz 5 2. Halbsatz BetrVG.
5. Konnte ein Einvernehmen nicht erreicht werden, wird der Vorgang zwecks Festlegung der Vergleichspersonen an die »Einigungsstelle zur BR-Vergütung« weitergeleitet. Deren Beschluss wird samt Begründung an den Gesamtbetriebsrat und das betroffene Betriebsratsmitglied weitergeleitet.
6. Stimmt das betroffene Betriebsratsmitglied der Entscheidung des Unternehmens nach Befassung durch die Einigungsstelle nicht zu, legt das Unternehmen die Vergleichspersonen einseitig nach Maßgabe der in dieser Gesamtbetriebsvereinbarung festgelegten Kriterien fest. In diesem Fall entfällt die Privilegierung gem. § 37 Abs. 4 Satz 5 2. Halbsatz BetrVG.
7. Das wiedergewählte Betriebsratsmitglied behält seine bei der erstmaligen Wahl ins Amt festgelegte Vergleichsgruppe. Es sei denn nach § 5 ist die Vergleichsgruppe neu festzulegen.

§ 5 Änderung der Vergleichsgruppe

Beim Vorliegen eines sachlichen Grundes kann ausnahmsweise eine Änderung oder Neubestimmung der Vergleichsgruppe erfolgen.[6]
Sachliche Gründe können beispielsweise sein:

- Wegfall von Vergleichspersonen, so dass weniger als drei Vergleichspersonen in der Vergleichsgruppe verbleiben;
- nachträglich eintretende Veränderungen in der Person des Betriebsrates, die zu präziseren Vergleichskriterien führen, so dass die Vergleichsgruppe angepasst werden muss;
- Änderung des Arbeitsvertrages mit einer neuen Tätigkeit. Eine solche Änderung kann auch nach einer erfolgreichen hypothetischen Karriere entstehen;
- Korrektur offensichtlich fehlerhaft festgelegter Vergleichspersonen.

Der sachliche Grund für die Änderung oder Neubestimmung der Vergleichspersonen ist vom Unternehmen zu dokumentieren und das Verfahren nach § 4 dieser Gesamtbetriebsvereinbarung ist erneut durchzuführen.

§ 6 Anpassung der Vergütung auf Basis von § 37 Absatz 4

Die Entwicklung der Vergütung von Betriebsratsmitgliedern anhand Ihrer Vergleichsgruppe orientiert sich an den bereits formulierten Grundsätzen, sowie den einschlägigen gesetzlichen Regelungen und der Rechtsprechung.
Bei nicht vollständig freigestellten Betriebsratsmitgliedern ist vorrangig auf die tatsächliche Entwicklung abzustellen. Eine Vergütungsentwicklung anhand der Vergleichsgruppenbetrachtung ist nur dann in Betracht zu ziehen, wenn die Vergütungsentwicklung des Betriebsratsmitglieds hinter der Entwicklung der Vergleichsgruppe zurückbleibt. Es ist dabei zu beachten, dass die Abwesenheit am Arbeitsplatz aufgrund der Betriebsratstätigkeit sich nicht nachteilig auf die Bewertung leistungsbezogener Vergütungsbestandteile auswirken darf.

---

6 DKW-Wedde zu § 37, Rn. 88d.

a) **Vergütungsbestandteile**

Im Rahmen der Überprüfung der Vergütungsentwicklung sind grundsätzlich alle den Vergleichspersonen zustehenden Leistungen zu berücksichtigen.

Dazu gehören das tariflich oder vertraglich vereinbarte Grundgehalt sowie variable Vergütungsbestandteile. Zu berücksichtigen sind zudem alle weiteren kollektiven Zuwendungen des Arbeitgebers an die Vergleichspersonen, wie. z. B. Zusagen für Leistungen der betrieblichen Altersversorgung oder Gewinnbeteiligungen.

Zuschläge, Zulagen und sonstige Leistungen unterliegen einer Einzelfallbetrachtung. Die Aufzählung ist nicht abschließend.

Nicht zu berücksichtigen sind Vergütungsbestandteile, mit denen ein tatsächlicher Mehraufwand abgegolten wird, wie z. B. Reisekosten, Wegegelder etc. Diese werden im Falle tatsächlicher Aufwendungen erstattet.

b) **Entwicklung**

Maßgeblich für die Feststellung der Vergütungsentwicklung des Betriebsratsmitglieds ist die Entwicklung, die der Median[7] der Vergleichspersonen genommen hat. Die Betriebsratsmitglieder haben einen Anspruch auf die entsprechende Erhöhung ihres Arbeitsentgelts (Entgeltgruppe). Der Umfang der Entwicklung richtet sich nach dem Median der Entwicklung der Mitglieder Vergleichsgruppe. Eine Entwicklung in Bruchteilen ist im tariflichen Bereich nicht vorgesehen.

Umgruppierungen oder Statuswechsel (z. B. eine Beförderung in eine AT-Vergütung) sind entsprechend dann vorzunehmen, wenn es zu einer entsprechenden Entwicklung im Median gekommen ist.

Dabei ist darauf zu achten, dass Kriterien, die Betriebsräte nicht erfüllen können (wie z. B. ein Auslandseinsatz), nicht zur Ablehnung der Entwicklung führen dürfen.

§ 7 Zuschläge und Mehrarbeit

a) Das fortzuzahlende Entgelt im Rahmen des Lohnausfallprinzips umfasst das gesamte Entgelt samt Festgehalt nach Eingruppierung, Zulagen und möglicher Sachbezüge (siehe § 3 dieser Vereinbarung). Individuell abzurechnende Entgeltbestandteile (Zeitzuschläge oder Mehrarbeit) werden in dem Umfang berücksichtigt, wie sie jeweils im Durchschnitt der letzten 12 Monate[8] der letzten vertragsgemäßen Beschäftigung vor Amtsantritt angefallen sind.
Hieraus ist eine monatliche Pauschale für eine die hypothetische Abrechnung der Zuschläge und Mehrarbeit zu bilden, die jeden Monat im Amt ausgezahlt wird.
Eine Anpassung der monatlichen Pauschale ist bei erheblichen Änderungen im Betriebsablauf oder bei Antritt einer geänderten vertraglichen Beschäftigung gemeinsam zu vereinbaren.

b) Zum Ausgleich für Betriebsratstätigkeit, die aus betriebsbedingten Gründen außerhalb der Arbeitszeit durchzuführen ist, hat das Betriebsratsmitglied Anspruch auf entsprechende Arbeitsbefreiung unter Fortzahlung des Arbeitsentgelts nach

7 Hier kann auch die Mehrheit oder der Durchschnitt der Vergleichspersonen, z. B. bei kleineren Gruppen als Maßstab verwendet werden. Der Median hat den Vorteil, dass »Ausreißer« – nach oben wie nach unten – durch die Art der Berechnung des Medians »geglättet« werden. Das BAG hat sich bis jetzt zumeist auf Mehrheit oder Durchschnitt in den Entscheidungen bezogen.

8 Der Zeitraum ist ggf. anzupassen. Siehe Fußnote 2.

§ 37 Abs. 3 BetrVG. Die Arbeitsbefreiung ist vor Ablauf eines Monats zu gewähren. Ist dies aus betriebsbedingten Gründen nicht möglich, so ist die aufgewendete Zeit wie Mehrarbeit nach den im Unternehmen geltenden Regelungen zu vergüten. Pauschale Abgeltungen von tatsächlicher Mehrarbeit sind unzulässig.[9]

§ 8 Entwicklung über eine hypothetische Karriere

a) Unter einer »hypothetischen Karriere« ist eine berufliche Entwicklung nach § 78 Satz 2 BetrVG unabhängig von der Entwicklung der Vergleichsgruppe zu verstehen. Bei einer solchen arbeitsvertraglichen Entwicklung des Betriebsratsmitglieds in eine neue Stelle, tritt das Betriebsmitglied diese wegen des Fortbestehens der Mitgliedschaft im Betriebsrat jedoch nicht oder bei teilweiser Freistellung nur zeitweise an. Bei der Bewertung der Auswahlkriterien für die Bewerbung eines Mitgliedes des Betriebsrates sind im Betriebsratsamt erworbene Fähigkeiten und Abschlüsse, soweit auf die Stelle anwendbar, zu berücksichtigen.
   Diese Karriereentwicklung ist unabhängig von der Entwicklung nach § 37 Abs. 4 BetrVG.
b) Das Betriebsratsmitglied kann neben der erfolgreichen Bewerbung geltend machen, es hätte ohne seine Amtstätigkeit eine bessere Entwicklung als die Vergleichsgruppe genommen. Wird diese Entwicklung nach Prüfung bestätigt, kann das Betriebsratsmitglied verlangen, ab dem Zeitpunkt der Stellenbesetzung durch einen anderen Bewerber so gestellt zu werden, als habe es die Stelle angenommen, um eine Benachteiligung nach § 78 Satz 2 BetrVG zu vermeiden. Die Prüfung wird auf Antrag des Betriebsmitgliedes bei der Personalabteilung durchgeführt. In Streitfällen entscheidet die innerbetriebliche Einigungsstelle nach § 9 dieser Vereinbarung. Der Klageweg bleibt offen.
c) Eine hypothetische Karriereentwicklung ohne die aktive Bewerbung eines Betriebsmitgliedes auf eine freie Stelle im Unternehmen ist ausgeschlossen.[10] Eine Ausnahme hiervon gilt, wenn die Stelle nicht ausgeschrieben war.

§ 9 Innerbetriebliche freiwillige Einigungsstelle

a) Aufgabe der innerbetrieblichen Einigungsstelle ist es Streitigkeiten zur Auslegung dieser Gesamtbetriebsvereinbarung und mögliche Einzelfälle der Entwicklung und Eingruppierung von Betriebsräten zu einigen, um so gerichtliche Verfahren zu vermeiden.
b) Das Verfahren der Beschlussfassung in der innerbetrieblichen Einigungsstelle entspricht § 76 Abs. 5 BetrVG analog. Die Einigungsstelle verfasst selbst – bei Bedarf – eine Geschäftsordnung.
c) Mitglieder der Einigungsstelle sind zwei Vertreter des Unternehmens, zwei Vertreter des Gesamtbetriebsrats und ein neutraler Sachverständiger. Der neutrale Sachverständige übernimmt den Vorsitz der Einigungsstelle. Er soll vorzugsweise ein Richter oder ehemaliger Richter eines deutschen Arbeitsgerichts sein.

---

9 Es sei denn, es wird bereits eine Pauschale für hypothetische Mehrarbeit gezahlt. Dann kann dieser Posten nicht mehr ohne weiteres anfallen.

10 Das BAG hat auch die Möglichkeit in Betracht gezogen, dass ein Betriebsrat sich wegen seines Amtes nicht bewirbt und trotzdem Anspruch auf die Stelle hat. Das dürfte jedoch in der Regel nur äußerst schwer zu beweisen sein.

Der neutrale Sachverständige wird durch das Unternehmen im Einvernehmen mit dem Gesamtbetriebsrat bestimmt.

d) Die Einigungsstelle entscheidet entweder durch eine einvernehmliche Entscheidung oder durch Beschluss der Mehrheit ihrer Mitglieder nach § 76 BetrVG analog.

e) Der Beschluss kann vor Gericht durch das Unternehmen oder den betroffenen Betriebsrat überprüft werden.

§ 10 Dokumentationspflichten

a) Sämtliche für die Entgeltentwicklung relevanten Maßnahmen und Entscheidungen sind durch das Unternehmen zu dokumentieren und in der Personalakte festzuhalten.

b) Im Falle einer hypothetischen Karriere wird mit dem Betriebsratsmitglied ein für die Position üblicher neuer Arbeitsvertrag abgeschlossen.

c) Die Dokumentation des Unternehmens, insbesondere die Vergleichspersonen und Arbeitsplatzbeschreibungen sind dem Betriebsratsmitglied im Streitfall zur Verfügung zu stellen.

§ 11 Übergangsregelung

Im Zeitpunkt des Inkrafttretens bereits bestehende Vergleichsgruppen bleiben von dieser Vereinbarung unberührt. Sie können auf Antrag des betroffenen Betriebsratsmitgliedes überprüft werden. Es gelten für die Überprüfung die Regelungen dieser Vereinbarung.

§ 12 Schlussbestimmungen

a) Die Vereinbarung tritt zum TT.MM.JJJJ in Kraft.

b) Sie kann mit einer Frist von sechs Monaten zum Jahresende gekündigt werden.

c) Im Falle der Änderung der Rechtslage – z. B. durch eine neue Rechtsprechung oder eine Gesetzesänderungen – verpflichten sich die Parteien, zeitnah über die Anpassung der Regelung zu verhandeln.

X-Stadt, … (Datum der Beschlussfassung des GBR)

Unternehmen Gesamtbetriebsrat

II. Erläuterungen zur Nutzung der Muster-Gesamtbetriebsvereinbarung

1 Eine solche Mustervereinbarung geht immer von Annahmen aus, die nicht in jedem Anwendungsfall in gleicher Form vorzufinden sind. So ist die vorgeschlagene innerbetriebliche Einigungsstelle in kleineren Unternehmen sicherlich keine sinnvolle Lösung, weil der Aufwand für wenige Fälle vermutlich zu groß wäre. Daher sollte in jedem Einzelfall überprüft werden, ob auch für eine solche Regelung die richtigen Annahmen für das jeweilige Unternehmen vorliegen. Grundlage für die Bewertung der einzelnen Regelungen der GBV sind die Beiträge in

diesem Buch, die jede Leserin und jeden Leser in die Lage versetzen sollen, dies zu beurteilen. Weiterhin ist es durchaus sinnvoll, sich auch andere Vorschläge für Mustervereinbarungen[11] anzusehen, um ggf. für den eigenen Problemzuschnitt eine passendere Formulierung zu finden.

Zu der Vereinbarung sind zudem noch folgende Hinweise zu geben, soweit Sie nicht ohnehin in den einzelnen Kapiteln dieses Buches zu finden sind:

Von einer originären Zuständigkeit des Gesamtbetriebsrates ist der Gesetzgeber 2 nicht ausgegangen, obwohl es sehr sinnvoll erscheint, die gleichen Regelungen auf die Vergütung von Betriebsräten in jedem Betrieb im Unternehmen anzuwenden. Bei den meisten Regelungen wird sich der Arbeitgeber in den Betrieben nicht unterschiedlich verhalten können. Zum einen, weil der gesetzliche Rahmen nicht so viel Spielraum hergibt. Zum anderen, weil eine unterschiedliche Behandlung im Unternehmen vermutlich zu neuen Spannungen führen würde. Sollte der Arbeitgeber also nur zum Abschluss einer Gesamt- oder Konzernbetriebsvereinbarung bereit sein, so dürfte die originäre Zuständigkeit des überörtlichen Gremiums gegeben sein. Gleichwohl hilft ein Delegationsbeschluss für die Rechtssicherheit einer solchen GBV oder KBV.

Allerdings sind immer die Besonderheiten des Einzelfalles zu berücksichtigen. So könnte eine GBV z. B. auch nur einen Rahmen bieten, wenn die Betriebe des Unternehmens sehr unterschiedlich sind.[12]

Das Ziel der Regelungen zur Bildung der Vergleichsgruppen in dieser Muster- 3 vereinbarung ist, dass man so individuell wie möglich die Vergleichsgruppe zusammenstellt und gleichzeitig Kriterien findet, die einen gewissen Automatismus bilden, um so möglichst zu einer einvernehmlichen gebildeten Vergleichsgruppe zu kommen.

Insoweit sind die Kriterien Betriebszugehörigkeit und/oder Lebensalter durch- 4 aus umstritten. Natürlich sind Menschen, die ein ähnliches Alter erreicht haben, auch in einer eher vergleichbaren Situation wie ein gleichaltes oder ähnlich altes BR-Mitglied. Das muss aber nicht der Fall sein, weil z. B. noch mal der Job oder der Arbeitgeber gewechselt wurde. Daher macht diese Mustervereinbarung hierzu keine weiteren Vorgaben, weil man diese für passend auf seine Belegschaft befinden muss oder ggf. sogar so weit »aufweichen« muss, dass man überhaupt passende Vergleichspersonen findet. Das beiden wichtigsten Kriterien hierfür sind die zuletzt ausgeübte Tätigkeit und die damit verbundene Eingruppierung.

In diesem Zusammenhang wird vertreten, dass es die eine objektive Vergleichs- 5 gruppe geben würde.[13] Davon ist der Verfasser jedoch nicht ausgegangen, weil schon jede kleine Veränderung an den Kriterien zu einer anderen Zusammensetzung der Vergleichsgruppe führt, und damit zu einer anderen Entwicklung des BR-Mitgliedes. Als Beispiel sei genannt, dass bei einem Alterskorridor von

11 Siehe z. B. DKW, Arbeitshilfen für den Betriebsrat, zu § 37.

12 Annuß in BRuR, 2024, 288; Annuß schreibt, dass der GBR oder KBR zuständig sei, aber die Kompetenz für die Auswahl der Vergleichspersonen beim BR läge.

13 Annuß, Vergütung von Betriebsratsmitgliedern – kehrt endlich Ruhe ein?, BRuR 2024, S. 282–288.

+/– **zwei** Jahren oder +/– **fünf** Jahren sich eine andere Vergleichsgruppe ergeben wird. Beide Varianten sind zulässig. Im ersten Fall wird man weniger Vergleichspersonen finden, im anderen Fall wird man mehr Vergleichspersonen finden. Es wird je nach Anwendung der Kriterien des BAG und/oder einer Betriebsvereinbarung mehrere rechtmäßig zusammengesetzte Vergleichsgruppen geben können.

6 Eine nach Antritt des Amtes erlangte höhere Qualifizierung eines BR-Mitglieds ist in der Regel Grund für eine neue, verbesserte Zusammensetzung der Vergleichsgruppe. Dies ist eine »Konkretisierung« der Vergleichspersonen und ist von der Gesetzesnovelle 2024 ausdrücklich erfasst.[14]

7 Bei der Bewerbung eines BR auf eine offene Stelle im Unternehmen ist der Verfasser auf jeden Fall davon ausgegangen, dass die Möglichkeit, die im Amt erworbenen Fähigkeiten und Kenntnisse, wie in der Gesetzesnovelle in der Gesetzesbegründung[15] ausgeführt ist, bei der Auswahlentscheidung des Rekruters Berücksichtigung findet, besteht. Beschränkt natürlich insofern, dass diese auf der begehrten Stelle auch benötigt werden müssten.

8 Der Entwurf der Mustervereinbarung geht davon aus, dass der Nachweis kaum gelingen kann, dass man sich – weil man BR ist – nicht beworben hat, aber trotzdem die hypothetische Karriereentwicklung gemacht hätte, weil man der oder die am besten geeignete Bewerber oder Bewerberin war. Daher ist vielmehr darauf zu achten, dass alle zu besetzenden Stellen im Unternehmen ausgeschrieben werden und die BR, die sich beworben haben, am Auswahlverfahren fair beteiligt werden.

9 Zuletzt sei noch angemerkt, dass es eine Vielzahl von weiteren einzelnen Vergütungsfragen gibt, die nicht in dieser Mustervereinbarung geregelt sind. Insoweit wird auf die einzelnen Kapitel dieses Buches verwiesen und auf zu vereinbarende Regelungen für die Lohnbuchhaltung, wenn es Besonderheiten oder Streitfälle gibt. Diese Regelungen können auch als Regelungsabrede vereinbart werden, um auf Änderungen in der Rechtsprechung oder steuerlichen Behandlung schneller reagieren zu können.

---

14 Annuß in Ausschussdrucksache 20(11)476 vom 17.4.2024 mit weiteren Verweisen in Fußnote 23 des Dokuments.

15 BT-Drucksache 20/9469, S. 11: »Dabei kann es sachlich gerechtfertigt sein, bei einer solchen Stellenbesetzung auch die durch und während der Amtstätigkeitstätigkeit erworbenen Kenntnisse, Fähigkeiten und Qualifikationen zu berücksichtigen, soweit sie im Unternehmen auch außerhalb des Betriebsratsamtes für die jeweilige Stelle karriere- und vergütungsrelevant sind.«, siehe: *https://dserver.bundestag.de/btd/20/094/2009469.pdf.*

H. Betriebliche Altersversorgung (bAV)

von Peter Schrader

I. Besonderheiten im Zusammenhang mit der betrieblichen Altersversorgung und der Wertguthabenvereinbarung

Kommt man zu dem Ergebnis, dass die dem Betriebsratsmitglied (BR-Mitglied) gezahlte Vergütung nicht gegen § 37 Abs. 4 oder § 78 Satz 2 BetrVG verstößt, gibt es kein Problem: Die Vergütung ist insgesamt ordnungsgemäß, Rückforderungsansprüche oder Rückabwicklungsansprüche bestehen nicht. Anders aber, wenn eine rechtswidrige Begünstigung vorliegen sollte und der Arbeitgeber (AG) wegen der Begünstigung Rückforderungsansprüche geltend macht, oder mit angeblichen Rückforderungsansprüchen gegen die betriebliche Altersversorgung oder Wertguthaben aufrechnet. Diese Fallkonstellationen sind diffizil, und differenziert zu betrachten. 1

1. Möglicher Argumentationsansatz für Eingriffe in die betriebliche Altersversorgung

Mit Urteil vom 10.1.2023[1] erklärte der BGH übereinstimmend mit der Vorinstanz des LG Braunschweig, dass der Straftatbestand der Untreue erfüllt sein kann, wenn BR eine zu hohe Vergütung erhalten. Zur Frage der Vergütung rechnet der BGH (wohl) alle finanziellen Leistungen des AG, die eine Gegenleistung für die erbrachte Arbeit darstellen.[2] Wenn also betriebliche Altersversorgung (bAV) Arbeitsvergütung und damit eine Gegenleistung für erbrachte Arbeitsleistung ist, stellt sich hier die identische Problematik in mehrfacher Hinsicht: 2

- Wurde eine zu hohe Versorgungszusage den BR-Mitgliedern erteilt?
- Kann die betriebliche Altersversorgung ggf. widerrufen werden?
- Kann gegen Ansprüche aufgerechnet werden?

Die betriebliche Altersversorgung hat Versorgungs- und Entgeltcharakter. Sie ist Gegenleistung für die vom AN erbrachte Arbeitsleistung und Betriebstreue.[3] Sie ist damit Arbeitsentgelt und Arbeitsvergütung, so dass man im Zusammenhang mit der bAV, deren Höhe und Gewährung, in der Tat darüber nachdenken kann, 3

1 BGH 10.1.2023 – 6 StR 133/22,NZA 2023, 301.
2 BGH 10.1.2023 – 6 StR 133/22, NZA 2023, 301, dort unter Rn. 36.
3 BVerfG 19.10.1983 – 2 BvR 298/81, NJW 1984, 476.

ob ein Rückforderungsanspruch besteht, weil aufgrund einer evtl. Strafbarkeit der bAV diese Versorgungszusage vielleicht insgesamt nichtig ist (§ 134 BGB i. V. m. § 266 StGB), oder aufgrund von anderen Gegenansprüchen darüber nachgedacht werden kann, in Leistungen der bAV einzugreifen, sei es aufgrund von Überzahlungen durch Kürzungen oder Auf- und Anrechnung.

2. Begriff der betrieblichen Altersversorgung

4 Was bAV ist, ergibt sich aus § 1 Abs. 1 Satz 1 BetrAVG: Als bAV werden zugesagte Leistungen der Alters-, Invaliditäts- oder Hinterbliebenenversorgung bezeichnet, die der AG dem Arbeitnehmer (AN) aus Anlass seines Arbeitsverhältnisses zusagt. § 1 Abs. 2 BetrAVG definiert weitere Möglichkeiten und Arten der bAV. Daraus ergibt sich insgesamt, dass es folgende Zusagen des AG geben kann:

- Eine reine Leistungszusage: Danach verspricht der AG eine bestimmte Altersrente, bzw. einen festen Geldbetrag oder Prozentsatz der letzten Vergütung (§ 1 Abs. 1 Satz 1 BetrAVG);
- Eine beitragsorientierte Leistungszusage: Danach verspricht der AG, bestimmte Beiträge in eine Anwartschaft auf Alters-, Invaliditäts- und Hinterbliebenenversorgung umzuwandeln (§ 1 Abs. 2 Nr. 1 BetrAVG);
- Eine Beitragszusage mit Mindestleistung: Danach verspricht der AG die Zahlung von Beiträgen zur Finanzierung von Leistungen der bAV an einen Pensionsfonds, eine Pensionskasse oder eine Direktversicherung. Zu Beginn der Altersrente müssen mindestens die gezahlten Beiträge zur Verfügung stehen, soweit sie nicht für einen biometrischen Risikoausgleich verbraucht wurden (§ 1 Abs. 2 Nr. 2 BetrAVG);
- Eine reine Beitragszusage: Der AG ist hier lediglich zur Zahlung von Beiträgen verpflichtet. Eine bestimmte (Mindest-)Leistung wird weder durch den AG noch durch die Zusage der durchführenden Einrichtung (Pensionskasse, Pensionsfonds oder Direktversicherung) garantiert. Voraussetzung für die reine Beitragszusage ist das Vorliegen eines Tarifvertrages. Die Tarifvertragsparteien haben sich an der Durchführung und Steuerung der reinen Beitragszusage zu beteiligen (§ 1 Abs. 2 Nr. 2a BetrAVG).

5 **Handlungsempfehlung:**
Da es in der Praxis nicht unbedingt selten zu Auslegungsproblemen kommen kann, was genau in welchem Umfang an bAV zugesagt worden ist, was mit einzubeziehen ist (z. B. Gehaltssteigerungen in der Zukunft, variable Gehaltsbestandteile etc.), ist es dringend empfehlenswert, gerade bei individuellen Zusagen der bAV zumindest in Textform festzuhalten, was zwischen den Parteien tatsächlich vor welchem Hintergrund mit welchem Inhalt vereinbart worden ist und Begriffe, soweit streitig (was fällt unter die Vergütung, welche Bemessungsgrundlage für die bAV ist?), möglichst präzise zu umschreiben und zu definieren.

6 Folgende Durchführungswege der bAV werden unterschieden:

- Direktzusage (Leistungserbringung durch den AG);

- Unterstützungskasse (AG leistet Beiträge an die Unterstützungskasse, die Versorgungsleistungen erbringt);
- Direktversicherung (der AG leistet Beiträge an eine Lebensversicherung, der AN ist versicherte Person und Bezugsberechtigter);
- Pensionskasse (Der AG leistet Beiträge zur Pensionskasse, die die Leistungen der bAV erbringt);
- Pensionsfonds (Der AG leistet Beiträge an den Pensionsfonds, der die Leistungen der bAV erbringt).

BAV ist damit letztendlich ein Sammelbegriff für alle finanziellen Leistungen, die aus Anlass des Arbeitsverhältnisses durch den AG dem AN zur Altersversorgung, Hinterbliebenenversorgung oder Invaliditätsversorgung zugesagt werden. Der AG ist nicht verpflichtet, Leistungen der bAV zu erbringen, die Leistungen sind freiwillig. Sie können durch den AG entweder einzelvertraglich (individuelle Vereinbarung mit dem AN) oder kollektivrechtlich den AN oder Gruppen von AN zugesagt werden (i. d. R. in Form einer BV oder eines Tarifvertrages). 7

Handlungsempfehlung: 8
Das bedeutet, dass bevor man sich mit den Besonderheiten der bAV im Zusammenhang mit der Betriebsratsvergütung beschäftigt, zunächst einmal zu definieren ist, liegt überhaupt eine bAV vor oder nicht. Wenn eine bAV vorliegt, sind deren Besonderheiten zu beachten.

3. Die bAV und die Betriebsratsvergütung

Die Leistungen der bAV sind Entgelt der AN und damit auch der BR-Mitglieder. 9

Die Höhe der bAV orientiert sich i. d. R. an der im aktiven Arbeitsverhältnis bezogenen Vergütung. Dabei kann es sein, dass 10

- ein prozentualer Anteil der letzten Vergütung als bAV gezahlt wird;
- prozentuale Anteile der zuletzt regelmäßig bezogenen Vergütung an ein Versorgungswerk fließen, aus dem dann gemessen an den erbrachten Leistungen eine bestimmte Betriebsrente in einer bestimmten Höhe gezahlt wird;
- der AN/das BR-Mitglied bestimmte Beträge in ein Versorgungswerk als Grundlage für die bAV einzahlt, wobei für die Höhe der Beträge natürlich die Höhe der bezogenen Vergütung maßgeblich ist.

Es gibt die vielfältigsten Modelle davon, woran die bAV anknüpft. Die obigen Beispiele machen aber deutlich, worin das Problem liegen kann: 11

Die Frage der Höhe der Vergütung von BR wirkt sich regelmäßig, abhängig von der Versorgungszusage, auf die Höhe der bAV aus. Vereinfacht und verkürzt gesagt: Je geringer die Vergütung, desto geringer regelmäßig die bAV. Das gilt umgekehrt genauso: Je höher die Vergütung, desto höher die bAV. 12

Was aber gilt nun, wenn sich erweisen sollte, dass die an das BR-Mitglied gezahlte Vergütung eine Begünstigung gem. §§ 37, 78 Satz 2 BetrVG darstellt? Folgende Auswirkungen und Fragen ergeben sich: 13

Kommt man zu dem Ergebnis, dass die getroffene Vergütungsabrede nach § 134 BGB nichtig ist, weil sie gegen das Begünstigungsverbot der §§ 78 Satz 2, 37 14

BetrVG verstößt, kann an ihrer Stelle die rechtskonforme Vergütung treten. Folgerichtig wirkt sich dies auf die bAV aus, und zwar

- im aktiven Arbeitsverhältnis in Form einzuzahlender Beträge und letztendlich nach Eintritt in die »Rente« auf die zu zahlende Betriebsrente;
- aber auch auf die Betriebsrentner, die ihre Betriebsrente bereits beziehen, die (wenn die Vergütungsabrede nichtig war) letztendlich zu hoch sein wird.

15 Die Frage, ob der AG im aktiven Arbeitsverhältnis die Vergütung kürzen kann und darf, ist die eine Frage, die insbesondere von der Darlegungs- und Beweislast, Zusagen, Vergleichsgruppen u. Ä. abhängt. Wie sich dies aber auf unverfallbare Anwartschaften in Form einer möglichen Betriebsrente auswirkt, ist die andere Frage.

16 Für die Betriebsrentner stellt sich die Frage, ob der AG die Betriebsrente neu berechnen, sie kürzen darf, und evtl. für zu viel in der Vergangenheit erbrachte Forderungen Rückforderungsansprüche geltend machen kann, oder sogar widerrufen darf. Die Frage und die Besonderheit in der bAV besteht darin, ob sich die Rückforderungsansprüche tatsächlich auf die Versorgungszusage bzw. die gezahlte Betriebsrente oder nur auf die (für den Fall einer Begünstigung der §§ 37, 78 Satz 2 BetrVG) rechtmäßig geschuldete Vergütung beziehen, oder ob die AN auf die tatsächlich getätigte Zusage bzw. gezahlte Betriebsrente vertrauen können.

4. Grund für die Gewährung einer bAV

17 Durch das sinkende Versorgungsniveau in der gesetzlichen Rentenversicherung hat die bAV für die Altersversicherung von AN erheblich an Bedeutung gewonnen.

18 Die Altersversorgung in Deutschland ist regelmäßig auf drei Säulen aufgebaut:

Abbildung: Altersvorsorge

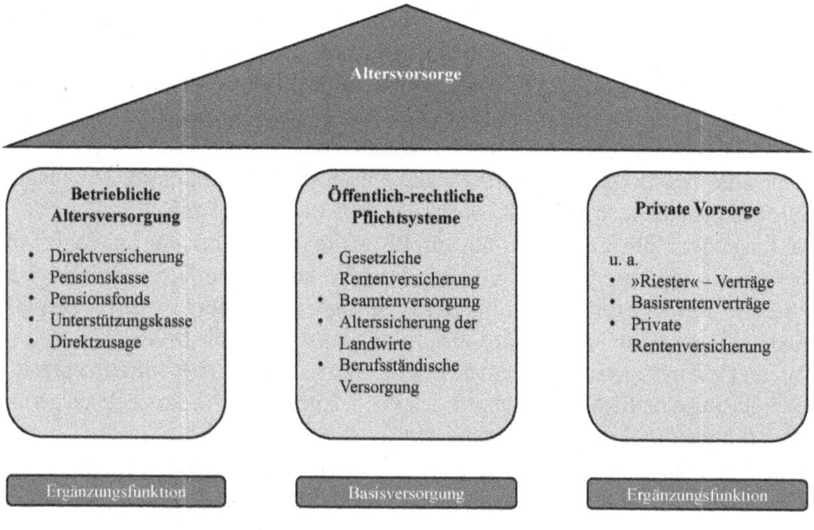

Die Bedeutung der bAV erschließt sich durch die nachfolgende Statistik, aus der deutlich wird, in welchem Umfang die bAV zur Deckung der Lücke zwischen der früher bezogenen Vergütung nach gesetzlicher Rentenversicherung und privater Zusatzversicherung beiträgt: 19

Die Verbreitungsquote der bAV in Deutschland im Zeitraum 2001 bis 2019 beschreibt den Anteil der sozialversicherungspflichtig Beschäftigten mit einer bAV am Pool aller sozialversicherungspflichtig Beschäftigter in Deutschland. Im Jahr 2019 besaßen etwa 53,9 % der sozialversicherungspflichtig Beschäftigten in Deutschland eine aktive Anwartschaft auf eine bAV.[4] 20

Die bedeutendsten Einkommensquellen im Alter (Stand 2019) ist primär die gesetzliche Rentenversicherung mit 53 %. Andere Alterssicherungsleistungen machen 17 % aus, Erwerbseinkommen 13 %, private Vorsorge 6 %, Transferleistungen 1 % sowie sonstiges Einkommen 3 %. Der Anteil der bAV beträgt 7 %.[5] 21

Darüber hinaus hat sich die bAV gerade in Zeiten der Personalknappheit als personalpolitisches Mitarbeitergewinnungs- und Mitarbeiterbindungsinstrument im Vergütungssystem zahlreicher Unternehmen etabliert. 22

Handlungsempfehlung: 23
Bei der Gestaltung von Regelungen zur bAV gilt es aufzupassen. Das gilt gerade für Individualvereinbarungen, bei denen ggf. eine Kontrolle nach den Regelungen über die Allgemeinen Geschäftsbedingungen stattfindet. Dies führt in der arbeitsrechtlichen Praxis immer wieder zu Problemen, so bspw. bei der Auslegung einer Versorgungszusage für eine Hinterbliebenenversorgung, bei der Frage, ob die hinterbliebene Person jetzt tatsächlich eine Witwenrente erhält oder nicht, weil bspw. diese zu jung ist oder nicht lang genug mit der verstorbenen Person verheiratet war.[6] Hier gibt es auch bei der Gestaltung von Betriebsvereinbarungen zahlreiche »Fallstricke«, sodass Sorgfalt bei der Gestaltung geboten ist.

Für eine Versorgungszusage sind zu deren Verständnis folgende Gesichtspunkte maßgebend: 24

- Die bAV ist auch Entgelt der berechtigten AN, was diese als Gegenleistung für die im Arbeitsverhältnis erbrachte Betriebszugehörigkeit erhalten.[7]
- Aus dem Charakter als Entgelt folgt, dass eine einseitige Reduzierung des Versorgungsniveaus regelmäßig unzulässig ist. Vielmehr sind vertragliche Beziehungen sowohl auf der individualrechtlichen Ebene (Arbeitsvertrag, Einzelarbeitsvertrag, betriebliche Übung) als auch auf kollektivrechtlicher Ebene (Betriebsvereinbarung, Tarifvertrag) zu beachten. Darüber hinaus besteht ein Mitbestimmungsrecht des BR, das im Wesentlichen bei der Gestaltung des

4 Vgl. *https://de.statista.com/statistik/daten/studie/628992/umfrage/verbreitungsquote-der-betrieblichen-altersversorgung-in-deutschland/.*

5 Vgl. *https://www.bmas.de/DE/Soziales/Rente-und-Altersvorsorge/Fakten-zur-Rente/Alters einkommen-und-zusaetzliche-Vorsorge/alterseinkommen-artikel.html?cms_templateQuery String=Alterseinkommen&cms_showNoGesetzesstatus=true&cms_showNoStatus=true.*

6 Vgl. z. B. BAG 21.2.2017 – 3 AZR 297/15, NJW 2017, 1628.

7 Vgl. statt aller: BAG 4.8.2015 – 3 AZR 137/13, AP BetrAVG § 1 Hinterbliebenenversorgung Nr. 33, Rn. 69.

betrieblichen Versorgungswerkes zum Zuge kommt. Mit anderen Worten: Ein einseitiger Eingriff in das Entgelt (die bAV) ist für den AG nur mit erheblichen Einschränkungen möglich.
- Die bAV entfaltet bereits im laufenden Arbeitsverhältnis Wirkung. Sie führt zu einer Bindungswirkung der AN, da sie gerade im Hinblick auf die bAV ihre Lebensplanung ausrichten und beim AG verbleiben. Daher sind Änderungen bei individual- oder kollektivrechtlichen Versorgungswerken durch die Rspr. des BAG im erheblichen Umfang eingeschränkt. Hierfür hat das BAG diverse Prüfungsmaßstäbe und Schemata entwickelt. Insbesondere gelten die Grundsätze der Verhältnismäßigkeit und des Vertrauensschutzes.[8]

25 **Handlungsempfehlung:**
Um diese Bindungswirkung für den konkreten AN nachzuhalten, ist es empfehlenswert, zu dokumentieren, auf welche berufliche Entwicklung oder Änderung der AN im Hinblick auf die zugesagte bAV verzichtet hat. Denn die erteilte Zusage als Bestandteil des Entgeltes führt zu einem Vertrauensschutz, sodass Eingriffe verhältnismäßig sein müssen. Um den Vertrauensschutz und nicht ergriffene Alternativen im Streitfall darzulegen und zu beweisen, ist die Dokumentation alternativer beruflicher Entwicklungsmöglichkeiten sinnvoll und zweckmäßig.

26 Vor dem Hintergrund dieser Bindungswirkung, der Motivation und Mitarbeitergewinnung wird der AG häufig bAV einrichten, sei es individualrechtlich, sei es kollektivrechtlich. Die Einführung einer bAV ist freiwillig, bis auf die gesetzlichen Ausnahmefälle, die vom Ergebnis her darauf beruhen, dass der AN die Altersversorgung in Form von Entgeltumwandlung selbst bezahlt (bspw. in § 1 Abs. 2 Nr. 3 oder 4 BetrAVG [Gesetz zur Verbesserung der betrieblichen Altersversorgung]). Dies wird zwar als bAV bezeichnet, ist aber keine »klassische« bAV, die der AG auf seine Kosten leistet, sondern die durch den AN selbst finanziert wird (was bereits das Wort »Entgeltumwandlung« deutlich macht).

27 Das bedeutet:
- Leistungen der bAV sind Entgelt und Entgeltbestandteil.
- Zweck ist regelmäßig Mitarbeitergewinnung und Mitarbeitermotivation, indem diesen im Zuge sinkenden Rentenniveaus ein Ausgleich im Rahmen einer bAV zugesagt wird.
- Folge ist, dass die Zusage bereits im laufenden Arbeitsverhältnis insoweit Wirkung entfaltet, dass AN an das Unternehmen gebunden werden (Mitarbeitertreue), und häufig auf anderweitige Dispositionen verzichten, im Hinblick auf Leistungen aus einer bAV nach Beendigung des aktiven Arbeitsverhältnisses und Eintritt in die »Rente«.

---

8 Vgl. z. B. BAG 12. 2. 2013 – 3 AZR 414/12, AP BetrAVG § 1 Ablösung Nr. 61, Rn. 61 ff.

5. Betriebsrente sowie unverfallbare und verfallbare Anwartschaft und Betriebsrenten

Bei der bAV sind drei unterschiedliche »Stadien« zu unterscheiden. 28

a) Betriebsrente

Nach beendetem Arbeitsverhältnis bzw. Erfüllung der jeweiligen Voraussetzungen der Zusage auf bAV erhält der AN »seine« Betriebsrente (oder Erwerbsunfähigkeitsrente oder Hinterbliebenenversorgung etc.). Das bedeutet: Der Anspruch steht dem Grunde und der Höhe nach fest. Der AN steht nicht mehr in einem Arbeitsverhältnis, er erhält die ihm zugesagte Leistung aus der bAV, im Wesentlichen die Betriebsrente. 29

Der AN hat alles aus seiner Sicht Notwendige getan, um die Betriebsrente zu erhalten. Insbesondere hat er sich diese Betriebsrente durch seine Betriebstreue verdient. Sie steht ihm zunächst einmal vom Grundgedanken her zu. 30

b) Unverfallbare Anwartschaft

Die Unverfallbarkeit von Leistungen aus der bAV dem Grunde nach ist in §§ 1b und 30f BetrAVG geregelt. Sie regelt bspw. für Versorgungszusagen, die nach dem 1. 1. 2018 erteilt worden sind, dass diese bei einem Mindestalter von 21 Jahren und 3 Jahren Zusagedauer unverfallbar sind. 31

(Gesetzliche) Unverfallbarkeit bedeutet, dass der AN, wenn er vor Eintritt der Betriebsrente aus dem Arbeitsverhältnis ausscheidet, diese behält. Diese Anwartschaft auf eine bAV ist etwas, das der AN bis zur Beendigung des Arbeitsverhältnisses (aber natürlich auch im laufenden Arbeitsverhältnis) in Höhe der Unverfallbarkeit nicht mehr verlieren kann. 32

Sobald die (gesetzliche) Unverfallbarkeit besteht, kann der AN ein Unternehmen, seinen AG, i. d. R. vorzeitig verlassen und sich trotzdem darauf verlassen, dass seine unverfallbare Anwartschaft erhalten bleibt. 33

c) Verfallbare Anwartschaft

Verfallbar sind Anwartschaften, d. h. Zusagen des AG auf eine bAV, so lange, bis die (gesetzlichen) Voraussetzungen nicht erfüllt sind (z. B. Dauer des Arbeitsverhältnisses, Mindestalter). Solange die gesetzlichen Mindestvoraussetzungen nicht erreicht sind, bleibt die Anwartschaft, die Zusage auf eine bAV, verfallbar. Scheidet der AN aus, bevor der Anspruch unverfallbar geworden ist, steht sie ihm beim Verlassen des Unternehmens nicht zu. 34

Die Betriebsrente und die (gesetzliche) Unverfallbarkeit sind gesetzlich und richterrechtlich durch die Rechtsprechung des BAG geschützt. Für den Fall der Insolvenz des AG ist die bAV geschützt. Träger der Insolvenzsicherung, der bei Zahlungsunfähigkeit des AG für dessen Verpflichtung eintritt, ist der Pensions-Sicherungs-Verein auf Gegenseitigkeit (PSVaG) in Köln (§ 14 BetrAVG). Durch diesen gesichert sind Ansprüche von Versorgungsempfängern (Betriebsrentnern, Hinterbliebenen, Versorgungsempfängern aufgrund eines Versorgungs- 35 ausgleichs) auf laufende oder einmalige Leistungen, ebenso wie (regelmäßig) unverfallbare Anwartschaften von Versorgungsanwärtern auf Leistung der bAV.

36 Vereinfachend gesagt und auf den Punkt gebracht: Betriebsrenten und andere unverfallbare Anwartschaften sind regelmäßig »unantastbar«, sie sind vom Gesetzgeber und der Rechtsprechung geschützt.

37 **Handlungsempfehlung:**
Da Betriebsrenten und andere unverfallbare Anwartschaften besonderen Schutzbestimmungen unterliegen, ist es dringend angezeigt zu überprüfen, ob eine gesetzliche Unverfallbarkeit tatsächlich gegeben ist oder nicht. Dies wäre vorrangig zu prüfen, weil sich danach »die Regeln« für evtl. Eingriffe definieren.

6. Eingriffsmöglichkeiten des Arbeitgebers in Ansprüche auf bAV

38 Hat der AN einen unverfallbaren Anspruch auf bAV, sind Eingriffsmöglichkeiten durch den AG nur ausgesprochen eingeschränkt möglich.[9]

a) Dreistufenmodell

39 Die nachträgliche Änderung einer erteilten Versorgungszusage zulasten des Berechtigten ist nach der Rechtsprechung des BAG nur in engen Grenzen möglich.

40 Im Rahmen dieses Dreistufenmodells wägt das BAG die Änderungsgründe des AG gegen die Bestandsschutzinteressen des AN ab. Je stärker der Besitzstand ist, in den eingegriffen werden soll, desto gewichtiger müssen die Gründe sein, die den Eingriff rechtfertigen sollen. Das vom BAG insoweit entwickelte dreistufige Prüfungsraster betrifft die Höhe der Versorgungsanwartschaften.[10]

41 Ausgehend davon, dass eine bAV auch Entgeltcharakter hat, also Gegenleistung für bereits in der Vergangenheit erbrachte Dienste des AN ist, hat das BAG Versorgungsanwartschaften als umso schutzwürdiger erachtet, als je mehr der AN bereits vorgeleistet hat. Das Dreistufenmodell gilt nur für Versorgungsanwartschaften und vom Grundsatz her nicht für laufende Betriebsrenten. Auch bei Änderungen der Versorgungsordnung nach Eintritt des Versorgungsfalls behält das BAG die in dem Prüfungsschema zugrunde liegenden Prinzipien der Verhältnismäßigkeit und des Vertrauensschutzes bei. Danach kann in laufende Versorgungsleistungen nur dann eingegriffen werden, wenn hierfür tragfähige Gründe vorliegen. Demnach dürfen nur noch geringfügige Verschlechterungen gerechtfertigt sein, die auch auf nachvollziehbaren Gründen beruhen. Bei Änderungen, die darüber hinausgehen, bedarf es Gründe, die

42 »die konkrete Verschlechterung der Versorgungsordnung ausnahmsweise unter Berücksichtigung des durch die Arbeitsleistung des Arbeitnehmers erworbenen

---

9 Uckermann/*Drees*, Kap. 7 Rn. 135.

10 BAG 26.8.1997 – 3 AZR 235/96, NZA 1998, 817.

Bestandsinteressen einerseits und der Schwere des Eingriffs andererseits aufgrund ganz erheblich überwiegender Interessen *des Arbeitgebers tragen.«*[11]

Dabei gilt es insbesondere zu berücksichtigen, dass der AN, der Versorgungsleistungen bezieht, nicht mehr in der Lage ist, Lücken in seiner bAV, die sich durch eine Änderung der Versorgungsordnung zu seinem Nachteil ergeben, zu schließen. Nach dem Dreistufenmodell sind Eingriffe wie folgt möglich: 43

aa) Stufe 1: Schutz bereits erdienter Beiträge oder Anwartschaften

Die erste Stufe schützt den erdienten Teilbetrag oder die erdiente Anwartschaft. Damit ist der Teil gemeint, der aufgrund der geleisteten Arbeit und damit erbrachter Betriebstreue besonders geschützt ist. 44

> **Beispiel:**
> Einem AN wird eine Betriebsrente von 1000 EUR zugesagt, für die er von seinem Eintritt in den Betrieb bis zum Leistungseintritt an 30 Jahre Betriebszugehörigkeit benötigen würde. Nach zehn Jahren Betriebszugehörigkeit hat er 10/30 (333,33 EUR) der Betriebsrente als unverfallbare Anwartschaft erdient. Diese können nur in ganz seltenen Ausnahmefällen, und nur aus zwingenden Gründen, ganz genommen oder gekürzt werden. Dabei ist die wirtschaftliche Lage des AG kein Grund. Zwingende Gründe liegen nur dann vor, wenn der AG sich zu Recht auf einen Wegfall oder die Störung der Geschäftsgrundlage berufen kann.[12]

bb) Stufe 2: Schutz gehaltsabhängiger Dynamik

Geschützt sind in der zweiten Stufe Steigerungen und Zuwachsraten, die sich aus einer gehaltsabhängigen Dynamik ergeben. 45

Anwartschaften aus der bAV nehmen damit an der Gehaltsentwicklung teil und sollen kaufkraftstabil sein.

> **Beispiel 1:**
> Als bAV wird eine Direktversicherung abgeschlossen. Es wird eine Beitragsdynamik dahingehend vereinbart, dass die Beiträge, die der AG in die Direktversicherung einzahlt, regelmäßig erhöht werden. Dadurch kann sichergestellt werden, dass der Betrag, der bei Renteneintritt zur Verfügung steht, mit der Inflation und den steigenden Lebenshaltungskosten Schritt hält.

> **Beispiel 2:**
> Der AN erhält die Zusage, dass er einen bestimmten Prozentsatz der Bruttomonatsvergütung als bAV erhält (konkretes Beispiel: 30 % des letzten pensionsfähigen Gehaltes).

In die Bemessungsgrundlage pensionsfähiges Gehalt soll nunmehr durch den AG eingegriffen und diese geändert werden. 46

---

11 BAG 11.7.2017 – 3 AZR 513/16, NZA 2017, 1471.

12 BAG 11.5.1999 – 3 AZR 21/98, NZA 2000, 322; BAG 26.8.1997 – 3 AZR 235/96, NZA 1998, 817; BAG 17.4.1985 – 3 AZR 72/83, NZA 1986, 57.

47 In diese Stufe kann nur eingegriffen werden, wenn die Leistungshöhe von variablen Berechnungsfaktoren (z. B. der Höhe des Grundgehalts) abhängt, und diese nachträglich zum Nachteil des AN geändert werden. Dies geschieht durch Änderung oder Reduzierung der Bemessungsgrundlage bei endgehaltsbezogenen Zusagen.

48 Für einen solchen Eingriff in die erdiente Dynamik bedarf der AG triftiger Gründe. Triftige Gründe sind nach der Rechtsprechung des BAG dann gegeben, wenn ohne die Änderung oder ohne den Eingriff langfristig die Substanz des Unternehmens gefährdet wäre bzw. künftige Versorgungsansprüche nicht aus den Erträgen der Wertzuwächse des Unternehmens finanziert werden könnten. Insoweit wendet das BAG das gleiche Schema an wie bei der Anpassung von Betriebsrenten.[13]

cc) Stufe 3: Schutz künftiger, noch nicht erdienter, dienstzeitabhängiger Zuwächse

49 In der dritten Stufe sind künftige, noch nicht erdiente dienstzeitabhängige Zuwächse geschützt. Da diese noch nicht »erdient« in dem Sinne der vorgenannten Stufen sind, sind für einen Eingriff sachlich-proportionale Gründe erforderlich, die nicht willkürlich sind, und die nachvollziehbar erkennen lassen, welche Umstände und Erwägungen Anlass der beabsichtigten Änderung sind. Es gilt eine Billigkeitskontrolle. Das Vertrauen der AN darf nicht über Gebühr beeinträchtigt werden, die sachlichen Gründe des AG sind gegenüber den AN abzuwägen.[14]

> **Beispiel:**
> Will der AG z. B. die Prozentsätze reduzieren, etwa von 0,5 auf 0,25 % pro Jahr der Betriebszugehörigkeit, so bedarf es dafür sachlicher proportionaler Gründe. Das Gleiche gilt, wenn eine Versorgungszusage durch eine ablösende Betriebsvereinbarung zu Lasten des Versorgungsberechtigten geändert wird.

50 Das zeigt, dass Eingriffe in laufende Betriebsrenten, aber auch in unverfallbare Anwartschaften ausgesprochen schwer und letztendlich vom Ergebnis her nur in Extremfällen möglich sind. Der Grund dafür findet sich wiederholt in allen Entscheidungen des BAG vom Ergebnis her wieder: Der AN ist bereits in Vorleistung getreten, er hat gearbeitet, er ist im Unternehmen geblieben, er hat Betriebstreue gezeigt. Die bAV hat Entgeltcharakter. Der AN hat sie sich damit verdient, in der Diktion der bAV einen Anspruch »erdient«.

---

13 BAG 11. 5. 1999 – 3 AZR 21/98, NZA 2000, 322; BAG 26. 8. 1997 – 3 AZR 235/96, NZA 1998, 817; BAG 17. 4. 1985 – 3 AZR 72/83, NZA 1986, 57.

14 BAG 11. 5. 1999 – 3 AZR 21/98, NZA 2000, 322; BAG 26. 8. 1997 – 3 AZR 235/96, NZA 1998, 817; BAG 17. 4. 1985–3 AZR 72/83, NZA 1986, 57.

b) Widerruf von Versorgungszusagen

Bei einem Widerruf von Versorgungszusagen handelt es sich um einen Extremfall der Änderung, in Form der Aufhebung dieser Versorgungszusage durch einseitige Erklärung des AG.[15] 51

Ein solcher Widerruf ist der intensivste Eingriff: Letztendlich wird in das Synallagma[16] eingegriffen, weil der AN sich die unverfallbare Anwartschaft erdient hat (bAV als Entgelt). Durch den Widerruf sagt sich der AG für die Zukunft von der Versorgungszusage los. Das Leistungsverlangen (also das Berufen auf die bAV) wird als rechtsmissbräuchlich betrachtet, deshalb der Widerruf.[17] 52

Der gedankliche Ansatz des AG könnte sein, dass er aufgrund überhöhter Vergütung und überhöhter bAV im Zusammenhang mit der Anwartschaft des BR-Mitglieds versucht, in die bAV einzugreifen. Er könnte versuchen, darüber nachzudenken, diese zu widerrufen, weil er sie für rechtswidrig, überhöht hält, diese dem Unternehmen aus welchen Gründen auch immer schadet. Kurzum: Er könnte darüber nachdenken, schlicht und einfach im Hinblick auf die Betriebsratsvergütung den Widerruf der bAV zu erklären. 53

Solch ein Widerruf ist nur in Extremfällen möglich. Der AN muss durch sein Verhalten letztlich vom Ergebnis her die wirtschaftliche Grundlage des AG gefährden. Diese Gefährdung muss über eine wirtschaftliche Notlage hinausgehen, denn ein Widerruf von Zusagen auf eine bAV wegen einer wirtschaftlichen Notlage ist nicht mehr möglich. Damit hat der AN selbst letztlich durch sein Verhalten die Gefahr geschaffen, dass seine Betriebsrente nicht gezahlt werden kann. Aus diesem Grunde soll er sich nach Treu und Glauben nicht darauf berufen können, dass der AG die Rentenansprüche erfüllt.[18] 54

Das zeigt: Der Widerruf der Versorgungszusage ist nur in eng eingegrenzten Fällen möglich. Die Regel ist der Vertrauensschutz des AN, der ja durch seine Tätigkeit seine arbeitsvertraglichen Pflichten erfüllt hat, also seinen Teil des Arbeitsvertrages erfüllt hat. Nur dann, wenn die bisherige Betriebszugehörigkeit durch das Verhalten des AN »entwertet« wird, soll ein solcher Widerruf in Betracht kommen. 55

Der AN muss seine Pflichten in grober Weise verletzt und dem AG hierdurch einen existenzgefährdenden Schaden zugefügt haben.[19]

> **Beispiel:**
> Eine solche grobe Pflichtverletzung war im Fall des BAG mit Urteil vom 13.11.2012[20] gegeben. Der AN hatte die Unverfallbarkeit seiner Versorgungsanwartschaft durch Vertuschung schwerer Verfehlungen erschlichen.

---

15 BeckOK ArbR/Clemens, § 1 BetrAVG Rn. 85.

16 Gegenseitigkeitsverhältnis von Leistungen in einem gegenseitigen Vertrag, bei dem die Erfüllung der einen Leistung von der Erfüllung der anderen Leistung abhängt.

17 Blomeyer u. a., Anhang zu § 1 BetrAVG Rn. 489, 529; BeckOK ArbR/Clemens, § 1 BetrAVG Rn. 85.

18 BAG 20.9.2016 – 3 AZR 77/15, NZA 2017, 644.

19 BAG 13.11.2012 – 3 AZR 444/10, NZA 2013, 1279.

20 BAG 13.11.2012 – 3 AZR 444/10, NZA 2013, 1279.

Das setzt voraus, dass eine rechtzeitige Entdeckung derartiger Verfehlungen zur fristlosen Kündigung geführt hätte, bevor die Versorgungsanwartschaft unverfallbar wurde, und der AN den AG durch die Vertuschung des Fehlverhaltens daran gehindert hat, ihm noch vor Eintritt der Unverfallbarkeit zu kündigen.
Eine »Vertuschung« i. d. S. kann auch darin liegen, dass sich der AN seine Stellung in der Betriebshierarchie, und die damit verbundene »Abhängigkeit« anderer Mitarbeiter zunutze macht, um seine Pflichtverletzung zu verschleiern.
Für die Rechtfertigung des Widerrufs einer Versorgungszusage reicht das Vorliegen eines wichtigen Grundes für eine Kündigung allein jedoch nicht aus. Das bestätigte das BAG durch ein Urteil vom 8. 5. 1990.[21] In einem solchen Fall fehlt es, im Gegensatz zum davor genannten Beispiel, an der rechtsmissbräuchlichen Berufung des AN auf das Versorgungsversprechen.

7. Aufrechnung

56 Was allerdings möglich ist, weil es keinen Eingriff in die bAV darstellt, ist eine Aufrechnung mit festgestellten und bestehenden Ansprüchen des AG. Mit solchen kann er gegen laufende Versorgungsleistungen aufrechnen.

a) Gesetzliche Grundsätze

57 Gem. § 387 BGB kann, wenn zwei Personen einander Leistungen schulden, die ihrem Gegenstand nach gleichartig sind, jeder Teil seine Forderung gegen die des anderen Teils aufrechnen, sobald er die ihm obliegende Leistung bewirken kann. Demnach muss zunächst die Aufrechnungslage bestehen. Es bedarf des Vorliegens gegenseitiger, gleichartiger Forderungen. Zudem muss die Gegenforderung fällig und durchsetzbar sein, sowie die Hauptforderung erfüllbar. Weiterhin darf die Aufrechnung nicht ausgeschlossen sein.[22]

58 Gleichartig sind die Forderungen bspw., wenn sich der AN und AG jeweils Leistungen in Form von Geld schulden. Die Aufrechnung erfolgt durch einseitige empfangsbedürftige Aufrechnungserklärung nach § 388 BGB.[23]

59 Durchsetzbar ist die Gegenforderung, wenn sie frei von Einwendungen und Einreden sowie fällig ist. Nicht aufrechenbar sind erst künftig entstehende, aufschiebend bedingte oder befristete Forderungen. Erfüllbar ist die Hauptforderung, wenn der Schuldner sie bewirken kann, sie muss daher entstanden sein, es bedarf diesbezüglich keiner Durchsetzbarkeit oder Fälligkeit.[24]

60 Gem. § 389 BGB bewirkt die Aufrechnung, dass die Forderungen, soweit sie sich decken, als in dem Zeitpunkt erloschen gelten, in welchem sie zur Aufrechnung geeignet einander gegenübergetreten sind.

---

21 BAG 8. 5. 1990 – 3 AZR 152/88, NZA 1990, 807.
22 BeckOK BGB/Dennhardt, § 387 BGB Rn. 16ff.; Schaub/Koch, Aufrechnung.
23 Küttner-*Griese*, Aufrechnung Rn. 4f.
24 BeckOK BGB/Dennhardt, § 387 BGB Rn. 28ff.

b) Besonderheiten in Hinblick auf Versorgungsansprüche

Grundsätzlich kann der AG seine fälligen Forderungen gegen den Versorgungsberechtigten mit dessen fälligen Ansprüchen auf Versorgungsleistungen gem. §§ 387ff. BGB aufrechnen.[25] 61

Die Aufrechnung des AN gegen eine Forderung des AG ist erst dann möglich, sobald er gem. § 387 BGB seine Leistung fordern kann. Aufgrund dessen kann er nur mit den fälligen Ruhegeldansprüchen, nicht jedoch mit der Anwartschaft aufrechnen. Entsprechend ist die Aufrechnung seitens des AG mit eigenen Forderungen nicht gegen eine Anwartschaft, jedoch gegen Ruhegeldansprüche des AN möglich.[26] 62

Da die aufzurechnende Forderung mindestens schon erfüllbar sein muss, kann nur gegen solche Ruhegeldansprüche aufgerechnet werden, die binnen des nächsten halben Jahres fällig werden.[27] 63

Als angemessen und zumutbar erscheint es, für den Anspruch auf Versorgungsleistungen unter Abwägung der Interessen der Parteien den Zeitraum, bis zu dem die monatlichen fälligen Ruhegehaltsansprüche im Voraus getilgt werden können, i.d.R. auf ein halbes Jahr anzusetzen. Dies ist dem geschuldet, dass einerseits der Pensionsschuldner ein Interesse daran haben kann, die Termine für die Überweisung des Ruhegehalts zu beschränken. Andererseits der Zweck des Ruhegehalts erfüllt werden soll, einen laufenden Bedarf auf Lebenszeit zu sichern und größere Vorauszahlungen meist nicht im Interesse des Schuldners liegen.[28] 64

Wie bereits ausgeführt, setzt die Aufrechnung voraus, dass beide Forderungen gleichartig sind. So kann der AG mit einer bspw. Schadensersatzforderung nicht gegen den Bruttobetrag der Rente, sondern nur gegen deren Nettobetrag aufrechnen.[29] 65

Außerdem darf der AG die Aufrechnung nicht rechtsmissbräuchlich ausüben.[30] 66

Eine Aufrechnung käme daher grundsätzlich in Betracht, wenn man zu dem Ergebnis eines Rückforderungsanspruches eines AG käme. 67

c) Pfändungsfreigrenzen

Gemäß § 394 BGB gilt, dass, soweit eine Forderung der Pfändung nicht unterworfen ist, die Aufrechnung gegen die Forderung nicht stattfinden kann. Durch die Anwendung des § 394 BGB finden die Pfändungsschutzvorschriften für Arbeitseinkommen nach §§ 850ff. ZPO Anwendung. Nach § 850c ZPO muss trotz Aufrechnung dem AN ein Existenzminimum verbleiben, welches sich nach den 68

25 Höfer u.a./*Höfer*, Kap. 7 Rn. 274.
26 Blomeyer u.a., Anhang zu § 1 BetrAVG Rn. 648.
27 Blomeyer u.a., Anhang zu § 1 BetrAVG Rn. 649; Höfer u.a./*Höfer*, Kap. 7, Rn. 275.
28 BGH 28.10.1971 – II ZR 49/70, AP BGB 8 387 Nr. 1.
29 Blomeyer u.a., Anhang zu § 1 BetrAVG Rn. 649; BAG 23.2.2021 – 3AZR 15/20, NZA 2022, 42.
30 Blomeyer u.a., Anhang zu § 1 BetrAVG Rn. 649.

jeweiligen Unterhaltspflichten richtet. Der pfändbare Betrag ergibt sich aus der Anlage zu § 850 ZPO, welche die Pfändungsfreibeträge tabellarisch auflistet.[31]

69 Im Ausnahmefall kann das Berufen auf das Aufrechnungsverbot gem. § 394 BGB nach § 242 BGB rechtsmissbräuchlich sein. Dies wird lediglich bei besonders anstößigem Verhalten des Aufrechnungsgegners angenommen.[32]

70 Das Vorliegen einer solchen Ausnahme wird bei Schadensersatzansprüchen des AG gegen den AN bejaht, die auf vorsätzlich unerlaubter Handlung des AN beruhen. Das Berufen auf den § 394 BGB würde in einem solchen Fall gegen Treu und Glauben verstoßen, wenn der verursachte Schaden derart hoch ist, dass der Schädiger ihn unter normalen Umständen nicht ausgleichen kann, falls ihm der unpfändbare Teil verbleiben würde. Dem Schädiger muss jedoch ein Existenzminimum in Form des »notwendigen Selbstbehalts« im Sinne des § 850d ZPO verbleiben, da er nicht auf die Inanspruchnahme der Sozialhilfe verwiesen werden sollte.[33]

71 Bei Lohn- sowie Gehaltsansprüchen wird eine Ausnahme seitens der arbeitsrechtlichen Rechtsprechung, nach Abwägung im Einzelfall, auch bei vorsätzlicher Vertragsverletzung angenommen.[34]

72 Grundsätzlich muss bei der Anwendung der Ausnahmen von § 394 BGB nach den Umständen im Einzelfall festgestellt werden, dass der Sozialschutz hinter einem gewichtigen Pflichtenverstoß des AN zurücktreten muss. Diesbezüglich sind die Interessen des Versorgungsberechtigten und seiner Angehörigen sowie die Interessen der Allgemeinheit auf der einen und das Ausgleichsinteresse des geschädigten AG auf der anderen Seite miteinander abzuwägen.[35]

73 Wie bereits ausgeführt, besteht auch bei der ausnahmsweisen Durchbrechung des Aufrechnungsverbotes die Grenze in der unabdingbaren Gewährung des »Existenzminimums« für den Aufrechnungsgegner.[36]

74 Soweit kein aktives, verwerfliches Handeln des BR-Mitglieds vorliegt, wird es daher bei den Pfändungsfreigrenzen verbleiben.

II. Korrektur bei fehlerhafter Festsetzung

75 Sollte sich erweisen, dass der AG das (freigestellte) BR-Mitglied widerrechtlich begünstigt hat, stellt sich die Frage, ob in die bAV eingegriffen werden kann und darf.

---

31 Küttner-*Griese*, Aufrechnung Rn. 7.

32 BeckOK BGB/Dennhardt, § 394 BGB Rn. 12.

33 Blomeyer u.a., Anhang zu § 1 BetrAVG Rn. 650; Höfer u.a./*Höfer*, Kap. 7 Rn. 277; BAG 16.12.1986 – 3AZR 198/85, AP BetrAVG § 8 Nr. 1.

34 BeckOK BGB/Dennhardt, § 394 BGB Rn. 14; Grüneberg-*Grüneberg*, 85. Aufl. 2026, § 394 BGB Rn. 2.

35 MHdB ArbR/Reichold, § 57 Rn. 16; BAG 18.3.1997 – 3 AZR 756/95, AP BGB § 394 Nr. 30.

36 BeckOK BGB/Dennhardt, § 394 BGB Rn. 15.

1. Denkbare Fallgestaltungen

Folgende Fallgestaltungen sind insbesondere denkbar: 76

- Die bAV ist abhängig von der Vergütung des AN: Wenn die bAV von der Höhe der Vergütung abhängt, wird der AG die Berechnung korrigieren. Er wird im Versorgungsfall dem BR-Mitglied das zahlen, was er aus Sicht des AG zu erhalten hat. Nach dem Sinn des Gesetzes müssen Leistungen, die einem ehemaligen BR-Mitglied nach dem Versorgungsfall gewährt werden, sich rechtmäßig im Rahmen der §§ 37, 78 Satz 2 BetrVG bewegen. Soweit eine Vergütung nicht geschuldet ist, und eine dahingehende Vereinbarung sogar nach § 134 BGB wegen Verstoßes gegen ein Verbotsgesetz nichtig wäre, kann diese auch nicht als Bemessungsgrundlage für die Beiträge des AG zur bAV herangezogen werden. Insoweit bestand nie die Aussicht, solche überobligatorischen Leistungen zu erhalten. Anwartschaften auf überobligatorische Versorgungsleistungen entstehen damit erst gar nicht.[37] Der Durchführungsweg der bAV spielt dabei im Wesentlichen keine Rolle, weil der AG auch dann leistungsverpflichtet bleibt, wenn er Leistungen über Dritte (bspw. Pensionskassen) erbringt.[38] Da der Anspruch auf Versorgungsleistung aufschiebend bedingt ist und erst mit Eintritt des Versorgungsfalls entsteht, kann vor Eintritt des Versorgungsfalls auch nichts durch den AG zurückgefordert werden.
- Soweit Leistungen nach Eintritt des Versorgungsfalls durch den AG geleistet werden, und soweit diese Leistungen gegen die §§ 37, 78 Satz 2 BetrVG verstoßen und überobligatorisch sind, könnten grundsätzlich bereits gewährte laufende Leistungen nach dem Grundsatz des Bereicherungsrechts zurückgefordert werden. Dabei wird der AG sich der Einrede der Entreicherung durch das BR-Mitglied ausgesetzt sehen, er wird Ausschlussfristen sowie, falls erhoben, die Einrede der Verjährung, zu beachten haben. Ob die Leistungen vom AG oder durch Dritte erbracht werden, spielt keine Rolle, da sich das gesetzliche Gebot gegen jedermann richtet.[39]

2. Aber: Ausschluss der Betriebsrentenkürzung wegen der Besonderheiten der bAV?

Thüsing/Denzer vertreten zunächst zutreffend die Auffassung, dass hinsichtlich gezahlter Betriebsrenten bereits gewährte laufende Leistungen nach dem Grundsatz des Bereicherungsrechts zurückgefordert werden können, wobei die Entreicherungseinrede und ggf. anwendbare Ausschlussfristen sowie die Einrede der Verjährung entgegenstehen.[40] 77

Hinsichtlich der laufenden Betriebsrente sind *Thüsing/Denzer* der Auffassung, dass auf nicht gewährte, laufende Leistungen ein Anspruch nur in der Höhe besteht, in welcher dieser mit § 78 Satz 2 BetrVG im Einklang steht. Leistungen, 78

37 Thüsing/Denzer, Rechtssichere Betriebsratsvergütung, Rn. 464.
38 BAG 10.2.2015 – 3AZR 65/14, AP BetrAVG § 1 Pensionskasse Nr. 12.
39 Fitting, § 78 Rn. 14.
40 Thüsing/Denzer, Rechtssichere Betriebsratsvergütung, Rn. 467.

die darüber hinausgehen, würden gegen das Begünstigungsverbot des § 78 Satz 2 BetrVG verstoßen.[41]

79 *Thüsing/Denzer* legen ihren Ausführungen zugrunde, dass hier Nichtigkeit vorliege. Konkret führen sie aus, dass nicht nur das Gewähren, sondern auch das Versprechen, also die der Gewährung zugrundeliegende Vergütungsabrede gem. § 134 BGB i. V. m. § 78 Satz 2 BetrVG nichtig seien. An ihre Stelle tritt die rechtskonform geschuldete Vergütung.[42]

80 Beide Autoren begründen damit auch ihr grundsätzliches Ergebnis, dass, soweit die Versorgungszusage auf die (Jahres-)Vergütung als Bemessungsgrundlage abstellt, sich dies nur auf die »rechtmäßig« geschuldete Vergütung beziehen kann; d. h., bei den Rentenleistungen eines BR-Mitglieds kommt es nicht darauf an, was tatsächlich gezahlt wurde.[43]

81 Daraus dürfte das hier zu thematisierende arbeitgeberseitige Kürzungsrecht für anstehende Rentenleistungen folgen. Das BAG[44] wendet in der bereits oben zitierten, älteren Entscheidung methodisch eine Ausprägung des »actus contrarius«-Gedankens[45] an, indem es in Fällen der Einstellung irrig überobligatorischer Leistungen für die Zukunft lediglich eine »Korrektur einer ungerechtfertigten Bereicherung (§ 812 BGB), durch die die tarifliche und vertragliche Position nicht berührt wird« sieht.

82 Allerdings bleiben, und dies ist hier entscheidend, grundlegende Rechtsgedanken und Einwände der bAV aus Treu und Glauben sowie der prozessualen Durchsetzung von Ansprüchen außer Betracht, die im Ergebnis gegen ein derartiges Kürzungsrecht sprechen:

a) Bereits erbrachte Gegenleistung

83 Das BR-Mitglied hat die ihm obliegende »Gegenleistung bereits vollständig erbracht«. Es ist die Gegenleistung, die er schuldete, er hat dafür die Vergütung erhalten, die im laufenden Arbeitsverhältnis arbeitgeberseitig geleistet wurde und die der AG (nochmals: er ist zuständig für die Festlegung der Vergütung) für zutreffend und richtig hielt. Aufgrund dessen, so das BAG, bei Eingriffen in Kollektivregelungen über laufende Rentenleistungen, weiter, hat der AN nach Eintritt des Versorgungsfalls gerade nicht mehr die Möglichkeit, etwaige Versorgungslücken durch Eigenvorsorge zu schließen. Dies begründet einen besonderen Vertrauensschutz, in den nur aus erheblichen, schwerwiegenden Gründen eingegriffen werden darf.

b) Schwerwiegende Gründe

84 Als derartiger, schwerwiegender Grund ließe sich hier der Umstand anführen, dass die Eingruppierung des BR-Mitglieds und/oder deren Vergütungsrege-

41 Thüsing/Denzer, Rechtssichere Betriebsratsvergütung, Rn. 467.
42 Thüsing/Denzer, Rechtssichere Betriebsratsvergütung, Rn. 469.
43 Thüsing/Denzer, Rechtssichere Betriebsratsvergütung, Rn. 454.
44 BAG 21. 4. 1982 – 4 AZR 671/79, BAGE 38, 291 – 300, Rn. 20.
45 Lateinisch für »gegenteilige Handlung«, eine juristische Regel, die besagt, dass eine Rechtshandlung grundsätzlich nur durch einen Akt gleicher Art aufgehoben werden kann.

lung/-zusage (und damit auch die Regelung zur bAV, auf deren Basis der Betriebsrentner seine Altersversorgung erhält) wegen Verstoßes gegen gesetzliche Normen (= § 134 BGB) nichtig ist.

c) Treu und Glauben

So bestechend dieser Einwand auf den ersten Blick ist, übersieht er aber: 85

- Der AG hat die Vergütung festgesetzt, nicht das BR-Mitglied.
- Das BR-Mitglied hat auf der Basis seine Leistungen – jedenfalls, soweit es noch nicht freigestellt war – erbracht und ist tätig geworden.
- Das BR-Mitglied hat im Vertrauen auf die vom AG implementierten Regelungen zur Vergütungsfindung Dispositionen für die Zukunft getätigt und sich wirtschaftlich und finanziell hiernach ausgerichtet. Im Vertrauen darauf hat sich das BR-Mitglied vielleicht auch zu einer Wiederwahl zur Verfügung gestellt, es hat – und konnte damit – keinen üblichen Karriere- und Werdegang durchlaufen. Eine Korrektur des Lebensweges aber in der Rente, oder kurz davor, scheidet aus.

In eine ähnliche Richtung argumentieren auch *Thüsing/Denzer*, auch wenn sie im 86
Ergebnis, dazu später, eine Vertrauenshaftung des AG bejahen. Deren Argumentation geht dahin, dass es das BR-Mitglied empfindlich treffen kann, wenn es von der verbotswidrig zu hoch angesetzten früheren Vergütung und damit auch von den tatsächlich niedriger zu bemessenden zukünftigen Versorgungsleistungen erfährt. Das BR-Mitglied möge nur im guten Vertrauen auf die gemäß der Vorkalkulation bis zum Lebensende erfolgenden Betriebsrentenzahlungen auf den Abschluss weiterer Altersversorgungsverträge mit anderen Anbietern verzichtet haben. Auch die zum nachträglichen Eingriff in betriebliche Versorgungswerke tradierte Rechtsprechung und das dort entwickelte »Dreistufenmodell« könne nicht gänzlich außer Acht bleiben, weil es aus Arbeitnehmersicht unerheblich sei, ob eine Anpassung unter Anwendung veränderter rechtlicher Rahmenbedingungen oder aufgrund einer Rechtsverletzung erfolge.[46]

Diese Erwägungen zur beiderseitigen Interessenlage gelten aber unabhängig da- 87
von, ob es um die Rückforderung bereits geleisteter oder die Reduzierung noch kommender Betriebsrentenzahlungen geht. Das BR-Mitglied hat bei Eintritt des Versicherungsfalles nicht mehr die Möglichkeit, seine Altersversorgung durch den Abschluss von Zusatzverträgen zu optimieren. Das bedeutet, dass neben den bereits angestellten Erwägungen zur Treuwidrigkeit der Rückforderung nach dem Grundsatz »venire contra factum proprium«[47] weitere, noch gewichtigere Anhaltspunkte für eine Schutzwürdigkeit des BR-Mitglieds sprechen, wenn es um Leistungen der bAV geht.

---

46 Thüsing/Denzer, Rechtssichere Betriebsratsvergütung, Rn. 470 ff.

47 Bedeutet, gegen das eigene frühere Verhalten zu handeln. Es ist ein Verstoß gegen den Grundsatz von Treu und Glauben, da jemand, der sich widersprüchlich verhält, das Vertrauen einer anderen Partei enttäuscht, die sich auf das ursprüngliche Verhalten verlassen hat.

88 Demnach wird man, wenn die Rückforderung laufender Vergütungsbestandteile für treuwidrig, weil widersprüchlich, gehalten wird, es dem AG nach § 242 BGB erst recht verwehren müssen, nach Eintritt des Versorgungsfalls in bereits geleistete und noch zu leistende Zahlungen einzugreifen. Etwas anderes ergibt sich regelmäßig auch nicht in Fällen, in denen der Eintritt des Versorgungsfalls in Kürze bevorsteht: Auch diese BR-Mitglieder können typischerweise keine anderweitigen Dispositionen mehr hinsichtlich ihrer Altersversorgung treffen. Im Einzelfall wird es aber – wie bei der Rückforderung von im aktiven Erwerbsleben gezahlter Begünstigungen – auf den Grad einer evtl. kollusiven, d. h. unerlaubt zum Nachteil eines Dritten zusammenwirkendenden, Mitwirkung des BR ankommen.

89 Hinzu kommt: Der AG hat immer wieder argumentiert, dass – und das hält das Urteil des BGH vom 10. 1. 2023 ausdrücklich fest – das System – kurz gesagt – ordnungsgemäß sei. Hier greift im besonderen Umfang und Maße der Vertrauensschutzgesichtspunkt gem. § 242 BGB, der bei Eingriffen in laufende Betriebsrenten auch durch das BAG ausdrücklich definiert und festgelegt worden ist.

90 Die Verantwortungs- und Verursachungssphäre des AG muss, gerade wenn es um Betriebsrenten geht, auf Ebene der Treuwidrigkeit (= § 242 BGB) bzw. der Verletzung von Nebenpflichten berücksichtigt werden, konkret

- dass der AG die Vergütung festgesetzt hat und,
- dass er ein Verfahren zur Vergütungsfestlegung implementiert hat.

91 Dem AG soll es möglich sein, sich auf seine Fehler (Bemessung der Vergütung) und die sich daraus ergebenden Konsequenzen (zu hohe Betriebsrente) berufen zu können. Der Gesichtspunkt, aus welcher Sphäre hier letztlich aber die Störung kommt und durch wen sie verursacht wurde, bleibt damit außen vor. Die Rechtsfolgen, nämlich eine Rentenkürzung, treffen allein das BR-Mitglied. Das Ergebnis kann und darf nicht richtig sein und ist über § 242 BGB zu korrigieren.

92 Bedeutet: Der AG, der der Auffassung ist, die Betriebsratsvergütung sei überzahlt, mag dies auf dem Klageweg geltend machen. Wenn er einen entsprechenden Anspruch gegenüber dem BR-Mitglied durchsetzt, hat er die Möglichkeit, mit seinen Forderungen ggf. aufzurechnen oder bis zur Höhe der Pfändungsfreigrenze in die Betriebsrente zu vollstrecken.

93 Hier ist zu trennen zwischen Ansprüchen für die Zukunft (Kürzung einer Leistung) und Rückforderung für die Vergangenheit (zuviel erbrachte Leistung). Hier wird ein Anspruch aus § 817 BGB nur schwer begründbar sein. Bei den Rückforderungsansprüchen ist aber zu berücksichtigen, dass der Anspruch nicht aus § 817 Satz 1 BGB hergeleitet werden kann. Der Empfänger einer Leistung ist nach § 817 Satz 1 BGB zur Herausgabe verpflichtet, wenn der Zweck einer Leistung in der Art bestimmt war, dass er durch die Annahme gegen ein gesetzliches Verbot oder gegen die guten Sitten verstoßen hat. Der Empfänger muss zudem positive Kenntnis von dem Gesetzesverstoß haben. Das bedeutet, dass beim Anspruch gestützt auf § 817 Satz 1 BGB der Bereicherungsgläubiger (AG) die Anspruchsvoraussetzungen, insbesondere die Leistung, den Gesetzes- oder Sittenverstoß des Empfängers (BR-Mitglied) sowie dessen Kenntnis hiervon zu beweisen hat.[48]

48 BAG 20. 3. 2025 – 7 AZR 159/24, NZA 2025, 1189 (Rn. 70).

Diese positive Kenntnis, die letztlich nur durch ein kollusives Zusammenwirken begründet werden kann, wird der AG regelmäßig nicht darlegen und beweisen können. Wir müssen also unterscheiden zwischen einem Eingriff in Leistungen für die Zukunft (rechtlich bei Vorliegen der Voraussetzungen möglich) und der Vergangenheit (Rückforderungsanspruch, nach der Rechtsprechung des BAG eher problematisch wegen des Nachweises der positiven Kenntnis).

d) Weitere prozessuale Konsequenzen einer Rentenkürzung

Hierfür sprechen auch folgende Überlegungen: 94

- Was wäre im hiesigen Sachverhalt bei einem Verstoß gegen das Begünstigungsverbot nichtig? Das können, nach den von *Thüsing/Denzer* angestellten Überlegungen, Vergütungsabreden sein. Geht es hier aber um Vergütungsabreden? Hier geht es um Versorgungsansprüche aus einer bAV, die erfüllt werden. Dass die Versorgungszusage oder die Versorgungsregelung insgesamt nichtig sind, wird sicherlich ernsthaft niemand behaupten können, und auch wollen.
- Soweit die Kalkulationen der Betriebsrente unzutreffend gewesen sein sollten (bspw. aufgrund der zu hohen Jahresvergütung), lässt sich darüber nachdenken, ob der AG einen Rückforderungsanspruch gegen den AN hat, mit allen sich daraus ergebenden Einwänden (insbesondere auch dem Einwand »venire contra factum proprium«).
- Eine automatische Kürzung der laufenden Betriebsrente im Hinblick auf eine Nichtigkeit einer Regelung führt aber vom Ergebnis her dazu, dem AN für den Fall der Geltendmachung der Ansprüche durch den AG das Klagerisiko aufzuerlegen. Anstatt, dass der AG darlegen und beweisen muss, dass er einen Rückforderungsanspruch hat, könnte er einfach den Betriebsrentenanspruch des AN auf das aus seiner Sicht zulässige Maß kürzen, sodass der AN dann auf den Klageweg verwiesen wäre, und darlegen und beweisen müsste, dass ihm der geltend gemachte Betriebsrentenanspruch dem Grunde und der Höhe nach zusteht, ohne dass er dem vermeintlichen Rückforderungsanspruch des AG den Einwand »venire contra factum proprium« entgegenhalten könnte.

Daraus folgt: Das einseitige arbeitgeberseitige Kürzungsrecht ist auch insoweit 95
abzulehnen.

3. Ergebnis

Im Ergebnis führt dies dazu, dass eine Kürzung oder Rückforderung von Leis- 96
tungen der bAV nach der hier vertretenen Auffassung nicht besteht. Anstatt eine einseitige Kürzung oder Einstellung der bAV durch den Arbeitgebenden mit der Folge, dass das BR-Mitglied die Ansprüche einklagen muss, erscheint der umgekehrte Weg der richtige Weg zu sein:

Der AG, der der Auffassung ist, die bAV sei wegen Verstoßes gegen §§ 37, 78 Satz 2 BetrVG zu hoch, hat dies klageweise geltend zu machen und, sofern er ein Verfahren erfolgreich gestaltet, mit seiner Gegenforderung gegen die Versorgungsansprüche aufzurechnen. Einbehaltungs- und Kürzungsrechte begegnen aber grundsätzlichen Bedenken wegen der Besonderheiten der bAV: sie sind wesentlicher Bestandteil der Altersversorgung des AN. Eingriffe können erheblich und existenzgefährdend sein.

97 Gerade die Vergleiche mit Eingriffen des AG in Betriebsrenten, oder der Widerruf, machen deutlich, dass dies letztendlich nur bei einer extremen wirtschaftlichen Situation, oder Fehlverhalten des Arbeitnehmenden, hier des BR-Mitglieds, erfolgen kann und soll. Wenn im Übrigen Schäden verursacht worden sind, muss der AG diese geltend machen und kann diese dann gegenüber dem AN vollstrecken, soweit vollstreckungsfähige Vermögenswerte vorhanden sind. Nichts anderes kann aber auch bei der bAV gelten, weil, und dies darf nie vergessen werden, nicht das BR-Mitglied seine Vergütung festsetzt, sondern der AG. Es ist originäre Aufgabe des AG, die Vergütung festzusetzen. Warum sollen seine Fehler, die er beim Festsetzungsverfahren macht, derartige gravierende Auswirkungen auf die bAV und damit die Lebensgestaltung von AN wie BR-Mitgliedern haben? Was anderes würde natürlich dann gelten, soweit ein kollusives Zusammenwirken zwischen BR-Mitgliedern und AG vorliegt, dies ist aber nicht die Fallgestaltung, die vorstehend gemeint ist und die, jedenfalls in der praktischen Erfahrung der Verfasser, die Regel ist.

4. Exkurs: Zeit-Wertguthaben

98 Im Zusammenhang mit der bAV wird häufig Zeit-Wertguthaben angesprochen. Bei Zeit-Wertguthaben ist die Sach- und Rechtslage anders und letztendlich von der Frage abhängig, ob eine Überzahlung vorliegt oder nicht.

a) Was ist Zeit-Wertguthaben?

99 Zeit-Werte ermöglichen es dem AN durch Ansparen von Zeitguthaben sein Arbeitszeitguthaben auf ein Arbeitszeitkonto einzuzahlen und dieses dann flexibel zu nutzen. Um diese zu erfassen, braucht es flexible Arbeitszeitsysteme, damit ein Saldo im Ausgleichszeitraum ermittelt werden kann.[49] Zum Führen eines Arbeitszeitkontos bedarf es einer Anspruchsgrundlage. Diese kann sich aus § 87 Abs. 1 Nr. 2 BetrVG ergeben, denn dieser ermöglicht es den Betriebspartnern durch Betriebsvereinbarung Arbeitszeitkonten einzuführen, soweit der Arbeitsvertrag keine ausdrücklich entgegenstehende Bestimmung enthält.[50] Es gibt keine gesetzlichen Regelungen zu Arbeitszeitkonten, jedoch ist Wertguthaben in § 7 Abs. 1a SGB IV definiert; in den weiteren Paragrafen sind u. a. die Zugriffsmöglichkeiten im Rahmen eines Insolvenzplans geregelt. Es gibt verschiedene Arten von Arbeitszeitsystemen/Arbeitszeitkonten, die sich nach ihrem jeweiligen Zweck und der Dauer unterscheiden.[51]

---

49 Hahn, Rn. 273, 274.
50 Hahn, Rn. 275.
51 Hahn, Rn. 276.

aa) Arten von Zeit-Wertguthaben

100 Wird mehr Arbeitszeit geleistet als ausgezahlt, so kann das Guthaben an nicht bezahlter Arbeitszeit angespart und durch Freizeit oder Auszahlung ausgeglichen werden. Auf Arbeitszeitkonten kann dieses Guthaben für kurzfristige oder langfristige Ziele angespart werden. Dabei ist zwischen Kurzzeit-, Langzeit- und Lebensarbeitszeitkonten zu unterscheiden. Es gibt keinen Rechtsanspruch auf Langzeitkonten, jedoch gibt es in Tarifverträgen Regelungen zum »Aufbrauchen« von angesparten Zeitguthaben vor dem Erreichen der Altersgrenze.[52]

101 Kurzzeitkonten (auch Flexi-Konten genannt) dienen der Zeitwirtschaft im laufenden Verteilungszeitraum, also der Zeitwirtschaft im laufenden Monat oder Jahr. Sie dienen dem Ausgleich von Beschäftigungsschwankungen innerhalb eines kurzen Zeitraums, meistens innerhalb eines Jahres. Wenn die Auftragslage gut ist, können Überstunden erbracht werden, und in schlechten Zeiten, mit wenig Aufträgen, werden diese wieder abgebaut. Bei der Zusammenarbeit mit Leiharbeitnehmern sind dabei besondere Bestimmungen zu beachten. So darf das Arbeitszeitkonto eines Leiharbeitnehmers nicht dazu genutzt werden, dass vom Verleiher zu tragende Beschäftigungsrisiko auf den Leiharbeitnehmer abzuwälzen, indem das Arbeitszeitkonto in verleihfreien Zeiten abgebaut wird. Dies würde einen Verstoß gegen § 11 Abs. 4 Satz 2 AÜG darstellen. Etwas anderes gilt jedoch, wenn der Leiharbeitnehmer grundsätzlich bei einem Entleiher eingesetzt ist, dieser aber die Arbeitsleistung des Leiharbeitsnehmers nicht im Umfang der vertraglich geschuldeten Arbeitsleistung abruft. In diesem Fall liegt keine verleihfreie Zeit vor, § 11 Abs. 4 Satz 2 AÜG ist nicht einschlägig. Es kann vereinbart werden, dass Plusstunden, die den vereinbarten Rahmen übersteigen, auf ein dahinter geschaltetes Langzeit- oder Lebensarbeitszeitkonto transferiert werden. Üblicherweise wird das Kurzzeitkonto als Gleitzeitkonto in Stunden geführt.[53]

102 Langzeitkonten ermöglichen es, Zeitguthaben auch längerfristig anzusparen, um damit auch längere Freistellungsphasen abzudecken, ohne dass der AN in dieser Zeit auf Vergütung verzichten muss. Auch Langzeitkonten können Beschäftigungsschwankungen auf einen längeren Zeitraum hin ausgleichen, wodurch mehr Flexibilität erreicht wird, oder die Lebensarbeitszeit bis zum Renteneintritt verkürzen, je nachdem, welcher Zweck mit dem Wertguthaben verfolgt wird. Darüber hinaus dienen sie der Beschäftigungssicherung durch den Ausgleich von Arbeitsschwankungen oder geben den Mitarbeitenden die Möglichkeit, besondere »Auszeiten« oder Qualifizierungszeiten durch Arbeitsfreistellung wahrzunehmen.[54]

103 Lebensarbeitszeitkonten sind Langzeitkonten, deren primärer Zweck die Freistellung kurz vor dem Eintritt ins Rentenalter ist, und die sich aufgrund dessen von Langzeit- und Kurzzeitkonten unterscheiden.[55] Durch die Einzahlung eines

---

52 Vgl. MHdB ArbR/Schüren, Bd. 1: Individualarbeitsrecht I, § 51 Rn. 15; Hahn, Rn. 297, 299.

53 Hahn, Rn. 297; Richter, ArbRAktuell 2018, 241 (242, 243).

54 Hahn, Rn. 298; Richter, ArbRAktuell 2018, 241 (242).

55 Hahn, Rn. 300.

Teils des Arbeitsentgelts (oder von Überstunden) auf ein Wertkonto, können AN ein Guthaben ansparen. Dieses ermöglicht es ihnen z. B. sich zu einem späteren Zeitpunkt von dem formal weiterbestehenden Arbeitsverhältnis vom AG freistellen zu lassen und die Zeit bis zum Übergang in die gesetzliche Rente von eben diesem Guthaben zu finanzieren (§ 7c Abs. 1 Nr. 2a SGB IV), ohne einen Rentenabschlag in Kauf nehmen zu müssen. So kann ein sog. »gleitender Übergang« in den Ruhestand finanziert werden. Es sind noch weitere Verwendungszwecke vorgesehen, wie z. B. die Freistellung von der Arbeitszeit für Zeiten, in denen Beschäftigte eine Freistellung nach § 3 des PflegeZG (Gesetz über die Pflegezeit) oder nach § 2 des FPfZG (Gesetz über die Familienpflegezeit) verlangen können (§ 7c Abs. 1 Nr. 1b SGB IV). Aus § 7b Nr. 2 SGB IV ergibt sich, dass das Wertguthaben nicht zur flexiblen Gestaltung der werktäglichen oder wöchentlichen Arbeitszeit oder zum Ausgleich betrieblicher Produktions- und Arbeitszyklen verwendet werden darf. Für diesen Zweck muss ein extra Kurzzeit- oder Langzeitkonto errichtet werden. Die weiteren Anforderungen des § 7b SGB IV sind zu beachten.

bb) Gesetzlicher Insolvenzschutz

104 Vorschriften zum Insolvenzschutz befinden sich in § 7e SGB IV. Die Vertragsparteien treffen im Rahmen der Vereinbarung über das Wertguthaben nach § 7b SGB IV Regelungen, die durch den AG erfüllt werden müssen, soweit die beiden Voraussetzungen des § 7e Abs. 1 Ziff. 1 SGB IV erfüllt sind. Demnach ist der Insolvenzschutz herbeizuführen, soweit ein Anspruch auf Insolvenzgeld nicht besteht, und wenn das Wertguthaben des Beschäftigten einschließlich des darin enthaltenen Gesamtsozialversicherungsbeitrages einen Betrag in Höhe der monatlichen Bezugsgröße übersteigt.

105 Der AG hat demnach Vorkehrungen zur Sicherung des Wertguthabens und des darin enthaltenen Gesamtsozialversicherungsbeitrages gegen das Risiko der Insolvenz des AG vollständig abzusichern.[56] Aus § 7e Abs. 2, 3 SGB IV ergibt sich, wie die Sicherung zu erfolgen hat. Dabei nennt Abs. 2 explizit die Sicherung in einem Treuhandvermögen. Jedoch können die Parteien auch ein anderes, dem Treuhandvermögen nach § 7e Abs. 1 SGB IV gleichwertiges Sicherungsmittel vereinbaren, wie z. B. ein Versicherungsmodell oder ein schuldrechtliches Verpfändungs- oder Bürgschaftsmodell mit ausreichender Sicherung gegen Kündigung. Der § 7e Abs. 3 SGB IV gibt ausdrücklich an, welche Sicherungsmittel nicht geeignet sind, so insbesondere Bürgschaften, Patronatserklärungen oder Schuldbeitritte. Auch wenn per Gesetz die Sicherung des Wertguthabens dem AG auferlegt wird, so ist die Kostenfrage der Sicherung dadurch nicht geklärt. Diese kann zum einen auf betrieblicher Ebene zwischen den Betriebspartnern frei abgestimmt werden.[57] Andere Regelungen sind jedoch auch denkbar.

106 Sollte der AG nicht schon von sich aus die Sicherung des Wertguthabens herbeiführen, so kann der AN diesen schriftlich dazu auffordern, vgl. § 7e Abs. 5 SGB

56 Hahn, Rn. 364.
57 Hahn, Rn. 382.

IV. Sollte der AG seiner Verpflichtung aus § 7e Abs. 1 bis 3 SGB IV nicht innerhalb von zwei Monaten nachkommen, so kann der AN die Vereinbarung nach § 7b SGB IV mit sofortiger Wirkung kündigen. Das Wertguthaben ist in diesem Falle nach Maßgabe des § 23b Abs. 2 SGB IV aufzulösen. Weiterhin kann auch der Träger der Rentenversicherung das Sicherungsmittel des AG prüfen, vgl. § 7e Abs. 6 SGB IV. Im Rahmen von Betriebsprüfungen stellen Rentenversicherungsträger fest, ob die gesetzlichen Insolvenzsicherungsmaßnahmen durch den AG vorgenommen wurden. Ist dies nicht der Fall, so ist die Wertvereinbarung nach § 7b SGB IV als von Anfang an als unwirksam anzusehen und kann zur Auflösung des Wertguthabens führen, wenn der AG die Beanstandungen nicht in einem Zeitraum von zwei Monaten behebt. Sollte es infolge der Untätigkeit des AG zu einer Verringerung oder dem Verlust des Wertguthabens kommen, so haftet dieser für den entstandenen Schaden, vgl.§ 7e Abs. 7 SGB IV.

b) Eingriffsmöglichkeiten

Die Frage, ob Eingriffsmöglichkeiten in Zeit-Wertguthaben besteht, hängt letztlich von der Frage ab, ob und in welcher Höhe Rückzahlungsansprüche aufgrund überhöhter Betriebsratsvergütung bestehen. Dabei ist grundsätzlich Folgendes zu beachten: Bei Zeit-Wertguthaben kann es problematisch sein, darzulegen und zu beweisen, dass der eingebrachte Vergütungsbestandteil des AN Teil einer rechtswidrigen, weil begünstigenden Betriebsratsvergütung ist. Allein das Einbringen besagt nichts darüber, ob es sich tatsächlich um den rechtswidrigen Teil der gezahlten Vergütung (nichtige, weil überhöhte und begünstigende Betriebsratsvergütung) ist. Dies aber wird der AG im Zweifel darlegen und beweisen müssen, was für ihn in der Praxis je nach Einzelfall und je nach Gestaltung und je nach Umfang des Einbringens in Zeit-Wertguthaben problematisch sein kann und wird. 107

aa) Keine überhöhte Betriebsratsvergütung

Die Sachlage ist einfach, soweit die Betriebsratsvergütung ordnungsgemäß und nicht überhöht, sondern gemäß den gesetzlichen Erfordernissen der §§ 37, 78 BetrVG erfolgt ist: 108

Es bestehen keine Rückzahlungsansprüche, da die Vergütung nicht überhöht ist, und es stellt sich die Frage, ob Eingriffsmöglichkeiten in Zeit-Wertguthaben bestehen, nicht.

bb) Überzahlte Betriebsratsvergütung

Steht fest (dem Grunde und der Höhe nach), dass die bezogene Betriebsratsvergütung zu hoch war und bestehen aus diesem Grunde Rückzahlungsansprüche des AG gegen das BR-Mitglied, sind die überhöhten Beträge zurückzuzahlen. 109

Die Rückzahlung zu viel gezahlter Betriebsratsvergütung kann – bei Vorliegen der entsprechenden Voraussetzungen – auf die Rechtsgrundlage der ungerechtfertigten Bereicherung nach § 812 Abs. 1 Satz 1 BGB gestützt werden. Bei der Rückzahlung muss sich der AG neben der im Arbeitsverhältnis geschuldeten Bruttovergütung auch die hierauf anfallenden AG-Anteile am Gesamtsozialver- 110 sicherungsbeitrag anrechnen lassen.[58] Plant der AG den Rückzahlungsanspruch mit dem nächsten Gehalt zu verrechnen, so muss die Pfändungsfreigrenze, zum Schutz des Existenzminimums, berücksichtigt werden. Zu beachten ist hier jedoch auch, dass die Rückzahlung, sollten keine kürzeren vertraglichen oder tariflichen Ausschlussfristen vereinbart sein, grundsätzlich nur innerhalb der gesetzlichen Verjährungsfrist von drei Jahren möglich ist, vgl. § 195 BGB. Der Rückzahlungsanspruch entsteht im Zeitpunkt der Einbringung rechtswidriger, weil begünstigender Betriebsratsvergütung. Denn in diesem Zeitpunkt steht die objektive Rechtslage fest. Es kann daher für den AG sehr problematisch werden, rückwirkend wegen gerade tariflicher Ausschlussfristen Rückzahlungsansprüche rechtswirksam durchzusetzen. Weiterhin ist der Einwand der Entreicherung des BR-Mitglieds zu beachten, welcher sich jedoch lediglich auf Luxusaufwendungen bezieht, die sich das BR-Mitglied ohne die Überbezahlung nicht zugelegt hätte.

111 Bei den Rückforderungsansprüchen ist aber zu berücksichtigen, dass der Anspruch nicht aus § 817 Satz 1 BGB hergeleitet werden kann.[59]

112 Der AG darf ohne ausdrückliche vertragliche oder tarifliche Grundlage nicht in das vom AN angesparte Wertguthaben eingreifen, da diese dem AN zustehende Vergütung ist, die aufgrund einer Vereinbarung nach § 7b SGB IV in Zeit umgewandelt wurde. Aufgrund der Dokumentationsfunktion ist es dem AG ohnehin nicht gestattet, ohne Befugnis in das Arbeitszeitkonto einzugreifen und die dort aufgeführten Stunden zu kürzen.[60] Die unberechtigte einseitige Kürzung von Stunden auf dem Arbeitszeitkonto führt zu einem Anspruch des AN auf Wiedergutschrift der gestrichenen Stunden.[61]

c) Ergebnis

113 In Zeit-Wertguthaben kann der AG aufgrund der Insolvenzsicherung nicht direkt eingreifen. Je nach Ausgestaltung der Zeitguthaben kann die Rechtsprechung des BAG mit dem besonderen Schutz der bAV in Form des Dreistufenmodells eingreifen. Letzteres insbesondere dann, wenn mit Zeit-Wertguthaben bAV-Ansprüche begründet werden. Wenn aber der AG zu dem Ergebnis kommt – ggf. nach Durchführung eines Verfahrens oder einer entsprechenden (rechtskräftigen) Feststellung –, dass die BR-Vergütung überhöht war, hat er Rückforderungsansprüche. Mit diesen Rückforderungsansprüchen wird er bis zur Grenze der Pfändbarkeit sicherlich mit Ansprüchen, die der AN gegenüber dem AG hat (bspw. Auszahlung des Zeit-Wertguthabens o. Ä.), aufrechnen können. Dabei wird er auch ggf. anzuwendende Ausschlussfristen, seien sie vertraglich oder tarifvertraglich, zu beachten haben.

---

58 MHdB ArbR/*Reiserer/Lachmann*, § 7 Rn. 9.

59 Dazu näher unter Rn. 93.

60 BAG 23.9.2020 – 5 AZR 367/19, NZA-RR 2021, 5 (Rn. 21).

61 BAG 31.7.2014 – 6 AZR 759/12, NZA-RR 2015, 28 (Rn. 20 m. w. N).

I. Darlegungs- und Beweislast – ein großes Problem

von Tino Junghans

I. Überblick

Einer besonderen Bedeutung in der Praxis kommt neben der materiellrechtlichen Konstruktion der Betriebsratsvergütung der Aspekt zu, wie der Anspruch durchgesetzt werden kann. Dabei besteht das hinlänglich bekannte Problem, dass »Recht haben« und »Recht bekommen« nicht dasselbe sein muss. 1
Da die Parteien in einem Verfahren im Regelfall – zumindest nicht nur – um eine rechtliche Bewertung von Tatsachen, sondern über das Vorliegen von Tatsachen selbst streiten, bedarf es prozessualer Regelungen dafür, wer etwas vorzutragen hat und wer etwas zu beweisen hat.

Dabei muss berücksichtigt werden, dass das Arbeitsgerichtsgesetz (AGG) grundsätzlich zwei Verfahren unterscheidet, für die unterschiedliche Grundsätze und damit unterschiedliche Regeln gelten. Im sogenannten Beschlussverfahren gilt der Amtsermittlungsgrundsatz. Das Gericht hat danach die für die Entscheidung erheblichen Tatsachen grundsätzlich zu ermitteln. Im Urteilsverfahren hingegen gilt der sogenannte Beibringungsgrundsatz, nachdem die Parteien gründlich die für sie erheblichen Tatsachen beizubringen haben. Eine gerichtliche Geltendmachung der korrekten Vergütung gestaltet sich damit im Rahmen eines Beschlussverfahrens deutlich einfacher, da das Gericht von Amtswegen den notwendigen Tatsachstoff ermitteln würde und es damit grundsätzlich nicht darauf ankäme, wer etwas darzulegen und zu beweisen, sondern was sich als zutreffende Vergütung ergibt nach objektiver Prüfung durch die Gerichte ergibt. Grundsätzlich wird die Geltendmachung von Vergütungen der Betriebsräte (BR) im Rahmen des Beschlussverfahrens aber überwiegend abgelehnt. 2

Streitigkeiten über die Vergütung von BR-Mitgliedern sind nach der ständigen Rechtsprechung des BAG grundsätzlich im Urteilsverfahren zu führen.[1] Maßgeblich sei dabei nicht, dass die Anspruchsgrundlage im Betriebsverfassungsgesetz verortet sei, sondern die Rechtsnatur des geltend gemachten Anspruchs. Der Vergütungsanspruch aus § 37 Abs. 4 BetrVG betreffe die individuelle Entgeltstellung des einzelnen BR-Mitglieds. Er knüpft an das bestehende Arbeitsverhältnis an und dient der Sicherung desjenigen Arbeitsentgelts, das der AN ohne Ausübung des Betriebsratsamtes erzielt hätte. Damit handelt es sich um einen subjektiven Individualanspruch, der in seiner Struktur einem arbeitsvertragli- 3

1 Fitting, BetrVG § 37 Rn. 253 m. w. N.

chen Vergütungsanspruch entspricht. Solche individualrechtlichen Ansprüche sind systematisch dem Urteilsverfahren zugewiesen, unabhängig davon, ob sie ihre Grundlage im Arbeitsvertrag, in einem Tarifvertrag oder – wie hier – in einer gesetzlichen Sonderregelung haben.

4 Eine abweichende Beurteilung kommt nur ausnahmsweise in Betracht. Das Beschlussverfahren ist eröffnet, wenn die Vergütungsfrage nicht primär auf die Durchsetzung oder Korrektur eines individuellen Entgeltanspruchs gerichtet ist, sondern als Mittel der Behinderung oder Sanktionierung der Betriebsratsarbeit angegriffen wird. In diesen Fällen steht nicht die persönliche Entgeltposition des einzelnen BR-Mitglieds im Vordergrund, sondern der kollektive Schutz der Funktionsfähigkeit des Betriebsrats. Dogmatische Grundlage ist dann § 78 BetrVG, der Benachteiligungen wegen der Betriebsratstätigkeit verbietet.

Entscheidend ist somit die Zielrichtung des Begehrens. Während das Urteilsverfahren einschlägig ist, wenn das BR-Mitglied eine ihm individuell zustehende Vergütung beansprucht, kann das Beschlussverfahren zulässig sein, wenn geltend gemacht wird, dass der Arbeitgeber (AG) durch vergütungsbezogene Maßnahmen die Betriebsratsarbeit insgesamt beeinträchtigt oder unter Druck setzt. Das dürfte allerdings regelmäßig bei der individuellen Geltendmachung von Vergütung für Betriebsräte nicht der Fall sein, so dass grundsätzlich von der Anwendbarkeit des Urteilsverfahrens auszugehen ist.

5 Regelmäßig ist daher auf die Grundsätze des Urteilsverfahrens abzustellen. Das Arbeitsrecht folgt als Teil des Zivilrechts in diesem Rahmen den dafür vorgesehenen prozessrechtlichen Vorgaben und unterscheidet zwischen der sogenannten Darlegungslast und der Beweislast.

Die Darlegungslast ist die Pflicht einer Prozesspartei, alle Tatsachen vorzutragen, die für ihre Position im Prozess wichtig sind, also im Regelfall ihren Anspruch belegt oder widerlegt. Sie ist in Zivilprozessen unter dem Beibringungsgrundsatz von Bedeutung und stellt sicher, dass das Gericht den Sachverhalt prüfen kann. Wenn die darlegungspflichtige Partei ihre Pflicht nicht erfüllt, können negative Folgen eintreten, wie die Abweisung ihres Antrags allein deshalb.

6 Die Darlegungslast erstreckt sich damit auf alle anspruchs- oder einwendungserheblichen Tatsachen sowie die Umstände, die für die rechtliche Beurteilung relevant sind. Dabei betrifft die Darlegungslast zwei Aspekte; zum einen bezeichnet sie die Pflicht einer Partei, bestimmte Tatsachen überhaupt vorzutragen (formelle Seite) und diese Tatsachen so konkret, schlüssig und vollständig darzustellen, dass das Gericht sie rechtlich würdigen kann (materielle Seite). Sie bezieht sich damit also nicht nur auf die bloße Zuordnung, ob der Arbeitnehmer (BR-Mitglied) oder der AG, sondern zugleich auf Inhalt, Tiefe und Struktur des Vortrags.[2]

7 Abzugrenzen von der Darlegungslast ist die Beweislast. Die Darlegungslast regelt, was dargelegt werden muss, während die Beweislast regelt, wer eine streitige Tatsache beweisen muss. Die Darlegungslast geht der Beweislast regelmäßig voraus.

2 BeckOK ZPO/von Selle, ZPO § 138 Rn. 10–13.

Grundsätzlich gilt, dass jede Partei die Tatsachen darlegen und beweisen muss, die für sie günstig sind. Wird eine Tatsache nicht bestritten, gilt sie als zugestanden.
Die Beweislast ist die Verpflichtung einer Partei, vor Gericht die Tatsachen zu beweisen, die für sie positiv sind. Wer die Beweislast trägt, muss dafür sorgen, dass die behaupteten Tatsachen als wahr anerkannt werden und das Risiko tragen, wenn dies nicht gelingt. Der Grundsatz ist, dass jede Partei die Tatsachen beweisen muss, die für die eigenen Ansprüche oder Einwände relevant sind. Sofern eine Tatsache, mangels – ggf. ausreichendem – Bestreiten als zugestanden gilt, muss sie hingegen nicht mehr bewiesen werden.
Damit ist für den Ausgang eines Rechtsstreits regelmäßig die Darlegungs- und 8
Beweislast entscheidend. Also wird ein auch ein Betriebsrat, der seinen Anspruch auf eine bestimmte Vergütung geltend macht, nur dann erfolgreich sein können, wenn er die anspruchsbegründenden Tatsachen ausreichend darlegen und beweisen kann.
Im Regelfall, sofern nicht gesetzlich oder nach der Rechtsprechung etwas anderes vorgesehen ist, gilt, dass derjenige die anspruchsbegründenden Tatsachen darzulegen hat, der einen Anspruch durchsetzen möchte. Das ist regelmäßig das BR-Mitglied als Anspruchsteller für die anspruchsbegründenden Tatsachen, während der AG als Anspruchsgegner die Darlegungs- und Beweislast grundsätzlich lediglich für rechtshindernde, rechtsvernichtende und rechtshemmende Tatsachen trägt.[3]
Rechtshindernde Tatsachen stehen der Entstehung eines Anspruchs von vornherein entgegen; der geltend gemachte Anspruch ist dann nie entstanden.
Hingegen lassen rechtsvernichtende Tatsachen einen zunächst entstandenen Anspruch nachträglich wieder entfallen, während rechtshemmende Tatsachen den Anspruch bestehen lassen, jedoch vorübergehend seine Durchsetzbarkeit verhindern.

II. Anspruch auf Entgeltsicherung

Das Betriebsratsmandat ist als Ehrenamt konzipiert. Das bedeutet, dass die ei- 9
gentliche Tätigkeit als BR-Mitglied nicht vergütet wird. Damit den BR-Mitgliedern jedoch kein Nachteil entsteht, regelt § 37 Abs. 2 BetrVG, dass trotz der Freistellung für die Betriebsratsarbeit das Mitglied den Anspruch auf die vertraglich geschuldete Arbeitsvergütung behält; Lohnausfallprinzip. Es wird damit auf das durch die Betriebsratstätigkeit entstandene Arbeitsversäumnis abgestellt. Gleichzeitig regelt § 78 Satz 2 BetrVG – neben dem Ehrenamtsprinzip und dem Umstand, dass eine Vergütung nur nach dem Lohnausfallprinzip zu erfolgen hat –, dass Begünstigungen von Betriebsräten zu unterbleiben haben, was ausschließt,

3 Vgl. BGH 13.11.1998 – V ZR 386/97, NJW 1999, 352, 353; Zöller-*Greger*, 35. Aufl. 2024, ZPO § 284 Rn. 17a m.w.N.

dass eine Vergütung für Betriebsratstätigkeit gezahlt wird. Das BR-Mitglied kann daher immer nur die Vergütung für die ausgefallene Arbeit verlangen.

10 Dabei ist das Lohnausfallprinzip vom Referenzprinzip abzugrenzen. Beim Referenzprinzip wird die Vergütung für die ausgefallene Arbeitszeit – etwa wegen Urlaub – nur anhand von Faktoren aus der Vergangenheit – etwa der Durchschnitt der letzten 13 Wochen – berechnet. Das Lohnausfallprinzip stellt aber gerade auf die Vergütung ab, die das BR-Mitglied in dem ausgefallenen Zeitraum erhalten hätte, wenn es in diesem Zeitraum gearbeitet hätte.

Hinweis:
Sind vor der Betriebsratstätigkeit regelmäßig Nachtschichten angefallen, während dies in den Zeiten der streitigen Betriebsratsvergütung nicht der Fall gewesen wäre, so erhält das BR-Mitglied in diesem Zeitraum keine Vergütung für Nachtschichten, während ein Mitarbeiter, der im selben Zeitraum erkrankt ist, auch Vergütung für Nachtschichten erhält, da hier auf den Zeitraum der letzten 13 Wochen abgestellt wird.

Das bedeutet, dass hinsichtlich der Darlegungslast des BR-Mitgliedes im Rahmen eines Verfahrens zur Geltendmachung der wegen Betriebsratsarbeit ausgefallenen Vergütung grundsätzlich für die Berechnung der Vergütung auf den Zeitraum der ausgefallenen Arbeitszeit abgestellt werden muss. Eine Darstellung dessen, wie viel ein BR-Mitglied sonst gearbeitet hat, ist daher dann nicht repräsentativ, wenn sich dies auf den fraglichen Zeitraum nicht übertragen lässt.

11 Damit erfolgt eine Berechnung grundsätzlich nicht anhand von Faktoren aus der Vergangenheit und sorgt dafür, dass aktuelle Entwicklungen berücksichtigt werden können, – etwa ein Anfall von Mehrarbeit nur in der fraglichen Woche.

Sie setzt vielmehr eine hypothetische Betrachtung voraus, welches Arbeitsentgelt das BR-Mitglied erhalten hätte, wenn es das Betriebsratsamt nicht übernommen und somit auch keine Betriebsratstätigkeit erbracht hätte.[4] Anspruchsgrundlage ist damit der Arbeitsvertrag in Verbindung mit § 611a Abs. 1 BGB und § 37 Abs. 2 BetrVG.[5]

Damit liegt dem Grunde nach durch die Freistellung als Betriebsrat ein weiterer gesetzlicher Sondertatbestand vor, weshalb trotz des Grundsatzes »ohne Arbeit kein Lohn« dennoch Vergütung zu zahlen ist, wie etwa bei Urlaub, Krankheit bis zu sechs Wochen oder Annahmeverzug des AG.

12 Das bedeutet aber auch, dass eine erforderliche Freistellung im Sinne des § 37 Abs. 2 BetrVG vorliegen muss, damit eine Vergütung überhaupt in Betracht kommt. Betriebsratstätigkeit außerhalb des Umfangs der Arbeitszeit des BR-Mitglieds ist damit grundsätzlich nur unter Berücksichtigung der Vorgaben in § 37 Abs. 3 BetrVG zu zahlen.

Klargestellt ist damit aber auch, dass dies beinhaltet, dass nicht auf die Zeit der Betriebsratstätigkeit – die selbst nicht vergütet wird –, sondern auf den Zeitraum

4 DKW-Wedde, § 37 Rn. 50; ErfK-Koch, § 37 BetrVG, Rn. 6.
5 BAG 29.8.2018 – 7 AZR206/17.

der Freistellung abgestellt werden muss, die nicht zwingend zeitlich übereinstimmen müssen. Für die Vergütung ist daher grundsätzlich auch auf die erforderliche Freistellung für die Betriebsratsarbeit, aber nicht die reine Betriebsratstätigkeit abzustellen. Umfasst können daher auch etwa erforderliche Ruhezeiten sein.[6]

> **Hinweis:**
> Mit der Entscheidung des BAG (18.1.2017 – 7 AZR 224/15) bestätigt das BAG weitergehende Freistellungsansprüche für BR-Mitglieder, da auch vor der Aufnahme einer Betriebsratstätigkeit die Ruhezeit eingehalten werden muss. Das führt sogar dazu, dass bei nicht freigestellten BR-Mitgliedern die vorherige Arbeitszeit vorzeitig beendet werden muss. Das BR-Mitglied arbeitet daher zur Wahrung der Ruhezeit nicht die volle Arbeitszeit. In beiden Fällen bestätigt das BAG, dass keine Minderung des Arbeitsentgelts erfolgen darf.

Zu beachten ist, dass die Arbeitsbefreiung nach § 37 Abs. 2 BetrVG – entgegen **13**
der Freistellung nach § 38 BetrVG – nur konkret anlassbezogen ist und nur dann Freistellung vorsieht, wenn und soweit es nach Umfang und Art des Betriebes zur ordnungsgemäßen Durchführung der Betriebsratstätigkeiten erforderlich ist. Das BR-Mitglied muss daher darlegen, dass die Arbeitsbefreiung der ordnungsgemäßen Durchführung von Betriebsratsaufgaben diente und dazu auch erforderlich war. Aufgaben dienen der ordnungsgemäßen Durchführung nur, wenn sie dem Betriebsrat zugewiesen sind. Es kommt damit auf den Inhalt der Tätigkeit, nicht auf das reine Auftreten als Betriebsrat an.

> **Hinweis:**
> Die Überprüfung eines Arbeitszeugnisses eines Kollegen etwa ist keine Aufgabe, die den Betriebsräten zugewiesen ist. Dabei handelt es sich um individualrechtliche Interessen, regelmäßig sind dem Betriebsrat bis auf im BetrVG ausdrücklich genannte andere Fälle regelmäßig kollektivrechtliche Fragestellungen zugewiesen.

Ferner muss das Tätigwerden auch im Sinne des § 37 Abs. 2 BetrVG erforderlich gewesen sein. Dies ist der Fall, wenn ein vernünftig denkender Dritte unter Beachtung der Interessen der Beteiligten das Arbeitsversäumnis für sachlich geboten halten durfte.[7] Es kommt daher nicht auf die subjektive Auffassung des Betriebsrats oder auf die Meinung des AG an.
Tatsächlich würde eine selbst durch den AG darüberhinausgehende Freistellung – sofern sie auch nicht nach § 38 BetrVG gedeckt ist –, eine unzulässige Begünstigung nach § 78 Satz 2 BetrVG darstellen und damit nicht zu vergüten sein.

Die Annahme einer uneingeschränkten Darlegungs- und Beweislast des BR- **14**
Mitgliedes für die Erforderlichkeit der Betriebsratstätigkeit ist jedoch deshalb problematisch, weil die Mitglieder des BR in ihrer Amtsführung grundsätzlich unabhängig sind und nicht einer Kontrolle durch den AG unterliegen. So brau-

6 BAG 18.1.2017 – 7 AZR 224/15.
7 BAG 8.3.1957 – 1 AZR 113/55.

chen Sie für Ihre aktuelle und geplante Betriebsratstätigkeit grundsätzlich keine Auskunft geben und benötigen vor allem nicht die Zustimmung des AG. Wenn das BR-Mitglied hingegen bei Nichtzahlung der ausgefallenen Vergütung die gesamte Betriebsratsarbeit offenlegen müsste, käme dies einer Kontrolle durch AG gleich und würde dem im Gesetz verankerten Gebots vertrauensvoller Zusammenarbeit zwischen Betriebsparteien, § 2 Abs. 1 BetrVG, widersprechen. Angesichts dessen würden die Anforderungen an die Darlegungslast des BR-Mitglieds überspannt, wenn von ihm ohne konkretes Gegenvorbringen eine detaillierte Darlegung verlangt würde, welche Betriebsratsarbeit für welchen Zeitraum ausgeführt und welche Überlegungen hierfür im Einzelnen ausschlaggebend gewesen sind.

15 Es ist daher bei Streitigkeiten um die Entgeltfortzahlung nach § 37 Abs. 2 BetrVG nur von einer abgestuften Darlegungslast auszugehen.

Danach hat das BR-Mitglied zunächst stichwortartig zur Art der Betriebsratstätigkeit und deren Dauer vorzutragen. Angaben zu Art und Umfang der Betriebsratstätigkeit sind an sich schon geeignet, das Vorliegen der gesetzlichen Voraussetzungen des auf § 37 Abs. 2 BetrVG gestützten Entgeltfortzahlungsanspruchs nachzuvollziehen. Der AG müsste sodann seinerseits darlegen, aus welchen Gründen unter Berücksichtigung der stichwortartigen Angaben des BR-Mitglieds sich begründete Zweifel an der Erforderlichkeit der angegebenen Tätigkeit ergeben. Erst dann hat das BR-Mitglied substantiiert darzulegen, aufgrund welcher Umstände es die Betriebsratstätigkeit für erforderlich halten durfte.[8]

Stichwortartige Angaben zu Art und Umfang der Betriebsratstätigkeit erlauben einem AG grundsätzlich eine ausreichende Überprüfung des Vergütungsanspruchs auf Basis des § 37 Abs. 2 BetrVG. Ohnehin werden Betriebsratssitzungen ihm bekanntgegeben (§ 30 Satz 3 BetrVG), gleiches gilt mindestens für Betriebsversammlungen. Der AG hat auch einen Überblick über die mit dem Betriebsrat und seinen Mitgliedern geführten Gespräche und die zwischen den Betriebsparteien gewechselte Korrespondenz. Über diese und anhand der betrieblichen Situation für den Betriebsrat ergebenden Arbeitsbelastungen und Informationsbedürfnisse kann er sich aus eigener Kenntnis ein zuverlässiges Bild machen.[9]

Hinweis:
Dennoch bemühen AG besonders unliebsame Betriebsräte immer wieder, in dem sie Vergütung wegen angeblicher Intransparenz nicht zahlen. Sollten derartige Probleme auftreten, ist daher eine stichwortartige Aufzeichnung dem BR-Mitglied zu empfehlen.

16 Die Höhe der zu zahlenden Vergütung richtet sich grundsätzlich nach den vertraglichen, betriebsverfassungsrechtlichen und tarifrechtlichen für das BR-Mitglied zugrunde zulegenden Vergütungsbestandteilen.

8 BAG 15.3.1995 – 7 AZR 643/94, zu II 1b der Gründe, m. w. N.
9 BAG 15.3.1995 – 7 AZR 643/94, zu II 1c der Gründe.

Die notwendige hypothetische Betrachtung bei der Berechnung führt immer wieder – insbesondere bei bestimmten Vergütungsbestandteilen – zu Schwierigkeiten, die es notwendig machen, dass Betriebsräte gerichtliche Hilfe zur Durchsetzung ihrer Vergütung als Betriebsräte in Anspruch nehmen müssen.

1. Besonderheit: Schicht-, Nacht-, Sonn-/Feiertags- und Erschwerniszuschläge

17 Derartige Zuschläge sind grundsätzlich auch an das BR-Mitglied zu zahlen, wenn die zugrunde liegende Belastungssituation ohne Betriebsratstätigkeit typischerweise angefallen wäre.[10] Es ist daher notwendig, dass das BR-Mitglied darlegt und beweist, dass die anspruchsbegründende Belastungssituation ohne Betriebsratstätigkeit angefallen wäre.

Dazu müsste das BR-Mitglied darlegen und gegebenenfalls beweisen, von wann bis wann und gegebenenfalls unter welchen Bedingungen er in dem fraglichen Zeitraum der Freistellung für Betriebsratstätigkeit nach seinem Arbeitsvertrag gearbeitet hätte, wenn er nicht Betriebsratsarbeit ausgeführt hätte. Daher wäre nicht nur der Umfang, sondern auch die zeitliche Lage und die Erschwernisse darzustellen, die mit der dann auszuführenden Tätigkeit einhergingen. Nicht erheblich ist gerade, ob die zeitliche Lage oder der Umfang der eigentlichen Betriebsratstätigkeit damit korrespondiert oder ob die Betriebsratstätigkeit unter derartigen Erschwernissen auszuüben ist. Entgegen der anderslautenden Auffassung von einigen Arbeitsgerichten hat dies das Bundesarbeitsgericht zuletzt nochmals ausdrücklich klargestellt.[11]

18 Die vielfach missverstandene Entscheidung des Bundesarbeitsgerichts vom 18.5.2016 kommt nur deshalb zu einer abweichenden rechtlichen Bewertung, weil Grundlage dieser Entscheidung gerade war, dass der Arbeitsvertrag mit dem BR-Mitglied geändert worden ist.[12] Da nach dem Lohnausfallprinzip die arbeitsvertraglich geschuldete Vergütung zu zahlen ist, wirkt sich die Änderung des Arbeitsvertrages eben auf die zu zahlende Vergütung aus. Dies ist jedoch eine Ausnahme von dem Grundsatz, dass auch derartige Vergütungsbestandteile fortzuzahlen sind.[13]

Gleiches gilt im Übrigen auch für alle Vereinbarungen, die den Arbeitsvertrag ändern. Nach der Änderung des Arbeitsvertrages stehen einem BR-Mitglied diese Vergütungsbestandteile dann nicht mehr zu.

> **Hinweis:**
> Sollte ein AG dem BR-Mitglied etwa vorschlagen, dass er die Teamleitung abgibt, weil er als BR-Mitglied doch regelmäßig zu eingebunden sei, um die Tätigkeit auszuüben, ist Vorsicht geboten. Ist dies als Vertragsänderung zu verstehen, fällt die dafür zu zahlende Vergütung – möglicherweise sogar dauerhaft – weg. Da Ver-

10 BAG 28.8.2024 – 7 AZR 197/23, Rn. 31 f.
11 BAG 28.8.2024 – 7 AZR 198/23.
12 BAG 28.8.2024 – 7 AZR 198/23.
13 Vgl. Junghans/Grüneberg/Eder, jurisPR-ArbR 31/2024 Anm. 7.

tragsänderung nicht nur schriftlich, sondern auch konkludent erfolgen können, sollte immer klargestellt werden, dass keine Vertragsänderung akzeptiert wird. Ausnahme: Anders kann es nur sein, wenn der AG *einseitig* zur ordnungsgemäßen Ausübung der Betriebsratstätigkeit von bestimmten Aufgaben freistellen muss.

2. Mehrarbeit/Überstunden (inklusive Zuschläge)

19 Eine fiktive Überstundenvergütung erhält ein Betriebsrat grundsätzlich für Zeiten der Freistellung nur, wenn mit überwiegender Wahrscheinlichkeit Überstunden ohnehin angefallen wären. Das BR-Mitglied müsste daher eine betriebliche Üblichkeit (Überstundenquote; regelmäßige Anordnungen der Einheit/Position und konkrete Indizien für die Anordnung oder Anfragen; Planerspitzen; Projekte, saisonale Peaks oder Ausfallvertretungen) darstellen. Ebenfalls ist eine eigene Darstellung der Überstundenhistorie vor Amtsausübung sinnvoll.
AG tragen oftmals vor, dass ausgerechnet beim BR-Mitglied keine Mehrarbeit angefallen wäre. Dies dürfte grundsätzlich nur bei Vorlage einer klaren Zuteilungslogik, einer bereits ausgelasteten Kapazität oder einer dokumentierten Verteilung auf andere möglich sein – sofern dies keine Benachteiligung des BR-Mitgliedes darstellt.
Sofern nicht-individuelle Mehrarbeit hypothetisch darzustellen ist, müsste neben der betrieblichen Üblichkeit der Mehrarbeit auch die individuelle Historie dargelegt werden. Im Anschluss müsste der Durchschnitt der Vergleichsgruppe geltend gemacht werden (Stunden pro Monat). Dabei ist zu beachten, dass eine Pauschalisierung der Zahlung nur ausnahmsweise dann möglich ist, wenn sichergestellt ist, dass regelmäßig darin weder eine Begünstigung oder Benachteiligung des BR-Mitgliedes gesehen werden kann.

3. Besonderheit: »Betriebsratsüberstunden«

20 Betriebsrats-»Überstunden«, also Betriebsratsarbeit, die aus betriebsbedingten Gründen außerhalb der Arbeitszeit eines BR-Mitgliedes durchzuführen ist, sind nach Maßgabe von § 37 Abs. 3 BetrVG in Freizeit auszugleichen oder – nur ausnahmsweise – zu vergüten. Insoweit besteht ein Recht auf freizeitausgleichende Befreiung von der Amtsausübung nach § 37 Abs. 3 Satz 1, 2 BetrVG. Eine Auszahlung ist gemäß § 37 Abs. 3 Satz 3 BetrVG regelmäßig bereits deshalb ausgeschlossen, weil die Selbstbestimmtheit der Amtsausübung grundsätzlich eine freizeitausgleichende Befreiung von der Amtszeit möglich machen wird. Andernfalls müsste das BR-Mitglied darlegen und beweisen, dass es aufgrund seiner Betriebsratstätigkeit nicht in der Lage war, einen tatsächlichen Freizeitausgleich vorzunehmen.[14]

21 Diesem Vorgehen steht meist die Selbstbestimmtheit der Amtsausübung im Wege.

14 BAG 28.9.2016 – 7 AZR 248/14, NZA 2017, 335, Rn. 35 ff.; Schlamp, S. 290 f.; Jacobs/Frieling, ZFA 2015, 241 (245 f.).

Denkbar ist dies in besonderen Konstellationen dennoch, etwa bei besonderen unvorhersehbaren Wochenendeinsätzen, die sich aufgrund des nahenden Monatsendes nicht mehr ausgleichen lassen.
In diesem Fall wäre sowohl darzulegen, dass die Plusstunden für erforderliche Betriebsratstätigkeit aufgewandt wurden und aus betriebsbedingten Gründen angefallen sind, aber auch, dass ein Abbau des Stundenguthabens bis zum Ende des Bezugszeitraums aus betriebsbedingten Gründen nicht möglich gewesen ist.[15]

4. Erfolgs-/leistungsabhängige Vergütung

Auch auf leistungs-sowie erfolgsbezogene Vergütungen und Vergütungsbestandteile sind die Grundsätze des Lohnausfallprinzips des § 37 Abs. 2 BetrVG sowie des Verbots der Benachteiligung oder Bevorzugung von BR-Mitgliedern nach § 78 Satz 2 BetrVG anzuwenden.[16] 22
Dabei ist auf eine Benachteiligungsfreiheit, aber zugleich auch drauf zu achten, dass keine Begünstigung vorliegt. Eine Begünstigung liegt nicht schon deshalb vor, weil das BR-Mitglied den Erfolg/die Leistung nicht tatsächlich erbracht hat. Es ist gerade eine hypothetische Betrachtung, die darauf abstellt, dass das BR-Mitglied Leistungen aufgrund Betriebsratstätigkeit nicht erbringen konnte. Trotz immer wieder auftretender anderslautender Auffassungen ergibt sich dies unmittelbar aus dem Vergütungssystem für Betriebsräte, dass sowohl das Lohnausfallprinzip wie das Benachteiligungsverbot beinhaltet.[17]

Hängt die Höhe eines jahresbezogenen Bonus von dem Grad der Erreichung 23
des vereinbarten Umsatzziels ab, ist der Berechnung der Zielerreichungsgrad zu Grunde zu legen, den das BR-Mitglied in diesem Jahr hypothetisch ohne die Arbeitsbefreiung zur Wahrnehmung von Betriebsratsaufgaben erfüllt hätte.[18] Dabei ist klar, dass bei einer Ermittlung der variablen Vergütung aufgrund des Umstandes, dass eben das BR-Mitglied gerade nicht oder nicht vollständig wegen der Freistellung die Leistung erbringen kann und regelmäßig wegen der vielfachen Faktoren, von denen die tatsächliche Zielerreichung abhängig ist, nicht sicher die erfolgs- und leistungsabhängige Vergütung zu ermitteln ist.
Zur Berechnung der hypothetischen Vergütung ist nach der Rechtsprechung dennoch die Methode zu wählen, die dem Lohnausfallprinzip am besten gerecht wird. Dabei sind die Besonderheiten des jeweiligen Vergütungsbestandteils zu berücksichtigen. Bei schwankenden Bezügen ist gegebenenfalls eine Schätzung nach den Grundsätzen des § 287 Abs. 2 ZPO vorzunehmen.[19]

15 BAG 28.9.2016 – 7 AZR 248/14, Rn. 39.
16 BAG 29.4.2015 – 7 AZR 123/13.
17 Junghans/Grüneberg/Eder, jurisPR-ArbR 31/2024 Anm. 7.
18 BAG 29.4.2015 – 7 AZR 123/13.
19 BAG 29.4.2015 – 7 AZR 123/13.

a) Akkordarbeit

24 Bei Formen von Akkordarbeit, bei der die Arbeitsleistung stets Leistungsschwankungen unterliegt, wird in der Literatur überwiegend die Auffassung vertreten, dass trotz des Umstandes, dass das Lohnausfallprinzip und nicht das Referenzprinzip vorliegt, zur Ermittlung der Höhe des Akkordlohns, den das BR-Mitglied hypothetisch erreicht hätte, eine Durchschnittsbetrachtung herangezogen wird, die sich auf die zuletzt vor Amtsantritt gezeigte Arbeitsleistung bezieht. Da dies am ehesten dem Umstand Rechnung trägt, dass auch eine aktuelle Berücksichtigung der Leistungsfähigkeit des BR-Mitglieds vorliegen muss. Dabei müssen jedoch gegebenenfalls Einarbeitungsphasen unberücksichtigt bleiben, da insoweit davon auszugehen ist, dass diese die tatsächliche Leistungsfähigkeit schmälern. Auf Basis eines repräsentativen zeitlichen Rahmens unmittelbar vor Aufnahme der Betriebsratstätigkeit soll durch die durchschnittliche Arbeitsleistung sichergestellt werden, dass am ehesten das hypothetische Ergebnis erreicht wird. Nur sofern eine Berechnung anhand einer durchschnittlichen Arbeitsleistung des Betriebsrats nicht möglich ist, soll nach der überwiegenden Meinung in der Literatur auf den Durchschnitt der an vergleichbare Arbeitnehmer (AN) gezahlte Akkordlöhne abgestellt werden können.

b) Provisionszahlungen

25 Da bei Provisionszahlungen der erzielte Umsatz auch von der Arbeitsleistung abhängt, stellt der Bonus eine (zusätzliche) Gegenleistung für die geleistete Arbeit dar. Dem steht nicht entgegen, dass zwischen Zeitaufwand und Umsatzhöhe keine Proportionalität besteht; er ist bei der Vergütung von BR-Mitgliedern ebenfalls unabhängig von dem Grad der Freistellung zu zahlen.

Die Berechnung und Darstellung gestalten sich regelmäßig wegen einer Vielzahl von beeinflussenden Faktoren neben der reinen Arbeitsleistung des BR-Mitglieds als besonders problematisch.

Auch wenn die konkrete Berechnung sich schwierig gestalten kann, hat das BAG klargestellt, dass dafür einheitlich der gesamte Zeitraum – bestehend aus Arbeitsleistung und Zeiten der Freistellung für Betriebsratstätigkeit – heranzuziehen ist.[20] Eine Aufteilung bei der Ermittlung in einen auf die Arbeitstätigkeit und einen auf die Betriebsratstätigkeit entfallenden Anteil scheidet damit ganz klar aus.

26 Ebenso scheint eine Berechnung auf Basis des durchschnittlichen Zielerreichungsgrads der Vergleichsgruppe ebenfalls bereits deshalb auszuscheiden, weil die Arbeitsleistung des BR-Mitglieds nach dem Lohnausfallprinzip entscheidend sein muss. Etwas anderes kann auch hier daher sicher nur gelten, wenn eine eigene Leistungserreichung unmöglich zu ermitteln ist.

Daher muss festgestellt werden, welchen Zielerreichungsgrad das BR-Mitglied im entscheidenden Zeitraum ohne Arbeitsbefreiung zur Wahrnehmung betriebsverfassungsrechtlicher Aufgaben erreicht hätte und welcher Bonus sich bei

20 BAG 29.4.2015 – 7 AZR 123/13.

Berücksichtigung dieses Zielerreichungsgrads errechnet. Dies ist grundsätzlich darzulegen.
Da es um die Feststellung eines hypothetischen Sachverhalts geht, kann diese Feststellung in der Regel nur auf Grund von Hilfstatsachen, die in Verbindung mit Erfahrungsregeln einen indiziellen Schluss auf einen bestimmten Geschehensablauf zulassen, getroffen werden.[21] Nach der Feststellung entsprechender Hilfstatsachen kann das Gericht gegebenenfalls nach § 287 Abs. 2 ZPO unter Berücksichtigung aller Umstände eine Schätzung vornehmen.[22]
Das BR-Mitglied muss daher im Regelfall die Anspruchsgrundlage und die Systematik/Mechanik, die der Berechnung der Vergütung zugrunde liegt, darstellen.
Dann muss Grundlage der Berechnung mindestens der tatsächlich erreichte Umsatz bei einem nicht vollständig freigestellten BR-Mitglied sein. Anhand von Hilfstatsachen kann dann begründet werden, dass ein höherer Umsatz und damit Zielerreichungsgrad erreicht worden wäre. Solche Hilfstatsachen könnten für den Umsatz maßgebliche Umstände sein wie zum Beispiel die Kundenstruktur, Vertragslaufzeiten, Vertragsverhandlung usw. Es könnte auch dargelegt werden, welche weiteren Geschäfte das BR-Mitglied im Bezugszeitraum ohne die Betriebsratstätigkeit hätte abschließen können.[23] Als Indiz für die hypothetische Zielerreichung des BR-Mitgliedes kann auch auf die in den Vorjahren durchschnittlich erfüllten Zielerreichungsgrade des BR-Mitglieds oder gegebenenfalls den durchschnittlichen Zielerreichungsgrad der Vergleichsgruppe in dieser Zeit Bezug genommen werden.
Wenn der AG hingegen der Darstellung entgegentreten will, so müsste er darlegen, warum im Verkaufsgebiet keine weiteren Umsätze zu erwarten gewesen wären.[24] Dafür wäre er darlegungs- und beweisbelastet.
Eine abschließende höchstrichterliche Bewertung dazu, wie konkret eine Ermittlung erfolgen muss, gibt es ansonsten nicht. Notfalls muss eben auf eine Schätzung durch das Gericht zurückgegriffen werden.

5. Höhere Vergütung als Benachteiligung/Begünstigung

Ein Streit über eine Vergütung kann sich auch aus § 78 Satz 2 BetrVG ergeben, 27
der ausdrücklich regelt, dass weder eine Benachteiligung noch eine Begünstigung von BR-Mitgliedern möglich sein soll, sofern dies nicht gerade zulässig sein soll. Derjenige, der sich auf einen Verstoß gegen das Verbotsgesetz des § 78 Satz 2 BetrVG beruft, muss diesen Verstoß beweisen.[25] Damit trägt das BR-Mitglied die Darlegungs- und Beweislast für eine unzulässige Benachteiligung wegen des Betriebsratsamts, wenn es einen Anspruch auf eine höhere Vergütung auf § 611a

21 Vgl. BAG, NZA 1998, 558 = EuZW 1999, 544 LS (zu I 2 und 3); NZA 1989, 315 LS (zu II).
22 BAG 29.4.2015 – 7 AZR 123/13, Rn. 23.
23 Vgl. BAG 29.4.2015 – 7 AZR 123/13, Rn. 26.
24 BAG 29.4.2015 – 7 AZR 123/13, Rn. 26.
25 BAG 29.8.2018 – 7 AZR 206/17, Rn. 44.

Abs. 2 BGB i. V. m. § 78 Satz 2 BetrVG stützt.[26] Der AG hingegen trägt die Darlegungs- und Beweislast für einen Verstoß gegen das Begünstigungsverbot des § 78 Satz 2 BetrVG, wenn er gegenüber dem BR-Mitglied geltend macht, eine in der Vergangenheit zugesagte und gezahlte Vergütung begünstige ihn unzulässig. Der AG muss in diesem Fall einen Sachverhalt darlegen, der den Schluss auf einen Verstoß gegen das Begünstigungsverbot ermöglicht.[27]

28 Ausdrücklich muss allerdings darauf hingewiesen werden, dass Grundlage der Betrachtung wieder eine hypothetische Betrachtung sein muss, ob dem BR-Mitglied die Zahlung zugestanden hätte, wenn es nicht als Betriebsrat tätig geworden wäre. Ausgeschlossen ist daher eine Argumentation, dass das BR-Mitglied eine Erschwernis oder ähnliches wegen der Betriebsratstätigkeit nicht gehabt habe, und eine Zahlung ihn damit gegenüber anderen AN, die diese Erschwernis tatsächlich gehabt haben, unzulässig begünstige.[28]

III. Vergütungsentwicklung

29 BR-Mitgliedern dürfen auch dann keine Nachteile erwachsen, wenn sie aufgrund ihrer Amtstätigkeit von ihrer beruflichen Tätigkeit vollständig oder teilweise freigestellt sind, und sie daher ihre berufliche Karriere nicht weiterverfolgen können oder zu befürchten ist, dass dies durch das Mandat erschwert wird. Ihnen ist daher in jedem Fall mindestens eine Vergütung zu gewähren, die derjenigen entspricht, die sie bei hypothetischer Betrachtung ohne Betriebsratsamt erlangt hätten.[29] Dabei ergibt sich die Fragestellung, welche Karriere ein AN hypothetisch vollzogen hätte, wenn er über viele Jahre – oder gar Jahrzehnte – Mitglied im Betriebsrat und in dieser Funktion ggf. sogar vollständig freigestellt war. In jedem Fall würde sich eine Darstellung einer solchen hypothetischen beruflichen Entwicklung bereits regelmäßig als schwierig darstellen. Fraglich ist zudem wie ein BR-Mitglied dies dann auch noch nachvollziehbar für ein Gericht darlegen und beweisen kann. Dies erschwert eine Durchsetzung eines solchen Anspruchs weiterhin ganz erheblich.

30 Der Gesetzgeber gibt einem BR-Mitglied, das einen Anspruch auf eine höhere Vergütung aufgrund einer beruflichen Entwicklung geltend machen will, daher dazu zwei Möglichkeiten, dies darzulegen. Zum einen nach § 37 Abs. 4 BetrVG, als hypothetische Entwicklung über die Nachvollziehung der beruflichen Entwicklung der Mehrheit der Vergleichsgruppe oder nach § 78 Satz 2 BetrVG dadurch, dass eine konkrete unterbliebene eigene Entwicklung als Ausprägung

---

26 LAG Niedersachsen 1.7.2024 – 1 Sa 636/23.

27 LAG Niedersachsen 1.7.2024 – 1 Sa 636/23; BAG 29.8.2018 – 7 AZR 206/17, Rn. 44; BGH 13.1.1983 – III ZR 88/81, Rn. 23; amtl. Leitsätze.

28 Ausdrücklich klargestellt in BAG 28.8.2024 – 7 AZR 197/23.

29 Ständige Rspr.; BAG 20.1.2021 – 7 AZR 52/20, BeckRS 2021, 11855; BAG 22.1.2020 – 7 AZR 222/19, NZA 2020, 594, 597; BAG 4.11.2015 – 7 AZR 972/13, NZA 2016, 1339, 1343; BAG 17.8.2005 – 7 AZR 528/04, NZA 2006, 448, 450.

einer Form der unzulässigen Benachteiligung als BR-Mitglied (hypothetischen Karriere, die aus der Rechtsprechung entwickelt wurde), geltend gemacht wird. Dabei ist zu berücksichtigen, dass es einem Betriebsrat in der Regel nur sehr schwer möglich sein wird, eine hypothetische berufliche Entwicklung darzulegen. Letztlich tragen sowohl die Regelung in § 37 Abs. 4 BetrVG als auch die durch die Rechtsprechung entwickelten Grundsätze zur hypothetischen Karriere diesem Aspekt Rechnung und sind insoweit als Erleichterung des Nachweises einer entsprechenden Benachteiligung zu verstehen, dadurch, dass zwei konkrete Möglichkeiten zur Darstellung entwickelt wurden.
Insbesondere die Regelung in § 37 Abs. 4 BetrVG erleichtert den Betriebsräten damit erheblich eine Darstellung einer hypothetischen beruflichen Entwicklung, weil nicht dargestellt werden muss, wie sie sich konkret selbst hypothetisch entwickelt hätten, sondern stattdessen darauf abgestellt wird, wie sich die Mehrheit der Vergleichsgruppe tatsächlich entwickelt hat und dies dann auf das BR-Mitglied als eine Art »Mindestanspruch auf berufliche Entwicklung« bzw. entsprechende Vergütung übertragen wird.
Festgehalten werden muss jedoch, dass »Erleichterung« nicht gleichbedeutend mit »leicht« ist. Auch wenn die beiden Formen der Darstellung grundsätzlich eine Erleichterung für die Betriebsräte ergeben sollen, stellt sich die konkrete Umsetzung regelmäßig als kaum bezwingbare Herausforderung für die Betriebsräte dar. Das liegt nicht nur an den unbestimmten Rechtsbegriffen, die für das BR-Mitglied teilweise unverständlich und ohne Studium der gesamten dazu ergangenen Rechtsprechung wenig verständlich sind, sondern auch daran, dass die erforderlichen Informationen dem BR-Mitglied grundsätzlich nicht oder nicht vollständig vorliegen.

1. § 37 Abs. 4 Betriebsverfassungsgesetz

Will ein BR-Mitglied nach § 37 Abs. 4 BetrVG einen Anspruch auf eine betriebs- **31**
übliche berufliche Entwicklung geltend machen, gelten die allgemeinen Grundsätze der Darlegungs- und Beweislast und damit hat das BR-Mitglied grundsätzlich die Voraussetzungen des § 37 Abs. 4 BetrVG darzulegen und zu beweisen, insbesondere muss es schlüssig vortragen, wer die vergleichbaren AN sind und welche berufliche Entwicklung betriebsüblich ist.[30]
Das BR-Mitglied als Anspruchsteller trägt zudem die Beweislast für die rechtsbegründenden, der AG als Anspruchsgegner für die rechtsvernichtenden, rechtshindernden und rechtshemmenden Tatsachen.[31]

Konkret bedeute die Darlegung der höheren Vergütung nach § 37 Abs. 4 BetrVG, **32**
dass das BR-Mitglied wie folgt darlegen muss:
Zunächst muss die Befähigung des BR-Mitglieds zur Zeit der Amtsübernahme vorgetragen werden. Diese Befähigung betrifft die von ihm ausgeübte Tätigkeit

30 Maschmann Total Compensation-HdB/Sieg, Kap. 10 Rn. 60.
31 Vgl. Zöller-*Greger*, ZPO, vor § 284 Rn. 17a.; so auch Maschmann Total Compensation-HdB/Sieg, Kap. 10 Rn. 60.

und seine – ggf. stärkere oder schwächere – diesbezügliche persönliche Qualifikation. Im zweiten Schritt sind die vergleichbaren AN zu ermitteln, die zum Zeitpunkt der Amtsübernahme mit dem BR-Mitglied im Hinblick auf die ausgeübte Tätigkeit und die diesbezügliche persönliche Qualifikation vergleichbar waren. Weiterhin ist es erforderlich, dass diese Vergleichspersonen eine »betriebsübliche berufliche Entwicklung« durchgemacht haben, welche auf gleichförmigem Verhalten des AG und einer von ihm aufgestellten Regel mit typischem Geschehensablauf beruht; dieses Merkmal wird vermutet.[32]

33 Danach ist für das BR-Mitglied nicht mehr notwendig, darzulegen, dass es eine tatsächlich unterbliebene berufliche Entwicklung genommen hätte, da bei der Regelung in § 37 Abs. 4 BetrVG eben auf die berufliche Entwicklung der Vergleichsgruppe abgestellt wird, die tatsächlich zu ermitteln, darzulegen und zu beweisen ist. Gleichwohl bleibt es dem BR-Mitglied über die Regelung in § 78 Satz 2 BetrVG möglich, auch eine konkrete (eigene) hypothetisch genommene berufliche Entwicklung darzulegen und zu beweisen.

34 Geht es darum, eine betriebsübliche Beförderungspraxis als Voraussetzung einer entsprechenden Gehaltssteigerung darzulegen, hat das BR-Mitglied unter Berücksichtigung der ihm zugänglichen Tatsachen vorzutragen, mit welchen AN er aus seiner Sicht vergleichbar ist, und aus welchen Umständen auf die hinreichende Wahrscheinlichkeit zu schließen ist, dass die Mehrzahl der mit ihm vergleichbaren AN die behauptete Gehaltsentwicklung vorgenommen hat. Verfügt das BR-Mitglied wegen der Größe des Betriebs oder der Vielzahl vergleichbarer AN nicht über ausreichende Erkenntnismöglichkeiten, kann es genügen, wenn das BR-Mitglied Referenzfälle schlüssig darlegt, aus denen sich auf eine betriebsübliche Beförderungspraxis schließen lässt. Kann er diese Umstände nicht darlegen, steht ihm eventuell ein aus § 242 BGB abgeleiteter Auskunftsanspruch zu.[33]

2. Auskunftsanspruch

35 Für das BR-Mitglied bestehen in der Regel nicht unerhebliche Schwierigkeiten, weil es keinen vollständigen Überblick über die Entgeltentwicklung vergleichbarer AN mit betriebsüblicher beruflicher Entwicklung hat; insoweit kommen aber ein Auskunftsanspruch gem. §§ 611a, 242 BGB i. V. m. § 37 Abs. 4 BetrVG[34] und gegebenenfalls Erleichterungen bei dessen schlüssiger Darlegung in Betracht.[35]

Will ein BR-Mitglied Ansprüche nach § 37 Abs. 4 BetrVG gerichtlich geltend machen, muss es zum Teil auf Daten und Fakten Bezug nehmen, die ihm selbst nicht direkt zur Verfügung stehen. Hierfür steht ihm ein Auskunftsanspruch gegenüber dem AG nach § 242 BGB über das Arbeitsentgelt vergleichbarer AN

32 BAG 17.8.2005 – 7 AZR 528/04, juris, Rn. 13.
33 BAG 4.11.2015 – 7 AZR 92/13, Rn. 18.
34 vgl. BAG 19.1.2005 – 7 AZR 208/04.
35 vgl. BAG 4.11.2015 – 7 AZR 972/13, NZA 2016, 1339 Rn. 19.

mit betriebsüblicher Entwicklung zu.[36] Dies gilt für die Gehaltshöhe vergleichbarer AN, deren Kenntnis sich dem betroffenen BR-Mitglied entzieht und über die der AG unschwer Auskunft geben kann.
Zu beachten ist, dass sich der Auskunftsanspruch nur auf die Entgeltentwicklung anderer vergleichbarer AN, nicht auch auf die Bestimmung der vergleichbaren AN mit betriebsüblicher beruflicher Entwicklung selbst, bezieht.

Da das BR-Mitglied die Höhe des Arbeitsentgelts vergleichbarer AN in der Regel 36
nicht kennt, kann es das Bestehen eines Anspruchs auf Gehaltsanpassung nur prüfen, wenn es Auskunft über die Gehaltsentwicklung vergleichbarer AN mit betriebsüblicher beruflicher Entwicklung erhält. Anerkannt ist daher, dass ein BR-Mitglied einen sich aus dem Grundsatz von Treu und Glauben (§ 242 BGB) ergebenden Auskunftsanspruch gegenüber dem AG hinsichtlich der Gehaltsentwicklung vergleichbarer AN mit betriebsüblicher beruflicher Entwicklung hat.[37] Ein solcher Auskunftsanspruch ist allerdings von vornherein ausgeschlossen, wenn feststeht, dass sich aus der begehrten Auskunft keine Leistungsansprüche ergeben können.[38]

Hinweis:
Im Prozess wird das BR-Mitglied in diesen Fällen mit einer Stufenklage i.S.d. § 254 ZPO vorgehen. Das bedeutet, dass man einerseits Auskunft über die notwendigen Informationen verlangt und zum anderen (in der zweiten Stufe) eine Vergütung unter Berücksichtigung der Auskunft bei der Berechnung geltend macht.

Der Auskunftsanspruch stellt jedoch eine Ausnahme dar. Weder besteht eine ausdrückliche gesetzliche Regelung für einen Auskunftsanspruch, noch ergibt sich dieser unmittelbar aus § 37 Abs. 4 oder aus § 78 BetrVG. Auch die Zivilprozessordnung kennt neben den anerkannten Fällen zur Pflicht zum substantiierten Bestreiten keine darüberhinausgehende Aufklärungspflicht, der nicht darlegungs- und beweisbelasteten Partei. Grundsätzlich ist keine Partei gehalten, dem Gegner das Material für dessen obsiegenden Prozess zu verschaffen.[39]
Der Anspruch auf Auskunftserteilung stellt nur eine Nebenpflicht dar, die quasi akzessorisch an der Hauptpflicht, der Leistungspflicht, anknüpft. Daher kommt auch ein Auskunftsanspruch auch nicht mehr in Betracht, wenn die Leistung ausgeschlossen ist.[40]

Ebenso beschränkt sich der Auskunftsanspruch allein auf die Informationen die 37
zur Bestimmung des Anspruchs aus § 37 Abs. 4 BetrVG erforderlich sind. Wei-

---

36 Maschmann Total Compensation-HdB/Sieg, Kap. 10 Rn. 61; BAG 4.11.2015 – 7 AZR 972/13, NZA 2016, 1339; 19.1.2005 – 7 AZR 208/04, AuA 2005, 436; LAG Hamburg 2.4.2004 – 3 Sa 48/03, BeckRS 2004, 31053609; Fitting BetrVG § 37 Rn. 128; ErfK-Koch, BetrVG § 37 Rn. 10.
37 BAG 19.1.2005 – 7 AZR 208/04, Rn. 11; BAG 4.11.2015 – 7 AZR 972/13, Rn. 19.
38 BAG 19.1.2005 – 7 AZR 208/04, Rn. 11.
39 Maschmann Total Compensation-HdB/Sieg, Kap. 10 Rn. 62.
40 Maschmann Total Compensation-HdB/Sieg, Kap. 10 Rn. 62.

tergehende Auskunftsansprüche bestehen nicht. Insbesondere nicht hinsichtlich eines Anspruchs der auf § 78 BetrVG gestützt wird.[41]
Geht es darum, eine betriebsübliche Beförderungspraxis als Voraussetzung einer entsprechenden Gehaltssteigerung darzulegen, hat das BR-Mitglied allerdings unter Berücksichtigung der diesem BR-Mitglied zugänglichen Tatsachen zunächst vorzutragen, mit welchen AN es aus seiner Sicht vergleichbar ist und aus welchen Umständen auf die hinreichende Wahrscheinlichkeit zu schließen ist, dass die Mehrzahl der mit diesem BR-Mitglied vergleichbaren AN die behauptete Gehaltsentwicklung genommen hat.[42]

38 Verfügt das BR-Mitglied – etwa wegen der Größe des Betriebs und der Vielzahl vergleichbarer AN – nicht über ausreichende Erkenntnismöglichkeiten, kann es genügen, wenn das BR-Mitglied Referenzfälle schlüssig darlegt, aus denen sich auf eine betriebsübliche Beförderungspraxis in dem Zeitraum seiner Zugehörigkeit zum Betriebsrat schließen lässt.[43] Diese erleichterte Darlegung ist ebenfalls durch die Rechtsprechung anerkannt. Eine reine Behauptung einer Beförderungspraxis »ins Blaue« ohne jeden konkreten Beispielfall genügt dazu allerdings nicht. Dies würde die Darlegungs- und Beweislast verkehren.[44]

3. Anspruch auf höhere Vergütung aufgrund unzulässiger Benachteiligung wegen des Betriebsratsamtes, § 78 Satz 2 BetrVG

39 Ein Anspruch auf eine höhere Vergütung eines BR-Mitglieds kann sich jedoch auch aus dem Benachteiligungsverbot des § 78 Satz 2 BetrVG ergeben. Nach der ständigen Rechtsprechung enthält § 78 Satz 2 BetrVG nicht nur ein allgemeines Verbot, ein BR-Mitglied wegen der Amtstätigkeit in dessen beruflichen Entwicklung zu benachteiligen, sondern der AG muss den Mitgliedern des Betriebsrates eine berufliche Entwicklung gewährleisten, die derjenigen entspricht, die sie ohne ihre Amtstätigkeit durchlaufen hätten. Geschützt wird damit nicht nur die berufliche Tätigkeit, sondern auch das sich aus ihr ergebende Entgelt. Sofern ein BR-Mitglied daher nur infolge der Mandatsübernahme nicht in eine Position mit höherer Vergütung aufgestiegen ist, kann es den AG auf Zahlung der höheren Vergütungen in Anspruch nehmen.[45] § 37 Abs. 4 BetrVG regelt daher nur einen Mindestanspruch auf eine berufliche Entwicklung. Sofern eine bessere persönliche hypothetische Entwicklung belegt werden kann, geht dies vor.
Der Anspruch nach § 78 Satz 2 BetrVG bezieht sich damit auf die Fälle, in denen ein BR-Mitglied geltend machen kann, dass es ohne sein Mandat eine berufliche Entwicklung genommen hätte, die über der Entwicklung der Vergleichsgruppe nach § 37 Abs. 4 Satz 1 BetrVG liegt. Das BR-Mitglied trägt allerdings die Darle-

41 BAG 4.11.2015 – 7 AZR 972/13, Rn. 32.
42 BAG 4.11.2015 – 7 AZR 972/13, Rn. 24.
43 BAG 4.11.2015 – 7 AZR 972/13, Rn. 24.
44 BAG 4.11.2015 – 7 AZR 972/13, Rn. 24.
45 Ständige Rspr.; BAG 20.1.2021 – 7 AZR 52/20, BeckRS 2021, 11855; BAG 22.1.2020 – 7 AZR 222/19, NZA 2020, 594, 597; BAG 4.11.2015 – 7 AZR 972/13, NZA 2016, 1339, 1343; BAG 17.8.2005 – 7 AZR 528/04, NZA 2006, 448, 450.

gungs- und Beweislast für eine unzulässige Benachteiligung wegen des Betriebsratsamts, wenn es einen Anspruch auf eine höhere Vergütung auf § 611a Abs. 2 BGB i. V. m. § 78 Satz 2 BetrVG stützt.[46]

Will das BR-Mitglied seiner Darlegungs- und Beweislast nachkommen, genügt es nicht, dass sich aus seinem Vortrag ergibt, die Beförderung auf eine höher bezahlte Stelle sei ohne das Betriebsratsamt möglich und wahrscheinlich. Das Gericht muss vielmehr aufgrund der vorgetragenen Tatsachen und Hilfstatsachen zu der Überzeugung gelangen können, dass dem BR-Mitglied ohne das Betriebsratsamt die höherwertige Tätigkeit tatsächlich übertragen worden wäre.[47] 40

Dazu hat das BR-Mitglied mehrere Möglichkeiten. Zum einen kann das BR-Mitglied vortragen, dass seine Bewerbung auf eine bestimmte Stelle gerade wegen seiner Betriebsratstätigkeit erfolglos geblieben sei.

Hat sich das BR-Mitglied aber auf eine bestimmte Stelle tatsächlich nicht beworben, muss es zur Begründung des fiktiven Beförderungsanspruchs darlegen, dass es die Bewerbung gerade wegen dessen Freistellung unterlassen habe und eine Bewerbung ohne die Freistellung erfolgreich gewesen wäre.

Ausnahmsweise kann auch, wenn eine tatsächliche oder eine fiktive Bewerbung danach keinen Erfolg gehabt hätte, ein Anspruch dennoch bestehen, wenn eine tatsächliche oder eine fiktive Bewerbung des freigestellten BR-Mitglieds an fehlenden aktuellen Fachkenntnissen oder daran scheitert, dass der AG sich zur Beurteilung der fachlichen und beruflichen Qualifikation in Folge der Freistellung außerstande gesehen hat. Zwar ist auch dann die Entscheidung des AG für den als qualifizierter erachteten Bewerber nicht zu beanstanden. Gleichwohl kann sich in einem solchen Fall ein fiktiver Beförderungsanspruch des BR-Mitgliedes ergeben, wenn das Fehlen von feststellbarem aktuellem Fachwissen gerade auf Grund der Freistellung eingetreten ist.[48] 41

Die Darlegungs- und Beweislast dafür, dass die Bewerbung nur wegen der Betriebsratstätigkeit nicht erfolgreich war oder eine Bewerbung gerade wegen der Freistellung unterlassen wurde und eine Bewerbung ohne die Freistellung erfolgreich gewesen wäre, trägt ebenfalls das anspruchsstellende BR-Mitglied. Dabei muss das Gericht gemäß § 286 ZPO davon überzeugt sein, dass das BR-Mitglied ohne Mandatsträgerschaft die Beförderungsposition übertragen bekommen und übernommen hätte.[49] 42

> **Hinweis:**
> Sollte eine Darstellung eines Anspruch nach § 37 Abs. 4 BetrVG oder nach § 78 Satz 2 BetrVG nicht ausreichen, um den Anspruch schlüssig zu begründen, müsste das Gericht auf diesen Umstand wohl hinweisen, bevor eine Abweisung deshalb erfolgen kann. Ggf. sollte das Gericht um einen entsprechenden Hinweis gebeten werden, falls der Vortrag für nicht ausreichend gehalten werden sollte. Nach der

46 LAG Niedersachsen 1.7.2024 – 1 Sa 636/23.

47 BAG 20.1.2021 – 7 AZR 52/20, Rn. 28; vgl. BAG 22.1.2020 – 7 AZR 222/19; BAG 11.12.1991 – 7 AZR 75/91, NZA 1993, 909; BAG 25.6.2014 – 7 AZR 847/12.

48 Vgl. BAG-Beschluss 17.11.2010 – 4 ABR 19/09.

49 BAG 22.1.2022 – 7 AZR 222/19; LAG Niedersachsen 8.2.2024 – 6 Sa 559/23.

Rechtsprechung des BAG müsste ein Hinweis gemäß § 139 Abs. 2 ZPO erfolgen, damit durch Ergänzung des Sachvortrags die Möglichkeit gegeben wird, den Anspruch schlüssig darzulegen.[50]

Hinweis für die Durchsetzung:
Die Geltendmachung einer hypothetischen beruflichen Entwicklung ist sowohl auf der Grundlage der beruflichen Entwicklung der Vergleichsgruppe als Mindestanspruch, als auch auf Basis einer unterbliebenen – besseren eigenen – hypothetischen beruflichen Entwicklung (Hypothetische Karriere) möglich. Zu beachten ist jedoch, dass dies zwei ganz unterschiedlich zu begründende Ansprüche darstellt und daher im Falle einer Geltendmachung des Anspruchs klargestellt werden muss, auf welchen Anspruchsgrund der geltend gemachte Anspruch gestützt werden soll. Sollte auf beide Anspruchsgrundlagen der Anspruch gestützt werden, so muss eine Rangfolge zwischen diesen dargestellt werden.[51]

Bei den Ansprüchen eines (freigestellten) BR-Mitglieds auf eine bestimmte Vergütung – im Sinn deren Erhöhung – aus § 37 Abs. 4 BetrVG (Mindestentgeltgarantie) und aus § 78 Satz 2 BetrVG i. V. m. § 611a Abs. 2 BGB (hypothetische Karriere bzw. fiktiver Beförderungsanspruch) handelt es sich um unterschiedliche Streitgegenstände (Anspruchshäufung und keine Anspruchskonkurrenz). Die – ggf. einheitliche – Rechtsfolge (Zahlung der Vergütung in einer bestimmten Höhe) leitet sich aus verschiedenen Lebenssachverhalten ab. Während die Erhöhung der Vergütung eines BR-Mitglieds nach § 37 Abs. 4 Satz 1 BetrVG unter dem Gesichtspunkt der betriebsüblichen Entwicklung vergleichbarer AN geboten ist, knüpft § 78 Satz 2 BetrVG i. V. m. § 611a Abs. 2 BGB daran an, dass dem BR-Mitglied eine berufliche Entwicklung zu gewährleisten ist, die derjenigen entspricht, die es ohne Amtstätigkeit durchlaufen hätte. Es bedarf unterschiedlichen Sachvortrags und unterschiedlicher Feststellungen.[52]

4. Darlegungs- und Beweislast des Arbeitgebers bei Ansprüchen auf Vergütung auf Basis einer beruflichen Entwicklung

43 Regelmäßig muss daher das BR-Mitglied darlegen und beweisen, dass es Anspruch auf eine berufliche Entwicklung hat. Damit trägt grundsätzlich auch das BR-Mitglied das prozessuale Risiko, dass es nicht hinreichend darlegen und beweisen kann, dass ein Anspruch auf eine höhere Vergütung aufgrund einer unterbliebenen beruflichen Entwicklung besteht. Ein AG kommt hingegen lediglich dann in die Verlegenheit, etwas darzulegen und zu beweisen zu müssen, wenn er sich explizit auf eine Begünstigung eines BR-Mitgliedes durch eine Regelung berufen will.
Denkbar wären etwa Fälle der Reduzierung der Vergütung des BR-Mitgliedes auf Basis des Wegfalles der Vergütung auch für die übrigen AN. In diesem Fall wäre der AG darlegungs- und beweisbelastet für eine unzulässige Begünstigung nach

50 BAG 22. 1. 2020 – 7 AZR 222/19.
51 BAG 20. 3. 2025 – 7 AZR 179/24.
52 Vgl. BAG 22. 1. 2020 – 7 AZR 222/19, Rn. 20 ff. einerseits und Rn. 27 ff. andererseits.

§ 78 Satz 2 BetrVG. Bei der beruflichen Entwicklung nach § 37 Abs. 4 BetrVG oder nach § 78 Satz 2 BetrVG kann nicht anderes gelten. Auch in dieser Konstellation will nicht das BR-Mitglied eine höhere Vergütung geltend machen, sondern tatsächlich der AG eine Kürzung der bisher gezahlten Vergütung erreichen. Entgegen der Ansicht vieler Gerichte ist in einer solchen Konstellation der AG bereits nach den allgemeinen Grundsätzen der Darlegungs- und Beweislast derjenige, der seine rechtshemmenden Einwände darlegen und beweisen muss.

a) Korrektur von Vergütungserhöhungen durch den Arbeitgeber

Umstritten war dennoch die Konstellation, wenn ein AG eine Vergütungserhöhung vorgenommen hat und diese jahrelang zahlte und schließlich mit dem Argument, die Vergütungserhöhung sei fehlerhaft gewesen, die dem BR-Mitglied gezahlte Vergütung kürzt. Einige Gerichte gingen davon aus, dass sich an der grundlegenden Darlegungs- und Beweislast bei Streitigkeiten um die Vergütungserhöhungen nichts ändere. Das BR-Mitglied sei daher weiterhin für die Darlegung und den Beweis dafür, dass ihm ein Anspruch auf die entsprechende Vergütung zustehe, zuständig.[53] Andere gingen von einer abgestuften Darlegungs- und Beweislast aus. Dazu hat das BAG in seiner Entscheidung vom 20.3.2025 nun jedoch eine Grundsatzentscheidung getroffen. Danach treffe in einer Konstellation, in der der AG eine mitgeteilte und gewährte Anhebung der Vergütung eines BR-Mitgliedes korrigieren will, grundsätzlich den AG die Pflicht, darzulegen und zu beweisen, dass die Vergütungserhöhung objektiv fehlerhaft war.[54] 44

Damit erkennt das BAG eine umgekehrte Darlegungs- und Beweislast zu Lasten des AG ausnahmsweise an. Dies ergibt sich daraus, dass das BR-Mitglied bei einer unter Berufung auf § 37 Abs. 4 Satz 1 BetrVG gewährten Entgelterhöhung grundsätzlich davon ausgehen darf, der AG erfülle seine diesbezügliche betriebsverfassungsrechtliche Anpassungsverpflichtung. Das BR-Mitglied darf sich darauf verlassen, dass der AG entsprechend der Pflicht des § 37 Abs. 4 Satz 1 BetrVG verfährt. Etwas Abweichendes kann nur gelten, wenn es sich dem BR-Mitglied aufdrängen muss, dass eine amtsbezogene, unzulässige Begünstigung vorliegt und eine Entgeltanpassung basierend auf § 37 Abs. 4 BetrVG erkennbar offensichtlich vorgeschoben wird.[55] 45

Beruft sich ein AG darauf, dass die von ihm nach § 37 Abs. 4 Satz 1 BetrVG gewährte Vergütungserhöhung nicht von den Maßgaben dieser Regelung getragen werden, hat er vorzutragen und gegebenenfalls zu beweisen, nach welchen Kriterien eine Anpassung des Entgelts richtigerweise – und mit welchem Ergebnis oder gegebenenfalls auch gar nicht – vorzunehmen ist.[56]

---

53 LAG Niedersachsen 8.2.2024 – 6 Sa 559/23.

54 BAG 20.3.2025 – 7 AZR 46/24, Rn. 36; BAG 20.3.2025 – 7 AZR 159/24; BAG 20.3.2025 – 7 AZR 181/24; BAG 20.3.2025 – 7 AZR 179/24.

55 BAG 20.3.2025 – 7 AZR 46/24, Rn. 36.

56 BAG 20.3.2025 – 7 AZR 46/24, Rn. 36.

46 Dabei genügt der AG seiner Darlegung und Beweislast jedoch nicht damit, dass er später eine Vergleichsgruppe bildet und auf dieser Basis eine Abweichung zur vormals getroffenen Auswertung darstellt. Abzustellen ist vielmehr bei der Bildung der Vergleichsgruppe und der entsprechenden Auswertung auf den Zeitpunkt der mitgeteilten Vergütungsanpassungen. Das ergibt sich bereits daraus, dass wegen Veränderungen der Vergleichsgruppe – etwa Ausscheiden von Mitgliedern der ursprünglichen Vergleichsgruppe aus dem Unternehmen – bereits auf den damaligen Zustand abzustellen ist.

47 Da zudem bei der Bildung der Vergleichsgruppe ein gewisser Beurteilungsspielraum besteht – je nachdem, welche Mitarbeiter man noch als vergleichbar ansieht – genügt der AG auch nicht seiner Darlegungs- und Beweislast in dem er eine rechtlich zulässige Vergleichsgruppenbildung vornimmt, die die mitgeteilten Vergütungserhöhungen nicht trägt. Daraus folgt aufgrund des Beurteilungsspielraums nicht zwangsläufig, dass die dieser Mitteilung zugrunde liegende Vergleichsgruppenbildung jeweils objektiv fehlerhaft waren. Dies wäre jedoch darzulegen; weshalb der AG darlegen muss, welche Erwägungen seinerzeit zur Grundlage der Vergütungsanpassungen gemacht wurde.[57]

48 Dieser Verteilung der Darlegungs- und Beweislast kann nicht entgegengehalten werden, dass ein BR-Mitglied grundsätzlich keinen Vertrauensschutz gegenüber nach § 78 Satz 2 BetrVG unzulässig begünstigenden Maßnahmen und Leistungen genießt. Zwar ist grundsätzlich zutreffend, dass Mandatsträger nicht auf die Weitergewährung gesetzeswidriger Leistungen vertrauen dürfen.[58] Es ist auch zutreffend, dass eine dem BR-Mitglied nur aufgrund seines Amts gewährte Vergütungserhöhung gegen das Ehrenamtsprinzip des § 37 Abs. 1 BetrVG verstößt; entsprechend ist das Vertrauen des BR-Mitglieds in eine dem Verbot der Begünstigung zuwiderlaufende Entgelterhöhung nicht schutzwürdig. Beides setzt aber voraus, dass es sich überhaupt um einen Tatbestand der unzulässigen Begünstigung handelt. Das ausscheidet jedoch dann aus, wenn die Vergütung des BR-Mitglieds nach § 37 Abs. 4 Satz 1 BetrVG zutreffend angepasst worden ist. Durfte das BR-Mitglied von einer bloßen Anpassung seiner Vergütung i. S. v. § 37 Abs. 4 Satz 1 BetrVG ausgehen, wird kein Vertrauensschutz in gesetzeswidrige Leistungen begründet, wenn es nunmehr dem AG obliegt, die Unrichtigkeit der Bemessung des gewährten Entgelts i. S. v. § 37 Abs. 4 Satz 1 BetrVG darzulegen und zu beweisen. Eine derartige Verteilung der Darlegungs- und Beweislast entspricht auch Konstellationen einer arbeitsvertraglichen Vereinbarung, die gegen das Begünstigungsverbot verstößt. Auch in diesem Fall trägt der AG für einen Verstoß gegen das Begünstigungsverbot des § 78 Satz 2 BetrVG, der nach § 134 BGB zur Nichtigkeit der Vereinbarung führen würde, die Darlegungs- und Beweislast für das Vorliegen einer unzulässigen Begünstigung.[59]

---

57 Vgl. LAG Niedersachsen ? – 6 Sa 559/23; LAG Hessen ? – 5 Sla 155/25; beide offenbar noch nicht entschieden; Haltung ergibt sich aber aus entsprechendem Hinweisbeschluss.

58 Vgl. BAG 26. 5. 2021 – 7 AZR 248/20, Rn. 54.

59 BAG 29. 8. 2018 – 7 AZR 206/17, Rn. 44.

Entsprechend steht der dargestellten Verteilung der Darlegungs- und Beweislast auch die prinzipiell »von Amts wegen« gebotene rechtliche Prüfung von Verstößen gegen § 78 Satz 2 BetrVG nicht entgegen. Diese beinhaltet keine amtswegige Tatsachenermittlung in dem vom Beibringungsgrundsatz geprägten Urteilsverfahren, was auch für die Verfolgung von auf betriebsverfassungsrechtlicher Grundlage verlangten individuellen (Vergütungs-)Ansprüchen von BR-Mitgliedern die zutreffende Verfahrensart ist.[60] 49

Auch wenn dies bisher noch nicht entschieden ist, können auch Konstellationen, in denen ein AG eine hypothetische Karriere auf Grundlage einer beruflichen Entwicklung nach § 78 Satz 2 BetrVG angenommen hat und auf dieser Basis eine höhere Vergütung gezahlt hat, grundsätzlich nicht abweichend bewertet werden. Entsprechend der Rechtsprechung des BAG vom 20.3.2025 muss auch hier eine Darlegungs- und Beweislastumkehr auf den AG stattfinden. Zum einen hat er bisher eine höhere Vergütung gewährt und will diese nunmehr reduzieren und beruft sich dazu auf das Begünstigungsverbot. Dies stellt nach den allgemeinen Regelungen zur Darlegungs- und Beweislast eine rechtshemmende Einwendung dar, für die der AG grundsätzlich bereits darlegungs- und beweisbelastet wäre. Weiterhin dürfte mangels abweichender Kenntnisse ein schutzwürdiges Vertrauen darauf beim BR-Mitglied bestehen, dass auch eine auf Basis einer dem BR-Mitglied bescheinigten beruflichen Entwicklung ermittelte Vergütung zutreffend durch den AG ermittelt wurde. Es kann daher nur unbillig sein, wenn das BR-Mitglied nachträglich – möglicherweise erst nach vielen Jahren – Nachweise dafür erbringen soll, was ihm bereits durch den AG die ganze Zeit gewährt worden ist. Dies gilt umso mehr, als die notwendigen Tatsachen regelmäßig beim AG vorliegen und ein BR-Mitglied im Vertrauen auf ein zulässiges Verhalten des AG es unterlässt, Tatsachen und Beweise zu sichern. 50

b) Was bedeutet die umgekehrte Darlegungs- und Beweislast konkret für den Vortrag im Verfahren?

In dieser Konstellation – wenn ein AG nachträglich die Vergütungsentwicklung korrigieren will – muss ein BR-Mitglied daher lediglich darlegen, dass nach dem Mandatsantritt seine Vergütung durch den AG unter Bezugnahme auf § 37 Abs. 4 BetrVG bis zur jeweiligen Vergütung angepasst wurde und dies möglichst durch Vorlage entsprechender Beweise wie ein Erhöhungsschreiben oder Ähnliches belegen. 51

Ausgehend von den Maßgaben der Entscheidung des BAG vom 20.3.2025 liegt damit ausreichender Sachvortrag in Bezug auf § 37 Abs. 4 BetrVG vor. Anschließend ist zu prüfen, ob mit dem Vorbringen des AG die objektive Fehlerhaftigkeit der dem BR-Mitglied mitgeteilten Anpassung der Vergütung dargestellt und bewiesen worden ist.[61]

Ewas anderes kann gelten, wenn die Vergütungssteigerungen jenseits einer möglichen betriebsüblichen Entwicklung der mit dem BR-Mitglied vergleichbaren 52

---

60 Ständige Rspr.; vgl. erstmals ausdrücklich BAG 13.11.1987 – 7 AZR 550/86.

61 BAG 20.3.2025 – 7 AZR 46/24, Rn. 40.

AN bemessen waren, und sich dies dem BR-Mitglied hätte aufdrängen müssen, weil etwa nach den betrieblichen oder tariflichen Regelungen eine solche betriebsübliche Entwicklung von vornherein ausgeschlossen gewesen ist.[62] Dies kann allerdings nur auf Extremfälle beschränkt sein, in denen dies für jeden Objektiven Dritten offensichtlich ist.

5. Abgrenzung: Vertragsangebot und unzulässige Begünstigung

53 Teilt ein AG dem BR-Mitglied mit, dass man durch eine Überprüfung der betrieblichen Entwicklung der Vergleichsgruppe eine höhere Vergütung zahlen werde, so stellt dies grundsätzlich nur die Vollziehung der gesetzlichen Regelung dar. Ein Vertragsangebot auf Abschluss einer anderen Vergütung ist darin nicht zu sehen.[63] Dies kann nur im Ausnahmefall gegeben sein, wenn die Erklärung des AG eben nicht mehr als Umsetzung der gesetzlichen Regelung in § 37 Abs. 4 oder § 78 Satz 2 BetrVG ausgelegt werden können. Es kommt damit auch nicht auf eine Annahme durch das BR-Mitglied an.

Sollte der AG diese Vergütung dann nicht oder nicht mehr zahlen, scheidet eine Geltendmachung aus einer vertraglichen Abrede aber grundsätzlich aus. Insoweit wäre geltend zu machen, dass ein Anspruch sich eben aus § 37 Abs. 4 oder § 78 Satz 2 BetrVG ergäbe und die Voraussetzungen wären entsprechend darzulegen und zu beweisen. Als Nachweis dürfte regelmäßig die Erklärung des AGs ausreichen.[64]

Teilt ein AG jedoch einem BR-Mitglied mit, dass seine Bewerbung auf eine Stelle erfolgreich war, verzieht dann die Umsetzung allerdings nicht, weil das BR-Mitglied von seinem Betriebsratsmandat nicht Abstand nehmen will, so stellt dies eine unzulässige Benachteiligung nach § 78 Satz 2 BetrVG dar.

Anders dürfte dies jedoch für eine Mitteilung des AG gelten, die Bewerbung auf eine zu besetzende Stelle sei erfolgreich verlaufen und man die Stelle dem BR-Mitglied daher anbiete, zu der das BR-Mitglied lediglich die Zustimmung erteilen solle. Erklärt das BR-Mitglied die Zustimmung, so kommt eine Vertragsanpassung schuldrechtlich tatsächlich zustande. In diesem Fall handelt es sich nicht um eine hypothetische Karriere, sondern um eine tatsächliche berufliche Entwicklung. In diesem Fall tritt das BR-Mitglied lediglich die vereinbarte Stelle wegen seiner Freistellung nicht auch tatsächlich an. Das ändert aber nichts daran, dass eine Vertragsänderung durch ein Angebot durch den AG und die Annahme durch das BR-Mitglied eintritt. Damit ist der Arbeitsvertrag allerdings tatsächlich entsprechend geändert worden. Dies unterscheidet diese Konstellation gerade von einem Fall einer hypothetischen beruflichen Entwicklung in Form einer hypothetischen Karriere. Hier kommt es gerade nicht zu einer Vertragsänderung. Der Anspruch des BR-Mitgliedes ergibt sich daher nicht schuldrechtlich aus dem Vertrag, sondern unmittelbar aus dem Gesetz und beinhaltet auch grundsätzlich

62 BAG 20.3.2025 – 7 AZR 46/24, Rn. 41 ff.
63 BAG 20.3.2025 – 7 AZR 46/24, Rn. 30.
64 BAG 20.3.2025 – 7 AZR 46/24, Rn. 31.

eine Vergütung nach der hypothetischen Entwicklung; nicht zwingend eines entsprechenden Einsatzes oder einer entsprechenden Eingruppierung. Das ist bei einer Vertragsanpassung grundsätzlich anders. In diesem Fall ist die Stelle auch grundsätzlich einzugruppieren und auch der Betriebsrat zu beteiligen. Ebenso hat das BR-Mitglied in diesem Fall anschließend einen Anspruch auf einen tatsächlichen vertragsgemäßen Einsatz auf der neuen Stelle. Prozessual bedeutet dies, dass das BR-Mitglied in diesem Fall auch nicht die Voraussetzungen nach § 37 Abs. 4 oder § 78 Satz 2 BetrVG darzustellen hat, sondern lediglich einen Vertragsschluss darzulegen und ggf. zu beweisen hat.

6. Grenzen der Darlegungslast – Besonderheit des Urteilsverfahrens

Vereinzelt erheben die Gerichte höhere Ansprüche an die Darlegungs- und Beweislast – gerade in den Fällen der hypothetischen Karriere – als dies nach dem geltend gemachten Anspruch zu rechtfertigen ist. 54

Sollten AG und BR-Mitglied beispielsweise übereinstimmend vortragen, eine Tätigkeit sei in die entsprechende Entgeltgruppe einzugruppieren und insbesondere zu vergüten, ist zu beachten, dass insoweit kein streitiger Sachvortrag vorliegt. Damit ist der Anspruch des BR-Mitgliedes, welches grundsätzlich die Darlegungs- und Beweislast zu tragen hat, hinsichtlich der Vergütungshöhe genüge getan. Mangels Bestreitens des AG gilt der Vortrag auch zugestanden. Damit ist er seitens der Gerichte zu Grunde zu legen und muss auch nicht mehr bewiesen werden, da er eben unstreitig ist.[65] Das ist die Konsequenz des Urteilsverfahrens, in dem eben die Parteien den Tatsachenstoff beibringen. Eine Überprüfung von Amts wegen durch die Gerichte kann allenfalls im Ausnahmefall in Betracht kommen, wenn evident wäre, dass die Parteien übereinstimmend offensichtlich falsch vortragen. Allein Zweifel daran dürfen nicht ausreichen.

Insbesondere ist zu beachten, dass bei einer hypothetischen Karriere das Gericht keine Überprüfung im Sinne einer Eingruppierungsklage fordern kann, in welcher die Voraussetzungen der Eingruppierung vorzutragen sind. Weder ist dem BR-Mitglied dies überhaupt möglich, da es tatsächlich gar keine Tätigkeiten übertragen bekommen hat, die es darstellen könnte.[66] Zu beachten ist, dass gerade keine Eingruppierung bei einer Nachvollziehung der beruflichen Entwicklung anhand der Vergleichsgruppe vorliegt.[67] Entsprechend verhält es sich auch mit einer hypothetischen Karriere. Hier wird ebenfalls nur die Vergütung entsprechend der unterbliebenen Vergütungserhöhung, quasi als Schadensersatz, geltend gemacht; keine Eingruppierung. Es kann daher allenfalls aufgegeben werden, anhand von Hilfstatsachen die Vergütungshöhe darzulegen. Das wäre etwa die Ausschreibung der Stelle, die bisherige Besetzung der Stelle oder die Besetzung der Stelle nach der »Nichtberücksichtigung« des BR-Mitgliedes und gegebenenfalls deren inhaltliche Ausgestaltung. 55

65 LAG Niedersachsen 31.7.2024 – 2 Sa 637/23, Rn. 44.
66 im Ergebnis BAG 5.11.2025 – 7 AZR 185/24, Rn. 39.
67 BAG 26.11.2024 – 1 ABR 12/23.

IV. Problem der Darlegungs- und Beweislast

56 Im Regelfall muss der AN in den Verfahren – gerade zur beruflichen Entwicklung – die erhebliche Hürde der Darlegungs- und Beweislast nehmen. Dabei sollte durch die Privilegierung gerade das BR-Mitglied geschützt werden und ein Anspruch auf eine Gehaltsentwicklung ermöglicht werden. In der Realität sieht es allerdings so aus, dass die Hürde für viele BR-Mitglieder zu hoch ist, und eine erfolgreiche Geltendmachung daran scheitert oder sogar gleich gänzlich unterbleibt.

Zum einen ist es für viele BR-Mitglieder unüberschaubar, ob sie überhaupt einen Anspruch haben oder wie dieser überhaupt ermittelt wird. Diesen ausreichend darzulegen und bewiesen zu bekommen, ist dann aber in den meisten Fällen nicht mehr möglich. Damit wird trotz des Umstandes, dass den BR-Mitgliedern mit der gesetzlichen Regelung in § 37 Abs. 4 BetrVG eigentlich ein Anspruch gesichert werden sollte, kein ausreichend praktikables Mittel zur Verfügung gestellt, diesen auch tatsächlich realisieren zu können.

57 Hinsichtlich einer Benachteiligung wegen des Geschlechts, der Rasse, der Schwerbehinderung usw. hatte der Gesetzgeber eine ähnliche Problematik erkannt, als das Allgemeine Gleichbehandlungsgesetz (AGG) geschaffen worden war. Auch hier stellte sich die Problematik heraus, dass es für die Betroffenen in der Regel schwierig ist, eine Benachteiligung darzulegen und zu beweisen, weil es dem Wesen der Benachteiligung entspricht, dass diese oftmals nicht unmittelbar wahrnehmbar ist, sondern lediglich die Folgen davon, und die Kausalität, also der Zusammenhang mit einer Benachteiligung regelmäßig schwer bis gar nicht darzulegen oder zu beweisen ist. Die Benachteiligung findet quasi im Kopf statt.

Als Konsequenz hat der Gesetzgeber bei der Neuregelung dieser Benachteiligungsverbote im Allgemeinen Gleichbehandlungsgesetz (AGG) diesem Umstand Rechnung getragen, in dem der Gesetzgeber die Anforderungen an die Darlegungs- und Beweislast nicht unerheblich verändert hat. Nach § 22 AGG genügt es, dass die benachteiligte Person Indizien vorträgt und ggf. beweist, die eine Benachteiligung wegen eines in § 1 AGG genannten Merkmals überwiegend wahrscheinlich machen. Ein Vollbeweis für das Vorliegen einer Diskriminierung ist nicht erforderlich.

Sind solche Indizien dargetan, kehrt sich die Beweislast um. Dann obliegt es dem AG, den Vollbeweis dafür zu führen, dass kein Verstoß gegen die Bestimmungen des AGG vorliegt, insbesondere, dass die unterschiedliche Behandlung nicht auf einem verbotenen Merkmal beruht oder ausnahmsweise gerechtfertigt ist.

Damit trägt der Gesetzgeber den strukturellen Beweisnöten der Benachteiligten Rechnung und erleichtert die effektive Durchsetzung der Diskriminierungsverbote. Sinnvoll wäre dies entsprechend auch auf Benachteiligungen von Betriebsräten – insbesondere im Rahmen der beruflichen Entwicklung – zu übertragen. Dies würde es den Betriebsräten erheblich erleichtern, ihre Ansprüche zu verwirklichen

Ebenfalls denkbar wäre, den bestehenden Problemen dadurch Rechnung zu tragen, dass Streitigkeiten über die zutreffende Betriebsratsvergütung per Gesetz im Rahmen des Beschlussverfahrens und damit auf Basis des Amtsermittlungsgrundsatzes vor den Arbeitsgerichten verhandelt werden. Auf diese Weise würden die erheblichen Hürden deutlich verringert werden können. Die Gerichte würden dann ermitteln, ob die Voraussetzungen für einen Anspruch ggf. vorliegen. 58

Diese beiden denkbaren Varianten würden die erheblichen Probleme bei der Durchsetzung der Ansprüche von Betriebsräten mindestens abschwächen und Benachteiligungen von Betriebsräten hinsichtlich der Vergütung beseitigen helfen. Damit wäre ein wichtiges Signal zur tatsächlichen Stärkung der Betriebsräte geleistet. Nachdem der Gesetzgeber selbst festgestellt hatte, dass die Bildung von Betriebsräten gestärkt werden müssen, dass es notwendig sei, die Bildung von Betriebsräten zu fordern, wären Regelungen, die eine Durchsetzung von Regelungen, die eine Benachteiligung von Betriebsräten verhindern sollen, fördern, ein wesentlicher Schritt, die Bildung von Betriebsräten zu stärken. 59

J. Strafrechtliche Risiken bei der Vergütung von freigestellten Mitgliedern im Betriebsrat

von Jürgen Fischer

I. Ansätze zur Instrumentalisierung des Strafrechts gegen Betriebsräte

1 Die Vergütung der freigestellten Mitglieder im Betriebsrat (BR), insbesondere solcher in Großkonzernen, segelte über die Jahrzehnte hinweg weit unterhalb des Radars der strafrechtlichen Wahrnehmbarkeit. Sie lag in den Händen der Betriebsparteien und bedurfte keiner übergeordneten Aufsicht.

Die Aufmerksamkeit änderte sich erst durch die Ermittlungen gegen den ehemaligen Vorsitzenden des Gesamtbetriebsrats der Volkswagen AG, Klaus Volkert, und nach dessen spektakulären Strafprozess durch seine Verurteilung durch das Landgericht Braunschweig vom 25. 1. 2007.[1] Es bestand Gewissheit, dass die Verhältnisse zwischen dem Vorsitzenden des Gesamtbetriebsrats und dem Personalvorstand der Volkswagen AG die Grenzen zur Kungelei weit hinter sich gelassen hatten. Für unseren Zusammenhang ist bemerkenswert, dass die strafrechtliche Verurteilung ausdrücklich nicht etwa wegen der regelmäßigen Bezüge erfolgte, sondern wegen zusätzlicher »Sonderbonuszahlungen«, die schon aufgrund ihrer Gestaltung so ziemlich alles abdeckten, was man sich an Versumpfung vorstellen kann.[2]

Nicht ohne Entzücken über die in diesem Fall zutage getretene Kumpanei zwischen dem Arbeitgeber (Personalvorstand) und dem Vorsitzenden der Belegschaftsvertretung sah sich ein Teil der Arbeitsrechtswissenschaft in ihrem Engagement gegen den »Mitbestimmungsfilz«[3] veranlasst, nach mehr zu verlangen, um das ins Visier genommene eigentliche Übel an der Wurzel zu packen. Der Einzelfall Volkswagen stand diesen Vertretern stellvertretend für das Ganze. Das zwischen den Betriebsparteien ausgehandelte, eine Vielzahl von Referenzen berücksichtigende System einer nicht benachteiligenden Vergütung wurde

1 LG Braunschweig 25. 1. 2007 – 6 KLs 48/06, CCZ 2008, 32; BGH NJW 2010, 92.

2 Insoweit unzutreffend referiert bei Jacobs/Krell, RdA 2023, 193; BGH a. a. O., Rn. 33 ff. Der Personalvorstandüberging für die Zahlung der Sonderboni, »um keine Begehrlichkeiten zu wecken«, nicht nur die Kommission zur Festlegung der Gehälter freigestellter Betriebsräte, sondern auch seine Vorstandskollegen. Die Auszahlung erfolgte entsprechend heimlich – nicht über die für die Gehälter der Betriebsräte zuständige Abteilung, sondern durch die »Abteilung Gehaltsabrechnung Führungskräfte« BGH, a. a. O.

3 Rieble, Anmerkung zu LG Braunschweig, a. a. O., CCZ 2008, 34; vgl. dagegen Rüthers, NJW 2007, 195.

(trotz einer entscheidend abweichenden Fallgestaltung) als tendenziell korrupt zur Debatte gestellt.

Die aus Anlass der Verurteilung des prominenten Vorstands und des Vorsitzenden des Gesamtbetriebsrats der Volkswagen AG formulierte Forderung nach einer Professionalisierung des Betriebsratsamtes (so *Rieble*)[4] mag einen guten Punkt treffen, um eine leistungs- und verantwortungsgerechte Vergütung zu ermöglichen. Sie trifft daneben, wenn man an das vermeintliche Problem heranwill, also den »Filz« beseitigen. Dies ist jedoch nicht gewollt. Die Forderung nach der Professionalisierung will verwirren. Sie lockt zum Schein mit professioneller Bezahlung, will damit aber vor allem die Laienhaftigkeit der Tätigkeit von Mitarbeitervertretern bei der Unternehmensführung kennzeichnen. Es handelt sich also nur um eine Polemik mittels einer Scheindebatte, nicht um einen Ansatz, konstruktiv die Integrität des BR zu stärken. Der Ansatz bei der Professionalisierung des Amtes von Betriebsräten hin zu einer Art paritätischem Co-Manager liegt weitab von der Systematik des Betriebsverfassungsgesetzes und will dieses unterminieren.

Um diese systemwidrige (destruktive) Forderung zu stützen, wird der Rückbau angeblich aus dem Ruder gelaufener Zustände verlangt. Gefordert wird eine strafrechtliche Intervention in »Vergütungssysteme [...] für Betriebsräte, die deren »Arbeitsleistung« bewerten«.[5] Wo solche Systeme angeblich eingerichtet und wie sie systematisch gestaltet wären, wird allerdings nicht konkretisiert (der Sonderbonus betrifft nicht die Arbeitsleistung, sondern den Geschäftserfolg). Diese pauschale Diskreditierung hilft niemandem. Sie bietet kein Kriterium für die Entscheidung im Einzelfall, wann die im Verhältnis zum Arbeitsvertrag überobligatorische Leistung des BR bei der Wahrnehmung seines Mandats in dessen Benachteiligung umschlägt, wenn sie ohne Vergütung bleibt. Der Ruf nach dem Staatsanwalt als jener Institution, welche die Kriterienauswahl übernehmen soll, zielt auf die Institution BR und die Kriminalisierung der freigestellten Betriebsräte. Die externe Kontrolle mittels des Strafrechts ist gleichfalls, ebenso wie der Ansatz bei der Professionalisierung, systemwidrig: Die strafrechtsrelevanten Konflikte – Bevorteilung und Benachteiligung – sind nach den Regeln des BetrVG zunächst grundsätzlich innerhalb der betrieblichen Sphäre zu lösen, ehe sie als Antragsdelikte zu einem Anlass für eine Strafverfolgung werden; § 119 Abs. 2 BetrVG. Dieser Vorrang der innerbetrieblichen Konfliktlösung ist der Angelpunkt der Aushandlungsregeln im BetrVG. Das Regelwerk wird durch den Ruf nach dem Staatsanwalt ausgehebelt. Die Ausgewogenheit des Instrumentariums für die interne Lösung von Konflikten durch die Betriebsparteien kippt in den durch Strafverfolgung gewährleisteten Vermögensschutz der Unternehmen. Das hierbei eingegangene Risiko ist hoch. Die Regeln des BetrVG gewährleisten vor

4 Rieble, Anmerkung zu LG Braunschweig, a. a. O., CCZ 2008, 34.

5 Rieble, a. a. O., wobei er – zutreffend – einräumen muss, dass er sich mit seinen Ausführungen vom Gegenstand des Urteils entfernt, da doch »das LG im Ausgang das VW-System der Betriebsratsbezahlung [...] akzeptiert hat.« (siehe oben Anmerkung 2). Der BHG hat das LG insoweit bestätigt.

allem die demokratische Willensbildung im Betrieb. Die Legitimation der Arbeitnehmervertretung wird aber grundsätzlich in Frage gestellt, wenn für die Überwachung der Vergütung ein externer Prüfbetrieb, die Strafverfolgungsbehörde, eingesetzt wird, der sich selbst nur durch eine konstante Verdachtsvermutung rechtfertigt: die Vergütung des BR ist für den Betrieb potenziell ein Vermögensschaden.

Es widerspricht dem Anspruch der demokratisch strukturierten betrieblichen Vertretung der Belegschaft, wenn etwa die Unternehmensseite die Wahrnehmung des Mandats zur Vertretung der Arbeitnehmer finanziell bewertet; exakt dies wäre aber Voraussetzung der (etwa durch Stellenausschreibung durchgeführten) Professionalisierung. Solch eine Abkehr vom Demokratie- zum Leistungsprinzip widerspricht ebenso der innerbetrieblichen Parteienstellung, welche den BR überhaupt erst zu einer Institution festigt. Das Dilemma liegt gleichwohl auf der Hand, wenn mit Hinweis auf die rechtlich gebotene Anknüpfung an den ursprünglichen Arbeitsvertrag des BR einerseits und an das Ehrenamt andererseits dafür gesorgt wird, dass von freigestellten Betriebsräten immer größere und komplexere Aufgaben erledigt werden müssen, was bei konsequentem Festhalten an der Fortgeltung der Wirksamkeit des ursprünglichen Arbeitsvertrags und der ursprünglichen Vereinbarung über die Entlohnung aber immer wieder zu grotesker Unterbezahlung führt.

Es geht bei genauerer Betrachtung kaum einmal um die *wegen* der Betriebsratstätigkeit – als Gratifikation (Anerkennungsgeld für ehrenamtliche Tätigkeit) – gewährte Vergütung. Dieser Kritikansatz zerrt Einzelfälle nach vorn, beschränkt sich bloß auf Polemik und richtet sich letztlich gegen die Freistellung als solche (Zahlung von Arbeitslohn ohne Mehrwert). Im Kern dreht sich die Auseinandersetzung aber um die Systemkonformität einer Vergütung für solche Kompetenzen, die im Mandat erworben wurden und die jenseits des ursprünglichen Arbeitsvertrags für die betrieblichen Belange zur Anwendung gelangen.[6]

Zum rechtlichen Bestand gehört die Garantie der Lohnfortzahlung (§ 37 Abs. 4 BetrVG) und die mit ihr verbundene Festlegung von Vergleichsgruppen für die Teilnahme an deren Entwicklung. Die Zugehörigkeit ist der Ausgangspunkt, ohne dessen Stabilität die Freistellung nicht denkbar ist. Als mit strafrechtlichem Risiko behaftetes Problem erweist sich dann aber die Herstellung von Flexibilität im Umgang mit den Grenzen, die der (überkommene) Arbeitsvertrag anfänglich festlegt, welche aber (nach Jahren) verschoben sind. Dies gilt beim Wechsel in eine andere Vergleichsgruppe und bei der Berücksichtigung der für ein individuelles Mitglied hinzugewonnenen Kompetenzen bei Unterstellung seiner hiermit begründeten (hypothetischen) Sonderkarriere. Wie immer, wenn es um Neuvermessung des Althergebrachten geht, öffnen sich an diesen Schnittpunkten strafrechtlich heikle Zonen. Sie ergeben sich für unser Thema allerdings nicht unmittelbar aus den Strafvorschriften des BetrVG (§§ 78, 119 Abs. 1 Ziffer 3 BetrVG), sondern – Wechsel der Ebenen – aus dem allgemeinen Strafrecht. Gegen die betriebsintern entwickelten und der betrieblichen Realität (dem

6 Vgl. Annuß, NStZ 2020, 201.

Anspruch nach) angepassten Vergütungssysteme wird den Zugriffsberechtigten (Vorständen, Prokuristen) die Grenze zur Strafbarkeit durch das allgemeine Vermögensstrafrecht gesetzt; § 266 Abs. 1 StGB. Diese Grenze soll, wie gleich noch zu referieren ist, bei jeglicher Zahlung, die infolge der Verletzung eines beliebigen gesetzlichen Verbots fällig wurde, in strafbarer Weise überschritten sein. Grenzverletzungen nach § 266 Abs. 1 StGB sind als Offizialdelikte – und durch Neubestimmung des Bezugsrahmens, weg vom BetrVG hin zum allgemeinen Strafrecht – Gegenstand der Strafverfolgung von Amts wegen. Die Staatsanwaltschaften werden hierdurch, den betrieblichen Gremien übergeordnete, Prüfinstanzen für die Vergütungssysteme. Der im Makrokosmos durch die Fähigkeiten des BR (mit)bewirkte wirtschaftliche Erfolg des Unternehmens wird im Mikrokosmos rund um seine Vergütung zum strafbaren Vermögensverlust des Unternehmens. Dies geschieht, wenn nach Ansicht eines Staatsanwalts seine Vergütung nicht mehr aus seinem herkömmlichen Arbeitsvertrag abgeleitet werden kann, damit nicht mehr den Regeln des BetrVG entspricht, und dadurch in Form einer gesetzwidrig erfolgten Auszahlung den Vermögensverlust des Unternehmens beziffert.

Das aus der Vorschrift des § 37 Abs. 4 BetrVG abgeleitete Festhalten an einem faktisch überkommenen Arbeitsvertrag, ist unter dem Aspekt des Vermögensstrafrechts völlig unbedenklich – auch wenn dies zu einer drastischen Unterbezahlung führt. Der Vermögens*vorteil* für das Unternehmen ist strafrechtlich ohne Bedeutung. Die Anknüpfung der Strafjustiz konzentriert sich allein auf die Überbezahlung, welche als verbotene Bevorteilung verstanden wird; § 78 Satz 2 BetrVG. Der Schutz des Vermögens ist allerdings unstreitig nicht Regelungsgegenstand dieser Norm. Sinn und Zweck dieser Bestimmung (Schutz der ungestörten und unbeeinflussten Amtsausübung)[7] sehen diesen als Regelungsgegenstand nicht vor. Es bedarf deshalb des Umwegs über die gesellschaftsrechtlichen Vorschriften zu den vermögensschützenden Grundpflichten von Vorständen, Geschäftsführern und Prokuristen, um sodann in einem wahren Hürdenlauf über den Verstoß gegen die Schutzvorschriften für die Mitglieder des BR (Antragsdelikt) zum Verstoß gegen Grundpflichten der Unternehmensleitung (Haftungspflichten), schließlich zur Erfüllung des Tatbestands der Untreue (strafrechtliches Offizialdelikt) zu gelangen. Der gesetzliche Schutz der individuellen Integrität eines BR-Mitglieds wird derart gegen die mandatierten Vertreter und deren reale Tätigkeit gewendet. Sie sind zwar ungeeignete (Mit-) Täter einer Untreuestraftat, da ihnen keine Vermögensbetreuungspflichten obliegen; allerdings dürfte schon die Mitwirkung an einer (begünstigenden) Änderungsvereinbarung mit einem BR ausreichen, um sie der strafbaren Beihilfe zu bezichtigen. 2

Jegliche Abwendung von der bei Mandatsantritt geltenden arbeitsvertraglichen Vergütung und Orientierung hin zu der im Mandat verfügbaren und abgerufenen Leistung wird tendenziell als korrupt denunziert und der BR auf die »pekuniären (finanziellen) Entwicklungsmöglichkeiten« seiner angestammten betrieb-

7 DKW-Buschmann, § 78 Rn. 1.

lichen Tätigkeit verwiesen.[8] Die Pflege einer sozialen Spannung zwischen dem Management (oben) und der Belegschaft (unten) spielt in solcher Attitüde nicht nur zwischen den Zeilen eine Rolle. Es geht – dünkelhaft – um die Rückführung des BR Dr. V. zu seinem Ursprung, dem Schmied V., der doch vordem in der Fahrzeugherstellung tätig war, und dementsprechend, was auch immer er jetzt verrichten und zu verantworten mag, zu vergüten war. Für den BR sollte, mit strafrechtlicher Sanktion versehen, gelten: einmal Schmied, immer Schmied.

Der Angriff auf die in der Praxis – weit überwiegend in engem Anschluss an die Rechtsprechung des Bundesarbeitsgerichts – immer ausgeklügelteren Vergütungssysteme, versickerte wieder nach der juristischen Erledigung des Falles »VW-Betriebsrat«. Grundsätzliche Änderungen an Vergütungssystemen oder an gesetzlichen Vorschriften standen nicht auf der Tagesordnung. Das war keine Unachtsamkeit und kein Versagen der Strafjustiz, sondern im Urteil des 5. Strafsenats des Bundesgerichtshofs angelegt. Der Senat reflektierte in seiner viel beachteten Revisionsentscheidung vom 17. 9. 2009 die reguläre Vergütung des BR nur nebenbei und ließ ohne strafrechtliche Relevanz dahinstehen, dass der Grundsatz für eine angemessene Vergütung zwar in § 37 Abs. 4 BetrVG festgelegt sei, die gesetzliche Vorschrift jedoch »freilich in der Praxis weit ausgelegt«[9] werde. Von systemischer Untreue und der deliktischen Überschreitung strafrechtlicher Grenzen durch die Verletzung des § 78 BetrVG war nicht die Rede; es fehlte der Rechtsprechung am Willen, sich mit der Kritik an der erwähnten und in ihrer Problematik keinesfalls übersehenen Praxis auseinanderzusetzen. Ersichtlich wollte man dem BAG nicht ins Handwerk pfuschen – und man sah keinen Anlass für einen dogmatisch kühnen Brückenschlag von § 37 Abs. 4 BetrVG zu § 78 BetrVG. Dabei blieb es. Dort wo sich Anzeigeerstatter – aufgrund welcher inneren oder äußeren Gründe auch immer – veranlasst sahen, die Vergütungsproblematik erneut zu skandalisieren[10] und hierfür das Instrument der Strafverfolgung aktivieren wollten, versanken die Strafanzeigen in den Schubladen der Staatsanwaltschaften. Die Verfahren wurden eingestellt. Es gab keine justizielle Diskreditierung, geschweige denn Kriminalisierung, der Vergütungssysteme.

4 Die Auseinandersetzung um die Vergütung nahm justiziell wieder Fahrt auf, als die Staatsanwaltschaft Braunschweig 2016 Ermittlungen gegen die bei der Volks-

---

8 Rieble, a. a. O.

9 BGH 17. 9. 2009 – 5 StR 521/08, NJW 2010, 92 Rn. 33. Ob die generalisierende Aussage über die »weite Auslegung«, sprich: die üppige Vergütung von Betriebsräten, überhaupt empirisch zutrifft oder nur Unterstellung ist, bedarf einer entsprechenden Untersuchung. Der BGH hat für seine Behauptung keine Quelle angegeben. Die Rechtsprechung der Fachgerichte bestätigt diese tatsächliche Aussage eher nicht.

10 Z. B. Amann, Gegen Opel-Betriebsrat Franz wird ermittelt, FAZ vom 27. 11. 2011 – *https://www.faz.net/aktuell/wirtschaft/verdacht-der-untreue-gegen-opel-betriebsrat-franz-wird-ermittelt-11543057.html;* gerade in diesem Fall des Versuchs der Diskreditierung eines Betriebsratsvorsitzenden war der Eindruck einer ideologisch motivierten Kampagne, die weniger der Person als der Mitbestimmung galt, schnell gewonnen, vgl. auch
3 Hank, Mit dem Dienstporsche in den Klassenkampf, FAZ vom 2. 4. 2007, *https://www.faz.net/aktuell/wirtschaft/wirtschaftspolitik/betriebsraete-mit-dem-dienstporsche-in-den-klassenkampf-1412346.html;* vgl. dagegen Rüthers, NJW 2007, 195.

wagen AG für das Personal und die Vergütung der BR-Mitglieder zuständigen Verantwortlichen unter dem Aspekt der Untreue (§ 266 StGB) einleitete. Der Ermittlungsansatz entsprach vollständig und passgenau dem, was *Rieble* in seiner Urteilsanmerkung zum Urteil des LG Braunschweig seinerzeit angemerkt hatte.[11] Sie richtete sich gegen die von ihm als unzureichend angesehene Rechtsprechung der Strafkammer des Landgerichts Braunschweig und auch gegen die bisherige Bereitschaft des Bundesgerichtshofs dies hinzunehmen.

Von der Staatsanwaltschaft Braunschweig wurde ein Perspektivwechsel der Rechtsprechung angestrebt: Entschieden die Arbeitsgerichte bis dahin ganz überwiegend Auseinandersetzungen zwischen Betriebsräten und Unternehmen über die gerechtfertigten Ansprüche auf eine angemessene Vergütung der Betriebsräte, mit dem Ziel deren Benachteiligung zu verhindern, und entwickelten sie hierzu ein komplexes System zu beachtender (Vergleichs-)Kriterien (Referenzen), wollte man nun einen anderen Fokus. Die Strafverfolgungsbehörde nahm für sich in Anspruch, unter dem Aspekt des Schutzes des Vermögens des Unternehmens von Amts wegen überprüfen zu müssen, was ihr (und davor dem 5. Strafsenat in Sachen »Volkert«) vermeintlich jahrzehntelang entgangen war: ob Mitglieder des BR mit Zustimmung der Firmenorgane gesetzeswidrig bevorteilt werden (§ 78 Satz 2 BetrVG). Die gerichtlichen Zuständigkeiten wurden neu geordnet: Die Benachteiligung konnte im Ressort Arbeitsrecht verbleiben, die Bevorteilung sollte zur Domäne des allgemeinen Strafrechts werden. Dogmatisch wurde das wie folgt abgesichert: Die Zahlung der Vergütung beruht bei Annahme eines Verstoßes gegen das Bevorteilungsverbot auf einem gemäß § 134 BGB nichtigen Rechtsgeschäft. Nichtige Rechtsgeschäfte bewirken verbotene Vermögensverfügungen. Der hierfür vom Unternehmen geleistete Aufwand ist demnach ein Vermögensverlust und somit als Untreue i. S. v. § 266 Abs. 1 StGB zu bestrafen. Eine derartige Vergütung der Mitglieder im BR wäre von vornherein dem innerbetrieblichen Aushandlungsprozess entzogen und stünde stattdessen in der Überprüfungspflicht der Strafverfolgungsbehörden.

Dieses Arbeitsprogramm ging auf. Strafrechtlich ging es um den Fixpunkt zwischen Skylla: Mindestvergütung (Ehrenamt) und Charybdis: Bevorteilung.[12]

Der Vorstoß der Staatsanwaltschaft Braunschweig verlief zunächst auf ganzer 5
Linie erfolgreich. Die Strafverfolgungsorgane betätigten sich als mit den Mitteln des strafprozessualen Zwangs (Durchsuchung und Beschlagnahme) ausgestattete Vertragskontrolleure. Die als Beschuldigte ins Visier genommenen Vorstände und Prokuristen wurden nach erheblichem Aufwand bei der sachverständigen Auswertung bzw. Bewertung der Wahl der Kriterien für die den Mitgliedern des BR der Volkswagen AG gewährten Vergütungen angeklagt. Die Anklage wurde programmgemäß zugelassen und die Sache vor dem Landgericht Braunschweig

11 Vgl. Anmerkung 2.

12 Skylla und Charybdis sind zwei Meeresungeheuer aus der griechischen Mythologie, die sich gegenüberliegend in der Meerenge von Messina befanden. Sie stehen symbolisch für ein Dilemma, bei dem man zwischen zwei gleichermaßen gefährlichen und unerwünschten Optionen wählen muss – eine Situation, die heute als Redewendung »zwischen Skylla und Charybdis« bekannt ist.

verhandelt. Die Angeklagten wurden – wenig überraschend – vom Landgericht Braunschweig, das die Anklage zugelassen hatte, letztlich ohne bessere Erkenntnis über den Sachverhalt, freigesprochen.[13] Man räumte ihnen ein, von den hinzugezogenen (sicherlich nicht schlecht bezahlten) Rechtsberatern falsch beraten worden zu sein, was ihnen aber nicht angelastet werden dürfe. Auf die Verurteilung war es von vornherein nicht angekommen; Staatsanwaltschaft und Gericht wollten die Rechtsprechung des Bundesgerichtshofs zur Frage rechtmäßiger Vergütung der Betriebsräte aktivieren. Gesucht war, wie *Rieble* gefordert hatte,[14] ein Verdammungsurteil des herkömmlichen Vergütungssystems und damit die Öffnung der Tür auf den Weg zu einer strafrechtlichen Prüfung der in der Praxis gezahlten Bezüge. Selbstverständlich zog die Staatsanwaltschaft gegen den Freispruch zum Bundesgerichtshof, um sich von diesem den eigenen Ansatz als allgemeingültig absegnen zu lassen. Diesen Weg hatte das Landgericht geebnet; seine Urteilsbegründung bot eine geeignete Vorlage.

6 Es war auch keine Überraschung, dass der Bundesgerichtshof das Urteil des Landgerichts aufhob.[15] Das war in den Urteilsgründen über den strafbefreienden Irrtum der rechtlich beratenen Vorstandsmitglieder angelegt.[16] Ungewöhnlich war es, in welch kämpferisch daherkommender Attitüde – (nicht nur) die Rechtsprechung des Bundesarbeitsgerichts verkürzend, weit über den zu entscheidenden Fall hinaus – die Strafbarkeit dem Grundsatz nach festgelegt wurde. Die vom 5. Strafsenat im Fall Volkert noch unkommentiert zur Kenntnis genommene »weitgehende Praxis« (s. o.) wurde abgeräumt.[17] Das Urteil beschränkt sich nicht auf den zu entscheidenden Fall,[18] sondern will umfassend Fragen des

13 LG Braunschweig 28.9.2021 – 16 KLs 406, Js 59398/16, BeckRS 2021,47174.

14 Vgl. Anmerkung 2.

15 BGH 10.1.2023 – 6 StR 133/2022, NZA 2023, 301 = NStZ 2023, 352.

16 Der BGH disqualifiziert diesen als den »rechtlichen Flankenschutz für die tatsächliche Handhabung«, welcher »besonders kritischer Würdigung bedürfe« (a. a. O. Rn. 39). Man wird gespannt sein dürfen, ob sich das die Sachverständigen, die in einer neuen Hauptverhandlung zu hören sein werden, unwidersprochen anheften lassen.

17 Vgl. Anmerkung 4; der 6. Strafsenat hat mit keinem Wort der Erörterung für nötig angesehen, dass das bei der Volkswagen AG praktizierte Vergütungssystem den Grundstrukturen entsprach, die für das Urteil des 5. Strafsenats galten – und vom Landgericht und Bundesgerichtshof unbeanstandet geblieben waren. Umso mehr erstaunt der Hinweis, dass die im aktuellen Fall auf dieser Basis eingeholten Gutachten wohl eher nur dem »Flankenschutz« galten, also bestellter Verbotsirrtum waren. Die Akzeptanz gegenüber der Praxis ist strafrechtlich nicht erst im Rahmen der Straflosigkeit sozialadäquaten Verhaltens gerechtfertigt. Danach fallen Handlungen, die zwar vom Wortlaut einer Strafnorm erfasst wären, sich aber »völlig im Rahmen der normalen, geschichtlich gewordenen (sozialethischen) Ordnung des Gemeinschaftslebens bewegen«, aus dem Bereich des Unrechts heraus (vgl. LK-StGB/Rönnau, Vor § 32 Rn. 48f. m. w. N.; KK-OWiG/Rengier, Vor §§ 15, 16 Rn. 35 m. w. N.; Graf/Jäger/Wittig, Rn. 102). Maßgeblich wäre danach die rechtliche Billigung der vorgefundenen Verhältnisse im Lichte der Rechtsprechung des BAG. Vorab wäre aber schon nach der Betroffenheit der Schutzzwecke der nach Ansicht des 6. Strafsenats verletzten Bestimmungen aus den §§ 37 Abs. 4 und 78 Satz 2 BetrVG zu fragen. Diese sind mit Gewissheit (unstreitig) nicht im Vermögensschutz zu verorten.

18 Zur Frage der richterlichen Selbstbeschränkung siehe BVerfGE 36, 1, 14f.: »Der Grundsatz des judicial self-restraint […] bedeutet nicht eine Verkürzung oder Abschwächung

Arbeitsrechts zur Vergütung der Betriebsräte strafrechtlich regeln.[19] Dabei ist unverkennbar, dass hinter der kritikwürdigen Übergriffigkeit des Strafsenats[20] das Bedürfnis steht, einer Diskrepanz zwischen dem gesetzlichen Ideal (Betriebsratsamt als unentgeltliches Ehrenamt, § 37 Abs. 1 BetrVG) und den Erfordernissen der Realität (z. B. BR funktional als »Co-Management«) durch Rückführung auf den ideellen Urzustand Herr zu werden. Unabhängig von der systematischen Divergenz der Vorschriften aus § 37 Abs. 4 BetrVG (Lohnfortzahlungsgarantie) und § 78 Satz 2 BetrVG (Integrität des demokratischen Organs) wird diesen ein einheitlicher Regelungszusammenhang unterstellt: § 37 Abs. 4 BetrVG definierte demnach die Untergrenze der Vergütung, während § 78 Satz 2 BetrVG mit dem Begünstigungsverbot die Obergrenze bestimmt. Der Weg zwischen Ober- und Untergrenze ist kurz. Die Strecke wird vom Ehrenamt blockiert. Danach wäre alles, was über die Mindestvergütung hinaus einer gerechten Entlohnung der für den Betrieb geleisteten Arbeit entspräche, unzulässige Zahlung der Betriebsratstätigkeit und somit unrechtmäßige Begünstigung.

Das Strafrecht ist bei jeglicher Vergütung im Bereich der »Begünstigung« verletzt, denn es gilt im Strafrecht ein »strenger Maßstab«.[21] Zu dessen Wahrung

der [erg.: richterlichen] Kompetenz, sondern den Verzicht »Politik zu treiben«, d. h. in den von der Verfassung geschaffenen und begrenzten Raum freier politischer Gestaltung einzugreifen. Er zielt also darauf ab, den von der Verfassung für die anderen Verfassungsorgane garantierten Raum freier politischer Gestaltung offen zu halten.«

19 Vgl. auch Rothballer, NZA 2023, 257, 259.

20 Sie erhält ihren Ausdruck in der unumstößlichen Ansicht, dass jeglicher Verstoß gegen § 78 Satz 2 BetrVG, (miss-)verstanden als eine Vergütungsregel – ohne Erfordernis der politischen Einflussnahme – gemäß § 134 BGB nichtig sei. Der Strafsenat orientiert sich hierfür nicht an Sinn und Zweck der Bestimmung des § 78 Satz 2 BetrVG, durch den der BR vor illegitimen Einfluss geschützt wird. Der Strafsenat leitet die Strafbarkeit stattdessen primär aus der Verletzung des § 93 Abs. 1 AktG ab (Rn. 20), welcher nur eine regelkonforme Vergütung zulasse (BGH, a. a. O. Rn. 20). Erst im Lichte des Vermögensschutzes aus § 93 Abs. 1 Satz 1 AktG wird sekundär das Begünstigungsverbot aus § 78 Satz 2 BetrVG zur vermögensschützenden Norm. Regelgerecht wäre demnach nur die Vergütung innerhalb der (centgenauen) Grenze oberhalb der Benachteiligung und unterhalb der Begünstigung gemäß § 37 Abs. 4 BetrVG, und somit die Vergütung, die ein freigestellter BR im Status der Entwicklung seiner Position vor Amtsantritt erhalten könnte.

21 Dass die paternalistische Strenge des Strafrechts mit den Kriterien der Rechtmäßigkeit nach der Rechtsprechung des BAG nicht übereinstimmt, liegt offen auf der Hand. Demnach verschafft – arbeitsrechtlich unproblematisch – die individuell ansetzende Hypothese einer nicht stattgefundenen Karriere schon dann einen Anspruch auf eine höhere Vergütung, wenn (im einfachsten Fall) eine Bewerbung nur deshalb erfolglos verlief, weil die Stelle unter Hinweis auf die Amtsstellung anderweitig besetzt wurde. (Strafrechtlich wäre in dieser Konstellation ein Einstellungsbetrug zu prüfen, da der amtierende BR sich doch nur zur Verbesserung seiner Bezüge auf eine Stelle beworben hätte, die er wegen seines Ehrenamts gar nicht besetzen wollte.) Das ist strafrechtlich noch nachvollziehbar. Der Strafrichter müsste aber geradezu wahnsinnig werden, wenn er – vom BAG als rechtmäßig anerkannt – die unterlassene Bewerbung auf eine Stelle bei (ohnedies) fehlender Qualifikation (d. h. Ungeeignetheit) als regulär zu akzeptieren hätte, obwohl der AG das unterqualifizierte Mitglied des BR dennoch höher vergüten würde, weil die Qualifikation aufgrund der Beanspruchung im Amt nicht erworben werden konnte (BAG 20. 1. 2017 – AZR 52/20 Rn. 24, NZA 2021, 864).

wird – darin geht der Bundesgerichtshof am weitesten – die Entwicklung des BR-Mitglieds durch während der Amtstätigkeit erworbene Qualifikationen, wenn diese nicht von vornherein Gegenstand der arbeitsvertraglich festgelegten Position war, als unzulässig ausgeschlossen. Anders formuliert: Die Übernahme des Mandats schließt nach strafrechtlicher Sicht die berufliche Fortentwicklung jenseits der angestammten Vergleichsgruppe aus. Gleiches gilt für die in der arbeitsgerichtlichen Rechtsprechung so bedeutsame Bewertung der (im Unterschied zur Vergleichsgruppe) individuell möglichen hypothetischen Gehaltsentwicklung einer Sonderkarriere. Augenscheinlich aus Gründen der Referenz wird die Einbeziehung von Abweichungen als (theoretisch) rechtmäßig anerkannt. Danach wäre es zulässig, höhere Bezüge zu gewähren, wenn das Mitglied des BR nur deshalb nicht in eine frei gewordene Position einrücken konnte, weil es nun mal das Mandat übernommen und beibehalten habe.[22]

7 Die Entscheidung des Strafsenats wurde in der betrieblichen Praxis hektisch und in der juristischen Literatur eher mit Ratlosigkeit aufgenommen.[23] Seitens der Arbeitsrechtler wurde die vom Bundesgerichtshof ausgelöste Rechtsunsicherheit beklagt, eine »Klagewelle« wurde befürchtet.[24] Die Strafrechtler wunderten sich über die an den Tag gelegte Rigorosität des Senats und die dogmatische Unbekümmertheit, in welcher über die durchaus divergente Rechtsprechung zum Erfordernis der gravierenden Verletzung eines vermögensschützenden Gesetzes für die tatbestandsmäßige Erfüllung des § 266 Abs. 1 StGB hinweggegangen und Einheitlichkeit der Rechtsprechung vorgegeben wurde, wo sie nicht gegeben war.[25]

---

22 BGH, a. a. O., Rn. 22 unter Bezugnahme auf BAG 22. 1. 2020 – 7 AZR 222/19, Rn. 30 m. w. N, NZA 2020, 594, 597. Wie das Kriterium »nur infolge der Amtsübernahme« zu füllen wäre, wird vom BGH nicht erörtert. Erwartungsgemäß wäre hier die nächste strafrechtliche Klippe zu verorten.

23 Vgl. z. B. Brand/Strauß, NJW 2023, 1024; von Galen/Spiller, NStZ 2024, 492; Graf/Jäger/Wittig, StGB § 266 Rn. 191; Krug/Fröba, ArbRAktuell 2023, 201; Pelz/Weber, CCZ 2023, 285, Rothballer NZA 2023, 257; Wahlig, FAZ vom 7. 3. 2023 *https://www.faz.net/aktuell/karriere-hochschule/buero-co/bgh-der-verguetung-von-betriebsraeten-werden-enge-grenzen-gesetzt-18730415.html*. Den jeweiligen Besprechungen ist eine bemerkenswerte Zurückhaltung bei der Kritik an der Abweichung des 6. Strafsenats von der Rechtsprechung des 1. Strafsenats im Ansatz des Vermögensbezugs der verletzten Norm eigen. Aus arbeitsrechtlicher Sicht versuchte man vor dem Strafrecht zu retten, was zu retten war, und bot den Arbeitsgerichten Lösungsansätze für die Auslegung der Entscheidung des BGH (siehe Homburg/Otto, AuR 2023, 238). Allgemein war man sich aber wohl einig, dass die Entscheidung in der Praxis zu großen (um nicht zu sagen unüberwindbaren) Schwierigkeiten führen würde. Eine prägnante Kritik findet sich in der Begründung des Gesetzgebers, weshalb das legislative Eingreifen erforderlich sei: »Obgleich sich der Bundesgerichtshof in seiner Urteilsbegründung auch auf die Rechtsprechung des Bundesarbeitsgerichts bezog, wurden nicht alle Aspekte zur Bestimmung der Vergütung von Betriebsratsmitgliedern deutlich« (BT-Drs. 20/9469 vom 27. 11. 2023).

24 Düwell, BRuR 2023, 372.

25 Von Galen/Spiller, NStZ 2024, 492, die zutreffend darauf hinweisen, dass mit der Rechtsprechung des Bundesverfassungsgerichts (Beschluss v. 23. 6. 2010 – 2 BvR 2559/08) an der vermögensschützenden Struktur der Pflichtverletzung i. S. v. § 266 StGB festzuhalten, und dessen Instrumentalisierung zu einer »Superverbotsnorm« unzulässig sei (vgl. hierzu

Es geht nicht um Rechtssicherheit. Die Folgen der Entscheidung könnten nicht klarer sein. Der 6. Strafsenat hat einen Markstein gesetzt, den die Praxis selbstverständlich nicht ignorieren kann. Die Staatsanwaltschaften fungieren infolge jener Rechtsprechung als Staatskommissare zur Überwachung der Grenze des § 37 Abs. 4 BetrVG. Insbesondere in Großbetrieben, in welchen ein professionelles Management auch auf Arbeitnehmerseite üblich geworden ist, werden erwartbar die Strafrechtler plötzlich zur Frage der Höhe der Vergütung zumindest konsultiert werden, wenn ihnen nicht sogar die Entscheidung hierüber zugeordnet wird. Die Einhaltung dieser spezifischen Rechtsprechung wird jedenfalls zukünftig zum Inventar der Compliance-Überwachung gehören.[26] Da die Staatsanwaltschaften schon bei bestehendem Anfangsverdacht einen Ermittlungsauftrag haben, wird zum Selbstschutz tunlichst jegliche Überlegung und jeglicher Ansatz bei der Findung der zu zahlenden Vergütung gründlichst zu dokumentieren sein. Die Mitglieder der Vergütungskommissionen können aufatmen: Sie bemühten sich zwar um die gerechte Vergütung, die richtige bestimmt jetzt jedoch der Strafrechtler. Eine von der Staatsanwaltschaft für zu hoch befundene Vergütung (jenseits der Vergleichsgruppe und der betrieblichen Üblichkeit) wird den Verantwortlichen auf der Arbeitgeberseite strafrechtlich den Vorwurf der Untreue, und den Verantwortlichen auf der Seite der Betriebsräte den Vorwurf der Beihilfe zur Untreue einbringen – je länger gezahlt wird, umso höher der Schaden. Der Erlös aus der Untreue (die Vergütung) ist von den Strafgerichten dort einzuziehen, wo er sich befindet: bei den »begünstigten« BR-Mitgliedern (§ 73 Abs. 1 StGB). Es bedarf im Fall der strafrechtlichen »Aufdeckung« und Verurteilung keiner nachträglichen Rückforderung des Arbeitgebers (AG). Sie ist in Form der Einziehung schon Gegenstand der strafrechtlichen Verurteilung und wird von Amts wegen vorgenommen. Die Betriebsparteien haben hierauf keinen Einfluss.

Ohne strafrechtliche Ahndung, also im Fall der »Selbstentdeckung« besteht ein strafrechtlicher Zwang zur Rückforderung der zu viel gezahlten Vergütung in die Kasse des AG, da sich andernfalls das Mühlrad der Untreuestrafbarkeit um die Frage der unterlassenen Rückforderung womöglich weiterdrehen könnte.[27]

Dass schließlich über Kürzungen und Rückforderungen geradezu zwangsläufig von den Arbeitsgerichten zu entscheiden wäre, war nicht zu verkennen. Der 6. Strafsenat hat willentlich einen Stein ins Rollen gebracht, um den Berg ins Rutschen zu bringen. Dass die Geröllawine energisch vom Bundesarbeitsgericht und dem Gesetzgeber gestoppt werden würde, war bei der Entscheidung nicht einkalkuliert.

auch Rönnau in Koch/Kudlich/Thüsing, ZIP 2022, 1, 5: »Untreue geht (eben doch nicht) immer«).

26 Siehe Mosbacher, CCZ 2023, 45.

27 Vgl. Giese/Schomburg, NJW 2022, 1415; Graf/Jäger/Wittig, StGB § 266 m. w. N.

II. Strafrechtliche Konsequenzen aus der Rechtsprechung des Bundesarbeitsgerichts

8 Die Maßgaben aus dem Urteil des Bundesgerichtshofs sind noch genauer anzuschauen, um zu entscheiden, ob sie nach der Änderung der Gesetzgebung und nach den jüngsten Urteilen des Bundesarbeitsgerichts schon nach kurzer Lebensdauer ihre Wirkung verloren haben und Geschichte geworden sind.
Der kritische Punkt bei der Vergütung der Mitglieder von Betriebsräten liegt in der Gehaltsentwicklung in fester Anbindung an die Herkunft aus dem Arbeitsverhältnis durch Freistellung bei Amtsantritt.[28] Die Integrität durch Bodenhaftung wird demnach nur gewahrt, wenn sich die Vergütung strikt an der kollektiven Entwicklung der herkömmlichen Vergleichsgruppe bei Mandatsantritt orientiert. Emanzipiert sich das Mitglied im BR – wie im Fall der Verantwortlichen im Volkswagenkonzern – während der Amtszeit durch Weiter- und Fortbildungen von seiner arbeitsvertraglichen Herkunft, so soll die Berücksichtigung der individuellen Kompetenzzuwächse die Überschreitung der Schwelle zur verbotenen Begünstigung indizieren – so vertritt es der Bundesgerichtshof. An diesem Punkt gibt sich das Urteil des Bundesgerichtshofs zwar besonders direktiv, ohne aber der Rechtsprechung des Bundesarbeitsgerichts nahe gekommen zu sein.[29] Der Bundesgerichtshof vertritt im Kern die Ansicht, dass das Minimum, gemäß § 37 Abs. 4 BetrVG a. F., die Kompensation des Lohnausfalls, zugleich das gesetzliche Maximum dessen ist, was ein BR zu beanspruchen hat. So ist er auch in der Praxis verstanden worden, was sich aus den sofort einsetzenden Rückforderungen nach Veröffentlichung der Entscheidungsgründe ergibt. Die Verantwortlichen auf Seiten der Unternehmer sahen sich schon zur Wahrung der persönlichen Straflosigkeit, also zum Selbstschutz, veranlasst, sofort tätig zu werden; die Bezüge der Betriebsräte wurden nach dem »strengen Maßstab«, wie ihn der Bundesgerichtshof verlangt hatte, überprüft und sollten in Folge auf das scheinbar gesetzliche Minimum zurückgeführt werden. Von der bislang strukturbildenden Annahme, dass sich aus § 611a Abs. 2 BGB i. V. m. § 78 Satz 2 BetrVG der individuelle Anspruch eines BR auf höheres Entgelt ergeben kann, um seine mandatsbedingte Benachteiligung zu kompensieren,[30] distanzierte sich der Strafsenat.[31] Die Erwähnung dieser Möglichkeit findet in der Entscheidung des 6. Strafsenats zur Vermeidung der Vorlage an den Gemeinsamen Senat der

---

28 Vgl. hierzu BAG 20. 3. 2025 – 7 AZR 181/24, NZA 2025, 1197, 1201 Rn. 41 m. w. N.

29 BGH, a. a. O., Rn. 22; vgl. dagegen ErfK-Kania, § 78 Rn. 9, wonach es für die Bemessung der Vergütung auf deren sachliche Begründung ankommt; vgl. auch DKW-Buschmann, a. a. O., § 78 Rn. 33, wonach Begünstigung die Vergütung wäre, die »nicht aus sachlichen Erwägungen erfolgt« und ausdrücklich hervorhebt, dass »es keine sachfremde Erwägung (ist), wenn der AG bei der Auswahl der bestgeeignetsten Bewerber für Beförderungen auch an die im Rahmen der BR-Tätigkeit erworbenen Qualifikationen anknüpft, sofern diese für die zu besetzende Position relevant sind«.

30 Vgl. zuletzt BAG 20. 3. 2025 – 7 AZR 46/24, NZA 2025, 1177, 1185 f. Rn. 62, 63 m. w. N.

31 Jacobs, BB 2024, 117,118 meint, dass sich der BGH im gegebenen Fall deshalb nicht mit der Bewertung individueller hypothetischer Sonderkarrieren befassen musste, weil die

obersten Bundesgerichte gemäß § 1 Abs. 2 RsprEinhG (Gesetz zur Wahrung der Einheitlichkeit der Rechtsprechung der obersten Gerichtshöfe des Bundes) nur formale Erwähnung. Zwischen den Zeilen konnte man deutlich genug verstehen, dass genau diese Version unerwünscht war, und im Magnetfeld der Strafbarkeit anzusiedeln wäre. Der Hinweis auf den parteiischen »Flankenschutz« käuflicher Gutachten war dem Senat wichtiger als die Anerkennung der Sachlage, dass in Großkonzernen die Vergütungsstrukturen derart komplex und differenziert gestaltet sind, dass gerade in rechtlich heiklen Grenzregionen die Herbeiziehung von Gutachtern zur Prüfung der Gesetzmäßigkeit nicht Ausdruck schlitzohriger Kungelei ist, sondern im legitimen Interesse der Beteiligten liegt.

Die strafrechtliche Gefahrenzone wird positiv davon bestimmt, dass stets die Rückführung der Vergütung auf die angestammte Vergleichsgruppe gewahrt ist. Die im Zusammenhang mit, während oder bei der Betriebsratstätigkeit erworbenen Qualifikationen (z. B. die Befähigung zum Management) dürfen – so meint der Strafsenat – keine Berücksichtigung finden. Schon gar nicht solche Qualifikationen, die nicht bei Ausübung des bisherigen Berufs praktisch wirken könnten (z. B. handwerkliche Spezialisierung). Individuelle Sonderkarrieren (und damit der Wechsel von Vergleichsgruppen) scheiden strafrechtlich aus. Mit der Entscheidung für das Mandat ist so, bis auf wenige Ausnahmen, während des Amtes eine unverbrüchliche Bindung an die arbeitsvertraglichen Einkommensbedingungen gegeben, wie sie zur Zeit der Wahl gegeben waren. Berücksichtigungsfähig wären deshalb nicht die realen Fähigkeiten und nicht die Erledigung sich konkret stellender Aufgaben im Unternehmen, sondern allenfalls solche Qualifikationen, die für die nicht mehr eingenommene Arbeitsstelle von theoretischer Bedeutung wären. Die Vergütung der – zumal langjährigen – BR-Mitglieder würde mit anderen Worten in einem juristischen Fantasieland bestimmt werden. Die Entfernung zur Realität von Wahlperiode zu Wahlperiode wachsen. Dies alles soll sich aus § 37 Abs. 4 BetrVG ergeben, wofür festgelegt wird, dass sich infolge dieser Bestimmung die Vergütung allein nach der Entlohnung der Vergleichsgruppe (Herkunft) und deren »betriebsüblicher Entwicklung« bemesse.[32] So wird § 37 Abs. 4 BetrVG, in dem ausdrücklich die Mindestgrenze der Vergütung festgelegt wird, unter der Hand zur Norm für die Bestimmung der Höchstgrenze – nach der Logik, dass der Cent über dem Minimum schon die Begünstigung indiziere.[33] Auf den Punkt gebracht: Es gibt aufgrund der Ehrenamtlichkeit keine Betriebsratsvergütung, es gibt nur die Lohnfortzahlung, welche dem historischen Arbeitsvertrag und seiner Entwicklung entspricht.[34]

Dieses Ideal einer punktgenau zu bestimmenden, »richtigen« Vergütung ent- 9
spricht nicht dem Wortlaut und auch nicht dem Sinn und Zweck der Gesetzgebung. Geschützt wird durch das Begünstigungsverbot das demokratische

---

individuellen Qualifikationen nicht in Zusammenhang mit konkreten Stellenausschreibungen im Konzern gebracht worden seien.

32 BGH, a. a. O. Rn. 22.

33 Rothballer, NZA 2023, 257, 258 f.

34 Vgl. Esser, a. a. O., S. 8 f.

Prinzip der Betriebsverfassung und nicht das Vermögen des Unternehmens.[35] Hierüber geht der Strafsenat hinweg, indem er – übrigens auch entgegen der zivilgerichtlichen Rechtsprechung[36] – für die Feststellung der Nichtigkeit der vertraglichen Vereinbarung die Prüfung von Sinn und Zweck des vermeintlich verletzten Schutzgesetzes unterlässt. Die Nichtigkeit der Vergütungszahlung wird vom Strafsenat aber ohne weiteres nach Unterstellung der vermeintlich objektiv festzustellenden Überzahlung und der hieraus folgenden Verletzung des Begünstigungsverbots aus § 78 BetrVG abgehakt.[37] Eine Prüfung, weshalb evtl. aus grundsätzlichen Erwägungen die Rechtsfolge der Nichtigkeit zum Erreichen des Gesetzeszwecks erforderlich wäre,[38] wird nicht vorgenommen. Ebenso wenig findet eine Prüfung dahingehend statt, gegen wen sich das Begünstigungsverbot richtet – gegen beide Parteien oder nur gegen die Seite, die dem BR gegenübersteht.

Nichts anderes gilt auch unter Berücksichtigung der Behauptung, dass die Strenge des Maßstabs der »Punktgenauigkeit« im Interesse der Unabhängigkeit liege.[39] Weshalb dies der Fall wäre, wenn – wie hier – keinerlei Feststellungen zu einer faktischen Einflussnahme getroffen wurden, wird nicht erläutert. Die Wahrung der für die Ausübung des Mandats erforderlichen Unabhängigkeit von der Einflussnahme der (zahlenden) betrieblichen Gegenpartei ist gewiss nicht von der Punktgenauigkeit am unteren Limit abhängig. Der Aspekt der Korruption durch Zahlung für eine Entscheidung (do ut des) hat stets zwei Komponenten: die Zahlung einerseits, die hierdurch gelenkte Entscheidung andererseits. Gibt es keine mit der Zahlung verknüpfte Beeinflussung, entfällt auch der Aspekt der Bevorteilung. Die Legitimität der Mitarbeitervertretung ergibt sich in erster Linie aus der Amtsführung für die Interessen der Belegschaft und des Betriebs (§ 2 Abs. 1 BetrVG). Sie wird durch Wahl (und besonders durch die Wiederwahl) und nicht durch Wahrung einer Untergrenze der Bezahlung hergestellt. Ohne eine korrupte Koppelung der Vergütung mit zu treffenden Entscheidungen (einschließlich deren Vermittlung an die Belegschaft) ist die Unabhängigkeit nicht in Gefahr.

---

35 ErfK-Kania, BetrVG § 78 Rn. 1; Fitting, BetrVG § 78 Rn. 1; DKW-Buschmann, § 78 Rn. 1.

36 Siehe z. B. BAG 26.2.2003 – 5 AZR 690/01, NZA 2004, 313 (Schwarzgeldabrede); wenn das Verbot sich nur gegen eine der Parteien richtet, ist das Rechtsgeschäft in der Regel nicht nichtig, es sei denn, der Zweck des Verbots erfordert die Nichtigkeit; BGH NJW 1981, 1204, 1205 m. w. N.

37 BGH, a. a. O. Rn. 21.

38 Die Grenzziehung zur verbotenen Begünstigung im Sinne von § 78 Satz 2 BetrVG ergibt sich nicht aus der Bestandsgarantie des § 37 Abs. 4 BetrVG, sondern aus der Kombination der Zahlung einer Vergütung (zumal im Fall der Zahlung eines »Sonderbonus«; s. o.) und der über sie gesteuerten gegenseitigen Berücksichtigung bei Entscheidungen des Mitglieds im BR. Zahlungen mit der Zielsetzung der »Klimapflege« verstoßen eindeutig gegen den Schutzzweck des § 78 Satz 2 BetrVG. Der Gegenstand der strafrechtlichen Bewertung kann deshalb – entgegen der Ansicht des BGH– nicht in der Rekonstruktion der Vergütung und deren Rückführung auf den Status des Arbeitsvertrags bei Mandatsantritt liegen, sondern allein in dem Beweis, dass mit der Zahlung übergriffige Zwecke verfolgt wurden.

39 BGH, a. a. O. Rn. 22.

Selbst eine dem überkommenen Arbeitsvertrag nicht mehr entsprechende Vergütung enthielte ohne Einflussnahme auf die Amtstätigkeit noch keine Begünstigung.[40] Die hierauf gestützte Belegung mit einer Strafe ist nur irreführend.

Die strafrechtlich eingeschränkte Berücksichtigung der hypothetischen Entwicklung des Arbeitsverhältnisses, welche nur wegen des Mandats nicht stattfand, bedeutet eine Benachteiligung. Strafrechtlich ist keine das Vermögen des Unternehmens schützende Festlegung auf Verhältnisse jenseits der Realität geboten. Es widerspricht den Gesetzen der Logik, wenn ein Vermögensschaden bestraft werden soll, der in Form der Inanspruchnahme in Wirklichkeit ein Zugewinn für das Unternehmen ist. Deshalb erweist sich auch der Automatismus, nach welchem jede Vergütung stets rechtswidrig wäre, »die dem Mitglied nicht aufgrund seines Arbeitsverhältnisses zusteht«[41] als abstrakt und wenig instruktiv. Die Bindung des BR an die Geltung der Vergütung aus dem überkommenen (zu Beginn des Amtsantritts geltenden) Arbeitsvertrag – selbst dann, wenn dieser keine sachliche Grundlage mehr aufweist – führt zu Fesseln, die selbst wieder in die Benachteiligung führen (§ 78 Satz 2 BetrVG). 10

Allerdings ist in der Besinnung auf die privatrechtlichen Wurzeln des Arbeitsvertrags der Hinweis auf die Zulässigkeit enthalten, die tatsächlich verrichtete, einvernehmlich vereinbarte Tätigkeit und deren faktischen Umfang zu vergüten.[42] Dies hat das Bundesarbeitsgericht im direkten Anschluss an das Urteil des Bundesgerichtshofs (kontrapunktisch) klargestellt, indem es den Beförderungsanspruch nach einer individuellen Sonderkarriere systematisch vom Mindestvergütungsanspruch abgehoben hat. Der Garantie der Mindestvergütung – so stellt das Bundesarbeitsgericht klar – betrifft einen anderen Lebenssachverhalt als die Vergütungsvereinbarung unter Beachtung des Benachteiligungsverbots.[43] Dadurch, dass die grundsätzliche Mindestvergütung mit der besonderen Vermeidung des Benachteiligungsverbots über den gleichen Kamm geschoren wurde, ging das Urteil des Bundesgerichtshofs fehl. Es liegt neben der Systematik des BetrVG. Die der Rechtsprechung des Bundesarbeitsgerichts gezollte Referenz erfolgte ohne Berücksichtigung der dort vertretenen Rechtsansicht.[44]

Die unübersehbare Diskrepanz zwischen der Rechtsprechung des Strafsenats und der des Bundesarbeitsgerichts hat zu den berechtigten Befürchtungen ge- 11

40 wie hier: Bachner/Wall, NZA 2021, 841, 843.

41 Richardi-*Thüsing*, § 37 Rn. 28.

42 Vgl. Bachner/Wall, NZA 2021, 841, 843.

43 BAG 20.3.2025 – 7 AZR 46/24, NZA 2025, 1177, 1180 Rn. 25 m.w.N.

44 BGH, a.a.O., Rn. 22 mit Bezugnahme auf BAG 22.1.2020 – 7 AZR 222/19 Rn. 30; vgl. Homburg/Otto, AuR 2023, 238, 241, die eine Auslegung des Urteils des BGH derart vornehmen, dass das hier erörterte Urteil gerade von der Rechtsprechung des LG Braunschweig abweicht, und den Weg für die hypothetische Sonderkarriere freigemacht hat. Dabei wird aber zu berücksichtigen sein, dass der BGH dem LG Braunschweig in diesem Abschnitt gerade attestiert, die Kriterien für einen Verstoß gegen § 78 Satz 2 zutreffend bestimmt zu haben (a.a.O., Rn. 22) und ergänzt, § 78 Satz 2 BetrVG »verbietet es, auf die hypothetische Gehaltsentwicklung […] bei einer Sonderkarriere abzustellen« (a.a.O.). Dieser Linie entspricht der Grundtenor des Urteils. Die Bezugnahme auf die Rechtsprechung des BAG erfolgt nur der Vollständigkeit halber, ohne inhaltliche Folge.

führt, die betriebliche Mitbestimmung könne Schaden erleiden.[45] Es ist deshalb sicherlich eine bemerkenswerte Ausnahmeerscheinung, wenn infolge einer strafrechtlichen Revisionsentscheidung von der Bundesregierung die Notwendigkeit zum »besonders eilbedürftigen«[46] Eingreifen des Gesetzgebers gesehen wurde, und unter ausdrücklich hervorgehobener Bezugnahme auf die Entscheidungen des Bundesarbeitsgerichts »klärende« Änderungen der §§ 37 Abs. 4, 78 BetrVG herbeigeführt wurden. Die Begründung, dass höchstrichterliche Rechtsprechung nicht etwa für Rechtsfrieden und rechtliche Klarheit gesorgt, sondern »vermehrt zu Rechtsunsicherheiten« geführt habe,[47] sucht Vergleichbarkeit. Gleiches gilt für den Ansatz, wonach die letztlich verabschiedete Gesetzgebung zur »Klarstellung der aktuellen Rechtslage« diene.[48] Arbeitsgerichtlich gab es dafür kein Bedürfnis. Gerade weil die Gesetzgebung bewusst den Kontrapunkt zu dem Urteil des Bundesgerichtshofs setzt, kann dieses für die Frage nach den strafrechtlichen Risiken in Zukunft zwar nicht ignoriert, aber dennoch nur noch nachgeordnet herangezogen werden. Die »Klarstellungen« des Gesetzgebers verlangen selbstverständlich eine vorrangige Berücksichtigung vor dem Unklarheit erzeugenden Urteil. Soweit es dem Gesetzgeber außerdem »nur« darum ging, die bisher geltende Rechtslage zu präzisieren, stellt sich die Frage nach der strafrechtlichen Anwendung der vormaligen Gesetzeslage auf Altfälle nicht. Nach dem Willen des Gesetzgebers sind Altfälle in exakt der Weise rechtlich zu verarbeiten, wie sie seit der Verkündung der neuen Fassungen dieser beiden Bestimmungen gilt. Die Rechtsprechung des 6. Strafsenats wurde hinsichtlich der strafbewehrten Berücksichtigung individueller Umstände bei hypothetischen Sonderkarrieren auf ein Abstellgleis rangiert. Sie ist als strafrechtliche Leitentscheidung zur Kontrolle gesetzmäßiger Vergütung von BR-Mitgliedern nur noch eingeschränkt tauglich. Die Neufassung der §§ 37 Abs. 4, 78 BetrVG führt die Problematisierung der Vergütung von BR-Mitgliedern strukturell wieder zurück in den Regelungsbereich der betrieblichen Parteien – also dahin, wo sie hingehört.

12 Das Bundesarbeitsgericht hat nach der Novellierung der Gesetze für die Vergütung (»flankierend«; s. o.) klargestellt, dass »eine Begrenzung nach oben – etwa in dem Sinn, dass eine über die Mindestentgeltgarantie hinausgehende Vergütung zwangsläufig gegen das Begünstigungsverbot des § 78 Satz 2 BetrVG verstieße – sich dem Wortlaut des § 37 Abs. 4 Satz 1 BetrVG nicht entnehmen (lässt)«.[49] Das ist unmissverständlich und kennt nur einen Adressaten. Anhaltspunkte dafür, dass sich die anderslautende Annahme aus dem Sinn und Zweck der Vorschrift ergeben würde, gibt es gleichfalls nicht. Kurz: die Gleichsetzung von Ober- und Untergrenze findet im Gesetz und in der Rechtsprechung des Fachgerichts keine Stütze.

---

45 BT-Drs. 564/23 vom 3.11.2023, S. 1 (gleichlautend BT-Drs. 20/9469).
46 BT-Drs., a.a.O.
47 BT-Drs. a.a.O., S. 1 und 2.
48 ebenda.
49 BAG 20.3.20257 – AZR 46/24, NZA 2025, 1177, Rn. 64.

Die Abweichung des Strafsenats von der bisherigen Rechtsprechung des Bundesarbeitsgerichts gilt gleichermaßen (wenn nicht umso mehr) für den Ausschluss der Berücksichtigung jeglicher »im Betriebsratsamt erworbenen Qualifikationen, soweit sie nicht im Zusammenhang mit der bisherigen Arbeitstätigkeit stehen«.[50] Wenn je gilt, dass die Bildung der Vergleichsgruppe nach § 37 Abs. 4 BetrVG keine Obergrenze für die Beförderung von BR-Mitgliedern bestimmt, folgt daraus, dass die ursprüngliche Vergleichsgruppe für das sich weiterqualifizierende Mitglied des BR ab dem Erwerb von der Vergleichsgruppe überlegenen Qualifikationen eben nicht mehr repräsentativ ist. Das BR-Mitglied kann und darf sich von seiner Vergleichsgruppe emanzipieren. Mit seiner Qualifikation kann sich die Zuordnung ändern. Einen zeitlichen Ausschluss berücksichtigungsfähiger Qualifikationen, nach welchem alles unter den Tisch fällt, was an Fähigkeiten und Fertigkeiten während der Amtszeit hinzugekommen ist, kann man dem BetrVG nicht entnehmen. Der Bundesgerichtshof hat an dieser Stelle (entscheidend durch den paternalistischen Ansatz des »strengen Maßstabs«) den Blick verengt, und das Benachteiligungsverbot allein auf die (kollektive) Bestimmung des § 37 Abs. 4 BetrVG reduziert. Dass faktisch eine Benachteiligung auf individueller Ebene stattfindet, wenn die tatsächlich bestehenden Befähigungen mandatsbedingt zwar betrieblich genutzt, aber nur unentgeltlich beansprucht (zum Wohl des Betriebes; § 2 Abs. 1 BetrVG) werden dürften, war dem Bundesgerichtshof aus dem Blick geraten. Der Strafsenat hat in § 78 Satz 2 BetrVG lediglich das Verbot der Begünstigung gesehen, die Vorschrift aber zugleich um das (individuelle) Verbot der Benachteiligung verkürzt. Das Bundesarbeitsgericht hat im Gegensatz hierzu die mit dem Benachteiligungsverbot in § 78 Satz 2 BetrVG geschützten individuellen, hypothetischen Sonderkarrieren – die Herstellung neuer Lebenssachverhalte – jedenfalls dann als bei der Vergütung berücksichtigenswert anerkannt, wenn sie mit der Bewerbung auf eine freie Stelle verbunden waren.[51] Die zeitliche Komponente, wann der Erwerb der Qualifikation stattfand, war, soweit ersichtlich, noch kein arbeitsgerichtlicher Entscheidungsgegenstand. Die Festschreibung auf eine angestammte und mit Mandatsübernahme ein für alle Mal festgelegte Einbindung in die unveränderliche Vergleichsgruppe ist unter Bezugnahme auf die Rechtsprechung des Bundesarbeitsgerichts nicht zu begründen.[52] Auch strafrechtlich gilt, dass bei der Vergütung der betriebliche Bezug der vergüteten Kompetenzen zu beachten ist – und nicht der Zeitpunkt ihres Erwerbs.

Dem selbst gesetzten Anspruch nach wurde seitens der rein reaktiven Gesetz- **13**
gebung nichts Neues geregelt (reformiert). Erklärtermaßen wurde lediglich die ständige Rechtsprechung des Bundesarbeitsgerichts kodifiziert.[53] Dies geschah

50 BGH, a.a.O.

51 BAG 22.1.20207 – AZR 222/19, NZA 2020, 594 Rn. 31; BAG 23.11.2022 – 7 AZR 122/22, NZA 2023, 513 Rn. 41; BAG 14.10.2020 – 7 AZR 286/18, NZA 2021, 869 Rn. 24; jeweils m.w.N.

52 Vgl. auch für die Berücksichtigung außerhalb des Mandats erworbener Qualifikationen Thüsing/Denzer, a.a.O. Rn. 147 m.w.N.; Annuß, NZA 2020, 20, 22.

53 Worauf das BAG ausdrücklich hinweist, a.a.O., Rn. 25; vgl. auch ErfK, § 37 Rn. 9a.

mittels der Absicherung von weitgehenden Beurteilungs- und Ermessenspielräumen der zuständigen Gremien für die Bestimmung der betrieblichen Vergütungen. Institutionell wurden die Regelungskompetenzen von (potenziell) der staatsanwaltschaftlichen Vormundschaft in die Befugnisse der Betriebsparteien zurückverlagert. Damit wird sichergestellt, dass Fantasie-Vergütungen weiterhin strafbar bleiben, da sie jenseits der Begründbarkeit mit betrieblichen Erfordernissen liegen.

Da das Ehrenamt nicht angetastet wurde, bleibt auch weiterhin eine Vergütung, welche sich aus den Leistungen der Betriebsratstätigkeit ergibt (Modell des vorstandsgleichen Co-Managers), ausgeschlossen. Besteht aber für die im oder während des Mandats erworbene Qualifikation betrieblicher Bedarf und gibt es hierfür vergleichsfähige betriebliche Stellen, so sind diese auch für die Vergleichsgruppe des Mandatsträgers zu berücksichtigen. Strafrechtlich gesprochen, wurden insbesondere die auf betrieblicher Ebene einvernehmlich getroffenen Vereinbarungen – Betriebsvereinbarungen oder Regelungsabreden – als Mittel der Wahl in den Vordergrund gerückt, um den Tatbestand des § 266 Abs. 1 StGB auszuschließen.[54] Unterhalb der Betriebsvereinbarungen reicht die einvernehmliche Bestimmung von Vergleichspersonen der Betriebsparteien, um die Zuordnung des BR-Mitglieds zu einer Vergleichsgruppe wirksam werden zu lassen. Die justizielle Überprüfbarkeit wurde mit Bedacht hinsichtlich der Bildung der Vergleichsgruppen auf die »grobe Fehlerhaftigkeit« reduziert (§ 37 Abs. 4 Satz 4 BetrVG n. F.), womit ein Kriterium aus dem Kündigungsschutzrecht (Sozialauswahl) zum Maßstab genommen wurde. Demnach bedarf es für die entsprechende Feststellung einer »evident ins Auge springenden Abweichung« bzw. einer »Gewichtung, die jede Ausgewogenheit vermissen lässt«.[55] Mit anderen Worten entzieht sich die Bildung der Vergleichsgruppen, aber auch die Auswahl der Vergleichspersonen (§ 37 Abs. 4 Satz 5 BetrVG n. F.), bis zur Willkürgrenze der richterlichen Überprüfbarkeit.

So weit, den Ursprung der Vergütungsproblematik grundsätzlich zu überdenken, und das Ehrenamtsprinzip sowie dessen Kehrseite, das Lohnfortzahlungsprinzip, anzupacken, ist der Gesetzgeber nicht gegangen.[56] In der Begründung des Gesetzgebungsantrags wird ehern daran festgehalten, dass das Ehrenamtsprinzip funktional die Unabhängigkeit der Mitglieder des BR sichere.[57] Damit bleibt weiterhin der Paradigmenwechsel ausgeschlossen, die Vergütung eben nicht aus dem angestammten Arbeitsvertrag abzuleiten, sondern ins Verhältnis zur konkreten Aufgabe und der mit ihr übernommenen Verantwortung zu setzen und entsprechend vertraglich zu regeln. Die Ansicht des Bundesgerichtshofs, dass

54 Vgl. ausdrücklich § 37 Abs. 4 Satz 6 BetrVG n. F.

55 BeckOK ArbR/Rolfs, KSchG § 1 Rn. 504 m. w. N.; BAG 10. 6. 2010 – 2 AZR 420/09, NZA 2010, 1352 Rn. 19.

56 Die Vergütung der BR-Mitglieder bleibt damit definitionsgemäß dem vom AG zu tragenden Risiko der Lohnfortzahlung im Krankheitsfall gleichgestellt; § 615 BGB.

57 BT-Drs. 564/23, S. 2; vgl. jetzt auch erneut BAG 20. 3. 2025 – 7 AZR 46/24, NZA 2025, 1177 Rn. 37, mit der Feststellung, dass die »Bezahlung als Betriebsrat« gegen das Ehrenamtsprinzip verstoße und rechtswidrig sei.

»eine Bewertung der Betriebsratstätigkeit für Vergütungszwecke ausgeschlossen« sei,[58] trifft weiterhin uneingeschränkt zu.
Die Bemessung der Vergütung anhand hierarchischer Qualitätsmerkmale, wie etwa der Verhandlung mit dem AG auf Augenhöhe, oder gar »den Marschallstab im Tornister« zu haben (die Befähigung zu Leitungs- und Spitzenpositionen),[59] trägt ihre Abwegigkeit auf der Stirn geschrieben; sich damit weiter auseinanderzusetzen ist der Mühe nicht wert. Der Strafsenat hatte diese forensisch dargebotenen Floskeln (vermutlich aus dem Verteidigervortrag) wohl eher deshalb aufgeführt, um den methodischen Ansatz einer Bewertung der Verantwortung und der Aufgabenstellungen von Mandatsträgern und der dabei zutage tretenden Qualifikationen auszuschließen. Gleichwohl geht der Ausschluss jeglicher Berücksichtigung der realen Betriebsratstätigkeit für die Vergütung nicht auf. Die im Mandat individuell eingebrachte Kompetenz bietet, unter der Voraussetzung, dass sie betriebliche Bezüge aufweist, eine sachliche Grundlage für deren Bewertung, ohne dass diese mit einer illegitimen Beeinflussung verbunden ist. Die Gründe ihrer Anerkennung sind schriftlich zu dokumentieren. Die hierdurch gesicherte Transparenz des Bewertungsprozesses enthält den Schlüssel für die Immunität vor dem Strafrecht.

Entscheidend für die neu geschaffene Gesetzesfassung ist die Einfügung des »sachlichen Grundes« bei der Einstufung des BR-Mitglieds in § 37 Abs. 4 Satz 3 BetrVG. Demnach wird die Qualifikation des BR, unbeschadet ob sie während oder durch die Mandatstätigkeit erlangt wurde, zumindest dann anerkannt, wenn sie einen betrieblichen Bezug aufweist.[60] Die vermeintliche Unabänderlichkeit der Festlegung der Vergleichsgruppe nach dem Status der erstmaligen Übernahme des Mandats ist damit erledigt. Die Entscheidung des Strafsenats ließe sich mit der dort erteilten Begründung des Ausschlusses der im BR erworbenen Qualifikationen nicht mehr aufrechterhalten.[61] **14**
Die für die Strafbarkeit maßgebliche Ansicht, wonach § 37 Abs. 4 BetrVG gesetzlich die Berücksichtigung der während der Dauer des Mandats erworbenen

58 BGH, a. a. O., Rn. 22.

59 BGH, a. a. O. Rn. 24.

60 BT-Drs. 20/9469, S. 11.

61 BGH, a. a. O. Rn. 22; die vom 6. Senat angeführten Belegstelle bei Fitting, § 37 Rn. 120, gibt für den Ausschluss von »im Betriebsratsamt erworbener Qualifikationen, soweit sie nicht im Zusammenhang mit der bisherigen Arbeitstätigkeit« stehen, jetzt nichts mehr her. Mittlerweile heißt es dort: »Ob und inwieweit sich während der Amtszeit durch das BRMitgl. erworbene Qualifikationen und Fähigkeiten auf die Bestimmung der mit ihm vergleichbaren ArbN auswirken kann, ist eine Frage der Neubestimmung der Vergleichsgruppe.« Im Weiteren wird von Fitting als Sachgrund der Abschluss einer Änderungsvereinbarung mit dem AG anerkannt (a. a. O., Rn. 119b). Die zeitliche Komponente und die Umstände des Erwerbs der veränderten Qualifikation hat in diesem Zusammenhang keine Bedeutung. Allerdings soll allein der Erwerb höherer Qualifikationen (ohne Abänderungsvertrag) kein sachlicher Grund für die Bestimmung einer neuen Vergleichsgruppe sein. Die Berücksichtigung solcher Qualifikationen wäre aber nach § 78 Satz 3 BetrVG n. F. zulässig, wenn mit ihnen »betriebliche Anforderungen und Kriterien erfüllt und die Festlegung (der Vergütung) nicht ermessensfehlerhaft erfolgt«.

Qualifikationen bei der Vergütung ausschließe,[62] kann gleichfalls nicht (mehr) aufrechterhalten werden. Sie war stets unzutreffend, was auch ein Anlass für die gesetzgeberische »Klarstellung« war. Die Neufassung des § 37 Abs. 4 BetrVG durch Einfügung des Satzes 3 2. Halbsatz sieht ausdrücklich den Anspruch auf Neubestimmung der Vergleichsgruppe für den Fall vor, dass hierfür ein »sachlicher Grund« entstanden ist. Das Bundesarbeitsgericht hebt diese Referenz für die Abänderung der Vergleichsgruppe auch unter der Geltung des alten Rechts ausdrücklich hervor.[63]

Erwartbar wird es neue Auseinandersetzungen um die Frage geben, was als »sachlicher Grund« zugelassen werden darf.[64] Aber auch diese Kategorie ist nicht unbekannt. Darunter ist zu verstehen, dass eine Ungleichbehandlung auf »sachgerechten Erwägungen« beruhen und den Anforderungen des Willkürverbots im Sinne eines Minimalstandards entsprechen muss.[65] Ins Strafrecht übersetzt, wäre die Erfüllung des Tatbestands aus § 266 Abs. 1 StGB durch die Offensichtlichkeit eines Missbrauchs nachzuweisen.

Die Abweichung aufgrund des Vorliegens eines zuvor nicht vorhandenen sachlichen Grundes kann individuell, in der Person des BR-Mitglieds, begründet sein, ebenso aber auch in einer Veränderung der Vergleichsgruppe.[66] Die Zementierung von dem Status bei Mandatsantritt ist damit auch auf der Ebene des Vergleichskollektivs nicht mehr zu begründen.

III. Zusammenfassung

15 Grundsätzlich sind die für die Vereinbarung von Zahlungen des Arbeitsentgelts an BR-Mitglieder verantwortlichen Unternehmensvertreter taugliche Täter einer strafbaren Untreue. Ausreichend für die Strafbarkeit ist nach der Rechtsprechung des Bundesgerichtshofs, dass Zahlungen erfolgten, auf die im Rahmen des arbeitsvertraglich geregelten Verhältnisses kein Anspruch bestand. Hieran hat sich grundsätzlich nichts geändert. Gleiches gilt dafür, dass die Empfänger der Leistungen im Fall ersichtlich unbegründeter Zahlungen sich der Beihilfe

62 BGH 10.1.2023 – 6 StR 133/22, NStZ 2023, 352, Rn. 22.

63 BAG 20.3.2025 – 7 AZR 181/224, NZA 2025, 1197 Rn. 41.

64 Siehe Dzida/Castrup, NZA 2025, 953; Annuß, BRuR 2024, 282; Schäuble/Pfaller/Bruckdorfer, BRuR 2025, 158ff., 210ff. Dass es sich bei »sachlichen Gründen« um eine arbeitsrechtlich gängige Begrifflichkeit handelt, hebt Thüsing in vergleichbarem Zusammenhang hervor: »Ein sachlicher Grund liegt stets vor, wenn die Unterscheidung einem legitimen Ziel dient, sie hierfür erforderlich und angemessen ist. Negativ formuliert ist eine Differenzierung sachfremd, wenn es für die unterschiedliche Behandlung keine billigenswerten Gründe gibt, wenn sie also nach einer am Gleichheitsgedanken orientierten Betrachtungsweise als willkürlich anzusehen ist.« MüKoBGB/Thüsing, AGG § 20 Rn. 14.

65 Vgl. Dreier-*Thiele*, Art. 3 Abs. 1 Rn. 45 m.w.N.

66 DKW-Wedde, § 37 Rn. 88c.

zur strafbaren Untreue schuldig machen können.[67] Dies ist abhängig von der Erheblichkeit des Eigeninteresses an der Überzahlung und von der aktiven Mitwirkung am Zustandekommen der unrechtmäßigen Zahlung. Die Bestrafung wegen Beihilfe muss nicht geringer ausfallen als die des Hauptverantwortlichen.[68] Im Fall einer Verurteilung wird der zu viel gezahlten Betrag (Taterlös) eingezogen. Auf beiden Seiten der Betriebsparteien geht es also um die Wahrung der gebotenen Sorgfalt und Aufmerksamkeit, um nicht ins Fadenkreuz der Strafjustiz zu geraten. Anmaßung und Gier sind – wie immer – schlechte Ratgeber. Die Stellschrauben des BetrVG geben hinreichenden Spielraum für eine straffreie, »gerechte« Vergütung, welche die persönliche Entwicklung des Mandatsträgers widerspiegelt.

Die Gesetzesnovelle hat bei der kollektiv ansetzenden Bestimmung der Vergütungsgarantie aus § 37 Abs. 4 BetrVG (Zuordnung zur Vergleichsgruppe) durch die Verwendung der unbestimmten Rechtsbegriffe (positiv) »sachlicher Grund« und (negativ) »grobe Fehlerhaftigkeit« die Möglichkeiten strafgerichtlicher Beanstandung materiell auf die Ahndung nach Anwendung sachfremder oder willkürlicher Kriterien bei der Zuordnung zur Vergleichsgruppe beschränkt. Die Neubestimmung der Vergleichsgruppe aufgrund des Zuwachses von Kompetenzen bei einem BR-Mitglied ist ausdrücklich zugelassen und kann als solche nicht beanstandet werden. Wurde die Zuordnung zu einer Vergleichsgruppe aufgrund eines Verfahrens vorgenommen, welches durch Betriebsvereinbarung festgelegt wurde, wäre die Abweichung vom Verfahren bei der Verbesserung der Bezüge als Indiz für eine strafbare Begünstigung zulässig.

Von zentraler Bedeutung für eine Vergütung ohne strafrechtliches Risiko sind die Herstellung und Wahrung von Transparenz und die Herstellung eines Zusammenhangs zwischen Qualifikation und deren betrieblichem Bezug. Beides wird in jedem Fall gewahrt, wenn die getroffenen Vereinbarungen in Textform dokumentiert und offengelegt sind.

Individuelle Sonderkarrieren sind berücksichtigungsfähig und können ohne strafrechtliches Risiko vergütet werden, wenn die hinzugewonnene Kompetenz betrieblichen Anforderungen entspricht. Entsprechend können umgekehrt Kompetenzen, die nur außerhalb des Betriebs Verwendung finden können, nicht berücksichtigt werden. Zur Abwehr jeglichen Risikos ist auch hier auf die Wahrung der Transparenz durch eine entsprechende Dokumentation zu achten. Dies sollte durch einen, die hinzugewonnene Qualifikation erfassenden, Abänderungsvertrag abgesichert werden.

67 LG Hagen 29.3.2023 – 500 Js 376/19, BeckRS 2023, 47861 rk. durch BGH 25.3.2025 – 4 StR 357/23, BeckRS 2025, 7691 mit Anmerkung.
68 BGH 27.1.2015 – 4 StR 476/14, wistra 2015, 146.

K. Formulare

von Rhea-Christina Klagges und Lukas Beismann

I. Muster: Klage auf Vergütung nach Vergütungsreduzierung durch den Arbeitgeber[1]

Arbeitsgericht

per beA

…/…/…

– Kläger –

Prozessbevollmächtigte: …

gegen

…/…/…

– Beklagte –

Namens und im Auftrag des Klägers erheben wir Klage und beantragen,
1. die Beklagte zu verurteilen, an den Kläger … € brutto nebst 5 Prozentpunkten Zinsen über dem jeweiligen Basiszinssatz seit dem … zu zahlen;
2. die Beklagte zu verurteilen, an den Kläger … € brutto nebst 5 Prozentpunkten Zinsen über dem jeweiligen Basiszinssatz seit dem … zu zahlen.
3. die Beklagte zu verurteilen, an den Kläger … € brutto nebst 5 Prozentpunkten Zinsen über dem jeweiligen Basiszinssatz seit dem … zu zahlen.
4. festzustellen, dass die Beklagte verpflichtet ist, den Kläger nach Entgeltgruppe … des Entgeltrahmentarifvertrages zwischen der … und der Gewerkschaft … vom … in der Fassung vom … ab dem … zu vergüten und die Bruttozahlbeträge gemäß § … MTV für … ab dem jeweils auf den letzten Arbeitstag des Abrechnungsmonats folgenden Tag mit 5 Prozentpunkten über dem Basiszinssatz zu verzinsen.[2]

Der Kläger war seit Beginn seiner ersten Wahlperiode … freigestelltes Betriebsratsmitglied der Beklagten. Die Wahlperiode begann am …

1 In dem Muster wurde neben sonstiger erst- und zweitinstanzlicher Rechtsprechung mit den BAG-Urteilen vom 20. 3. 2025 zu den Aktenzeichen 7 AZR 46/24, 7 AZR 159/24, 7 AZR 179/24 und 7 AZR 181/24, jeweils abgedruckt in juris, gearbeitet.

2 Vgl. auch BAG 20. 3. 2025 – 7 AZR 181/24, zitiert nach juris.

Mit Schreiben vom ... hat die Beklagte angekündigt, den Kläger von der Entgeltgruppe ... in die Entgeltgruppe ... abzugruppieren und seine Vergütung/sein Gehalt neu zu berechnen. Soweit die Beklagte die Vergütung / das Gehalt neu berechnet und gekürzt hat, wird dies mit dem Klageantrag zu 1., 2. und 3. geltend gemacht, soweit sie den Kläger von der Entgeltgruppe ... in die Entgeltgruppe ... abgruppiert hat, wird dies für die Zukunft mit dem Klageantrag zu 4. geltend gemacht.
Wegen der Frage der Betriebsratsvergütung gibt es mittlerweile verschiedenste Urteile der Arbeitsgerichtsbarkeit, aber auch des Bundesarbeitsgerichtes. Beispielhaft fügen wir folgende Urteile bei:

Vgl.: ...

Das Arbeitsgericht ... ist gemäß § 48 Abs. 1a i.V.m. § 2 Abs. 1 Nr. 3 ArbGG oder gemäß § 17 ZPO zuständig.
Da eine gütliche Einigung seitens der Parteien nicht möglich ist, ist ein Gütetermin bloßer Formalismus, so dass darum gebeten wird, nach Möglichkeit direkt einen Kammertermin mit entsprechenden Auflagen im Vorfeld anzuordnen.

Inhaltsverzeichnis:

I. Zum Sachverhalt

Der Kläger ist freigestelltes Betriebsratsmitglied bei Beklagten.

1. Zur Person

Der am ... geborene Kläger ist seit dem ... bei der Beklagten, zuletzt vor Amtsübernahme als ..., tätig gewesen. Freigestelltes Betriebsratsmitglied ist er seit Beginn der ersten Wahlperiode, mithin ab ... Er ist Mitglied der Gewerkschaft ...
Die berufliche Karriere des Klägers stellt sich wie folgt dar:
Der Kläger hat einen qualifizierten Realschulabschluss. Er ist ausgebildeter Facharbeiter ... Er ist ausgebildeter Meister ... Der Kläger hat sich während des Laufes seiner Tätigkeit weiterqualifiziert. Sein Qualifizierungspass wird als **Anlage K ...** beigefügt. Daraus ergeben sich die Qualifizierungsmaßnahmen, die die Beklagte veranlasst hat. Hierzu gehören Maßnahmen wie Verhandlungsführung, PC-Training, Word für Windows, Excel, E-Mail-Schulung, MS Outlook und Ähnliches.

Beweis: Vernehmung des Klägers als Partei.

Die Weiterqualifizierungsmaßnahmen werden unstreitig sein.
Darüber hinaus ist der Kläger …

Beweis: Vernehmung des Klägers als Partei.

Auch dieser Sachverhalt wird unstreitig sein, da der Kläger dies der Beklagten auf ihre Anforderung hin mitgeteilt hat.
Der Kläger hat an zahlreichen Weiterbildungen und Seminaren im Übrigen teilgenommen. Namentlich:

- …
- …

Beweis: Vernehmung des Klägers als Partei.

Auch dieser Sachverhalt wird unstreitig sein, weil der Kläger die entsprechenden Qualifizierungsmaßnahmen und Seminare der Beklagten mitgeteilt hat.
Der Kläger wurde während seiner Freistellung höher eingruppiert. Er erhielt mehrfach arbeitgeberseitige Schreiben zur Höhergruppierung. Sein letztes Schreiben zur Höhergruppierung gemäß § 37 Abs. 4 BetrVG bekam er von der Beklagten am … Dieses Schreiben als **Anlage K …** beigefügt. Dort heißt es auszugsweise:

»Wir haben Ihre Vergütung gemäß der mit Ihnen vergleichbaren Arbeitnehmer mit betriebsüblicher Entwicklung gem. § 37 Abs. 4 BetrVG der Entgeltgruppe … angelehnt.
Ihre Vergütung ab dem … beläuft sich daher auf …«

Das bedeutet, dass die Eingruppierung des Klägers beklagtenseitig geprüft und als richtig für die Entgeltgruppe … befunden wurde.
Die wesentlichen Bestimmungen, um die es geht, sind der Manteltarifvertrag der Beklagten sowie der Entgeltrahmentarifvertrag. Die aktuellen Fassungen beider Tarifverträge, die sich auch in der Formulierung der Antragstellung wiederfinden, sind als **Anlage K …** und **Anlage K …** beigefügt.
Im Monat … des Jahres … unterbreitete der damalige Vorgesetzte des Klägers, der direkt hierarchisch unter der Geschäftsleitung angesiedelt ist, dem Kläger das Angebot ab dem … im Bereich … als … tätig zu werden. Seinerzeit gab es in diesem Bereich … Stellen für …, von denen nur eine besetzt war. Der Kläger, welchen der Vorgesetzte für die »Idealbesetzung« der Stelle hielt, erfüllte diesbezüglich die erforderlichen fachlichen und persönlichen Qualifikationen. Die Stelle war/ist der Entgeltgruppe … zugeordnet gewesen. Der Kläger bewarb sich aufgrund seiner Freistellung nicht, arbeitgeberseitig laut seinem Vorgesetzten hätte er die Stelle erhalten.

Beweis: Vernehmung des Klägers als Partei.
Zeugnis der Herrn … zu laden über die Beklagte.

2. Zur beruflichen Entwicklung
Nach der Rechtsprechung des Bundesarbeitsgerichtes darf gemäß § 37 Abs. 4 Satz 1 BetrVG das Arbeitsentgelt von Mitgliedern des Betriebsrates einschließlich eines

Zeitraums von einem Jahr nach Beendigung der Amtszeit nicht geringer bemessen werden als das Arbeitsentgelt vergleichbarer Arbeitnehmer mit betriebsüblicher beruflicher Entwicklung. Damit soll sichergestellt werden, dass Mitglieder des Betriebsrates weder in wirtschaftlicher noch in beruflicher Hinsicht gegenüber vergleichbaren Arbeitnehmern mit betriebsüblicher beruflicher Entwicklung Nachteile erleiden.

- **vgl. ausdrücklich BAG 23.11.2022 – 7 AZR 122/22, NZA 2023, 513, dort Leitsatz 2**

Die Entgeltentwicklung des Betriebsratsmitgliedes darf während der Dauer seiner Amtszeit in Relation zu derjenigen vergleichbaren Arbeitnehmer mit betriebsüblicher beruflicher Entwicklung nicht zurückbleiben.
Gemessen an diesen Maßstäben gilt für den vorliegenden Fall:
Die Beklagte hat eine umfangreiche Prüfung anhand der Rechtsprechung des Bundesarbeitsgerichtes vorgenommen und kam gemäß § 37 Abs. 4 Satz 1 zu einer konkreten Eingruppierung. Das Eingruppierungsverfahren wird im Einzelnen noch dargestellt. Anhand dieses Verfahrens ist die Beklagte zu dem Ergebnis gekommen, dass der Kläger nach der Entgeltgruppe … zutreffend zu vergüten ist. Diese Eingruppierung ist zudem nachrangig im Wege einer hypothetischen Karrierebetrachtung unter Berücksichtigung des Benachteiligungsgebotes gemäß § 78 Satz 2 BetrVG gerechtfertigt.

3. Zur Ankündigung gegenüber dem Kläger
Unter dem … erhielt der Kläger das als **Anlage K …** beiliegende Schreiben. Danach sollte ab dem Monat … eine Reduzierung seiner Vergütung/seines Gehaltes erfolgen. Der Kläger, so wurde es angekündigt, würde in die Entgeltgruppe … eingruppiert. Wortwörtlich lautet das Schreiben der Beklagten wie folgt:

»…«

Damit verdient der Kläger … € weniger, seine monatliche Vergütung verringert sich um … und damit erheblich. Der Kläger kann auf seine bisherigen finanziellen Planungen plötzlich und unerwartet nicht mehr zurückgreifen … ***(Hierzu wäre, wenn möglich, näher auszuführen!)***

4. Zu den Auswirkungen für den Kläger
Die Auswirkungen für den Kläger sind in finanzieller Hinsicht erheblich, wir haben diese bereits dargestellt. Der Kläger bestreitet in jeglicher Hinsicht, insbesondere mit

Nichtwissen,

dass die durch die Beklagte zuletzt festgesetzte Entgeltgruppe … nicht rechtmäßig war und ist.
Der Kläger bestreitet in jeglicher Hinsicht, insbesondere mit

Nichtwissen,

dass andere Mitglieder der Vergleichsgruppe (Namen und Daten sind dem Kläger nur marginal bekannt) nicht eine ähnliche tatsächliche und vergleichbare Entwicklung genommen haben. Der Kläger bestreitet in jeglicher Hinsicht, insbesondere mit

Nichtwissen,

dass die von der Beklagten behauptete Entgeltgruppe ... diejenige ist, die sich bei einer Berücksichtigung der Vergleichsgruppe als tatsächliche tarifliche Eingruppierung ergeben hätte. Der Kläger bestreitet in jeglicher Hinsicht, insbesondere mit

Nichtwissen,

dass eine Begünstigung vorliegt. Der Kläger bestreitet in jeglicher Hinsicht, insbesondere mit

Nichtwissen,

dass die rechtlichen und tatbestandlichen Voraussetzungen für eine Abgruppierung vorliegen.

5. Zu den potenzielle Vergleichspersonen

Der Kläger kann folgende Vergleichspersonen benennen, die mit ihm vergleichbar ihre Tätigkeit bei der Beklagten begonnen haben und jetzt in der Entgeltgruppe ... oder höher tätig sind. Es sind diejenigen, die er auch im Rahmen seiner erstmaligen Freistellung als Betriebsratsmitglied im Rahmen einer Arbeitgeberabfrage gegenüber der Beklagten benannt hat:

Name	Geburts-datum	Einstell-datum	Entgelt-gruppe	Letzte Tätigkeit	Quali-fizierung	Tätigkeit bei Wahl in den BR	Aus-bildungs-beruf

Die Vergleichspersonen sind vergleichbar, weil ... (**Hierzu wäre, wenn möglich, näher auszuführen!**)
Vorstehend wäre dies die Vergleichsgruppe, dies wären mit dem Kläger vergleichbare Arbeitnehmer, dies wäre die Entwicklung, die der Kläger genommen hätte, wenn er nicht freigestelltes Betriebsratsmitglied geworden wäre.

6. Zum Verfahren der Beklagten zur Eingruppierung von Betriebsratsmitgliedern

Die Vergütung von Betriebsräten bei der Beklagten erfolgt nach Einholung der Empfehlung einer Entgeltkommission, die Vorschläge des Unternehmens zur Eingruppierung und Entgeltentwicklung von Betriebsratsmitgliedern, aber auch Anträge der Betriebsratsmitglieder auf Höhergruppierung berät. Das Unternehmen trifft sodann die endgültige Entscheidung. Die Kommission hat zuletzt im ... im Zusammenhang mit der ... für das Geschäftsjahr ... getagt. Seitdem sind für Betriebsratsmitglieder vor dem Hintergrund der bestehenden Rechtsunsicherheit keine Änderungen beim/am Entgelt mehr eingetreten.
Das Verfahren zur Festlegung der Betriebsratsvergütung ist geregelt in einer Betriebsvereinbarung vom ... und weiteren Dokumenten vom ... geregelt. Die Betriebsver-

einbarung und die Dokumente sind beigefügt als Anlagenkonvolut **K …**, beide Dokumente lauten auszugsweise wie folgt: …

II. Zur Rechtslage

Der streitgegenständliche Zahlungsanspruch wird auf § 37 Abs. 4 Satz 1 BetrVG gestützt. Der Zahlungsanspruch ist begründet und substantiiert dargelegt. Das Bundesarbeitsgericht formuliert wortwörtlich:

»b) Nach dem festgestellten Sachverhalt kann sich der streitbefangene Zahlungsanspruch aber grundsätzlich unmittelbar aus § 37 Abs. 4 Satz 1 BetrVG ergeben.
aa) Danach darf das Arbeitsentgelt von Mitgliedern des Betriebsrats einschließlich eines Zeitraums von einem Jahr nach Beendigung der Amtszeit nicht geringer bemessen werden als das Arbeitsentgelt vergleichbarer Arbeitnehmer mit betriebsüblicher beruflicher Entwicklung; diese Arbeitsentgeltgarantie erstreckt sich auch auf allgemeine Zuwendungen des Arbeitgebers (§ 37 Abs. 4 Satz 2 BetrVG). Die Vorschrift garantiert dem Betriebsratsmitglied nicht zwingend die der Höhe nach absolut gleiche Vergütung wie sie vergleichbare Arbeitnehmer erhalten. Es kommt vielmehr darauf an, ob die Gehaltsentwicklung des Betriebsratsmitglieds in Relation zu derjeniger vergleichbarer Arbeitnehmer zurückgeblieben ist. Mit dem Entgeltschutz und der Entgeltgarantie des § 37 Abs. 4 Satz 1 und 2 BetrVG – sowie dem diese ergänzenden Tätigkeitsschutz nach § 37 Abs. 5 BetrVG – soll sichergestellt sein, dass Mitglieder des Betriebsrats weder in wirtschaftlicher noch in beruflicher Hinsicht gegenüber vergleichbaren Arbeitnehmern mit betriebsüblicher beruflicher Entwicklung Nachteile erleiden (so ausdrücklich bereits die Begründung zur Kodifizierung des Entgelt- und Tätigkeitsschutzes mit den ergänzenden Bestimmungen zu § 37 BetrVG im Betriebsverfassungsgesetz vom 15. 1. 1972, zu BT-Drs. VI/2729 S. 23). Die Entgeltentwicklung des Betriebsratsmitglieds darf demnach während der Dauer seiner Amtszeit (sowie ein Jahr nach deren Beendigung) in Relation zu derjeniger vergleichbarer Arbeitnehmer mit betriebsüblicher beruflicher Entwicklung nicht zurückbleiben (vgl. BAG 23. 11. 2022 – 7 AZR 122/22, Rn. 27 mwN.). Dabei sind vergleichbar iSv. § 37 Abs. 4 Satz 1 BetrVG Arbeitnehmer, die (grundsätzlich im Zeitpunkt der Amtsübernahme) ähnliche, im Wesentlichen gleich qualifizierte Tätigkeiten ausgeführt haben wie der Amtsträger, und dafür in gleicher Weise wie dieser fachlich und persönlich qualifiziert waren. Üblich ist eine Entwicklung, die vergleichbare Arbeitnehmer bei Berücksichtigung der normalen betrieblichen und personellen Entwicklung in beruflicher Hinsicht genommen haben (BAG 21. 2. 2018 – 7 AZR 496/16 – Rn. 17 mwN.).
bb) § 37 Abs. 4 Satz 1 BetrVG vermittelt dem Betriebsratsmitglied einen Anspruch (vgl. erstmals – soweit ersichtlich – BAG 17. 5. 1977 – 1 AZR 458/74, zu 2 der Gründe und BAG 21. 4. 1983 – 6 AZR 407/80, zu 2 der Gründe) auf eine erhöhte Vergütung in dem (relativen) Umfang, in dem die Vergütung vergleichbarer Arbeitnehmer mit betriebsüblicher beruflicher Entwicklung steigt. Das Arbeitsentgelt ist an dasjenige vergleichbarer Arbeitnehmer mit betriebsüblicher beruflicher Entwicklung – ggf. fortlaufend – anzupassen (Anspruch auf Vergütungsanpassung).

cc) Dem Arbeitgeber vermittelt § 37 Abs. 4 Satz 1 BetrVG demgegenüber eine Verpflichtung. Ihm ist es untersagt, das Arbeitsentgelt des Betriebsratsmitglieds in der Relation geringer zu bemessen als das eines vergleichbaren Arbeitnehmers mit betriebsüblicher beruflicher Entwicklung. Er hat das Arbeitsentgelt eines Betriebsratsmitglieds – ggf. fortlaufend und in Relation – demjenigen vergleichbarer Arbeitnehmer mit betriebsüblicher Entwicklung anzugleichen. § 37 Abs. 4 Satz 1 BetrVG verpflichtet ihn nicht, eine Hypothese über die individuelle berufliche Entwicklung des Betriebsratsmitglieds anzustellen. Er hat vielmehr für die Bemessung des Arbeitsentgelts von Betriebsratsmitgliedern das Arbeitsentgelt vergleichbarer Arbeitnehmer mit betriebsüblicher beruflicher Entwicklung heranzuziehen, was eines die (gedankliche) Subsumtion unter die Tatbestandsmerkmale des § 37 Abs. 4 Satz 1 BetrVG betreffenden Akts der Erkenntnis und Rechtsanwendung bedarf.
dd) Berühmt sich das Betriebsratsmitglied eines Anspruchs auf Vergütungsanpassung nach § 37 Abs. 4 Satz 1 BetrVG, trifft es nach allgemeinen Regeln die Darlegungs- und Beweislast für die rechtsbegründenden Tatbestandsmerkmale …
(…) …
ee) Korrigiert hingegen der Arbeitgeber eine mitgeteilte und gewährte Vergütungserhöhung, die sich für das Betriebsratsmitglied nach der objektiven Sachlage als bloße Anpassung seines Entgelts entsprechend § 37 Abs. 4 Satz 1 BetrVG darstellen durfte, hat der Arbeitgeber darzulegen und zu beweisen, dass die Vergütungserhöhung objektiv fehlerhaft war. Diese spezifisch umgekehrte Verteilung der Darlegungs- und Beweislast ist dem Umstand geschuldet, dass das Betriebsratsmitglied bei einer unter Berufung auf § 37 Abs. 4 Satz 1 BetrVG gewährten Entgelterhöhung – jedenfalls grundsätzlich – davon ausgehen darf, der Arbeitgeber erfülle seine diesbezügliche betriebsverfassungsrechtliche Anpassungsverpflichtung. Das Betriebsratsmitglied darf sich – abgesehen von besonderen Sachlagen, in denen es sich ihm aufdrängen muss, dass es eine amtsbezogen unzulässig begünstigende Vergütungssteigerung erfährt oder ggf. auch bei einer ganz offensichtlich verfehlten und nur vorgeschoben auf § 37 Abs. 4 Satz 1 BetrVG beruhenden Entgeltanpassung – darauf verlassen, dass der Arbeitgeber entsprechend der Pflicht des § 37 Abs. 4 Satz 1 BetrVG verfährt. Ermittelt der Arbeitgeber eine für das Betriebsratsmitglied ersichtlich auf § 37 Abs. 4 Satz 1 BetrVG gestützte Vergütungsanpassung, teilt diese dem Betriebsratsmitglied mit und zahlt eine dementsprechende Vergütung, hat das Betriebsratsmitglied keine Veranlassung zu eigenen Vorkehrungen hinsichtlich einer Sicherung seines Entgeltanpassungsanspruchs (Dokumentation von Vergleichspersonen und deren betriebsüblicher Entwicklung). Es ist demnach bei der arbeitgeberseitig auf § 37 Abs. 4 Satz 1 BetrVG gestützten Vergütungserhöhung, die später zurückgenommen wird, für die Durchsetzbarkeit seines (Mindestentgelt-)Anspruchs typischerweise auf Erleichterungen bei der Darlegungs- und Beweislast angewiesen (vgl. zu Beweiserleichterungen bis hin zur Umkehr der Beweislast, wenn dem Beweispflichtigen die volle Beweislast billigerweise nicht mehr zugemutet werden kann, auch BAG 8. 5. 2014 – 2 AZR 75/13, Rn. 31 mwN, BAGE 148, 129). Der Arbeitgeber ist demgegenüber schon aufgrund seiner Sachnähe und Kompetenz gehalten, die Vergütungsanpassung – im Sinn eines Normenvollzugs seiner aus § 37 Abs. 4 Satz 1 BetrVG folgenden Pflicht – sorgfältig und korrekt

zu bestimmen. Beruft er sich darauf, dass die von ihm dem Betriebsratsmitglied nach § 37 Abs. 4 Satz 1 BetrVG gewährte Vergütungserhöhung nicht von den Maßgaben dieser Entgeltschutzvorschrift getragen werde, hat er vorzutragen und ggf. zu beweisen, nach welchen Kriterien eine Anpassung des Entgelts richtigerweise – und mit welchem Ergebnis oder ggf. auch gar nicht – vorzunehmen ist.
ff) Dieser Verteilung der Darlegungs- und Beweislast kann nicht entgegengehalten werden, dass ein Betriebsratsmitglied grundsätzlich keinen Vertrauensschutz gegenüber es nach § 78 Satz 2 BetrVG unzulässig begünstigenden Maßnahmen und Leistungen genießt. Es ist richtig, dass Mandatsträger nicht berechtigterweise auf die Weitergewährung gesetzeswidriger Leistungen vertrauen dürfen (vgl. BAG 26. 5. 2021 – 7 AZR 248/20, Rn. 54; BAG 13. 6. 2007 – 7 ABR 62/06, Rn. 16). Ebenso ist zutreffend, dass eine dem Betriebsratsmitglied nur aufgrund seines Amts gewährte Vergütungserhöhung (»Bezahlung als Betriebsrat«) gegen das betriebsverfassungsrechtliche Ehrenamtsprinzip des § 37 Abs. 1 BetrVG verstößt; entsprechend ist das Vertrauen des Betriebsratsmitglieds in eine dem Verbot der Begünstigung zuwiderlaufende Entgelterhöhung nicht schutzwürdig. Das setzt aber voraus, dass es sich überhaupt um einen Tatbestand der unzulässigen Begünstigung handelt, der wiederum insbesondere dann von vornherein ausscheidet, wenn die Vergütung des Betriebsratsmitglieds nach § 37 Abs. 4 Satz 1 BetrVG angepasst worden ist. Durfte das Betriebsratsmitglied von einer bloßen Anpassung seiner Vergütung i. S. v. § 37 Abs. 4 Satz 1 BetrVG ausgehen, wird kein Vertrauensschutz in gesetzeswidrige Leistungen begründet, wenn es nunmehr dem Arbeitgeber obliegt, die Unrichtigkeit der Bemessung des gewährten (Mindest-)Entgelts iSv § 37 Abs. 4 Satz 1 BetrVG darzulegen und ggf. zu beweisen. Dies entspricht vielmehr der Verteilung der Darlegungs- und Beweislast im Falle einer arbeitsvertraglichen Vereinbarung, die gegen das Begünstigungsverbot verstößt. Besteht zwischen einem Betriebsratsmitglied und dem Arbeitgeber Streit darüber, ob eine Vergütungsvereinbarung, auf die das Betriebsratsmitglied eine Zahlungsverpflichtung des Arbeitgebers stützt, wegen eines Verstoßes gegen das Begünstigungsverbot des § 78 Satz 2 BetrVG nach § 134 BGB nichtig ist, trägt der Arbeitgeber die Darlegungs- und Beweislast für das Vorliegen einer unzulässigen Begünstigung (BAG 29. 8. 2018 – 7 AZR 206/17, Rn. 44) …(…)…«[3]

Daraus folgt: Der Kläger musste demzufolge weder mit ihm vergleichbare Arbeitnehmer benennen noch zu deren betriebsüblicher beruflicher Entwicklung vortragen. Der Kläger durfte davon ausgehen – so bestätigt durch vorzitierte BAG-Entscheidung – dass die Beklagte mit den ihm ab … sukzessive gewährten Vergütungserhöhungen ihrer Verpflichtung aus § 37 Abs. 4 Satz 1 BetrVG nachkommen wollte. Dies ergibt sich eindeutig aus den im Zuge der Vergütungserhöhung übermittelten Anschreiben, in denen ausdrücklich auf § 37 Abs. 4 BetrVG sowie … (**Hierzu wäre, wenn möglich, näher auszuführen!**) …Bezug genommen wird. Des Weiteren: Für die Annahme, dem Kläger hätte ersichtlich sein müssen, dass die ihm mitgeteilten und gewährten Vergütungserhöhungen keine bloßen Anpassungen an die Vergütungsentwicklung ver-

---

3 Vgl. BAG 20. 3. 2025 – 7 AZR 46/24, Rn. 31 ff., zitiert nach juris.

gleichbarer Arbeitnehmer entsprechend § 37 Abs. 4 Satz 1 BetrVG bildeten, sind keine Anhaltspunkte ersichtlich. … (**Hierzu wäre näher auszuführen!**) …
Festzuhalten ist: Nicht der Kläger muss die für ihn zutreffende Vergütung darlegen und beweisen, es ist vielmehr die Beklagte, die die von ihr in den Raum gestellte objektive Fehlerhaftigkeit der von ihr vorgenommenen Entgeltreduzierung darzulegen und zu substantiieren hat. Im Übrigen:

»Im Übrigen genügt die Beklagte ihrer Darlegungslast nur dann, wenn sich aus ihrem Vorbringen ergibt, dass bezogen auf den Zeitpunkt der mitgeteilten (und für den streitbefangenen Zeitraum des Zahlungsantrags maßgeblichen) Vergütungsanpassung nicht deren Voraussetzungen, sondern die der »nach unten« korrigierten Vergütungsanpassung erfüllt waren. …«[4]

Dem Kläger steht in jedem Fall nachrangig ein Rechtsanspruch auf Vergütung nach der Entgeltgruppe … aufgrund des Benachteiligungsverbots in § 78 Satz 2 BetrVG zu. Das Bundesarbeitsgericht führt zu dem Rechtsanspruch wortwörtlich wie folgt aus:

»1. Nach § 78 Satz 2 BetrVG dürfen die Mitglieder des Betriebsrats wegen ihrer Amtstätigkeit nicht benachteiligt oder begünstigt werden; dies gilt auch für ihre berufliche Entwicklung. Aus § 78 Satz 2 BetrVG kann sich iVm § 611a Abs. 2 BGB ein unmittelbarer Anspruch des Betriebsratsmitglieds auf eine bestimmte Vergütung ergeben, wenn sich die Zahlung einer geringeren Vergütung als Benachteiligung des Betriebsratsmitglieds wegen seiner Betriebsratstätigkeit darstellt. § 37 Abs. 4 BetrVG enthält insoweit keine abschließende Regelung über die Höhe des Arbeitsentgelts des Amtsträgers. Die Vorschrift des § 78 Satz 2 BetrVG enthält ein an den Arbeitgeber gerichtetes allgemeines Verbot, ein Betriebsratsmitglied wegen der Amtstätigkeit in seiner beruflichen Entwicklung zu benachteiligen. Der Arbeitgeber muss den Mitgliedern der in § 78 Satz 1 BetrVG genannten Arbeitnehmervertretungen eine berufliche Entwicklung gewährleisten, die derjenigen entspricht, die sie ohne ihre Amtstätigkeit durchlaufen hätten. Von dem Benachteiligungsverbot erfasst wird nicht nur die berufliche Tätigkeit, sondern auch das sich aus ihr ergebende Entgelt. Ein Betriebsratsmitglied, das nur infolge der Amtsübernahme nicht in eine Position mit höherer Vergütung aufgestiegen ist, kann daher den Arbeitgeber unmittelbar auf Zahlung der höheren Vergütung in Anspruch nehmen (st. Rspr., vgl. BAG 22. Januar 2020 – 7 AZR 222/19 – Rn. 29 mwN).«[5]

Dabei ist es nach der vorzitierten BAG-Entscheidung Sache des Amtsträgers eine unzulässige Benachteiligung wegen des Betriebsratsamtes grundsätzlich darzulegen und zu beweisen. Hierfür genügt zur Begründung des fiktiven Beförderungsanspruches – hat er sich auf eine bestimmte Stelle tatsächlich nicht beworben – dass er die die Bewerbung gerade wegen seiner Freistellung unterlassen hat und eine Bewerbung ohne die Freistellung erfolgreich gewesen wäre. Etwas derartiges, wie im Sachverhalt

4 Vgl. BAG 20.3.2025 – 7 AZR 46/24, zitiert nach juris, dort Rn. 60.
5 Vgl. BAG 20.1.2021 – 7 AZR 52/20, zitiert nach juris, dort Rn. 23.

abgebildet, ist hier der Fall. Das bedeutet, die Entgeltgruppe … steht dem Kläger auch aufgrund § 78 Satz 2 BetrVG zu.

III. Ergebnis

Dem Kläger stehen die eingeklagten Zahlungsansprüche, aber auch die eingeklagte Verpflichtung der Beklagten, ihn zukünftig nach einem bestimmten Entgeltgruppe zu vergüten, zu. Es ist nicht der Kläger, der die Darlegungs- und Beweislast für die Unrichtigkeit der gezahlten Vergütung trägt, sondern die Beklagte. Sollte der Anspruch scheitern, stützt die Klägerseite ihre Klageanträge nachrangig auf § 78 Satz 2 BetrVG.

Die Rechtslage ist komplex. Sollten wir Gesichtspunkte übersehen haben, deren Erörterung sinn- und zweckmäßig erscheint, bitten wir ausdrücklich um einen richterlichen Hinweis nach § 139 ZPO.

II. Muster: Klage auf Vergütung und Höhergruppierung wegen betriebsüblicher Entwicklung / hypothetischer Karriereentwicklung

Arbeitsgericht

per beA[6]

…, …, …

– Kläger –

Prozessbevollmächtigte: …

gegen

…, …, …

– Beklagte –

Namens und im Auftrag des Klägers erheben wir Klage und beantragen,

1. die Beklagte zu verurteilen, an den Kläger für die Monate Januar 2025 bis Juni 2025 3000,00 € brutto nebst Zinsen in Höhe von 5 %-Punkten über dem Basiszinssatz aus 500,00 € brutto seit dem 1.2.2025, 500,00 € brutto seit dem 1.3.2025, 500,00 € brutto seit dem 1.4.2025, 500,00 € brutto seit dem 1.5.2025, 500,00 € brutto seit dem 1.6.2025, 500,00 € brutto seit dem 1.7.2025, an den Kläger zu zahlen;

6 Abkürzung: beA = besonderes elektronisches Anwaltspostfach.

2. festzustellen, dass die Beklagte verpflichtet ist, den Kläger seit dem 1.7.2025 nach Vergütungsgruppe XI des Muster-Tarifvertrags zu vergüten und die Bruttonachzahlungsbeträge ab dem auf den jeweiligen Fälligkeitszeitpunkt folgenden Tag mit 5 %-Punkten über dem Basiszinssatz über dem Basiszinssatz zu verzinsen.[7]

Begründung:

I. Sachverhalt

Der Kläger ist seit dem 1.1.2000 bei der Beklagten beschäftigt. Der Arbeitsort des Klägers ist in [...]. Er war zuletzt in der Funktion eines Leiters der IT-Gruppe tätig. Mit Wirkung zum 1.1.2010 wurde der Kläger vollständig von der Arbeitsleistung, aufgrund seiner zu diesem Zeitpunkt beginnenden Amtsübernahme als Betriebsratsmitglied gemäß § 38 BetrVG befreit.
Das Arbeitsverhältnis unterliegt dem Muster-Tarifvertrag. Vor seiner Freistellung war der Kläger vorläufig der Entgeltgruppe X dieses Tarifwerks zugeordnet.
Der Kläger ist ausgebildeter/studierter ... Er hat sich im Laufe seiner Tätigkeit wie folgt weiterqualifiziert: ... Aus der Anlage **K** ... ergeben sich die erfolgreich abgeschlossenen Qualifizierungsmaßnahmen.

Beweis: Vernehmung des Klägers als Partei

Der Kläger war vor seiner Freistellung über mehrere Jahre hinweg als Gruppenleiter im Bereich der Informationstechnik tätig. Ihm waren mehrere qualifizierte Mitarbeiter dauerhaft unterstellt, und er verfügte über eine langjährige praktische Erfahrung in der Leitungstätigkeit.
Der Kläger hat zudem an folgenden zahlreichen inner- und außerbetrieblichen Weiterbildungen und Seminaren teilgenommen:

- ...
- ...

Die Beklagte hatte ihn in der Vergangenheit bereits einer tariflichen Vergütungsgruppe zugeordnet, für die entweder eine abgeschlossene einschlägige Fachhochschulausbildung oder gleichwertige Fähigkeiten und Erfahrungen erforderlich waren. Diese Einstufung belegt die Anerkennung seiner Qualifikation durch die Beklagte.

Beweis: Vernehmung des Klägers als Partei

Seit dem Jahr 2010 wurden nach Kenntnis des Klägers sämtliche Gruppenleiterpositionen der Vergleichsebene nach einer längeren Leitungstätigkeit in Entgeltgruppe XI eingruppiert. Hierzu zählen u.a. die vergleichbaren Arbeitnehmer A, B und C, die im Zeitraum 2015–2018 allesamt die Höhergruppierung in Entgeltgruppe XI erhalten

---

7 Besteht das Arbeitsverhältnis fort, sollte der Betriebsrat die Rückstände beziffert einklagen, und im Übrigen einen Feststellungsantrag formulieren. Nur Letztgenannter führt zu Rechtskraftwirkungen auch für künftige Ansprüche. Liegt eine Überschneidung der Zeiträume von Zahlungs- und Feststellungsantrag vor, ist letzterer grundsätzlich mangels Feststellungsinteresses insoweit unzulässig (vgl. hierzu und zur Antragsstellung allgemein: Hamacher-*Nübold*, Eingruppierung Rn. 1).

haben, nachdem sie zuvor mehrere Jahre in Entgeltgruppe X tätig waren. A, B und C haben im Zeitpunkt der Amtsübernahme des Klägers ähnliche, im Wesentlichen gleich qualifizierte Tätigkeiten ausgeübt. So war A tätig als …, B als … und der C als … Für die Ausübung dieser Tätigkeiten waren die A, B und C sowohl fachlich als auch persönlich in gleicher Weise wie der Kläger qualifiziert.

Beweis: Wie vor …
(Zur Vergleichbarkeit wäre, wenn möglich, näher auszuführen!)

Eine Auswertung der Personalentwicklung zeigt, dass die Mehrzahl der Beschäftigten dieser Vergleichsgruppe, seit ihrer Bildung spätestens nach zehn Jahren Tätigkeit in der Leitungsfunktion die Entgeltgruppe XI erreicht hat.

Beweis: Auswertung der Personalentwicklung, Anlage **K** …

Zudem hat der Kläger innerhalb der tariflich vorgesehenen Frist einen Antrag auf Höhergruppierung gestellt, sodass die tarifliche Eingruppierungsautomatik des Muster-Tarifvertrags zur Anwendung kommt. Die Beklagte hat diesen Antrag jedoch abgelehnt.

II. Rechtliche Würdigung
Die Klage ist zulässig und begründet.

1.
Die betriebsübliche Entwicklung der Vergleichsgruppe führt unmittelbar zu einem höheren Vergütungsanspruch des Klägers nach § 37 Abs. 4 BetrVG.
Grundsätzlich ist Ausgangspunkt der Bemessung der Vergütung von Betriebsratsmitgliedern § 37 BetrVG. § 37 Abs. 1 BetrVG beinhaltet den wesentlichen Grundsatz, dass die Mitglieder des Betriebsrates ihr Amt unentgeltlich als Ehrenamt führen. Nach § 37 Abs. 2 BetrVG sind Mitglieder des Betriebsrates von ihrer beruflichen Tätigkeit ohne Minderung des Arbeitsentgelts zu befreien, wenn und soweit es nach Umfang und Art des Betriebs zur ordnungsgemäßen Durchführung ihrer Aufgaben erforderlich ist. Ergänzend sieht § 37 Abs. 4 Satz 1 BetrVG vor, dass das Arbeitsentgelt von Mitgliedern des Betriebsrates (einschließlich eines Zeitraumes von einem Jahr nach Beendigung der Amtszeit) nicht geringer bemessen werden darf als das Arbeitsentgelt vergleichbarer Arbeitnehmer mit betriebsüblicher beruflicher Entwicklung (Vergleichsgruppenbetrachtung). Die Regelung beinhaltet damit eine untere Grenze der zulässigen Vergütung eines Betriebsrates.
Vergleichbar im Sinne des § 37 Abs. 4 Satz 1 BetrVG sind Arbeitnehmer, die im Zeitpunkt der Amtsübernahme ähnliche, im Wesentlichen gleich qualifizierte Tätigkeiten ausgeführt haben wie der Amtsträger und dafür in gleicher Weise wie dieser fachlich und persönlich qualifiziert waren. Maßgeblicher Zeitpunkt für die Bestimmung der Vergleichsgruppe ist dabei der Zeitpunkt der Übernahme des Betriebsratsamtes (BAG 20.3.2025 – 7 AZR179/24, Rn. 39; 18.1.2017 – 7 AZR 205/15, Rn. 16). Die mit dem Betriebsratsamt verbundenen Anforderungen, Qualifikationen und Kenntnisse sind bei der Beurteilung von Vergleichsgruppe und betriebsüblicher Entwicklung nicht zu berücksichtigen (Fitting, 32. Aufl. 2024, BetrVG § 37 Rn. 119a m. w. N.).

Betriebsüblich ist im Sinne des § 37 Abs. 4 Satz 1 BetrVG sodann eine solche Entwicklung, die die Mehrheit ihrer Mitglieder bei Berücksichtigung der normalen betrieblichen und personellen Entwicklung in beruflicher Hinsicht genommen hat (BAG 18.1.2017 – 7 AZR 205/15, Rn. 16). Eine Üblichkeit entsteht aufgrund gleichförmigen Verhaltens des Arbeitgebers und einer von ihm aufgestellten Regel, sodass aufgrund der Typizität der Abläufe mit der jeweiligen Entwicklung zu rechnen ist.
Da im Betrieb der Beklagten, diejenigen Arbeitnehmer (A,B,C), die im Wesentlichen gleich qualifizierte Tätigkeiten ausgeführt haben und dafür auch in gleicher Weise wie der Kläger fachlich und persönlich qualifiziert waren, alle/die Mehrzahl von ihnen im Rahmen der normalen betrieblichen und persönlichen Entwicklung regelmäßig spätestens nach 10–12 Jahren aus der Entgeltgruppe X in die Entgeltgruppe XI eingruppiert wurden, ist auch der Kläger so zu stellen, als wäre er ab dem 1.1.2025 in die entsprechende Entgeltgruppe eingruppiert worden. Dadurch, dass die Entgeltentwicklung des Betriebsratsmitglieds während der Dauer seiner Amtszeit in Relation zu derjenigen vergleichbarer Arbeitnehmer mit betriebsüblicher beruflicher Entwicklung nicht zurückbleiben darf, hat der Kläger einen Anspruch auf die Differenzvergütung zuzüglich Zinsen in gesetzlicher Höhe.

2.
Unabhängig von der betriebsüblichen Entwicklung vergleichbarer Arbeitnehmer hat der Kläger auch einen Anspruch auf eine höhere Vergütung aus § 78 Satz 2 BetrVG i.V.m. § 611a Abs. 2 BGB, soweit er im Rahmen einer individuellen hypothetischen Karriereentwicklung ohne Freistellung eine höherwertige Tätigkeit übernommen hätte.
Der Anspruch ergibt sich hier nicht aus dem Vergleich zu anderen Arbeitnehmern, sondern aus der fiktiven Betrachtung des individuellen beruflichen Werdegangs des Klägers unter Berücksichtigung seiner Qualifikation, bisherigen Tätigkeit und der betrieblichen Laufbahnpraxis.
(Hierzu wäre, wenn möglich, näher auszuführen, welche konkreten beruflichen Entwicklungsschritte ohne die Betriebsratstätigkeit zu erwarten gewesen wären, welche Qualifikationen und Fähigkeiten hierfür maßgeblich sind und inwiefern diese vorliegen. Außerdem wäre darzulegen, welche konkreten Positionen im maßgeblichen Zeitraum realistischerweise in Betracht gekommen wären.)
Da dem Kläger ohne Freistellung eine Tätigkeit übertragen worden wäre, die die Merkmale der Entgeltgruppe XI erfüllt hätte, ergibt sich daraus ein Anspruch auf Zahlung der Differenzvergütung zwischen der bisherigen Vergütung gemäß Entgeltgruppe X und der zustehenden Entgeltgruppe XI.

3.
Nach der Rechtsprechung des Bundesarbeitsgerichts (BAG 20.3.2025 – 7 AZR 181/24, Rn. 21) bilden die betriebsverfassungsrechtlich geprägten Ansprüche eines Betriebsratsmitglieds auf eine Vergütungserhöhung auf Grundlage der Mindestentgeltgarantie nach § 37 Abs. 4 BetrVG und einer fiktiven Beförderung nach § 78 Satz 2 BetrVG i.V.m. § 611a Abs. 2 BGB zwei unterschiedliche Streitgegenstände dar.
Insoweit stellt vorliegend § 37 Abs. 4 BetrVG die primäre Anspruchsgrundlage dar. Nur hilfsweise, wenn und soweit individuelle Karriereentwicklungen über die betriebsübliche Entwicklung hinausgehen sollte, soll ergänzend § 78 Satz 2 BetrVG i.V.m. § 611a

Abs. 2 BGB als sekundäre Anspruchsgrundlage zur Anwendung kommen. Der Kläger stützt sein Klagebegehren entsprechend auf diese Rangfolge.

4.

Für den Antrag zu Ziffer 2. besteht das nach § 256 Abs. 1 ZPO erforderliche Feststellungsinteresse. Durch die Entscheidung über den Antrag wird der Streit der Parteien über die zutreffende Eingruppierung abschließend bereinigt.
Ein Feststellungsinteresse besteht auch für die Zukunft, da sich die Vergütung fortlaufend nach der Eingruppierung bemisst und weitere Vergütungselemente, insbesondere die Stufenzuordnung, typischerweise erst sukzessive entstehen. Ein Feststellungsantrag vermeidet damit eine Vielzahl von Einzelklagen und ermöglicht eine einheitliche Klärung des Rechtsverhältnisses (vgl. BAG 27.8.2014 – 4 AZR 518/12, Rn. 15).
[…]
Rechtsanwalt

III. Muster: Außergerichtliche Geltendmachung von Vergütungsansprüchen wegen betriebsüblicher Entwicklung / hypothetischer Karriereentwicklung

Rechtsanwälte […]
[Anschrift]

[…] GmbH
[Anschrift]

[Ort], den [Datum]

Geltendmachung von Betriebsratsvergütungsansprüchen

Wir zeigen an, dass wir Herrn […], Betriebsratsmitglied Ihres Unternehmens vertreten. Hiermit machen wir im Namen unseres Mandanten die Eingruppierung in die Entgeltgruppe XI ab dem 1.1.2025 sowie Vergütungsansprüche ab dieser Zeit geltend.
Unser Mandant ist seit dem 1.1.2000 bei Ihnen beschäftigt und war zuletzt als Leiter der IT-Gruppe tätig. Seit dem 1.1.2010 ist er vollständig von der Arbeitsleistung aufgrund seiner Tätigkeit als Betriebsratsmitglied gemäß § 38 BetrVG befreit. Vor seiner Freistellung war er der Entgeltgruppe X des Mustertarifvertrags zugeordnet.
Nach § 37 Abs. 4 BetrVG darf das Arbeitsentgelt von Mitgliedern des Betriebsrats nicht geringer bemessen werden als das Arbeitsentgelt vergleichbarer Arbeitnehmer mit betriebsüblicher beruflicher Entwicklung. Maßstab ist die Entwicklung der Vergleichsgruppe, die im Zeitpunkt der Amtsübernahme vergleichbare Tätigkeiten ausübte.
Im Betrieb ist festzustellen, dass Gruppenleiterpositionen der Vergleichsebene nach längerer Leitungstätigkeit regelmäßig in Entgeltgruppe XI eingruppiert und mehrere vergleichbare Arbeitnehmer (z.B. [A, B, C]) nach entsprechender Tätigkeit zwischen 2015–2018 in EG XI höhergruppiert wurden.

Die betriebsübliche Entwicklung der Vergleichsgruppe führte zur Eingruppierung in Entgeltgruppe XI. Daher steht meinem Mandanten ab dem 1.1.2025 eine Vergütung nach Entgeltgruppe XI zu. Die monatliche Differenz zur bisherigen Vergütung beträgt 500 € brutto, mithin für den Zeitraum Januar bis Juni 2025 insgesamt 3000 € brutto.
Unabhängig davon besteht ein Anspruch auch aus § 78 Satz 2 BetrVG i.V.m. § 611a Abs. 2 BGB, da sich die Zahlung einer geringeren Vergütung als Benachteiligung von Herrn [...] wegen seiner Betriebsratstätigkeit darstellt.
Die Tätigkeit im Betriebsrat darf nicht zu Nachteilen in der beruflichen Entwicklung führen. Hierzu gehört auch eine individuelle hypothetische Karriereentwicklung, wenn ohne Freistellung eine höherwertige Tätigkeit übertragen worden wäre.
Ohne Freistellung wäre aufgrund der Qualifikation, der langjährigen Leitungserfahrung und der betrieblichen Laufbahnpraxis Herrn [Name] eine Tätigkeit übertragen worden, die die Merkmale der Entgeltgruppe XI erfüllt.
Mit Schreiben vom [Datum] haben Sie die Ansprüche abgelehnt.
Wir fordern Sie hiermit auf, die Vergütungsdifferenzen für den Zeitraum Januar bis Juni 2025 in Höhe von insgesamt 3000 € brutto sowie die laufende Vergütung ab dem 1.7.2025 nach Entgeltgruppe XI unverzüglich, spätestens jedoch innerhalb von 14 Kalendertagen nach Zugang dieses Schreibens, an unseren Mandanten auszuzahlen.
Sollte die Frist ergebnislos verstreichen, werden wir für unseren Mandanten ohne weitere Ankündigung gerichtliche Schritte einleiten.
Mit freundlichen Grüßen
[...]
Rechtsanwalt

IV. Muster: Klage auf variable Vergütung / Provision

Arbeitsgericht

per beA

...,...,...

– Kläger –

Prozessbevollmächtigte: ...

gegen

...,...,...

– Beklagte –

Namens und im Auftrag des Klägers erheben wir Klage und beantragen,
die Beklagte zu verurteilen, an den Kläger für den Zeitraum 1.1.2024 bis 31.12.2024 einen Betrag in Höhe von 12000,00 € brutto nebst Zinsen in Höhe von fünf Prozentpunkten über dem Basiszinssatz seit dem 1.1.2025 zu zahlen.

Begründung:

I. Sachverhalt

Der Kläger ist seit dem 1.1.2010 bei der Beklagten als Kfz-Verkäufer beschäftigt. Der Arbeitsort des Klägers ist in [...]. Im Jahr 2024 wurde er vollständig von der Arbeitsleistung aufgrund seiner Tätigkeit als Betriebsratsmitglied gemäß § 38 BetrVG befreit.
Vor seiner Freistellung erhielt der Kläger neben seinem Grundgehalt variable Vergütungsbestandteile in Form von Provisionszahlungen, die sich nach den von ihm getätigten Verkäufen richteten. In den Jahren vor seiner Freistellung belief sich die durchschnittliche variable Vergütung auf 12 000 € pro Kalenderjahr.
Beweis:Vorlage der Gehaltsabrechnungen für die Jahre 2021, 2022 und 2023, **Anlage K1**
Für das Kalenderjahr 2024 hat die Beklagte dem Kläger keine variable Vergütung gezahlt.

II. Rechtliche Würdigung

Die Klage ist zulässig und begründet.
Der Anspruch des Klägers folgt aus § 37 Abs. 2 BetrVG. Nach dieser Vorschrift sind Mitglieder des Betriebsrats von ihrer beruflichen Tätigkeit ohne Minderung des Arbeitsentgelts freizustellen. Maßgeblich ist das sog. Lohnausfallprinzip: Das Betriebsratsmitglied ist so zu stellen, wie es ohne die Freistellung vergütet worden wäre (vgl. BAG 29.8.2018 – 7 AZR 206/17, Rn. 31).
Dies gilt auch für variable Vergütungsbestandteile wie Provisionen oder erfolgsabhängige Entgelte. Die hypothetische Entwicklung ist zu ermitteln; fehlt eine konkrete Berechnungsgrundlage, kann das Gericht nach § 287 Abs. 2 ZPO eine Schätzung auf Basis vergangener Durchschnittswerte vornehmen (vgl. BAG 12.6.2024 – 7 AZR 141/23).
Im vorliegenden Fall hätte der Kläger ohne Freistellung aufgrund seiner Tätigkeit als Verkäufer im Jahr 2024 eine variable Vergütung in Höhe von ca. 12 000 € brutto erzielt. Diese Summe ergibt sich aus dem Durchschnitt der Jahre 2021–2023 vor der Freistellung. Die Beklagte hat keine abweichenden Berechnungsgrundlagen vorgelegt.
Die Beklagte ist daher verpflichtet, dem Kläger die variable Vergütung nach dem Lohnausfallprinzip zu zahlen.
[...]
Rechtsanwalt

V. Muster: Außergerichtliche Geltendmachung variabler Vergütung / Provision

Rechtsanwälte […]
[Anschrift]

[…] GmbH
[Anschrift]

[Ort], den [Datum]

Geltendmachung variabler Vergütungsansprüche für 2024 gemäß § 37 Abs. 2 BetrVG

Wir zeigen an, dass wir Herrn […], Betriebsratsmitglied Ihres Unternehmens vertreten. Hiermit machen wir im Namen unseres Mandanten variable Vergütungsansprüche für das Kalenderjahr 2024 geltend.
Unser Mandant ist seit dem 1.1.2010 als Kfz-Verkäufer bei Ihnen beschäftigt und wurde im Jahr 2020 aufgrund seiner Betriebsratstätigkeit vollständig gemäß § 38 BetrVG von der Arbeitsleistung freigestellt. Vor seiner Freistellung erhielt er neben seinem Grundgehalt variable Vergütungsbestandteile in Form von Provisionszahlungen, die sich nach seinen Verkaufsleistungen richteten.
In den Jahren 2021 bis 2023 erzielte er durchschnittlich variable Vergütungen in Höhe von 12000 € jährlich. Für das Kalenderjahr 2024 haben Sie keine variable Vergütung gezahlt.
Nach § 37 Abs. 2 BetrVG sind Betriebsratsmitglieder von der beruflichen Tätigkeit ohne Minderung des Arbeitsentgelts freizustellen. Maßgeblich ist das sog. Lohnausfallprinzip: Das Betriebsratsmitglied ist so zu vergüten, wie es ohne die Freistellung vergütet worden wäre.
Dieses Prinzip gilt auch für variable Vergütungsbestandteile wie Provisionen. Die hypothetische Einkommensentwicklung ist zu berücksichtigen. Fehlt eine konkrete Berechnungsgrundlage, kann der Anspruch nach § 287 Abs. 2 ZPO anhand früherer Durchschnittswerte geschätzt werden.
Da Sie für 2024 keine variable Vergütung gezahlt haben, obwohl unser Mandant ohne Freistellung eine durchschnittliche Provisionshöhe von 12000 € brutto erzielt hätte, besteht ein Anspruch in dieser Höhe.
Wir fordern Sie hiermit auf, die variable Vergütung für den Zeitraum 1.1.2024 bis 31.12.2024 in Höhe von 12000 € brutto innerhalb von 14 Kalendertagen nach Zugang dieses Schreibens, an unseren Mandanten auszuzahlen.
Zudem fordern wir Sie auf, künftig während der Freistellung die variablen Vergütungsbestandteile nach dem Lohnausfallprinzip zu berechnen und auszuzahlen.
Sollte die Frist ergebnislos verstreichen, werden wir für unseren Mandanten ohne weitere Ankündigung gerichtliche Schritte einleiten.
Mit freundlichen Grüßen
[…]
Rechtsanwalt

L. Rechtsprechungsübersicht

von Simon Felsmann

Mit diesem Kapitel erhält die Leserschaft einen fortlaufenden und pointierten Überblick über die prägenden Entscheidungen – fast ausschließlich Urteile –, des BAG zur Bemessung der Vergütung von Betriebsratsmitgliedern (BR-Mitgliedern). Die einzelnen Judikate werden in chronologischer Reihenfolge und stark verkürzt zusammengefasst; interessierte Lesende mögen sich den ebenfalls angegebenen Fundstellen der Volltexte zuwenden.

I. BAG 17.5.1977 – 1 AZR 458/74[1]

1. Leitsatz

»Nach § 37 Abs. 4 Satz 1 BetrVG darf das Arbeitsentgelt eines freigestellten Betriebsratsmitglieds nicht geringer bemessen werden als das vergleichbarer Arbeitnehmer. Dieser Grundsatz gilt auch dann, wenn der frühere Arbeitsplatz des Betriebsratsmitglieds ersatzlos fortgefallen ist. In einem solchen Falle hat das Betriebsratsmitglied keinen Anspruch auf den Durchschnittslohn sämtlicher in seiner Lohngruppe tätigen Arbeitnehmer, sondern auf den Lohn von Arbeitnehmern mit vergleichbarer Tätigkeit, die auch das Betriebsratsmitglied ausüben würde, wenn es nicht freigestellt wäre.«

2. Sachverhalt

Der Kläger (Kl.) war zu Beginn seiner Freistellung nach § 38 BetrVG in einer Arbeitsgruppe beschäftigt, die zwischenzeitlich als solche nicht mehr existiert. Seinerzeit tariflich eingruppiert war er als Maschinenschlosser, ebenso wie gleichwertig Ausgebildete anderer Gewerke, in Lohngruppe 7. Nach Wegfall der Arbeitsgruppe verlangt er nun die Differenz zum Durchschnittslohn all der Beschäftigten, die nunmehr in Lohngruppe 8 und zum Zeitpunkt seiner Freistellung wie er in Lohngruppe 7 eingruppiert waren.

1 BAG 17.5.1977 – 1 AZR 458/74, AP Nr. 28 zu § 37 BetrVG 1972.

3. Aus den Entscheidungsgründen

Der Kl. hatte mit seiner Revision keinen Erfolg. § 37 Abs. 4 garantiere einem freigestellten BR-Mitglied nicht den absolut gleichen Lohn wie vergleichbaren Arbeitnehmern (AN). Der Senat ließ das Begehren des Kl. insbesondere an seiner fehlenden Vergleichbarkeit mit den etwa als Werkzeugmacher, Lehren- und Formenbauer, Fräser und Elektriker eingesetzten anderen AN in Lohngruppe 8 scheitern. Zudem haben diese schon vor der Wahl des Kl. zum BR einen höheren Lohn bezogen. Es habe zudem an Vortrag des Kl. dahingehend gefehlt, inwieweit deren Tätigkeiten mit der früheren Tätigkeit des Kl. verglichen werden könnten.

II. BAG 6.8.1981 – 6 AZR 527/78[2]

1. Orientierungssatz

»1. Wie der Erste Senat des Bundesarbeitsgerichts bereits in seiner Entscheidung vom 17. Mai 1977, 1 AZR 458/74 = AP Nr 28 zu § 37 BetrVG 1972 ausgeführt hat, dürfen freigestellte Betriebsratsmitglieder entsprechend § 78 S 2 BetrVG wegen der ihnen obliegenden gesetzlichen Aufgaben weder in wirtschaftlicher noch in beruflicher Hinsicht Nachteile im Vergleich zu anderen Arbeitnehmern erleiden. Vergleichbar iS von § 37 Abs 4 S 1 BetrVG sind danach nur solche Arbeitnehmer, die im Zeitpunkt der Wahl eine im wesentlichen gleichqualifizierte Tätigkeit wie das freigestellte Betriebsratsmitglied ausgeübt haben (BAG, aaO, mit weiteren Nachweisen). Dieser Auffassung schließt sich der erkennende Senat an.«

2. Zum Sachverhalt

Auch hier begehrte der Kl. Entlohnung gemäß der Tarifgruppe, in die andere, mit ihm zum Zeitpunkt der Amtsübernahme vergleichbare, AN während seiner Amtsinhaberschaft eingruppiert wurden. Die Beklagte (Bekl.) hat dies unter Verweis auf die fehlende klägerseitige Benennung von nach Qualifikation und Leistung vergleichbarer Mitarbeiter, welche inzwischen gem. der begehrten Tarifgruppe entlohnt werden, verneint. Zwar verfügte der Kl. über die von der begehrten Tarifgruppe vorausgesetzte Hochschulqualifikation und der dort bestimmten Betriebszugehörigkeitsdauer. Jedoch mangelte es dem Tätigkeitsspektrum des Kl. vor der Amtsübernahme an bestimmten Aufgaben.

---

2 BAG 6.8.1981 – 6 AZR 527/78, BeckRS 1981, 31165197 (Orientierungssatz zitiert nach juris).

3. Aus den Entscheidungsgründen

Der Kl. hatte keinen Erfolg. Er habe, so das BAG, nicht dargetan, dass ihm bei Fortführung seiner Tätigkeit betreffenden Aufgaben ebenfalls übertragen worden wären. Auch war nicht ersichtlich, dass die Bekl. unterschiedslos die Tätigkeit aller Mitarbeiter nach einer festgelegten Zugehörigkeitsdauer betriebsüblich höher vergütet habe.

III. BAG 21.4.1983 – 6 AZR 407/80[3]

1. Leitsatz

»Gewährt ein Arbeitgeber einem Arbeitnehmer seines Betriebs eine freiwillige, jederzeit widerrufliche Zulage zum Arbeitslohn, ist er verpflichtet, diese auch einem freigestellten Betriebsratsmitglied zu zahlen, wenn dieses bei Übernahme des Betriebsratsamts eine jenem Arbeitnehmer vergleichbare Tätigkeit ausgeübt hat.«

2. Zum Sachverhalt

Der Kl. war zum Zeitpunkt seiner Wahl zum BR mit einem AN vergleichbar, welcher während der Amtsinhaberschaft des Kl. eine individuelle, außertarifliche Zulage erhielt. Diese gewährte die Bekl. dem Kl. jedoch nicht. Die Zulage war nicht Bestandteil der üblichen Leistungsvergütung zudem sei der betreffende Kollege vielseitig einsetzbar und ihm würden regelmäßig die schwierigsten Arbeiten der Abteilung zugeteilt.

3. Aus den Entscheidungsgründen

Das BAG bejahte einen Anspruch des Kl. auf Nachzahlung der Lohndifferenz aus § 37 Abs. 4 BetrVG. Er sei zum Zeitpunkt der Wahl ebenso wie der Vergleichs-AN auf demselben Gebiet besonderer Leistungsträger gewesen. Die vom Vergleichs-AN genommene Entwicklung sei – da er der einzige vergleichbarer AN sei – als betriebsüblich i. S. d. § 37 Abs. 4 BetrVG anzusehen. Zu der betriebsüblichen, auch dem Kläger zu gewährenden, Vergütung gehöre demnach hier auch die individuell gewährte Zulage.

3 BAG 21.4.1983 – 6 AZR 407/80, AP Nr. 43 zu § 37 BetrVG 1972.

IV. BAG 31.8.1983 – 4 AZR 67/81[4]

1. Orientierungssatz

»2. Ein freigestelltes Betriebsratsmitglied hat, ebenso wie jeder andere Arbeitnehmer, keinen Rechtsanspruch auf Beförderung.«

2. Zum Sachverhalt

Der Kl. war vor seiner Wahl zum BR in der Tarifgruppe 10 eingruppiert. Während er als freigestelltes BR-Mitglied weiterhin Gehalt nach der Tarifgruppe 10 bezog, wurden andere Kollegen befördert und nach Tarifgruppe 11 vergütet. Die Tarifgruppen 10 und 11 sehen sowohl inhaltlich als auch hierarchisch unterschiedliche Tätigkeiten vor, Tarifgruppe 11 entspricht einer Spitzenstellung. Der Kl. begehrte eine Vergütung nach Tarifgruppe 11.

3. Aus den Entscheidungsgründen

Das BAG verneinte einen Anspruch aus § 37 Abs. 4 BetrVG. Anhand der Personalplanung, des Werdegangs der zum Vergleich herangezogenen AN sowie des Anforderungsprofils der Tarifgruppe 11 sei nicht ersichtlich, dass der Kl. bei Fortführung seiner Tätigkeit ebenfalls auf die entsprechende Stelle befördert worden wäre. Aus dem Umstand, dass ein Teil der gleichgeordneten AN eine Förderung erhielt, lasse sich noch nicht die erforderliche Betriebsüblichkeit dieser beruflichen Entwicklung herleiten.

V. BAG 7.2.1985 – 6 AZR 72/82[5]

1. Leitsatz

»Auch unter der Voraussetzung, daß § 37 Abs 4 BetrVG auf den Entgeltanspruch eines freigestellten Personalratsmitglieds entsprechend anzuwenden ist, umfaßt dieser den Mehrarbeitserlös, den andere Arbeitnehmer erzielen, nur, wenn feststeht, daß das Personalratsmitglied ohne die Freistellung die Mehrarbeit ebenso geleistet hätte.«

2. Zum Sachverhalt

Der Kl. hat vor seiner Wahl zum Personalrat gem. einer tariflichen Bestimmung in einem bestimmten Rahmen gelegentlich Mehrarbeit geleistet, welche entsprechend zusätzlich vergütet wurde. Bei der Einteilung zu dieser Mehrarbeit kam

4 BAG 31.8.1983 – 4 AZR 67/81, BeckRS 1983, 4897 (Orientierungssatz zitiert nach juris).
5 BAG 7.2.1985 – 6 AZR 72/82, AP Nr. 3 zu § 46 BPersVG.

die Bekl. mitunter den Einsatzwünschen der AN entgegen mit der Folge, dass einige wenige AN zeitweilig keine Mehrarbeit leisteten. Der Kl. verlangt nun Zahlung in Höhe der gegenüber einzelner AN geleisteten Vergütung für die von ihnen im Zeitraum seiner Amtsinhaberschaft erbrachten Mehrarbeit.

3. Aus den Entscheidungsgründen

Ein Anspruch entsprechend § 37 Abs. 4 BetrVG besteht nicht. Die vom Kl. benannten AN seien hinsichtlich der von ihnen geleisteten Mehrarbeit nicht mit ihm vergleichbar. Dies wäre nur dann anzunehmen gewesen, wenn der AG die mit dem Kl. vergleichbaren AN gleichmäßig zur Mehrarbeit heranziehen würde. Zudem erbrachten die vom Kl. benannten AN eine höhere Anzahl von Mehrarbeitsstunden als der Rest des für diese Mehrarbeit zur Verfügung stehenden Mitarbeiterpools. Diesen Umfang an Mehrarbeit habe auch der Kl. vor Freistellung nicht geleistet.

VI. BAG 4.12.1985 – 5 AZR 660/84[6]

1. Orientierungssatz

»1. Der Arbeitgeber, der seinen Arbeitnehmern freiwillige Leistungen zuwendet, muss die Leistungsvoraussetzungen danach so abgrenzen, daß nicht ein einzelner oder ein Teil der Arbeitnehmer sachwidrig oder willkürlich von den Vergünstigungen ganz oder auch nur teilweise ausgeschlossen bleibt.
2. Ob der teilweise oder völlige Ausschluß einzelner oder bestimmter Arbeitnehmergruppen von solchen Leistungen sachlich gerechtfertigt ist, richtet sich nach dem Zweck der Leistung.
3. Die in der Vergangenheit gezeigte Leistungsbereitschaft des jeweiligen Arbeitnehmers und die von ihm gezeigten fachlichen Leistungen sind ein sachliches und rechtlich nicht zu beanstandendes Unterscheidungsmerkmal bei der Gewährung unterschiedlich hoher freiwilliger Lohnzulagen.«

2. Zum Sachverhalt

Streitgegenständlich war die vom Kl. begehrte Nachzahlung einer übertariflichen Gehaltserhöhung. Diese hatte die Bekl. mehreren vom Kl. benannten Mitarbeitern gegenüber gewährt. Neben § 37 Abs. 4 BetrVG berief sich der Kl. auf den arbeitsrechtlichen Gleichbehandlungsgrundsatz.

6 BAG 4.12.1985 – 5 AZR 660/84, zitiert nach juris.

3. Aus den Entscheidungsgründen

Beide Ansprüche verneinte das BAG. Zunächst befand es die Ungleichbehandlung der AN aufgrund unterschiedlicher fachlicher Leistungen sowie unterschiedlicher Leistungsbereitschaft durch ein im Lichte des Gleichbehandlungsgrundsatzes nicht zu beanstandendes Unterscheidungsmerkmal bei der Gewährung freiwilliger Lohnzulagen gerechtfertigt. Aus ähnlichen Erwägungen heraus sah es auch keinen Anspruch aus § 37 Abs. 4 BetrVG: Aufgrund der unterschiedlichen Leistungsbereitschaft fehlte es an einer Vergleichbarkeit und damit auch an einem erkennbaren Verstoß der Bekl. gegen § 37 Abs. 4 BetrVG.

VII. BAG 13.11.1987 – 7 AZR 550/86[7]

1. Leitsatz

»1. Das in § 37 Abs. 4 BetrVG enthaltene Verbot der geringeren Bemessung des Arbeitsentgelts findet auf nicht freigestellte Betriebsratsmitglieder Anwendung, wenn ihre Bewerbung um einen höher dotierten Arbeitsplatz zu Unrecht erfolglos geblieben ist.
2. Bewerben sich neben dem nicht freigestellten Betriebsratsmitglied andere Arbeitnehmer des Betriebes um den höher dotierten Arbeitsplatz, so ist der Anspruch des nicht berücksichtigten Betriebsratsmitgliedes auf das höhere Arbeitsentgelt gerechtfertigt, wenn eine personelle Auswahl im Rahmen der betriebsüblichen beruflichen Entwicklung zu dem Ergebnis geführt hätte, daß nur das Betriebsratsmitglied nach den betriebsüblichen Auswahlkriterien hätte befördert werden dürfen.
3. Wird der höher dotierte Arbeitsplatz im Wege der Neueinstellung besetzt, können Ansprüche des nicht freigestellten Betriebsratsmitgliedes im Rahmen der §§ 99ff BetrVG zu berücksichtigen sein.«

2. Zum Sachverhalt

Der Kl. war bei der Bekl. in der Schifffahrt zunächst als 2. Offizier eingestellt. Im weiteren Verlauf erhielt er eine Beförderung zum 1. Offizier. Er verfügte über das Kapitänspatent, das die zur weiteren Beförderung erforderliche Qualifikation war und war Mitglied des BR (nicht freigestellt). Nach seiner Wahl in den BR hat er sich mehrmals auf die zwischenzeitlich freigewordene Stelle des leitenden Offiziers beworben, jedoch erfolglos. Er begehrte nun die höhere Vergütung der Beförderungsstelle.

7 BAG 13.11.1987 – 7 AZR 550/86, NZA 1988, 403.

3. Aus den Entscheidungsgründen

Das BAG gab der Bekl. Recht. Ein Anspruch aus § 37 Abs. 4 BetrVG bestehe nicht. Zwar hatten die vom Kl. vergleichsweise herangezogenen Mitarbeiter zum Zeitpunkt der Wahl die gleiche Tätigkeit ausgeübt und beide über das Kapitänspatent verfügt, waren also vergleichbar qualifiziert. Allerdings hatte der beförderte Mitarbeiter dieses Patent früher als der Kl. erworben. In der Schifffahrt sei dies erheblich, da mit der längeren Zeit der Inhaberschaft des Patentes auch ein größerer Erfahrungsschatz einhergehe. Es berücksichtigte auch, dass der Beförderte vor der Einstellung bei der Bekl. bereits als Kapitän gefahren war, anders als der Kl. Hinsichtlich der Betriebsüblichkeit der Beförderung war zudem relevant, dass die Bekl. zwischenzeitlich ihren Betrieb umgestellt hatte und nunmehr mit weniger Schiffen fuhr. Der Bedarf an leitenden 1. Offizieren war entsprechend zurückgegangen. Zur Feststellung der Betriebsüblichkeit einer beruflichen Entwicklung vergleichbarer AN auf die Verhältnisse im Unternehmen vor einer solchen Umstellung abzustellen, ließ es nicht gelten.

VIII. BAG 11.5.1988 – 5 AZR 334/87[8]

1. Orientierungssatz

»1. Bei der Anrechnung einer Tariflohnerhöhung ist der Gleichbehandlungsgrundsatz zu beachten. Danach ist es dem Arbeitgeber verwehrt, in seinem Betrieb einzelne oder Gruppen von Arbeitnehmern ohne sachlichen Grund bei betriebseinheitlichen Regelungen zu benachteiligen.
2. Eine unzulässige Differenzierung liegt nicht vor, wenn eine Zulage gewährt wird, weil sonst bestimmte Arbeitsplätze nicht besetzt werden könnten.
3. Eine Tariflohnerhöhung kann auch rückwirkend auf die übertariflichen Zulagen angerechnet werden.«

2. Zum Sachverhalt

Die Bekl. hatte nach Erhöhung des tariflichen Stundenlohns des Kl. die ihm zuvor gezahlte außertarifliche Zulage entsprechend abgeschmolzen, so dass sein effektiver Bruttostundenlohn gleichblieb. Der Kl. war nicht freigestelltes BR-Mitglied, er sah sich als solches benachteiligt. Im Rahmen der Vergleichsprüfung sei die längere betriebliche Erfahrung des Kl. zu berücksichtigen und nicht, wie von der Vorinstanz angenommen, vornehmlich auf die abstrakten Qualifikationsnachweise abzustellen. Der vom Kl. benannte AN konnte eine zweijährige Ausbildung vorweisen und entsprechend qualifizierte Tätigkeiten leisten, die der Kl. so nicht ausführen konnte.

---

8 BAG 11.5.1988 – 5 AZR 334/87, NZA 1989, 854 (Orientierungssatz zitiert nach juris).

3. Aus den Entscheidungsgründen

Das BAG verneinte eine verbotene Ungleichbehandlung, insbesondere verstoße die Kürzung der außertariflichen Zulage auch nicht gegen § 37 Abs. 4 BetrVG. Wie die Vorinstanz stellte es darauf ab, dass der vergleichsweise herangezogene AN eine höher qualifizierte Tätigkeit als der Kl. ausübte.

IX. BAG 7.6.1989 – 7 AZR 538/88[9]

1. Orientierungssatz

»1. Nach ständiger Rechtsprechung des Bundesarbeitsgerichts ist unter »betriebsüblicher beruflicher Entwicklung« die Entwicklung zu verstehen, die bei objektiv vergleichbarer Tätigkeit Arbeitnehmer bei Berücksichtigung der normalen betrieblichen und personellen Entwicklung in beruflicher Hinsicht genommen haben. Unberücksichtigt zu bleiben haben demgemäß außergewöhnliche, atypische Entwicklungen in der betrieblichen Situation oder in der Personalsituation; die berufliche Entwicklung eines Arbeitnehmers ist auch dann nicht betriebsüblich, wenn sie eine individuelle, nur auf diesen Arbeitnehmer persönlich zugeschnittene Beförderung darstellt.«

2. Zum Sachverhalt

Der Kl. war am Bandende für die Qualitätskontrolle der von der Bekl. produzierten LKW zuständig. Er war während seiner BR-Zugehörigkeit nicht gem. § 38 BetrVG freigestellt, jedoch deutlich überwiegend mit der Wahrnehmung von BR-Tätigkeiten befasst. In diesem Zeitraum hat die Bekl. ihr Produktportfolio geändert. Damit gingen verschiedene Änderungen der betrieblichen Abläufe einher. Sie hat einzelne AN aus der Gruppe der mit dem Kl. gleichwertig Qualifizierten aufgrund der geänderten Anforderungen tariflich hochgruppiert. Der Kl. verlangt deren höheren Tarifgruppenlohn für Vergangenheit und Zukunft. Ihre berufliche Entwicklung sei betriebsüblich und er sei mit diesen vier Personen vergleichbar.

3. Aus den Entscheidungsgründen

Das BAG sah einen Anspruch aus § 37 Abs. 4 BetrVG als nicht gegeben an. Die Vorinstanz sah in dem Hineinwachsen der betreffenden AN in die neue Lohngruppe eine atypische Entwicklung und daher keine Betriebsüblichkeit. Das BAG stellte primär auf die Änderungen des Produktionsprogramms ab, es könne daher nicht bereits auf eine Atypik geschlossen werden. Entscheidend war für das BAG,

9 BAG 7.6.1989 – 7 AZR 538/88, BeckRS 1989, 31022616 (Orientierungssatz zitiert nach juris).

dass die Gruppe der vergleichbaren AN weitaus größer war und ein Großteil von ihnen nicht in die begehrte Lohngruppe gelangt seien. Mit Blick auf den Kl. bestehe die Vergleichsgruppe aus den zwanzig Personen, die am Bandende Fehlerprüfungen durchführten und nicht nur aus den vier von ihm Benannten.

X. BAG 11.12.1991 – 7 AZR 75/91[10]

1. Orientierungssatz

»1. Nach § 37 Abs 4 BetrVG darf das Arbeitsentgelt eines Betriebsratsmitglieds nicht geringer bemessen werden als das Arbeitsentgelt vergleichbarer Arbeitnehmer mit betriebsüblicher beruflicher Entwicklung. Vergleichbar sind nach der Rechtsprechung des BAG Arbeitnehmer, die zum Zeitpunkt der Wahl ähnliche Tätigkeiten wie das Betriebsratsmitglied ausgeübt haben und dafür in ähnlicher Art und Weise wie das Mitglied selbst fachlich und persönlich qualifiziert waren (vgl Senatsurteil vom 13. November 1987 – 7 AZR 550/86 – AP Nr 61 zu § 37 BetrVG 1972).
2. Die Vorschrift des § 78 S 2 BetrVG erschöpft sich nicht in ihrer Funktion als Verbotsnorm. Aus ihr können sich vielmehr unmittelbar Erfüllungsansprüche ergeben.«

2. Zum Sachverhalt

Die Kl. ist freigestelltes Mitglied des BR. Zwei Jahre nach der Freistellung hat die Bekl. die Stelle der Führungskraft, für die Kl. vor ihrer Freistellung als Vertretung fungierte, neu besetzt. Die Kl. bringt vor, dass sie selbst diese Beförderung erhalten hätte, wäre sie nicht BR-Mitglied. Sie verlangt, nunmehr entsprechend entlohnt zu werden.

3. Aus den Entscheidungsgründen

Auf die Revision der Bekl. verwies das BAG die Sache an das LAG zurück. Zu klären war noch, inwiefern die Kl. zuvor eine rechtsverbindliche Zusage der Beförderung erhalten hatte. Das BAG setzt sich hier nur knapp mit § 37 Abs. 4 BetrVG auseinander. Es verneint einen Anspruch hieraus, weil der Vortrag der Kl. sich darauf beschränkt habe, dass sie selbst – und nicht andere AN – inzwischen ohne BR-Mitgliedschaft eine solche hypothetische Karriere durchschritten hätte.

10 BAG 11.12.1991 – 7 AZR 75/91, NZA 1993, 909 (Orientierungssatz zitiert nach juris).

XI. BAG 15.1.1992 – 7 AZR 194/91[11]

1. Leitsatz

»1. Vergleichbar im Sinne des § 37 Abs. 4 BetrVG sind die Arbeitnehmer, die im Zeitpunkt der Übernahme des Betriebsratsamtes eine im wesentlichen gleich qualifizierte Tätigkeit wie das Betriebsratsmitglied ausgeübt haben (Fortführung von BAG, Urteil vom 21. April 1983 – 6 AZR 407/80 – AP Nr 43 zu § 37 BetrVG 1972, zu 2. der Gründe). Bei Ersatzmitgliedern ist nicht auf den Zeitpunkt der Betriebsratswahl, sondern auf den Zeitpunkt des Nachrückens in den Betriebsrat abzustellen.
2. Eine »betriebsübliche berufliche Entwicklung« entsteht aus einem gleichförmigen Verhalten des Arbeitgebers und einer bestimmten Regel. Beförderungen müssen so typisch sein, daß aufgrund der betrieblichen Gegebenheiten und Gesetzmäßigkeiten grundsätzlich, dh wenigstens in der überwiegenden Mehrzahl der vergleichbaren Fälle damit gerechnet werden kann.
3. § 78 Satz 2 BetrVG, der neben § 37 Abs. 4 BetrVG anwendbar ist, enthält ebenso wie § 46 Abs. 3 Satz 6 BPersVG außer einem Benachteiligungsverbot auch ein an den Arbeitgeber gerichtetes Gebot, dem Betriebsratsmitglied eine berufliche Entwicklung angedeihen zu lassen, wie es sie ohne das Betriebsratsamt genommen hätte. Das Betriebsratsmitglied hat nach § 78 Satz 2 BetrVG einen unmittelbaren gesetzlichen Anspruch gegen den Arbeitgeber auf Erfüllung dieses Gebots.«

2. Zum Sachverhalt

Der Kl. war bei Nachrücken in das BR-Amt zuletzt als Hilfsbaumaschinenmeister beschäftigt. Die Parteien streiten nun darüber, ob dem Kl. die gleiche Vergütung zusteht, wie den seit Übernahme seines BR-Amtes beförderten Kollegen. Er verfügte über die gleiche Qualifikation. Er trägt vor, die Bekl. habe die Stellenbeschreibung für die Beförderungsstellen manipuliert, um ihn gezielt von der Beförderung auszuschließen.

3. Aus den Entscheidungsgründe

Das BAG ließ den Anspruch aus § 37 Abs. 4 BetrVG an der fehlenden Betriebsüblichkeit der in Rede stehenden Beförderung scheitern. Sprachlich umfasse der Begriff »üblich« nur den Normalfall, nicht aber Ausnahmefälle. Demnach seien Beförderungen betriebsüblich, wenn im betrieblichen Normalfall das BR-Mitglied zur Beförderung angestanden hätte unter dem Gesichtspunkt, dass ansonsten die überwiegende Mehrheit der vergleichbaren AN einen derartigen Aufstieg erreiche. Der diesbezügliche Vortrag des Kl. sei unschlüssig. Nach den gerichtlichen Feststellungen waren nur die Hälfte der Vergleichbaren befördert

11 BAG 15.1.1992 – 7 AZR 194/91, AP Nr. 84 zu § 37 BetrVG 1972.

worden. Die Frage der Manipulation der Stellenbeschreibungen ließ das BAG dahinstehen.

XII. BAG 15.11.1994 – 5 AZR 682/93[12]

1. Leitsatz

»1. Der arbeitsrechtliche Grundsatz der Gleichbehandlung gilt für freiwillige Gehaltserhöhungen, soweit der Arbeitgeber dabei nach abstrakten Regeln verfährt.
2. Der Grundsatz der Gleichbehandlung verpflichtet den Arbeitgeber nicht, abstrakte Regeln für Gehaltserhöhungen aufzustellen; er kann individuelle Gesichtspunkte, zum Beispiel die Gehaltsdifferenz zu anderen vergleichbaren Mitarbeitern, berücksichtigen.«

2. Zum Sachverhalt

Der Kl. – BR-Mitglied – erhielt eine Gehaltserhöhung, die von dem Gehaltszuwachs anderer Beschäftigter zum Teil jeweils nach oben oder nach unten abwich. Er begehrt nun, wie andere Mitarbeiter eine höhere Gehaltserhöhung zu erhalten. Diese seien mit ihm vergleichbar. Den Grund dafür, dass er nicht den höheren Zuwachs erhalten habe, könne in seiner BR-Tätigkeit liegen. Seine Stelle sei wegen seiner BR-Tätigkeit beschnitten worden.

3. Aus den Entscheidungsgründen

Der Kl. hatte nur noch auf eine Verletzung des vertraglichen Gleichbehandlungsgrundsatzes abgestellt, dementsprechend führt das BAG nur sporadisch zu § 37 Abs. 4 BetrVG aus. Wie die Vorinstanz verneinte das BAG den Anspruch. Zu einer betriebsüblichen Entwicklung im Sinne des höheren Gehaltszuwachses habe der Kl. nicht vorgetragen.

XIII. BAG 16.8.1995 – 7 AZR 103/95[13]

1. Zum Sachverhalt

Der Kl. begehrte Zahlung von Mehrarbeitsprämien, da er aufgrund seiner Personalvertretungstätigkeit diese nur noch in geringerem Umfang leisten könne.

---

12 BAG 15.11.1994 – 5 AZR 682/93, NZA 1995, 939.
13 BAG 16.8.1995 – 7 AZR 103/95, NZA 1996, 552.

2. Aus den Entscheidungsgründen

Das BAG gab dem Kl. Recht, leitete den Anspruch aber nicht aus § 37 Abs. 4 BetrVG, sondern aus § 37 Abs. 2 BetrVG her (genauer gesagt hier der tariflichen Parallelnorm außerhalb des Anwendungsbereichs des BetrVG). Die Prämien seien Gegenleistung für arbeitsvertraglich zu erbringende Dienste. Nach dem Lohnausfallprinzip, das hier greife, seien für ausgefallene Arbeitszeiten, in denen der AN BR-Arbeit/Personalvertretungstätigkeit leistet, neben der Grundvergütung alle Zulagen und Zuschläge zu zahlen. Lediglich Beträge, die nicht der Vergütung von Arbeit, sondern dem Ersatz tatsächlicher Mehraufwendungen dienen, fallen hierunter nicht.

XIV. BAG 29.9.1999 – 7 AZR 378/98[14]

1. Orientierungssatz

»1. Die geltend gemachten Ansprüche auf Gewährung eines tariflichen Zusatzurlaubes und einer Altersfreizeit im Umfang von 2,5 Stunden wöchentlich sind nicht dem Entgeltbereich zuzuordnen. Sie betreffen Ansprüche des Arbeitnehmers auf Befreiung von der vertraglich geschuldeten Arbeitspflicht, die nach der ständigen Rechtsprechung des Bundesarbeitsgerichts die Pflicht des Arbeitgebers zur Zahlung des Entgelts unberührt lassen.
2. Der Anspruch des Betriebsratsmitglieds folgt jedoch aus § 78 Satz 2 BetrVG. Danach darf ein Betriebsratsmitglied – auch hinsichtlich seiner beruflichen Entwicklung – wegen seiner Amtstätigkeit weder benachteiligt noch begünstigt werden. Diese Vorschrift verpflichtet den Arbeitgeber nach der ständigen Rechtsprechung des Bundesarbeitsgerichts über das darin geregelte Benachteiligungsverbot hinaus dem Betriebsrat eine berufliche Entwicklung zukommen zu lassen, wie sie ohne Freistellung verlaufen wäre.«

2. Zum Sachverhalt

Die Bekl. führte während der Freistellungszeit des Kl. nach § 38 BetrVG in seinem früheren Tätigkeitsbereich ein Schichtsystem ein, für welches den dort eingesetzten Beschäftigten tariflicher Zusatzurlaub zu gewähren war. Der Kl. verlangt nun ebenfalls Gewährung dieser zusätzlichen Urlaubstage.

3. Aus den Entscheidungsgründen

Das BAG entschied im Rahmen eines Beschlusses nach § 91a ZPO zugunsten des Kl. Zwar sei der Anspruch auf Zusatzurlaub nicht aus § 37 Abs. 4 BetrVG herzu-

---

14 BAG 29.9.1999 – 7 AZR 378/98, BeckRS 2000, 41180 (Orientierungssatz zitiert nach juris).

leiten, da dieser für sich genommen nur den Entgeltschutz regelt. Der Anspruch auf den Zusatzurlaub folge jedoch aus § 78 Satz 2 BetrVG. Dass der Kl. wegen seiner Freistellung den Erschwernissen voll kontinuierlicher Schichtarbeit nicht ausgesetzt war, sei unerheblich.

XV. BAG 19.1.2005 - 7 AZR 208/04[15]

1. Orientierungssatz

»1. Ein Betriebsratsmitglied hat nach § 242 BGB einen Auskunftsanspruch gegen den Arbeitgeber hinsichtlich der Gehaltsentwicklung vergleichbarer Arbeitnehmer mit betriebsüblicher beruflicher Entwicklung.
2. Nach § 37 Abs 4 BetrVG sind vergleichbar die Arbeitnehmer, die im Zeitpunkt der Übernahme des Betriebsratsamtes ähnliche, im Wesentlichen gleich qualifizierte Tätigkeiten wie das Betriebsratsmitglied ausgeübt haben und dafür in ähnlicher Art und Weise wie das Betriebsratsmitglied fachlich und persönlich qualifiziert waren.
3. Betriebsüblich iSv § 37 Abs 4 BetrVG ist die Entwicklung, die bei objektiv vergleichbarer Tätigkeit Arbeitnehmer mit vergleichbarer fachlicher und persönlicher Qualifikation bei Berücksichtigung der normalen betrieblichen und personellen Entwicklung in beruflicher Hinsicht genommen haben.
4. Aus § 37 Abs 4 BetrVG resultierende Ansprüche auf Gehaltsanpassung beruhen auf § 611 BGB und dem Arbeitsvertrag. Sie unterliegen der Ausschlussfrist nach § 17 Abs 2 des Manteltarifvertrages für die Angestellten der Chemischen Industrie (MTV).«

2. Zum Sachverhalt

Der Kl. verlangt Auskunft über die Höhe des Arbeitsentgeltes eines von ihm für vergleichbar gehaltenen Kollegen. Dieser verfüge über eine vergleichbare Qualifikation und übe gleichwertige Tätigkeiten aus, sei aber zwischenzeitlich befördert worden. Dies wäre ansonsten auch ihm, dem Kl., widerfahren. Der Kl. verlangte auf der nächsten Stufe entsprechend angepasste, erhöhte Gehaltszahlungen.

3. Aus den Entscheidungsgründen

Das BAG gab der Revision des Kl. statt und verwies den Rechtsstreit an das LAG zurück. Es hielt den verfolgten Auskunftsanspruch aus § 611 BGB i. V. m. § 242 BGB, § 37 Abs. 4 BetrVG für potenziell gegeben. Die Prüfung des Auskunftsanspruchs erfolgt dann schulmäßig: Das BR-Mitglied kenne die Höhe des Ar-

15 BAG 19.1.2005 - 7 AZR 208/04, zitiert nach juris.

beitsentgelts vergleichbarer AN regelmäßig nicht. Daher könne es das Bestehen eines Anspruchs auf Gehaltsanpassung nur prüfen, wenn es Auskunft über die Gehaltsentwicklung erhält. Diese kann der AG unschwer erteilen, ihm ist die Entwicklung bekannt. Wenn aber andere ebenfalls vergleichbare Personen eine niedrigere Erhöhung erhalten, ist ein Durchschnittswert zu bilden, auf diesen sei der Erhöhungsanspruch des BR-Mitglieds begrenzt. Andernfalls würde es wegen seines Amtes entgegen § 78 Satz 2 BetrVG begünstigt.

XVI. BAG 17.8.2005 – 7 AZR 528/04[16]

1. Orientierungssatz

»1. Die Betriebsüblichkeit des beruflichen Aufstiegs der als vergleichbar angesehenen Arbeitnehmer muss sich aus einem gleichförmigen Verhalten des Arbeitgebers und einer von ihm aufgestellten Regel ergeben. Die bloße Vergleichbarkeit der beruflichen Entwicklung der Arbeitnehmer in der Vergangenheit ist nicht ausreichend. Ansonsten wäre das Merkmal der Betriebsüblichkeit in § 37 Abs. 4 S. 1 BetrVG ohne eigenständige Bedeutung. Dies gilt auch, wenn gegenüber dem Betriebsratsmitglied nur ein vergleichbarer Arbeitnehmer existiert.
2. § 78 BetrVG enthält ein an den Arbeitgeber gerichtetes allgemeines Verbot, ein Betriebsratsmitglied wegen der Amtstätigkeit in seiner beruflichen Laufbahn zu benachteiligen. Der Arbeitgeber muss den Mitgliedern der in § 78 Satz 1 BetrVG genannten Arbeitnehmervertretungen eine berufliche Entwicklung gewährleisten, die derjenigen entspricht, die sie ohne ihre Amtstätigkeit durchlaufen hätten. Von dem Benachteiligungsverbot erfasst wird nicht nur die berufliche Tätigkeit, sondern auch das sich aus ihr ergebende Entgelt. Ein Betriebsratsmitglied, das nur infolge der Amtsübernahme nicht in eine Position mit höherer Vergütung aufgestiegen ist, kann daher den Arbeitgeber unmittelbar auf Zahlung der höheren Vergütung in Anspruch nehmen.
3. Der Anspruch aus § 78 S. 2 BetrVG setzt allerdings voraus, dass dem Betriebsratsmitglied der Nachweis gelingt, dass es ohne seine Tätigkeit als Mitglied der Betriebsvertretung inzwischen mit einer Aufgabe betraut wäre, die ihm den Anspruch auf das begehrte Arbeitsentgelt geben würde.«

2. Zum Sachverhalt

Der Kl. ist gem. § 38 BetrVG teilfreigestellt. Bis zur Amtsübernahme nahm er eine ähnliche Karriere wie der Vergleichs-AN. Danach übertrug die Bekl. letzterem weitere Aufgaben. Nunmehr erhielt der Vergleichs-AN eine höhere, außertarifliche Vergütung. Der Kl. hingegen verblieb in der Tarifvergütung. Er erhob Stufenklage auf Auskunft und Zahlung des höheren, übertariflichen Gehalts.

---

16 BAG 17.8.2005 – 7 AZR 528/04, NZA 2006, 448 (Orientierungssatz zitiert nach juris).

3. Aus den Entscheidungsgründen

Das BAG verneinte bereits den Auskunftsanspruch aus § 611 BGB i.V.m. § 242 BGB, § 37 Abs. 4 BetrVG. Der Aufstieg des Vergleichsarbeitnehmers stelle keine betriebsübliche Entwicklung dar. Es handele sich um einen Ausnahmefall und nicht den vom Begriff der Üblichkeit gemeinten Normalfall. § 37 Abs. 4 BetrVG konkretisiere das Benachteiligungsverbot des § 78 Satz 2 BetrVG, der zugleich ein Begünstigungsverbot gegenüber den anderen Beschäftigten enthält. Das Merkmal der Betriebsüblichkeit in § 37 Abs. 4 hat eigenständige Bedeutung und wird nicht durch die frühere Vergleichbarkeit indiziert. Der darlegungspflichtige Kl. habe keine Tatsachen aufgezeigt, die dafürsprächen, dass ihm gleichermaßen weitere Aufgaben übertragen worden wären und er dadurch in den Kreis der AT-Angestellten gelangt wäre.

XVII. BAG 13.6.2007 – 7 ABR 62/06[17]

1. Orientierungssatz

»1. Der Arbeitgeber ist nicht nach § 40 Abs 1 BetrVG verpflichtet, einem freigestellten Betriebsratsmitglied die Kosten für die regelmäßigen Fahrten von seinem Wohnort zum Betriebsratsbüro abzüglich der ersparten Fahrtkosten vom Wohnort zum bisherigen Arbeitsort zu erstatten.
2. Es ist grundsätzlich Sache des Arbeitnehmers, sich auf seine Kosten zur Arbeitsleistung in den Betrieb als Leistungsort zu begeben. Das gilt auch, wenn an Stelle der nach dem Arbeitsvertrag geschuldeten Arbeit konkrete Betriebsratsaufgaben wahrzunehmen sind und der Arbeitnehmer den Weg zwischen seiner Wohnung und dem Betrieb ansonsten zur Erbringung der Arbeitsleistung auf seine Kosten hätte zurücklegen müssen.
3. Es würde gegen das Begünstigungsverbot verstoßen, wenn dem freigestellten Betriebsratsmitglied Kosten für die regelmäßigen Fahrten vom Wohnort zum Sitz des Betriebsrats als Ort der Leistungserbringung erstattet würden. Dies gilt auch dann, wenn sich der Sitz des Betriebsrats nicht in der Betriebsstätte befindet, in der das Betriebsratsmitglied seine Arbeitsleistung zu erbringen hätte, wenn es nicht freigestellt wäre.«

2. Zum Sachverhalt

Gegenständlich war die Fahrtkostenerstattung für regelmäßige Fahrten des freigestellten BR-Mitglieds vom Wohnort zum Betriebssitz der AG. Dort befand sich das BR-Büro. Der bisherige Arbeitsort war näher am Wohnort gelegen. Die Mehrkosten seien Kosten des BR. Zudem bezog sich der Antragsteller auf eine betriebliche Vereinbarung zur Fahrtkostenerstattung.

17 BAG 13.6.2007 – 7 ABR 62/06, NZA 2007, 1301 (Orientierungssatz zitiert nach juris).

3. Aus den Entscheidungsgründen

Das BAG sah keinen Erstattungsanspruch aus § 40 BetrVG. Durch die Amtsübernahme habe sich der Leistungsort geändert, diese sei nunmehr vom BR-Büro aus zu erbringen. Die Fahrtkosten zum Leistungsort hin sind grundsätzlich vom AN zu tragen, ebenso vom BR-Mitglied. Eine Übernahme der alltäglichen Fahrtkosten für den Weg zum und vom Leistungsort wäre eine nach § 78 Satz 2 BetrVG verbotene Begünstigung des BR. Bereits deshalb folge ein Anspruch hierauf auch nicht aus der früher getroffenen betrieblichen Vereinbarung. Selbst wenn sie dies vorsähe, wäre sie nach § 134 BGB nichtig.

XVIII. BAG 16.1.2008 – 7 AZR 887/06[18]

1. Orientierungssatz

»1. Die Gewährung von Aktienoptionen an ein Betriebsratsmitglied durch eine andere Konzerngesellschaft kann Arbeitsentgelt im Sinne des § 37 Abs. 4 BetrVG darstellen. (Rn. 14)
2. Die von einem Dritten in Hinblick auf das Arbeitsverhältnis erbrachten Leistungen können Arbeitsentgelt im Sinne des § 37 Abs. 4 BetrVG darstellen, wenn der Dritte sie nach der Abrede der Arbeitsvertragsparteien anstelle oder neben dem zwischen ihnen vereinbarten Arbeitsentgelt erbringen soll. (Rn. 16)«

2. Zum Sachverhalt

Der Kl. begehrt die Gewährung von Aktienoptionen. Die Parteien vereinbarten für die Amtszeit des Kl. eine Gleichstellungsvereinbarung, insbesondere folgendes:
1. Für die Dauer der Mitgliedschaft (des Klägers) in einem Betriebsrat bei der (Beklagten) wird als Vergleichsperson bezüglich seiner wirtschaftlichen und beruflichen Gleichstellung gem. § 37 Abs. 4 und 5 Betriebsverfassungsgesetz Herr X (Systemingenieur) bestimmt.
2. Entsprechend § 37 Abs. 4 und 5 BetrVG wird die Vergleichspersonen so lange zur wirtschaftlichen und beruflichen Gleichstellung herangezogen, wie sie eine betriebsübliche Entwicklung im üblichen Rahmen bei der (Beklagten) beschreitet.
Die genannten Personen erhielten Aktienoptionen, der Kl. hingegen nicht. Der AG wandte gegen die Gewährung ein, dass dies für Ihn problematisch sei, da seine Muttergesellschaft, auf die sich die Aktienoptionen bezogen, die Richtlinien hierfür geändert habe.

---

18 BAG 16.1.2008 – 7 AZR 887/06, NZA 2008, 836 (Orientierungssatz zitiert nach juris).

3. Aus den Entscheidungsgründen

Das BAG sah die versprochenen Aktienoptionen als Arbeitsentgelt i. S. d. § 37 Abs. 4 BetrVG. Ist die Teilnahme des AN an den Aktienoptionen ausdrücklich oder konkludent vereinbart worden, ist es Sache des AG, die Erfüllbarkeit der damit eingegangenen Verpflichtung sicherzustellen.

XIX. BAG 14.7.2010 - 7 AZR 359/09[19]

1. Orientierungssatz

»1. Die Übertragung einer höherwertigen Tätigkeit ist nur dann üblich iSv § 39 Abs. 3 S 1 PersVG BR 1974, wenn sie dem Personalratsmitglied nach den innerdienstlichen Gepflogenheiten hätte übertragen werden müssen oder die Mehrzahl vergleichbarer Arbeitnehmer einen solchen Aufstieg erreicht.
2. Steht lediglich eine höherwertige Stelle zur Verfügung, hat das freigestellte Personalratsmitglied nur dann einen Anspruch auf eine der Beförderungsstelle entsprechenden Entlohnung, wenn das Personalratsmitglied ohne sein Personalratsamt gegenüber den anderen Bewerbern als der nach Art 33 Abs. 2 GG geeignetste Kandidat anzusehen wäre.
3. Berufliche Entwicklungen, die (hier nach einem Betriebsteilübergang) bei anderen Arbeitgebern stattfinden, sind bei der Bemessung des Arbeitsentgelts von Personalratsmitgliedern unbeachtlich.«

2. Zu Sachverhalt und Entscheidungsgründen

Auch hier ließ es das BAG es zur Substantiierung eines Anspruches auf höhere Eingruppierung aus § 37 Abs. 4 hinsichtlich der Betriebsüblichkeit nicht ausreichen, vorzutragen, dass es bei der Amtsübernahme in seiner bisherigen beruflichen Entwicklung einem vergleichbaren AN vollkommen gleichgestanden habe. Es fehlte an der Darlegung der entsprechenden Betriebsüblichkeit

XX. BAG 8.9.2010 - 7 AZR 513/09[20]

1. Orientierungssatz

»1. Ein auf § 37 Abs. 4 S. 1 BetrVG gestützter, auf eine bestimmte tarifliche Vergütung gerichteter Anspruch unterfällt der tariflichen Ausschlussfrist des § 17 Nr. 1 Buchst. b Manteltarifvertrag für Angestellte der Druckindustrie in Bayern.

---

19 BAG 14.7.2010 - 7 AZR 359/09, BeckRS 2010, 75379 (Orientierungssatz zitiert nach juris).

20 BAG 8.9.2010 - 7 AZR 513/09, NZA 2011, 159 (Orientierungssatz zitiert nach juris).

2. Für einen Entgeltfortzahlungsanspruch nach § 37 Abs. 2 BetrVG gelten dieselben tariflichen Ausschlussfristen, die auf den ausschließlich arbeits- und tarifvertraglichen Entgeltanspruch Anwendung finden.«

2. Zum Sachverhalt

Die Parteien stritten um Nachzahlungsansprüche, nachdem die Bekl. dem klagenden BR-Mitglied mit Blick auf die betriebsübliche Entwicklung eine Höhergruppierung dem Grunde nach ex nunc zugestand. Die Nachzahlung verweigerte sie jedoch unter Hinweis auf eine tarifliche Ausschlussklausel. Die Kl. hielt dem entgegen, diese gelte nur für tarifliche Ansprüche, während der Anspruch aus § 37 Abs. 4 BetrVG ein gesetzlicher sei.

3. Aus den Entscheidungsgründen

Das BAG befand die tarifvertragliche Ausschlussklausel für anwendbar und verneinte daher den Zahlungsanspruch der Kl. Es stellte hierzu auf seine ständige Rechtsprechung ab: Demnach fallen unter den Begriff der »tariflichen Ansprüche« auch andere Ansprüche, die von tariflich ausgestalteten Ansprüchen abhängig sind. Soweit der Anspruch auf Höhergruppierung (und entsprechende Entlohnung) auf § 37 Abs. 4 BetrVG gestützt wird, setzt dies einen tariflichen Vergütungsanspruch aus der begehrten Lohngruppe voraus und ist – insbesondere auch der Höhe nach – ohne einen solchen gar nicht darstellbar.

XXI. BAG 4.11.2015 – 7 AZR 972/13[21]

1. Orientierungssatz

»1. Ein Auskunftsanspruch kann unter Umständen gem. §§ 611, 242 BGB i. V. m. § 37 Abs. 4 BetrVG in Betracht kommen, wenn ein Mitglied des Betriebsrats eine betriebsübliche Steigerung der Vergütung mit ihm vergleichbarer Arbeitnehmer geltend machen will, auch wenn der Anspruch dem Grunde nach noch nicht feststeht, aber eine gewisse Wahrscheinlichkeit für das Bestehen des Anspruchs nach § 37 Abs. 4 S. 1 BetrVG gegeben ist.
2. Geht es darum, eine betriebsübliche Beförderungspraxis als Voraussetzung einer entsprechenden Gehaltssteigerung darzulegen, hat das Mitglied des Betriebsrats unter Berücksichtigung der ihm zugänglichen Tatsachen vorzutragen, mit welchen Arbeitnehmern es aus seiner Sicht vergleichbar ist und aus welchen Umständen auf die hinreichende Wahrscheinlichkeit zu schließen ist, dass die Mehrzahl der mit ihm vergleichbaren Arbeitnehmer die behauptete Gehaltsentwicklung genommen hat.

21 BAG 4.11.2015 – 7 AZR 972/13, NZA 2016, 1339 (Orientierungssatz zitiert nach juris).

3. Verfügt das Betriebsratsmitglied etwa wegen der Größe des Betriebs und der Vielzahl vergleichbarer Arbeitnehmer nicht über ausreichende Erkenntnismöglichkeiten, kann es genügen, wenn das Betriebsratsmitglied Referenzfälle schlüssig darlegt, aus denen sich auf eine betriebsübliche Beförderungspraxis in dem Zeitraum seiner Zugehörigkeit zum Betriebsrat schließen lässt. Die abstrakte – gleichsam »ins Blaue« zielende – Behauptung einer Beförderungspraxis ohne jeden konkreten Beispielfall genügt dazu jedoch nicht. Anderenfalls würde die Darlegungs- und Beweislast verkehrt.«

2. Zum Sachverhalt

Das klagende BR-Mitglied behauptet eine strukturelle Beförderungspraxis und strebt gestützt auf § 37 Abs. 4 eine dementsprechende Vergütung an. Gegenständlich sind auf der ersten Stufe zunächst dahingehende Auskünfte. Aufgrund der Größe des Betriebs sei eine Darlegung, welche und wie viele Mitarbeiter mit ihm vergleichbar sind und welchen Werdegang diese im Betrieb gemacht haben, ohne diese Auskünfte nicht möglich.

3. Aus den Entscheidungsgründen

Das BAG entschied zuungunsten des Kl. Instruktiv beschreibt es dabei die Verteilung und den Umfang der Darlegungslast, auch unter Berücksichtigung der auf Seiten des Kl. entstehenden Schwierigkeiten und leitet den im Rahmen dieser Thematik denkbaren Auskunftsanspruches aus Treu und Glauben her. Es beschreibt eingehend, inwiefern nicht nur unterbliebene Beförderungen, sondern auch unterbliebe Bewerbungen auf Beförderungsstellen berücksichtigungsfähig sind.

XXII. BAG 10.11.2015 – 3 AZR 574/14[22]

1. Orientierungssatz

»3. Nach § 37 Abs. 4 Satz 1 BetrVG darf das Arbeitsentgelt von Mitgliedern des Betriebsrats einschließlich eines Zeitraums von einem Jahr nach Beendigung der Amtszeit nicht geringer bemessen werden als das Arbeitsentgelt vergleichbarer Arbeitnehmer mit betriebsüblicher beruflicher Entwicklung. Gem. § 37 Abs. 4 Satz 2 BetrVG gilt dies auch für allgemeine Zuwendungen des Arbeitgebers. Die Regelungen sollen sicherstellen, dass Mitglieder des Betriebsrats weder in wirtschaftlicher noch in beruflicher Hinsicht gegenüber vergleichbaren Arbeitnehmern mit betriebsüblicher beruflicher Entwicklung Nachteile. Nach ihrem Schutzzweck erfassen sie nicht nur während des Arbeitsverhältnisses gezahltes Entgelt und ge-

---

22 BAG 10.11.2015 – 3 AZR 574/14, NZA 2016, 576 (Orientierungssatz zitiert nach juris).

währte Zuwendungen, sondern auch die vom Arbeitgeber zugesagten Leistungen der betrieblichen Altersversorgung.
4. Nach § 78 S. 2 BetrVG dürfen die Mitglieder des Betriebsrats wegen ihrer Tätigkeit nicht benachteiligt oder begünstigt werden. Dies beinhaltet auch ihre berufliche Entwicklung. Die verbotene Benachteiligung kann sowohl in einer einseitigen Maßnahme des Arbeitgebers als auch in einer vertraglichen Vereinbarung liegen. Eine Maßnahme rechtsgeschäftlicher oder tatsächlicher Art kann auch in einem Unterlassen liegen, etwa indem einem von § 78 S. 2 BetrVG geschützten Mandatsträger Vorteile vorenthalten werden, die der Arbeitgeber anderen Arbeitnehmern gewährt. Eine Benachteiligungsabsicht ist nicht erforderlich. Es genügt die objektive Schlechterstellung gegenüber Nichtbetriebsratsmitgliedern.«

2. Zu Sachverhalt und Entscheidungsgründen

Das BAG befasst sich hier im Schwerpunkt mit dem betriebsverfassungsrechtlichen Gleichbehandlungsgrundsatz (§ 75 Abs. 1 BetrVG). Die vom Kl. geltend gemachte höhere Eingruppierung im Rahmen der Betriebsrente scheiterte auch hier daran, dass er die Betriebsüblichkeit des Aufstieges nicht hinreichend substantiiert hatte. Für eine Anwendung von § 78 Satz 2 BetrVG fehlte es an der Darlegung einer Kausalität zwischen BR-Mitgliedschaft und der Verweigerung der höheren Eingruppierung.

XXIII. BAG 18.5.2016 – 7 AZR 401/14[23]

1. Orientierungssatz

»1. Geht ein Betriebsratsmitglied außerhalb der Nachtarbeitsstunden seiner Betriebsratstätigkeit nach, hat es nach § 37 Abs. 2 BetrVG auch dann keinen Anspruch auf Gewährung von Nachtarbeitszuschlägen, wenn es vor der Amtsübernahme Nachtarbeit geleistet hat und sein Arbeitsbeginn anlässlich der Amtsübernahme einvernehmlich auf den Zeitraum außerhalb der festgelegten Nachtarbeitsstunden verschoben wurde. Der Verlust des Nachtarbeitszuschlags beruht nicht auf der Freistellung, sondern auf der im Einvernehmen mit dem Betriebsratsmitglied vorgenommenen Verschiebung von dessen Arbeitszeit.)
2. Die Nichtgewährung der begehrten Nachtarbeitszuschläge verstößt nicht gegen § 78 S 2 BetrVG. Die mit der Nichtgewährung der Nachtarbeitszuschläge verbundene Schlechterstellung ist dadurch gerechtfertigt, dass das Betriebsratsmitglied infolge der einvernehmlichen Verschiebung seiner Arbeitszeit in dieser Zeit keine Nachtarbeit leistete. Er war nicht den Erschwernissen unterworfen, welche durch die Gewährung der Nachtarbeitszuschläge kompensiert werden sollen.«

---

23 BAG 18.5.2016 – 7 AZR 401/14, NZA 2016, 1212 (Orientierungssatz zitiert nach juris).

2. Zum Sachverhalt

Das klagende BR-Mitglied war in Nachtarbeit beschäftigt. Auf Grundlage einer Vereinbarung stellte die Bekl. ihn täglich 3,5 Stunden von seiner beruflichen Tätigkeit zur Durchführung von BR-Arbeit frei. Gleichzeitig einigte man sich auf eine Verschiebung des Arbeitsbeginns auf einen Zeitpunkt unmittelbar im Anschluss an die Nachtarbeit, um der Belegschaft die Kontaktaufnahme zum Kl. während dessen Arbeitszeit zu erleichtern. Der Kl. verlangt nun Fortgewährung der Nachtarbeitszuschläge.

3. Aus den Entscheidungsgründen

Instruktive Ausführungen des BAG zur Abgrenzung der Anwendungsbereiche von § 37 Abs. 2 und Abs. 4 BetrVG. Letzteren befand es vorliegend für nicht anwendbar. Die Klage richte sich nicht auf die Erhöhung des Arbeitsentgeltes, sondern die Fortzahlung des vereinbarten Arbeitsentgeltes für die Dauer Freistellung von der beruflichen Tätigkeit. Anzuwenden war daher § 37 Abs. 2 BetrVG. Ein Anspruch hieraus bestehe aber nicht. Der Verlust des Nachtarbeitszuschlags beruhe nicht auf der Freistellung für BR-Tätigkeiten, sondern auf der im Einvernehmen mit dem Kl. vorgenommenen Verschiebung von dessen Arbeitszeit.

XXIV. BAG 18.1.2017 – 7 AZR 205/15[24]

1. Orientierungssatz

»1. Vergleichbar im Sinne von § 37 Abs. 4 S. 1 BetrVG sind Arbeitnehmer, die im Zeitpunkt der Amtsübernahme ähnliche, im Wesentlichen gleich qualifizierte Tätigkeiten ausgeführt haben wie der Amtsträger und dafür in gleicher Weise wie dieser fachlich und persönlich qualifiziert waren.
2. Es ist zulässig, konkretisierende betriebliche Vereinbarungen zu § 37 Abs. 4 BetrVG – etwa zum Verfahren der Festlegung vergleichbarer Arbeitnehmer – zu treffen. Solche Regelungen müssen sich im Rahmen der gesetzlichen Vorgaben in § 37 Abs. 4 BetrVG und § 78 S. 2 BetrVG bewegen.
3. § 37 Abs. 4 S. 1 BetrVG garantiert einem freigestellten Betriebsratsmitglied nicht den absolut gleichen Lohn wie ihn vergleichbare Arbeitnehmer erhalten. Vergütungserhöhungen, auf die das Betriebsratsmitglied vor seiner Amtsübernahme keinen Anspruch hatte oder, wenn es arbeitete, nicht hätte, haben bei der Bemessung seines Arbeitsentgelts nach der Wahl zum Betriebsratsmitglied außer Betracht zu bleiben.«

24 BAG 18.1.2017 –7 AZR 205/15, NZA 2017, 935 (Orientierungssätze zitiert nach juris).

2. Zu Sachverhalt und Entscheidungsgründen

In der Entscheidung ging es um das Verhältnis zwischen den immer häufiger aufkommenden betrieblichen Vereinbarungen über das Verfahren zur Bemessung der Vergütung von BR-Mitgliedern und den gesetzlichen Vorgaben. Der neu gefasste § 37 Abs. 4 Satz 4 BetrVG existierte noch nicht. Die betreffende »Regelungsvereinbarung« sah vor, dass bei Beginn der Freistellung drei Vergleichspersonen festgelegt würden, die Einigung auf die konkreten Vergleichspersonen erfolgte allerdings erst zwei Jahre nach der Freistellung. Dies entspreche nicht den Vorgaben des zwingenden § 37 Abs. 4 BetrVG und hätte hier eine gem. § 78 Satz 2 BetrVG verbotene Begünstigung bewirkt.

XXV. BAG 8.11.2017 – 5 AZR 11/17[25]

1. Leitsatz (Auszug)

»Das Begünstigungsverbot des § 78 Satz 2 BetrVG lässt die Vereinbarung einer pauschalen Stundenvergütung zur Abgeltung von Betriebsratstätigkeiten nicht zu, wenn sie ohne sachlichen Grund wegen der Betriebsratstätigkeit gewährt wird und zu einer Verdiensterhöhung führt. Entsprechende Vereinbarungen sind gemäß § 134 BGB nichtig. Die Rückforderung geleisteten Entgelts richtet sich in diesen Fällen nicht nach § 812 Abs. 1 Satz 1 Alt. 1 BGB, sondern nach § 817 Satz 1 BGB. Dieser schließt die Anwendung des § 814 BGB aus.«

2. Zum Sachverhalt

Die Parteien streiten über Rückzahlungsforderungen der AG, gerichtet auf Urlaubsentgelt und Entgeltfortzahlung wegen Krankheit. Die AG hatte zur Berechnung von Urlaubsentgelt und Entgeltfortzahlung die für BR-Tätigkeiten außerhalb der Arbeitszeit geleisteten Entgeltzahlungen berücksichtigt. Die AG ist der Ansicht, es bestehe ein Rückzahlungsanspruch. Sie habe in Verkennung der Rechtslage geleistet und berief sich daher auf Leistungskondiktion.

3. Aus den Entscheidungsgründen

Das BAG stellt umfangreiche dogmatische Erwägungen zu den bereicherungsrechtlichen Gegebenheiten hinsichtlich der Rückabwicklung an. Es wendet dabei insbesondere § 817 Satz 2 BGB aus Billigkeitsgesichtspunkten nicht auf an sich verbotene und daher rechtsgrundlos gewährte Begünstigungen an. Der dort geregelte Rückforderungsausschluss würde ansonsten zu einer Perpetuierung der von § 78 Satz 2 BetrVG missbilligten Vermögensverschiebung führen.

25 BAG 8.11.2017 – 5 AZR 11/17, NZA 2018, 528 (Orientierungssatz zitiert nach juris).

Die LAG haben den Standpunkt des BAG nicht vollumfänglich adaptiert. Vielmehr zeigt die nachfolgende Entscheidung, dass es mitunter sogar gegenläufige Ergebnisse aus der Instanz gibt. Zuletzt konnte das BAG die Frage offenlassen (vgl. BAG 20.3.2025 – 7 AZR 159/24, Rn. 68, juris).

XXVI. LAG Düsseldorf 17.4.2019 – 7 Sa 1065/18[26]

1. Leitsatz

»Verstößt der Arbeitgeber mit einer Zahlung an ein Betriebsratsmitglied gegen das gesetzliche Begünstigungsverbot des § 78 Satz 2 BetrVG, steht einem Anspruch auf Rückforderung § 817 Satz 2 BGB entgegen.«

2. Zum Sachverhalt

Die Parteien streiten insbesondere darüber, ob es sich bei der an den Kl. gezahlten Vergütung um eine unzulässige Begünstigung i. S. d. § 78 Satz 2 BetrVG handelt. Die AG hatte den Kl. herabgruppiert und forderte widerklagend die dem Kl. gewährten Gehaltserhöhungen zurück.

3. Aus den Entscheidungsgründen

Das Ergebnis des LAG lautete, dass zum einen die Herabgruppierung zutreffend erfolgte, zum anderen allerdings die Bekl. wegen § 817 Satz 2 BGB gehindert sei, die überbezahlte Vergütung zur kondizieren. Die Hochgruppierung sei zwar unzulässigerweise begünstigend erfolgt. Dem Rückforderungsanspruch stehe jedoch gemäß § 817 Satz 2 BGB entgegen, dass auch die AG mit der Zahlung § 78 Satz 2 BetrVG verstoßen hat. Das Begünstigungsverbot bezwecke zwar nicht das Behalten des verbotswidrig Erlangten durch das BR-Mitglied. Es widerspreche dem Sinn und Zweck des Begünstigungsverbots aber auch, wenn der AG in Kenntnis dessen »gefahrlos« begünstigen kann, dass er ggf. das zu viel gezahlte Entgelt zurückerhält.
Die zugelassene und eingelegte Revision erledigte sich durch Rücknahme.

26 LAG Düsseldorf 17.4.2019 – 7 Sa 1065/18, BeckRS 2019, 6569.

XXVII. BAG 21.2.2018 – 7 AZR 496/16[27]

1. Orientierungssatz (Auszug)

»Gehaltserhöhungen der Vergleichspersonen sind nicht nur dann berücksichtigungsfähig, wenn die Mehrheit der Vergleichspersonen in einem bestimmten Zeitraum – etwa in einem Kalenderjahr – eine Gehaltserhöhung erhalten hat.
Eine Durchschnittsberechnung ist zulässig, wenn es sich um eine kleine Vergleichsgruppe handelt, und die Gehaltserhöhungen der Vergleichspersonen unterschiedlich ausgefallen sind.«

2. Zum Sachverhalt

Teilweise Parallelentscheidung zu BAG 21.2.2018 – 7 AZR 587/16, BeckRS 2018, 13924.
Die Parteien hatten sich auf Vergleichspersonen geeinigt. Diese führten bei Eintritt in den BR, im Wesentlichen gleichwertige Tätigkeiten wie der AN aus und waren dafür vergleichbar qualifiziert. Auch war ihre Entwicklung betriebsüblich. In Streit stand allerdings die Bezifferung der dem AN zu gewährenden Gehaltserhöhung, da diese unter den Vergleichspersonen unterschiedlich ausfiel.

3. Entscheidungsgründe

Für die Ermittlung des Anpassungsanspruchs müsse für jede Vergleichsperson errechnet werden, in welchem prozentualen Umfang ihr Gehalt ab dem Zeitpunkt der Amtsübernahme angehoben wurde. Sodann ist das Ausgangsgehalt um den durchschnittlichen Prozentsatz anzuheben.

XXVIII. BAG 29.8.2018 – 7 AZR 206/17[28]

1. Orientierungssatz

»Für die Beurteilung der Nichtigkeit einer vertraglichen Vereinbarung zu einer pauschal-variablen Zulage nach § 78 Satz 2 BetrVG i. V. m. § 134 BGB ist darauf abzustellen, ob die Zulage Bestandteil der nach § 37 Abs. 2 BetrVG an ein Betriebsratsmitglied während der Betriebsratstätigkeit weiter zu zahlenden Vergütung gewesen wäre. Es ist davon auszugehen, dass zu dem nach § 37 Abs. 3 BetrVG fortzuzahlenden Arbeitsentgelt des Betriebsratsmitglieds grundsätzlich auch Zuschläge zählen, die für die Erschwernis der Arbeit zu ungünstigen Zeiten gewährt werden.

27 BAG 21.2.2018 – 7 AZR 496/16, NZA 2018, 1012 (Orientierungssatz zitiert nach juris).
28 BAG 29.8.2018 – 7 AZR 206/17, NZA 2019, 253 (Orientierungssatz zitiert nach juris).

Die Zusage eines pauschalierten Monatsbetrags für die Fortzahlung von Zeit- oder Erschwerniszulagen an ein freigestelltes Betriebsratsmitglied kann zulässig sein. Der pauschalierte Betrag muss sich zur Vermeidung einer unzulässigen Begünstigung an dem Umfang der üblicherweise erbrachten, zuschlagspflichtigen Tätigkeiten orientieren und darf lediglich einer rechnerischen Erleichterung dienen.
Ist während der Dauer der Freistellung ein betriebsüblicher beruflicher Aufstieg des Betriebsratsmitglieds eingetreten, ist für die Höhe der nach dem Lohnausfallprinzip gemäß § 37 Abs. 2 BetrVG zu zahlenden Vergütung darauf abzustellen, welche Vergütung das Betriebsratsmitglied mit der Tätigkeit erzielt hätte, in die es zwischenzeitlich aufgestiegen ist. Das gilt auch für etwaige Erschwernis- oder Zeitzuschläge.«

2. Zum Sachverhalt

Der klagende AN ist freigestelltes BR-Mitglied. Nach mehreren vorhergehenden Steigerungen erfolgte eine Hochgruppierung mit Blick auf eine fiktive Beförderung auf eine Stelle als »Aufgabenleiter Betrieb« und wurde vertraglich fixiert. Hierbei sagte die Bekl. dem Kl. auch eine pauschal-variable Zulage und eine Schichtzulage konkret zu. Deren Zahlung stellte sie aber nach einiger Zeit ein. Zur Begründung führte sie aus, dass auf der betreffenden Beförderungsstelle die besagten Zulagen nicht anfielen, weshalb deren Zahlung eine unzulässige Begünstigung darstelle. Der Kl. machte die Fortzahlung der Zulagen klageweise geltend.

3. Aus den Entscheidungsgründen

Nach Auffassung des BAG könne die Zusage pauschalierter Zulagenzahlungen an ein freigestelltes BR-Mitglied unter den im obigen Orientierungssatz genannten Maßstäben zulässig sein.

XXIX. BAG 22.1.2020 – 7 AZR 222/19[29]

1. Orientierungssatz

»1. Nach § 37 Abs 4 Satz 1 BetrVG darf das Arbeitsentgelt von Mitgliedern des Betriebsrats einschließlich eines Zeitraums von einem Jahr nach Beendigung der Amtszeit nicht geringer bemessen werden als das Arbeitsentgelt vergleichbarer Arbeitnehmer mit betriebsüblicher beruflicher Entwicklung. Diese Vorschrift soll sicherstellen, dass Mitglieder des Betriebsrats weder in wirtschaftlicher noch in beruflicher Hinsicht gegenüber vergleichbaren Arbeitnehmern mit betriebsüblicher beruflicher Entwicklung Nachteile erleiden. Die Gehaltsentwicklung des Betriebsratsmitglieds darf daher während der Dauer seiner Amtszeit in Relation zu derje-

29 BAG 22.1.2020 – 7 AZR 222/19, NZA 2020, 594 (Orientierungssatz zitiert nach juris).

niger vergleichbarer Arbeitnehmer nicht zurückbleiben. Die Annahme, dass für die Bestimmung des Kreises der vergleichbaren Arbeitnehmer ausnahmsweise nicht der Zeitpunkt der Amtsübernahme, sondern der Zeitpunkt der Freistellung maßgebend sei, kann nicht damit begründet werden, dass § 37 Abs 4 BetrVG vor allem bei freigestellten Betriebsratsmitgliedern zum Zuge komme.
2. § 78 S. 2 BetrVG enthält ein an den Arbeitgeber gerichtetes allgemeines Verbot, ein Betriebsratsmitglied wegen der Amtstätigkeit in seiner beruflichen Entwicklung zu benachteiligen. Ein Betriebsratsmitglied, das nur infolge der Amtsübernahme nicht in eine Position mit höherer Vergütung aufgestiegen ist, kann daher den Arbeitgeber unmittelbar auf Zahlung der höheren Vergütung in Anspruch nehmen.«

2. Zu Sachverhalt und Entscheidungsgründen

Der Kl. verlangte eine Höhergruppierung, die Bekl. hielt dem entgegen, die von den benannten Personen durchlaufene Karriere sei nicht betriebsüblich.
Das BAG verwies den Rechtsstreit an das LAG zurück und führte aus: Auf den Zeitpunkt der Freistellung kann für die Vergleichbarkeit auch dann nicht abgestellt werden, wenn zwischen den Parteien unstreitig ist, dass das BR-Mitglied vor seiner Freistellung aufgrund der betriebsüblich durchlaufenen beruflichen Entwicklung und der konkret ausgeübten Tätigkeit zutreffend vergütet wurde. Ein nach § 38 BetrVG freigestelltes BR-Mitglied würde gegenüber einem nicht freigestellten BR-Mitglied ungleich behandelt, wenn anlässlich seiner Freistellung ohne sachlichen Grund der Kreis der vergleichbaren AN neu bestimmt werden könnte.

XXX. BAG 14.10.2020 – 7 AZR 286/18[30]

1. Orientierungssatz

»1. Nach dem Zweck des § 37 Abs 4 BetrVG, das Betriebsratsmitglied vor finanziellen Nachteilen wegen der Ausübung der Betriebsratstätigkeit zu schützen, kommt es darauf an, ob die Gehaltsentwicklung des Betriebsratsmitglieds während der Dauer seiner Amtszeit in Relation zu derjeniger vergleichbarer Arbeitnehmer zurückgeblieben ist. Damit garantiert die Vorschrift dem Betriebsratsmitglied nicht die der Höhe nach absolut gleiche Vergütung, die vergleichbare Arbeitnehmer erhalten.
2. § 37 Abs. 4 BetrVG ist keine Bemessungsvorschrift für den Anspruch aus § 37 Abs. 2 BetrVG. Die Bestimmung regelt einen anderen Sachverhalt als § 37 Abs. 2 BetrVG. Während § 37 Abs. 2 BetrVG die Fortzahlung des – vereinbarten, dem Betriebsratsmitglied bei unterstellter Erbringung seiner vertraglichen Tätigkeit zustehenden – Arbeitsentgelts für die Dauer der Arbeitsbefreiung zur Wahrnehmung betriebsverfassungsrechtlicher Aufgaben regelt, gewährt § 37 Abs. 4 BetrVG einem

30 BAG 14.10.2020 – 7 AZR 286/18, NZA 2021, 869 (Orientierungssatz zitiert nach juris).

Betriebsratsmitglied einen Anspruch auf Erhöhung seines Entgelts in dem Umfang, in dem das Entgelt vergleichbarer Arbeitnehmer mit betriebsüblicher beruflicher Entwicklung steigt.
3. Von dem Benachteiligungsverbot des § 78 S. 2 BetrVG erfasst wird nicht nur die berufliche Tätigkeit, sondern auch das sich aus ihr ergebende Entgelt. Ein Betriebsratsmitglied, das nur infolge der Amtsübernahme nicht in eine Position mit höherer Vergütung aufgestiegen ist, kann daher den Arbeitgeber unmittelbar auf Zahlung der höheren Vergütung in Anspruch nehmen.
4. Einem freigestellten Betriebsratsmitglied ist nach § 37 Abs. 2 BetrVG das Arbeitsentgelt nach dem Lohnausfallprinzip fortzuzahlen. Die Berechnung der danach zu zahlenden Vergütung erfordert eine hypothetische Betrachtung, welches Arbeitsentgelt das Betriebsratsmitglied ohne die Arbeitsbefreiung verdient hätte.
5. Wäre ein Betriebsratsmitglied bei Hinwegdenken der Freistellung im Anschluss an eine Aufgabenverlagerung im Wege der Personalgestellung nach § 4 Abs. 3 TVöD bei einem Dritten eingesetzt worden, umfasst der Anspruch aus § 37 Abs. 2 BetrVG einen gegebenenfalls nach dem Gleichstellungsgrundsatz (»equal-pay«) gemäß § 10 Abs. 4 S. 1 AÜG in der Fassung vom 28. April 2011 beziehungsweise § 8 Abs. 1 S. 1 AÜG in der Fassung vom 21. Februar 2017 korrigierten Entgeltanspruch.«

2. Zum Sachverhalt

Der frühere Arbeitsbereich des Kl. ist nach dessen Amtseintritt veräußert worden. Mangels annähernd vergleichbarer AN macht der Kl. eine hypothetische Entwicklung anhand einer fiktiven Gestellung seiner Person zum Erwerber des veräußerten Geschäftsbereichs geltend.

3. Aus den Entscheidungsgründen

Das BAG »löste« den Fall nicht über § 37 Abs. 4 BetrVG, sondern gelangte über § 37 Abs. 2 BetrVG dazu, dass sich die zu zahlende Vergütung vom Grundsatz her nach der fiktiven Gestellung zu richten habe. Es führt instruktiv zur Systematik von § 37 BetrVG generell, speziell zur Abgrenzung der Absätze 2 und 4 aus.

XXXI. BAG 20.1.2021 – 7 AZR 52/20[31]

1. Orientierungssatz

»3. Bei der Frage, ob die Beförderung des Betriebsratsmitglieds auf eine ausgeschriebene höher dotierte Stelle vom Arbeitgeber wegen der Betriebsratstätigkeit abgelehnt wurde, handelt es sich um eine in der Sphäre des Arbeitgebers liegende »innere Tatsache«, die einer unmittelbaren Wahrnehmung durch den Arbeitnehmer oder

31 BAG 20.1.2021 – 7 AZR 52/20, NZA 2021, 864 (Orientierungssatz zitiert nach juris).

Dritte nicht zugänglich ist. Dem ist in einem Rechtsstreit darüber, ob das Betriebsratsmitglied durch eine vorenthaltene Beförderung in unzulässiger Weise benachteiligt wurde, durch die Anwendung einer abgestuften Darlegungs- und Beweislast Rechnung zu tragen.
4. Im Rahmen der abgestuften Darlegungs- und Beweislast darf der klagende Arbeitnehmer, der darlegt, dass er die fachlichen Qualifikationsanforderungen der höher dotierten Stelle erfüllt, trotz fehlender genauer Kenntnis ohne Verstoß gegen seine zivilprozessuale Wahrheitspflicht die Behauptung aufstellen, er sei wegen seiner Betriebsratstätigkeit nicht für die Stelle ausgewählt worden. Der Arbeitgeber muss sich zu dieser Behauptung wahrheitsgemäß erklären. Er hat seine Motive für die Auswahlentscheidung zu Gunsten eines anderen Bewerbers so konkret zu benennen, dass sich das Betriebsratsmitglied hierauf seinerseits einlassen kann.
5. Für die Frage, ob ein Betriebsratsmitglied die Anforderungen einer Beförderungsstelle erfüllt oder ohne das Betriebsratsamt erfüllen würde, ist grundsätzlich von dem vom Arbeitgeber erstellten Anforderungsprofil auszugehen. Der Arbeitgeber ist innerhalb der durch die Gesetze gezogenen Grenzen darin frei, die an die Bewerber zu stellenden Qualifikationsanforderungen zu definieren.«

2. Zum Sachverhalt

Das klagende, freigestellte BR-Mitglied bewarb sich auf eine Beförderungsstelle im Pflegebereich. Den Vorzug erhielt eine Kollegin, die Bekl. begründete dies mit bei dieser vorhandener aktueller Praxiserfahrung, über die der Kl. nicht verfügt. Der Kl. meint, das Auswahlkriterium der Praxiserfahrung sei überbetont zum Tragen gekommen, zudem seien diese bei ihm nur aufgrund der vorgehenden Freistellung als BR-Mitglied nicht vorhanden.

3. Aus den Entscheidungsgründen

Das BAG verwies die Sache an die Vorinstanz zurück. Das LAG habe fehlerhaft es für ausreichend gehalten, wenn sich aus dem Vortrag des BR-Mitglieds ergibt, dass die Beförderung ohne das BR-Amt möglich und wahrscheinlich ist. Das BR-Mitglied hat vielmehr – ggf. durch Vortrag von Hilfstatsachen – darzulegen, dass es ohne das BR-Amt die behauptete berufliche Entwicklung tatsächlich genommen hätte.
Vom LAG zu prüfen sei, ob die Bekl. ihre Auswahlentscheidung gegen den Kl. deshalb auf sachliche Gründe stützen kann, weil die beförderte Kollegin über eine umfangreichere Erfahrung verfügt als der Kl. Über die in dem Stellenprofil geforderte »mehrjährige und dem aktuellen Wissensstand der Pflege entsprechende Erfahrung« verfüge der Kl. im Zeitpunkt seiner Bewerbung zwar nicht. Er habe aber dargetan, dass er ohne seine Freistellung als BR-Mitglied über diese Erfahrung verfügt hätte. Da der Kl. zudem behauptet hat, die Bekl. habe ihn wegen seines BR-Amts nicht für die Stelle des Pflegedirektors ausgewählt, treffe die Bekl. eine sekundäre Darlegungslast.

XXXII. BAG 23.11.2022 – 7 AZR 122/22[32]

1. Orientierungssatz

»4. Ist die Gruppe vergleichbarer Arbeitnehmer im Betrieb sehr klein und lässt sich deshalb nicht feststellen, dass das Entgelt der Mehrzahl der vergleichbaren Arbeitnehmer in gleichem Umfang erhöht wurde, kann für den Anpassungsanspruch des Betriebsratsmitglieds der Durchschnitt der den Angehörigen der Vergleichsgruppe gewährten Entgelterhöhungen maßgebend sein. Voraussetzung einer Erhöhung der Vergütung des Betriebsratsmitglieds entsprechend dem Durchschnitt ist aber auch in diesen Fällen, dass die Entgelterhöhung bei der Vergleichsgruppe auf einer betriebsüblichen Entwicklung beruht (Rn. 34).
5. Nach Sinn und Zweck des § 37 IV BetrVG besteht kein Anspruch auf eine Anpassung der Vergütung entsprechend dem Arbeitsentgelt ursprünglich vergleichbarer Arbeitnehmer mit betriebsüblicher beruflicher Entwicklung, wenn das Betriebsratsmitglied mit dem Arbeitgeber dauerhaft eine andere, gegenüber der Tätigkeit bei seiner Amtsaufnahme geringwertige Tätigkeit vereinbart und sich die Arbeitsvertragsparteien zugleich entsprechend dem im Betrieb zur Anwendung kommenden Vergütungssystem auf eine dieser Tätigkeit entsprechende, niedrigere Vergütung verständigen, sofern in dieser Vereinbarung keine Benachteiligung des Betriebsratsmitglieds im Sinne des § 78 S. 2 BetrVG liegt (Rn. 37).«

2. Zum Sachverhalt

Der Kl. ist freigestelltes BR-Mitglied. Bereits vor der Freistellung (nach Mandatsübernahme) bewarb er sich erfolglos auf eine Teamleiterstelle. Er war bereits vor Mandatsübernahme selbst Teamleiter eines anderen Teams, vereinbarte dann aber die Abgabe seiner Teamleiterstellung. Er verlangt nun auch rückwirkend, wie die anderen Teamleiter im Durchschnitt vergütet zu werden Er habe diese Stellung nur aufgrund seiner BR-Tätigkeit aufgegeben. Die Bekl. argumentiert, die Vergleichbarkeit mit Teamleitern sei aufgrund der Vereinbarung nicht (mehr) gegeben.

3. Aus den Entscheidungsgründen

Das BAG befand die Revision des Kl. für unbegründet. Er könne die begehrte Durchschnittsvergütung schon deshalb nicht verlangen, weil damit auch bei atypischer, nicht betriebsüblicher Entwicklung Einzelner eine Erhöhung beim Kl. bewirkt würde. Die von der Rechtsprechung entwickelte Konstellation, in der auf den Durchschnitt abgestellt werden könne, liege nicht vor. Zudem habe er sich durch die Vereinbarung der Vergleichsgruppe der Teamleiter begeben. Inwiefern er dies aufgrund seiner BR-Tätigkeit habe tun müssen, habe er nicht aufgezeigt.

---

32 BAG 23.11.2022 – 7 AZR 122/22, NZA 2023, 513.

XXXIII. BAG 12.6.2024 – 7 AZR 141/23[33]

1. Orientierungssatz

»1. § 37 II BetrVG begründet keinen eigenständigen Vergütungsanspruch, sondern sichert den Entgeltanspruch des Betriebsratsmitglieds aus § 611a II BGB in Verbindung mit dem Arbeitsvertrag (Rn. 22).
2. Das Verbot der Entgeltminderung soll auch die Bereitschaft des Arbeitnehmers zur Übernahme eines Betriebsratsamts fördern, indem es ihm die Befürchtung nimmt, Einkommenseinbußen durch die Wahrnehmung eines Ehrenamts zu erleiden (Rn. 22).
3. Die Berechnung der geschuldeten Vergütung nach dem Lohnausfallprinzip erfordert eine hypothetische Betrachtung, welches Arbeitsentgelt das Betriebsratsmitglied ohne die Arbeitsbefreiung verdient hätte. Zur Berechnung der hypothetischen Vergütung ist die Methode zu wählen, die dem Lohnausfallprinzip am besten gerecht wird. Dabei sind die Besonderheiten des jeweiligen Vergütungsbestandteils zu berücksichtigen. Gegebenenfalls ist bei schwankenden Bezügen eine Schätzung nach den Grundsätzen des § 287 II ZPO vorzunehmen (Rn. 24).«

2. Zum Sachverhalt

Der Kl. ist freigestelltes BR-Mitglied. Vor der Freistellung setzte sich seine Vergütung als Vertriebler aus einem monatlichen Fixum und variablen Vergütungsbestandteilen zusammen, u.a. Provisionen und jährlichem Zielerreichungs-Bonus. Hinsichtlich der hier in Streit stehenden variablen Vergütung sei er besser zu stellen als seine Vergleichsgruppe, da er vor der Freistellung leistungsmäßig über deren Ergebnissen gelegen habe.

3. Aus den Entscheidungsgründen

Das BAG gab dem Kl. in diesem Punkt Recht. Es sei nicht allein auf den Vertriebserfolg der Vergleichsgruppe abzustellen. Die Regelung des § 37 Abs. 4 BetrVG finde insoweit keine Anwendung. Diese Vorschrift betreffe einen anderen Sachverhalt als § 37 Abs. 2 BetrVG. Während § 37 Abs. 2 BetrVG die Fortzahlung des – vereinbarten – Arbeitsentgelts für die Dauer der Arbeitsbefreiung zur Wahrnehmung betriebsverfassungsrechtlicher Aufgaben regelt, gewährt § 37 Abs. 4 BetrVG einem BR-Mitglied einen Anspruch auf Erhöhung seines Entgelts in dem Umfang, in dem das Entgelt vergleichbarer AN mit betriebsüblicher beruflicher Entwicklung steigt. Im Streitfall gehe es aber um die Berechnung des Zielerreichungs-Bonus und nicht um eine Anpassung der Vergütung an die Vergütungsentwicklung vergleichbarer AN.

33 BAG 12.6.2024 – 7 AZR 141/23, NZA 2024, 1589.

XXXIV. BAG 20.3.2025 – 7 AZR 46/24[34]

1. Leit- und Orientierungssatz

Leitsatz

»Korrigiert der Arbeitgeber eine mitgeteilte und gewährte Vergütungserhöhung, die sich für das Betriebsratsmitglied als Anpassung seines Entgelts entsprechend § 37 Abs. 4 Satz 1 BetrVG darstellen durfte, hat der Arbeitgeber darzulegen und zu beweisen, dass die Vergütungserhöhung objektiv fehlerhaft war.«

Orientierungssatz

»1. Eine alternative Klagehäufung verstößt gegen das Gebot des § 253 Abs 2 Nr 2 ZPO, den Klagegrund bestimmt zu bezeichnen, wenn der Kläger dem Gericht die Auswahl überlässt, auf welchen Klagegrund es die Verurteilung stützt. Deshalb muss, was auch konkludent und noch im Lauf des Verfahrens möglich ist, eine Rangfolge gebildet werden, in der die Streitgegenstände zur Entscheidung des Gerichts gestellt werden.
2. Die Ansprüche eines (freigestellten) Betriebsratsmitglieds auf eine Vergütungserhöhung auf Grundlage der Mindestentgeltgarantie nach § 37 Abs 4 S 1 BetrVG und auf Grundlage einer fiktiven Karriere nach § 78 S 2 BetrVG iVm. § 611a Abs 2 BGB bilden zwei unterschiedliche Streitgegenstände.
3. § 37 Abs 4 S 1 BetrVG verpflichtet den Arbeitgeber, den Mitgliedern des Betriebsrats (einschließlich eines Zeitraums von einem Jahr nach Beendigung deren Amtszeit) das Arbeitsentgelt zu gewähren, welches vergleichbare Arbeitnehmer mit betriebsüblicher Entwicklung erzielen.
4. Der in diesem Zusammenhang erforderlichen namentlichen Benennung der iSv. § 37 Abs 4 S 1 BetrVG mit dem Betriebsratsmitglied vergleichbaren Arbeitnehmer stehen datenschutzrechtliche Belange nicht entgegen.
5. Der Sachvortrag des Arbeitgebers zur objektiven Fehlerhaftigkeit einer Vergütungserhöhung eines Betriebsratsmitglieds muss den Schluss darauf zulassen, dass – bezogen auf den Zeitpunkt der mitgeteilten (für den streitgegenständlichen Zeitraum maßgeblichen) Vergütungserhöhung – (nur) die Voraussetzungen der ›nach unten‹ korrigierten Vergütungsanpassung erfüllt waren.
6. Gibt es keine mit dem Betriebsratsmitglied iSv. § 37 Abs 4 S 1 BetrVG vergleichbaren Arbeitnehmer im Betrieb, kann jedenfalls dann auf vergleichbare Arbeitnehmer eines anderen Betriebs desselben Unternehmens abgehoben werden, wenn im Unternehmen einheitliche Vergütungsregelungen und einheitliche Regelungen für berufliche Entwicklungen gelten, die somit auch Rückschlüsse für die im Betrieb des betroffenen Betriebsratsmitglieds ›betriebsübliche‹ berufliche Entwicklung zulassen.
7. Neben der dem Betriebsratsmitglied nach § 37 Abs 4 S 1 BetrVG garantierten (Mindest-)Vergütung kann sich ein Anspruch des Betriebsratsmitglieds auf Zahlung

34 BAG 20.3.2025 – 7 AZR 46/24, NZA 2025, 1177 (Leit-/Orientierungssatz zitiert nach juris).

einer höheren Vergütung aus § 78 S 2 BetrVG iVm. § 611a Abs 2 BGB ergeben, wenn sich die Zahlung einer geringeren Vergütung als Benachteiligung des Betriebsratsmitglieds wegen seiner Betriebsratstätigkeit darstellt (fiktive Beförderung/fiktive Karriere).(Rn. 63) An dieser Maßgabe hält der Senat fest, ohne dass es in Ansehung der Entscheidung des Bundesgerichtshofs vom 10. Januar 2023 – 6 StR 133/22 der Anrufung des Gemeinsamen Senats der obersten Gerichtshöfe des Bundes bedürfte.
8. Teilweise Parallelentscheidung zu den Urteilen des Bundesarbeitsgerichts vom 20. März 2025 – 7 AZR 159/24, 7 AZR 179/24 und 7 AZR 181/24.«

2. Zum Sachverhalt

Der Fall gehört zu einer Reihe von Rechtsstreiten ähnlichen Ursprungs: Nach der Entscheidung des BGH vom 10.1.2023 (– 6 StR 133/22, BGHSt 67, 225) zur Untreuestrafbarkeit bei überhöhtem Arbeitsentgelt für ein BR-Mitglied unter Verstoß gegen das betriebsverfassungsrechtliche Begünstigungsverbot sah sich die Bekl. zur Überprüfung der den BR-Mitgliedern gewährten Einstufungen und Vergütungen veranlasst. Dies resultierte in Herabgruppierungen und dementsprechend reduzierten Vergütungszahlungen, aber auch zu Rückforderungen unter dem Gesichtspunkt vermeintlich erfolgter Überzahlungen. Die klagenden BR-Mitglieder waren langjährig bei der Bekl. beschäftigt und gemäß § 38 BetrVG freigestellt. Sie erhielten jeweils Anpassungsmitteilungen von der Bekl., ausweislich derer sie entsprechend der mit ihnen vergleichbaren AN mit betriebsüblicher Entwicklung gemäß § 37 Abs. 4 Satz 1 BetrVG höhergruppiert wurden. Zudem wurden ihnen Beförderungsstellen angetragen, für deren Besetzung sie auch geeignet waren. Der Kl. hatte einen Teil der zurückgeforderten Beträge an die Bekl. unter Vorbehalt geleistet. Er verlangte nunmehr Zahlung der Vergütungsdifferenzen, den zurückgezahlten Betrag sowie die Feststellung der Verpflichtung der Bekl., das Arbeitsverhältnis (wieder) nach der früheren – höheren – Eingruppierung durchzuführen. Das LAG hatte dem im Wesentlichen stattgeben.

3. Aus den Entscheidungsgründen

Das BAG hat den Feststellungsantrag für unzulässig befunden und abgewiesen, den Rechtsstreit im Übrigen an die Vorinstanz zurückverwiesen. Das LAG habe – wenn auch in sich konsequent – rechtfehlerhaft den Bekl.-Vortrag dahingehend ungeprüft gelassen, dass die den Kl. mitgeteilte Vergütungsanpassung fehlerhaft sei. Zunächst habe der Kläger davon ausgehen dürfen, dass die Beklagte mit den ihm sukzessiv gewährten Vergütungserhöhungen ihrer Verpflichtung aus § 37 Abs. 4 Satz 1 BetrVG nachkommen wollte. Etwas Anderes folge nicht aus den in den Schreiben enthaltenen Verweisen auf die Entscheidung der »Kommission Betriebsratsvergütung«. Deren Bewertungen habe sich die Beklagte zu eigen gemacht. Danach hänge die Entscheidung über den Zahlungsanspruch aus § 37 Abs. 4 Satz 1 BetrVG davon ab, ob die Beklagte die objektive Fehlerhaftigkeit der Vergütungsanpassung für den maßgeblichen Zeitraum hinreichend dargelegt (und im Bestreitensfall bewiesen) hat. Erst dann werde das LAG über den hilfsweise geltend gemachten Anspruchs des Klägers aus § 78 Satz 2 BetrVG i. V. m. § 611a Abs. 2 BGB befinden können.

Verzeichnis der Autorinnen und Autoren

Dr. Peter Abramowski ist seit 32 Jahren Fachanwalt für Arbeitsrecht und Gründer der auf das Arbeitsrecht spezialisierten Kanzlei Dr. Abramowski & Dr. Nowak in Braunschweig. Der Schwerpunkt seiner Tätigkeit besteht in der Beratung und Vertretung von Arbeitnehmerinnen und Arbeitnehmern sowie Betriebsräten in arbeitsrechtlichen Fragen. Darüber hinaus ist er als Referent im Rahmen von Betriebsratsschulungen tätig.

Lukas Beismann ist Richter in der niedersächsischen Arbeitsgerichtsbarkeit und derzeit am Arbeitsgericht Hannover eingesetzt. Vor seinem Wechsel in die Justiz war er mehrere Jahre als Rechtsanwalt im Arbeitsrecht tätig.

Eva Büchele ist seit ihrer Zulassung im Jahr 2013 bundesweit als Anwältin im Arbeitsrecht ausschließlich auf der Seite von Betriebsräten und Arbeitnehmer:innen tätig. Seit 2022 ist sie Partnerin der Kanzlei Arbeitnehmeranwälte Hannover. Neben ihrer anwaltlichen Tätigkeit gibt Frau Büchele regelmäßig Seminare für Betriebsräte im Betriebsverfassungsrecht und Arbeitsrecht.

Simon Felsmann ist Rechtsanwalt und Fachanwalt für Arbeitsrecht in der Kanzlei Laborius – Die Fachanwälte für Arbeitsrecht. Er berät und vertritt bundesweit sowohl Arbeitgeber als auch Arbeitnehmer sowie Betriebs- und Personalräte gerichtlich und außergerichtlich. Berufsbegleitend promoviert er derzeit zu einem betriebsverfassungsrechtlichen Thema.

Dr. Jürgen Fischer ist Rechtsanwalt in Frankfurt am Main; er ist Fachanwalt für Strafrecht. Seit Jahrzehnten vertritt er Betriebsräte und Aufsichtsräte der Arbeitnehmerseite zur Abwehr strafrechtlicher Angriffe auf deren Unabhängigkeit.

Jochen Homburg ist seit über 30 Jahren im Bereich Arbeitsrecht tätig. Zunächst war er selbst Betriebsrat und seit seiner Zulassung als Rechtsanwalt arbeitet er in der Beratung mit Betriebsräten zusammen. Den Kern seiner Tätigkeit als Jurist bildet seine Arbeit in der Vorstandverwaltung der IG Metall in der Tarifpolitik in Frankfurt.

Tino Junghans ist Rechtsanwalt und zugleich Regionalleiter Nord der DGB Rechtsschutz GmbH und Leiter des Kompetenzcenters Kollektives Arbeitsrecht.

Darüber hinaus ist er Geschäftsführer der EurAA Rechtsanwaltsgesellschaft mbH. Seine Tätigkeitsschwerpunkte liegen im Betriebsverfassungsrecht, Tarifrecht sowie in der Beratung und Vertretung von Betriebsräten, Gewerkschaften und Arbeitnehmern in kollektiv- und individualarbeitsrechtlichen Angelegenheiten.

Dr. Rhea-Christina Klagges ist Rechtsanwältin, Fachanwältin für Arbeitsrecht und Partnerin bei Laborius – Die Fachanwälte für Arbeitsrecht. Sie ist außerdem Lehrbeauftragte an der Gottfried Wilhelm Leibniz Universität Hannover und lehrt dort Arbeitsrecht, speziell aus anwaltlicher Sicht.

Waghma Kopp ist seit mehreren Jahren im Bereich des Arbeitsrechts tätig, nachdem sie zuvor praxisnahe Erfahrung als Betriebsrätin sammelte. Nach ihrer anschließenden gewerkschaftlichen Tätigkeit arbeitet sie heute in der Kanzlei Krebühl Biere Rechtsanwälte in Frankfurt am Main. Im Zuge ihrer Tätigkeit berät und vertritt sie auch Betriebsräte in sämtlichen arbeitsrechtlichen und mitbestimmungsbezogenen Themen und führt entsprechende Schulungen für Betriebsräte durch.

Rolf-Christian Otto arbeitet seit dem Jahr 2000 als Rechtsanwalt und ist Mitgründer der Kanzlei Otto & Partner in Kassel, die sich darauf spezialisiert hat, Betriebsräte, Gesamtbetriebsräte und Konzernbetriebsräte in ganz Deutschland zu beraten und zu vertreten. Er ist darüber hinaus regelmäßiger Dozent von Seminaren für Betriebsräte.

Friedrich Schindele ist Rechtsanwalt, Fachanwalt für Arbeitsrecht und Gründer der Sozietät Schindele Gerstner & Collegen. Er verfügt über langjährige Erfahrung in der Beratung und Vertretung von Arbeitnehmern, Betriebsräten und Gewerkschaften in allen Bereichen des individuellen und kollektiven Arbeitsrechts. Er ist Autor zahlreicher Fachveröffentlichungen und Mitherausgeber der Zeitschrift ArbRAktuell.

Prof. Dr. Peter Schrader ist Rechtsanwalt, Fachanwalt für Arbeitsrecht und Partner bei Laborius – Die Fachanwälte für Arbeitsrecht. Er ist außerdem Honorarprofessor an der Gottfried Wilhelm Leibniz Universität Hannover und lehrt dort Arbeitsrecht, speziell aus anwaltlicher Sicht.

Stichwortverzeichnis